JN141754

行政の構造変容と
権利保護システム

浜川　清
稲葉　馨
西田幸介

=編

日本評論社

行政の構造変容と権利保護システム
目次

序論……………………………………………………………………浜川　清　1
  1　国家の役割の変化　2　権利保護と立法改革　3　判例における権利救済の拡張
  4　判例における行政裁判の権利訴訟化　5　行政の民主化・説明責任

第1部　権利保護システムの現代的課題

第1章　「救済」の概念……………………………………………金子匡良　9
  ——人権を救済することの意義と方法

 はじめに
 一　英米法における救済法論
 二　日本における救済法論の展開
  1　救済法論の端緒　2　司法権論アプローチ　3　裁判を受ける権利論アプローチ
  4　紛争解決プロセス論アプローチ
 三　救済の方法
  1　インジャンクションの位置づけ　2　現代型インジャンクションの可能性
 四　救済の機能
  1　制裁機能の位置づけ　2　救済としての「謝罪」と「関係修復」の可能性
 五　救済の主体
  1　司法救済の問題点と非司法的救済の意義　2　国内人権機関の可能性
 むすび

第2章　行政訴訟における「法律上の争訟」論の諸相
  ………………………………稲葉　馨・土田伸也・西田幸介　55

 はじめに
 第1節　訴訟類型論と法律上の争訟　58
  1　「行政事件訴訟」の4類型と2大区分論　2　訴訟類型区分の相対性・相対化

第2節　行政主体が提起する訴訟と法律上の争訟　67
　　1　はじめに　2　法律上の争訟性を肯定した裁判例　3　法律上の争訟性を否定した裁判例　4　射程範囲を限定する方法　5　射程範囲を限定する現実的方法と問題点　6　司法過程を通じた紛争の解決と政治過程を通じた紛争の解決
第3節　法律上の争訟と抗告訴訟・当事者訴訟の訴訟要件　76
　　1　問題の所在　2　司法権の範囲と法律上の争訟　3　抗告訴訟と具体的争訟性　4　当事者訴訟の訴訟要件と具体的争訟性　5　具体的争訟性の位置

第3章　行政裁量と行政救済 ……………………………… 榊原秀訓　95

はじめに

一　審査密度、審査の構造化と敬譲
　　1　審査方式の一元化と多元化　2　専門性に対する敬譲と判断過程合理性審査　3　軍事・外交に対する敬譲

二　行政規則の合理性と「拘束力」の根拠
　　1　行政規則の合理性と「拘束力」　2　行政規則の「拘束力」とその根拠

三　法規命令における立法裁量
　　1　法律による白紙委任と法規命令の権限踰越審査　2　法規命令の審査密度を向上させる考慮事項　3　法規命令における立法裁量と判断過程審査

おわりに

第4章　保育の民営化と行政責任 ……………………… 小泉広子　121
　　　　　──2012年子ども・子育て支援関連3法を中心に

はじめに

一　保育をうける権利の基本構造
　　1　子どもの発達保障と保育所　2　現物給付としての特徴

二　保育の民営化の手法
　　1　設置主体・運営主体の営利企業化　2　最低基準の切り下げ

三　子ども・子育て支援関連3法による保育を受ける権利の変容
　　1　子ども・子育て支援関連3法の立法経緯　2　支援法による子どものための教育・保育給付の創設　3　保育の実施の類型をめぐる議論　4　保育所保育の実施の相対化　5　利用手続の問題

おわりに──残された課題

第2部　抗告訴訟の再検討

第5章　抗告訴訟の法定化・多様化・廃止論………稲葉　馨　141

- 一　はじめに
  - 1　抗告訴訟と当事者訴訟の「二本柱」構造　2　中川教授の問題提起──「二本柱」思考からの脱却？　3　2004年行訴法改正と訴訟類型
- 二　訴訟類型改革構想──二本柱構造の解体
  - 1　日本弁護士連合会の改革構想　2　浜川教授の改革案
- 三　行政訴訟類型の法定化と多様化──若干の考察
  - 1　法定化の目的と意義　2　訴訟類型の多様化
- 四　おわりに

第6章　抗告訴訟の原告適格……………………………本多滝夫　167
　　　──代表的利益としての「事業遂行利益」

- 一　問題の所在
- 二　「営業上の利益」と「法律上保護された利益」
  - 1　行訴法改正前の判例における「営業上の利益」　2　行訴法改正後の判例における「営業上の利益」　3　小括
- 三　「事業遂行利益」と「法律上保護された利益」
  - 1　行訴法改正前の判例における「事業遂行利益」　2　行訴法改正後の判例における「事業遂行利益」　3　小括
- 四　事業遂行利益の射程
  - 1　「事業遂行利益」と「営業上の利益」との異同　2　「代表的出訴資格」との異同　3　「事業遂行利益」の外延
- おわりに

第7章　抗告訴訟にかかる仮の救済における
　　　「必要性要件」の判断構造………………………西田幸介　193

- 一　はじめに
- 二　損害の範囲
  - 1　申立人と密接な関係にある者の損害　2　法律上の利益との関係　3　処分との因果関係

三　損害の程度と緊急性
　　　1　執行停止の場合　2　仮の義務付けの場合　3　仮の差止めの場合
　四　行政目的と他者損害
　　　1　考慮・勘案事項　2　行政目的　3　他者損害
　五　おわりに

第3部　市民生活と権利保護

第8章　公契約に見る雇用平等政策の理念………藤本　茂　213
——アメリカ合衆国の経験

　一　はじめに
　二　雇用平等政策と公契約との関わり
　　　1　はじまり　2　公契約を介しての本格的取組み——「アファーマティブアクション計画」
　三　大統領命令11246号の概要
　　　1　適用事業者　2　雇用平等を求める類型の拡大　3　課されるアファーマティブアクション計画　4　履行強制と制裁
　四　OFCCPによる雇用平等の実現に向けた活動
　　　1　先任権制度への切込み　2　アファーマティブアクション計画の推進（人種分離政策への切込み）　3　解決金その他
　五　公契約を用いた雇用平等政策理念
　　　1　メリット・システムと先任権制度　2　アファーマティブアクション
　六　行政を介した政策遂行の重要性と理念の必要性——結びに代えて

第9章　過労死・過労自殺の業務上外認定における
　　　　　行政訴訟の役割………………………………水野圭子　235

　一　労災補償の本質と性質論
　　　1　労災補償の本質　2　労災補償の性質と業務の関連性　3　相当因果関係説の問題点と保護法的因果関係説
　二　過労死認定における諸問題
　　　1　業務に起因することが明らかな疾病　2　行政訴訟による基準の定立——共働原因説と「出来事」存在の不必要　3　昭和62年判断基準　4　平成7年、平成8年の認定基準改定　5　最高裁判決にみる認定基準の問題点　6　認定基準の改正　7　平成13年認定基準の評価と問題点

三　精神疾患・過労自殺の業務上認定の問題
　　　1　精神障害の認定の困難性──内因性精神障害と自殺の除外　2　行政訴訟による不支給決定の取消　3　精神障害に関わる認定基準の制定とその問題点　4　平成11年判断指針の問題点　5　精神医学的見地と過労死弁護団の意見書　6　平成20年・21年の判断基準の改定　7　平成21年の改正指針後の判例　8　平成23年認定基準の制定　9　平成23年認定基準の主要な改正点と問題点　10　23年判断基準の認定への影響
　四　労災認定における現在の動きと行政訴訟の役割
　　　1　過労死防止対策推進法の制定　2　電通過労死自殺認定事件（三田労基署平成28年9月）　3　労災認定における行政訴訟の役割

第10章　警察による市民生活への介入 …………… 氏家裕順　263

　はじめに
　一　権限の不行使の国賠違法の判断枠組み
　　　1　ストーカー被害の事案　2　リンチ被害の事案　3　児童虐待被害の事案　4　判断の特徴
　二　国賠違法の判断枠組みと要件との関係
　　　1　法定要件充足性　2　危険の切迫性　3　予見可能性　4　回避可能性
　おわりに

第11章　黙示の公用開始について …………………… 土田伸也　289

　一　はじめに
　二　黙示の公用開始に関する学説
　　　1　学説の一般的な理解　2　織田の所説　3　佐々木の所説　4　磯崎の所説　5　渡辺の所説　6　杉村の所説　7　広岡の所説　8　小括
　三　黙示の公用開始に関する裁判例
　　　1　従来の判例　2　東京高裁平成26年5月28日判決　3　裁判例と学説の整合的理解
　四　ドイツにおける黙示の公用開始
　　　1　ドイツの状況　2　注意点
　五　黙示の公用開始の検討
　　　1　消極的な評価　2　消極的な評価を克服する視点
　六　おわりに

あとがき　308

索引　310

序　論

浜川　清

　この半世紀を通じて国家の役割をめぐる議論は激変し、国と地方の制度も大きく変容してきた。国民の権利保護システムは、1960年から80年代の停滞期を経て90年代には大きく進展し、法律論においても新しい対応が求められている。以下では、国家の役割の変化、権利保護にかかる立法改革、判例の役割、権利訴訟化の動きのそれぞれを概観したうえで、現代行政の法制度上の課題について述べる。

1　国家の役割の変化

　1970年代以後、行政の役割が激しく問われてきた。それまでは、現代国家といえば、福祉国家とも職能国家ともいわれ、社会における役割を増大し続けるものと理解され、国家構造内部では行政国家の語も用いられた。1980年代に入り、いわゆるサッチャーリズム・レーガノミックスとともに、世界を新自由主義のイデオロギーが吹き荒れた。日本では、財政赤字の拡大もあって、国家機能を縮小することがなによりも求められ、民営化が先行しながら、あわせて民間活力を生かす規制緩和が試みられた。民営化は3公社（国鉄、電々、専売）および郵政事業について行われたが、それでも国の行政組織の縮減は達成されず、主に事業的業務を担当する国の諸機関の独立行政法人化が進められた。その結果、国家公務員の定員数は、1981年の約90万人から2005年には33万人余に激減した。行政が独占してきた規制行政を民間に開放する指定確認検査機関の採用により、行政の縮小と民間の活用を同時に実現する試みも進められた。民間の事業に対する公的規制については、道路運送業をはじめとして公企業の特許制度は許可制に再編され、参入規制が大幅に緩和された。

規制緩和はその後も特区制度など様々な形で進められているが、市場万能論に基づく新自由主義的な国家論そのものは、相次ぐ市場経済の混迷によって後退する。日本における1990年のバブル崩壊、1998年の金融危機、さらには世界的な2008年のリーマンショックによる金融危機がそれである。日本政府は、民間銀行に数次にわたり多額の公的資金を投入するとともに、金融機関に対する監督を強化することを余儀なくされた。

　自然災害でも、1995年の阪神淡路大震災と2011年の東日本大震災による甚大な被害のほか、水害では、2004年に4か月で100余名の死者・行方不明者と1年間で約20万棟の家屋被害が出たほか、2010年代に入っても漸増傾向が見られる（国土交通省・平成28年度水害統計調査による）。2000年に土砂災害防止法が制定され、2017年度末現在で約55万か所の土砂災害警戒区域（うち特別警戒区域は約40万か所）が指定され、また、2017年の改正水防法が義務付けた要配慮者利用施設の避難確保計画が作成されているのは5万余の施設のうち9千にすぎない（国土交通省「水防法等に基づく取組状況（平成30年3月末）」）。政府が「国土強靱化」を政策として掲げざるを得ないほど、国民の安全が脅かされている。

　東日本大震災時に発生した福島第1原発事故は深刻な被害と事態をもたらし、原子炉に関する国の安全基準・規制の不備を明らかにした。ひるがえって国民に身近な住宅等についても、マンションの耐震性能偽装、手抜き基礎工事による傾斜、種々の建築基準法違反の賃貸マンション、多数の中高層建築に設置された規格を満たさない免震・耐震機材など、人為的な危険が相次いで発覚している。国民の安全を確保する効果的な規制システムの再構築が必要である。

　80年代に始まる行政改革の目標とされた財政再建については、消費税が増税されても実現の見通しは立たないまま、格差の拡大に伴い再分配があらためて政策的に重視されつつある。自民・公明政権が、2019年の消費税増税と引き替えに、幼児教育と高等教育の「無償化」政策を発表し、アメリカでは民主党などが富裕税と国民皆医療保険を主張している。

　自由主義国家、福祉国家、新自由主義国家を経て、新たな規制と再分配の役割を担う現代の国家は、「資本主義4.0」（A.Kaletsky）に入ったともいわれる。

2 権利保護と立法改革

権利保護システムは、行政改革の一環として取り組まれた 1993 年の行政手続法の制定に始まり、2004 年の司法改革としての行政事件訴訟法（以下「行訴法」という）改正、そして 2016 年の行政不服審査法改正などの立法的改革により大きく前進した。

行政手続法は、行政過程の透明性の向上と公正で慎重な事前手続により権利保護を充実させるものであり、とくに審査基準と処分基準の制定・公開とともに、処分時に理由の提示を求めたことは、処分に対する利害関係者の訴えを容易にし、裁判所による審査を厳格化する効果をもたらした。行政の透明性の向上についていえば、1999 年に制定された行政機関の保有する情報の公開に関する法律（情報公開法）およびそれに先行する各地方公共団体の情報公開条例も大きく寄与している。

2004 年の改正行訴法は、法定抗告訴訟として処分義務付け訴訟および処分差止め訴訟という処分前の抗告訴訟（事前訴訟）を定めるとともに、仮の義務付けおよび仮の差止めという仮の救済手続を制度化した。また、処分の相手方以外の第三者について、処分取消訴訟の原告適格の有無の判断基準を明定し、取消訴訟の出訴期間を 6 か月に延長し、被告適格を国・公共団体にあらため、行政庁に対して処分時に被告・出訴期間・審査請求前置の有無等の教示を義務付けることで、取消訴訟の活用を容易にしている。

新たに法定された事前訴訟はそれまで閉ざされていた救済機会を関係者に開くこととなった。申請型義務付け訴訟は、仮の義務付け手続もあいまって、たとえば保育園の入園不許可処分を争う場合のように、取消訴訟の確定判決を待っていては救済機会を失う事案に、ようやく実効性ある裁判機会を提供することになる。また、公権力が介在するとして最高裁判例（最大判昭 56・12・16　大阪空港公害事件）によって民事訴訟の途が閉ざされてきた、国営空港・基地等に対する使用等の差止めについて、処分差止め訴訟が活用できることが判例によって確認されている。

3 判例における権利救済の拡張

2004 年の改正前に、事前訴訟が認められなかったのは、行訴法に明文の定

めがなかったためではなく、当時の学説が批判したように、むしろ判例すなわち裁判所がこれを阻んできた。改正行訴法は、裁判を受ける権利を拡張できなかった裁判所に対し、立法により「司法改革」を実現したといえる。とくに、申請型義務付け訴訟は、すでに下級審において、仮の義務付けと一体で迅速な救済機会となっている。処分差止め訴訟についても、出訴要件や認容要件の厳格な解釈はみられるが、かつてのような全面却下の裁判所の姿勢は緩和された。

裁判所も、近年、一部の領域において、国民の権利保護または権利救済の拡張に積極化の傾向をみることができる。

第1は、処分取消訴訟における第三者の原告適格である。法律の保護する利益説をとる立場は一貫しているものの、具体的な法令解釈では、法律による保護および保護利益の個別性を肯定する裁判例が次第に広がってきており、2004年改正で追加された行訴法9条2項の定めはそれを反映している。住民の生命・健康の利益については、処分の根拠法令がその考慮義務を定めている場合、個別保護性もおおよそ認められ、問題は、財産的・経済的利益についてどこまで個別性を認めるかにしぼられている。他方、根拠法令が住民その他の利害関係者の利益を考慮する規定やこれらの者の意見を聴取する規定を欠いている、すなわち行政庁に対して慎重で公正な審議を義務付ける実体的・手続的規定を欠いていることが、同時に第三者の争訟機会をも閉ざすことは、法律の保護する利益説の固有の弱点であり続けている。

第2は、裁量統制である。処分の根拠法令は、多くの場合、処分庁に裁量を認めている。抗告訴訟では処分の作為・不作為の適法性が争われるが、行政庁に裁量が認められる場合には、裁量濫用を主張する必要がある。1990年代以後に急速に展開をみた裁量濫用論は、判断過程瑕疵論と比例原則違反論である。前者は、「考慮すべき事項を考慮しておらず、又は考慮された事実に対する評価が明白に合理性を欠」（最二判平8・3・8　エホバの証人事件）くことを理由に裁量濫用を認めるものであり、認定事実に対する行政庁の評価に踏み込むことは避けつつも、法令上考慮すべき利益を摘出して行政庁の審議過程を審査する。後者は、処分をすべき公益と相手方の不利益の比較衡量をすることにより処分の軽重を計るものとして従来からある典型的な濫用論で目新しくはないが、公務員に対する減給処分について、当該「処分を選択することの相当性を基礎付

ける具体的な事情」(最一判平 24・1・16　国歌斉唱不起立事件)によって濫用の有無を判断する判例の立場によるとき、比例原則違反のないことの立証責任が実質的に行政庁に負わせられるほか、比例原則を用いつつも、実際には公益と相手方の被侵害利益との利益衡量論となっている。さらに、自衛隊基地での飛行にかかる処分差止め訴訟において、裁量の濫用の有無を、「当該飛行場における自衛隊機の運航の目的等に照らした公共性や公益性の有無及び程度、上記の自衛隊機の運航による騒音により周辺住民に生ずる被害の性質及び程度、当該被害を軽減するための措置の有無や内容等を総合考慮」(最一判平 28・12・8 厚木基地訴訟)して判断するとされるとき、濫用論というより、民事の差止め訴訟に近似した利益衡量論をみいだすことができる。

　第3は、行政権限の不行使により国民の被害が拡大したことを理由とする国家賠償の領域である。国家賠償法(以下「国賠法」という)1条に基づき、行政権限の不行使を理由に損害賠償が認められ得る要件は 1980 年代の判例によって定式化されていたが、実際に国の賠償責任を認めたのは 2004 年の筑豊じん肺訴訟(最三判平 16・4・27)と水俣病関西訴訟(最二判平 16・10・15)の両判決である。そこでは、法令上に適時適切に行使すべき義務が課されている行政権限を行使することなく被害の拡大を招いた場合、「許容される限度を逸脱して著しく合理性を欠くと認められるときは、その不行使により被害を受けた者との関係において、国家賠償法 1 条 1 項の適用上違法となる」(水俣病関西訴訟)とされ、濫用論の形はとっているが、関係国民の利益の法令上の考慮義務、権限行使要件の充足、損害の回避可能性、損害の重大性等を考慮して有責性を判断するものである。同様の判決はその後も相次いでいる。

4　判例における行政裁判の権利訴訟化

　処分またはより広く行政権限の行使(または不行使)を違法として裁判上争う場合に、違法には単なる法令違反のみではなく権利侵害の違法があることは、国賠法 1 条の適用をめぐって判例が展開してきた法理である。たとえば、更正決定が国賠法 1 条でいう違法となるのは、「課税要件事実を認定、判断する上において、職務上通常尽くすべき注意義務を尽くすことなく漫然と更正をしたと認め得るような事情がある場合」(最一判平 5・3・11)に限られるとし、また、「公

権力の行使に当たる公務員が、個別の国民に対して負担する職務上の法的義務に違背して当該国民に損害を加えたときは、当該地方公共団体がこれを賠償する責任を負う」（最三判平22・6・3）とされる。これらは、違法を公務員の職務義務違反による権利侵害ととらえるもので、客観的違法（行為規範違反）と異なるものとして学説によって整理されているが、その特徴は、相手方の有無を問わない違法ではなく、権利を侵害された相手方との関係で違法をとらえるところにある。前述の権限不行使による損害に関する判例でも国賠法1条の違法の解釈は同様である。

　また、比例原則違反についての裁量濫用判断において、裁判所が、法令上行政庁に考慮義務が課された国民の利益の性質・軽重と処分を必要とする公益として考慮されるべき諸要素とを比較衡量していることは前述のとおりである。自衛隊機の運航については明確な法定要件がなく、裁判所による飛行の差止めの当否は運航の目的における公共性や公益性の有無および程度、周辺住民に生ずる被害の性質および程度等を総合考慮して判断するほかないとされていることもすでに触れた。いずれも、権限の行使を根拠付ける公益と、法律によって保護された相手方・第三者の権利利益の侵害の度合いを比較して、権限行使の違法が判断されている。法令上の考慮義務の対象となる国民の利益が、判例の原告適格判断を通じて、法の保護する利益として権利に準ずるものに昇華されるとともに、いまや、本案審理において処分による当該権利利益の侵害の当否が争われることで、抗告訴訟は権利訴訟としての側面を色濃くしている。

　抗告訴訟が権利訴訟としての性質を呈しつつあることは、いわゆる羈束処分についても同様である。もともと処分は、自由規制処分であれ給付処分であれ、相手方の自由権または給付請求権を前提にして、法定要件の充足を判断してなされるのであって、相手方の権利利益や具体的事実関係を離れた要件充足判断はあり得ない。のみならず、近年の判例は、かつては形式の違法とされてきた理由提示の不備を公正な手続に対する権利侵害の違法と解するように、法令の処分要件をより関係国民の権利利益に結びつけてとらえている。

　このように、国民の多様な利益が法律上の権利利益とされ、また、処分を争う抗告訴訟における訴訟物が、客観的違法ではなく処分による権利利益の回復（付与）または侵害の適法性の存否にあるとすれば、遠くない将来には、法律

上の利益の侵害を出訴要件（原告適格）とすること（行訴法9条）や、自己の法律上の利益にかかわる違法性に主張を制限すること（同法10条1項）を不要とする理解が広がる可能性がある。6種にまで増えて複雑化した抗告訴訟の存在理由の再検討も含めて、今後の立法論の課題である。

5　行政の民主化・説明責任

　日本における行政に対する国民の権利の進展と行政裁判の権利訴訟化に類似した現象が、フランスでも行政法の主観法化として指摘され、その一因を新自由主義に求める論者もいる（N.Foulquier）。たしかに、フランスでは新自由主義の論者によって行政法が目の敵とされ、行政裁判所の存在そのものが批判された（J.Chevallier）ことをみても、行政法関係の権利関係化ないし抗告訴訟の権利訴訟化はそうしたイデオロギーと親和性があろう。80年代の行政改革以来の行政の地位・信頼の低下を背景にした、立法的・司法的な権利保護の進展は、法律論における公権力を行使する行政の特殊性の後退を示している。

　2001年の中央省庁再編を通じて目指された、官僚（職業的公務員）に対する内閣の統御（政治主導）の確立は、戦後等閑視されてきた政官関係の弊害の是正や新たな施策の機動的な立案・実施の見地から、必要な課題であった。しかし、具体的には、内閣府・内閣官房を重要施策・基本方針の立案機関として再編し、副大臣・政務官等の制度を通じて与党議員を各省に配置したが、透明性の高い政官関係の再編成を実現できていない。むしろ、2014年の改正国家公務員法が、幹部職員（本府省の部長級以上）について内閣総理大臣および内閣官房長官との協議に基づく任用（任免協議）を制度化した（国家公務員法61条の4）ことは、国家行政組織内に内閣（総理大臣）への人的従属をもたらし、本来あるべき行政の中立性・自律性を危うくしている。その後、実際に、安倍内閣の下で忖度政治と揶揄される不祥事（国有財産の払い下げ、学部新設認可、統計不正等々）が相次いでいる。

　「資本主義4.0」の現代国家において、国民生活と国民経済の安定のために効果的な規制や格差是正のための新たな再配分の施策の具体的内容が問われる。行政のあり方そのものを再構築する必要がある。事後的な権利救済システムの実効性が向上したとしても、関係者の救済と行政運営の個別的な過誤の是正に

とどまり、救済判決による行政側の負担はそのまま国民が負う。国民のニーズを公正かつ効率的に実現するためには、権利保護システムのみではなく、一定の自律性をもって公共性を具現化すべき行政（F.Fukuyama）の制度を絶えず見直す必要がある。いわゆる政治主導とは、本来、政策立案における政権の主導性であり、個別の案件における利益誘導ではない。政治（政権）は政策を立案しそれを法令化する責務を負い、公正で適切な個別の事務事業の決定と実施は、効率的で透明性が確保されるべき行政が担う。裁量的な事業については、広く国民の意見を求め、専門家を含めて透明性の高い熟議の機会を行政手続として保障する必要性がある。政府の審議会については、設置、委員（利害関係者・専門家）選任手続、審議内容の透明化が必要である。

　行政手続法は、透明性の向上と公正の確保を通じて国民の権利保護を図ることを標榜したが、行政の民主化ないし説明責任の強化につながるパブリックコメント（命令等の制定時の意見公募）の手続は、すくなくとも当初は立法化されなかった。規制緩和論がそうであったように、被規制業者にとっての透明性、手続の迅速化・簡素化に重点が置かれ、行政の民主化という観点が欠落していたことは立法当時から批判されたとおりである（原田尚彦）。行政の民主化・透明性に力点を置いた行政手続法の再改正を構想すべきであるかもしれない。開発許可・大規模公共事業決定への公衆参加手続、公契約の透明性を確保するための手続などである。

（はまかわ・きよし　法政大学名誉教授）

第1部　権利保護システムの現代的課題

第1章　「救済」の概念
——人権を救済することの意義と方法

金子匡良

はじめに

　法律学における一般的な用語法では、ある権利が実体法に「規定されている」ことをもって、その権利が「保障されている」と換言することがある。つまり、「憲法に表現の自由が規定されている」という言説と、「憲法で表現の自由が保障されている」という言説は、同義のものとしてパラフレーズ可能であると捉えられている。しかし、権利が「規定」されていることと、「保障」されていることとは、本来、別問題であろう。権利が保障されているというためには、権利侵害に対する実効的な救済可能性が確保され、かつ、実際に十分な救済が与えられていなければならない。すなわち、実体的な権利規定が救済によって実質化されて、はじめて権利保障は成立するものといえる。

　そこでキーコンセプトとなるのが、「救済」という概念である。「救済」は法律学にとって頻用句のひとつであり、例えば行政法学においては、「行政救済法」という法分野が以前より確立しており[1]、また民事法学においても「権利救済」という言い回しは日常的なものである。同様に憲法学の中でも、「人権救済」といった形で「救済」がしばしば用いられ、「救済」は法律学に共通する基本

---

1)　「行政救済法」という用語がいつ頃から用いられていたかは定かでないが、大正10年刊行の佐々木惣一（当時の表記は「佐佐木惣一」）『日本行政法論』（有斐閣、1921年）には、「第三章　外部行政法」の中の一節として「行政救済法」と銘打った節が存在する。

用語となっている。

　しかしながら、「救済」という概念が何を含意するかについては、確たる共通理解があるとはいえない。そのひとつの証左として、日本の法律用語辞典の類いには「救済」という項目が存在しない。この点、英米法においては、実体法、手続法と並んで「救済法」（law of remedies, remedial law）という法分野が存在し、法律用語辞典でも「救済」（remedy）の定義がなされている。[2]「権利あるところに救済あり」（Ubi jus, ibi remedium.（Where there is a right, there is a remedy.））という法諺が端的に示すとおり、英米法では、救済されない権利は画餅に過ぎず、それは実質的な意味における権利とはいえないと考えられている。アメリカ統一商事法典（Uniform Commercial Code）が、「『権利』は救済を含む」（"Right" includes remedy）（§1-201(34)）と定めているのも、その表れといえよう。その背景には、英米法における救済重視の伝統があると思われる。すなわち、英米法では、権利を侵害された者に有効な救済を与えるために、あるいは将来の権利侵害を抑止するために必要ならば、「理論」を無視してでも、裁判所の手を通じて権利の実現を図るための手段を講じるという伝統があるといわれる。[3]この結果、「救済」ないしは「救済法」が、確固たる法的概念として認識され、定着しているのだといえよう。

　そこで本章では、救済の概念や救済の方法一般に関する議論を大まかに「救済法論」として括り、そのうち特に人権救済に焦点を当てつつ、英米法的な救済法論を日本法へ接合する可能性を検討するとともに、既存の救済法論ではあまり語られてこなかった「謝罪」の意義や行政機関による救済という論点に言及することによって、今後の救済法論の課題を示すこととしたい。[4]

---

2) ちなみに、Black's Law Dictionary (10th ed.) (West Group, 2014) では、救済 (remedy) とは「権利を実現するための方法、又は不法行為を防止・是正するための方法」と定義されている。なお、英米法では、救済を意味する用語として、remedy の他に relief や redress が用いられることがある。
3) 田中英夫『英米法総論 上』（東京大学出版会、1980 年）21-22 頁。
4) なお、本章が前提とするのは、ある者（国家を含む）が他の者の権利利益を侵害したとして、両者の間に紛争が生じ、その紛争を司法制度等の公的制度を通じて解決する中で、被害者が権利の充足ないし回復を得るというプロセスである。したがって、紛争の類型としては民事紛争と行政紛争が念頭に置かれており、刑事事件における被疑者・被告人の権利の防禦や、被害者・被害者家族等の権利の実現については、本章の考察対象に含まない。また、本章では「人権」という用語を多用するが、ここでいう「人権」の意義や内容については深く立ち入らない。とりあえず、個人の人格的生存に不可欠な権利利益を全般的に「人権」と観念することとする。

一　英米法における救済法論

　後述するように、日本における救済法論は、英米法、とりわけアメリカ法における救済法論から強い影響を受け、それを日本に導入することを主張するものが多い。また、日本における法的救済のあり方を比較法的に分析する際に、英米法の救済法論は重要な視座となる。そこで、まずは英米法における救済法論の概要を、ごく簡単にスケッチしておくこととする。

　1066 年のノルマン・コンクェスト以後、イングランドでは中央集権国家化が進み、国王の裁判所が統一の手続によって裁判を行うことになった。ただし、裁判における事実の確定は、地域住民の代表者からなる陪審に委ねられたため、各地の慣習法が判決の中に取り込まれることとなり、また征服者であるノルマンの法、教会法、ローマ法などが混在していった。この過程で集積された慣習法や判例を 12 世紀後半から 13 世紀にかけて統一化・体系化して形成されたのが、コモン・ロー（common law）である。

　コモン・ロー上の裁判における主たる救済方法は損失補塡的な損害賠償であり、その担保手段は財産の差押えであったが、裁判を提起するには、国王の官房的役割を担っていた大法官（Chancellor）から令状（writ）を得なければならず、また訴訟方式が細かく区分されており、手続的に煩雑かつ厳格な運用がなされていた。その結果、権利侵害を受けた者がすべて必要な救済を受けられたわけではなかった。

　そこで、14 世紀になると、国王裁判所によるコモン・ロー上の裁判では救済を得られない者が、正義衡平の観点から大法官に救済の請願を行うようになり、この請願を審理するために大法官府裁判所（Chancery Court）が設置された。そこでの判断の集積の中から、その後、エクイティ（equity：衡平法）と呼ばれるコモン・ローとは別の法体系が形成されていくこととなる。コモン・ロー上の裁判とは異なり、エクイティ上の裁判には陪審制は適用されず、そこにおける救済方法は、正義衡平に合致するような行為を行うこと、あるいは行わないことを、裁判官が被告に対して裁量的に命令するという対人的なものであった。また、仮に被告が命令に従わない場合は、法廷侮辱（contempt of court）として

被告を拘禁することが認められた。このような経過をたどって、損害賠償を中心とするコモン・ロー上の救済と、裁判官の裁量的な命令を中心とするエクイティ上の救済という2つの救済方法から形成される英米法的な救済法が成立していったのである[5]。

　英米法的な救済法をどのように分類するかは論者によって異なるが、ここではアメリカ救済法の著名なテキストに従って、救済をその内容・方法に沿って、①損害賠償 (damages)、②原状回復 (restitution)、③宣言的 (確認的) 救済 (declaratory remedies)、④強制的救済（coercive remedies）に分類する[6]。

　①の損害賠償とは、コモン・ロー上の最も伝統的な救済方法であり、権利侵害による損失を金銭賠償によって塡補するというものである。主として契約法と不法行為法の分野で用いられるこの救済方法は、日本でも代表的な救済方法のひとつであるが、英米法的な救済法の場合、極めて悪質な被告に対しては、損失の塡補という範囲を超えて、制裁的な懲罰的損害賠償 (punitive damages) を課すこともできる。

　②の原状回復は、コモン・ローとエクイティの双方で用いられる救済方法であり、日本でいうところの目的物の返還や不当利得返還を意味するが、それを超えて、権利侵害によって得られた利益の「吐き出し」(disgorge) を含むなど、その内容は多様である。例えば、仮に横領で得た金銭で被告が高価な物品を収集していた場合、原告は横領された金額の損害賠償を請求できるだけでなく、被告が収集した物品の引き渡しを不正取得物の吐き出しとして請求することができる。

　③の宣言的救済とは、権利や法律関係の存否を確認することによって、紛争の解決を図るという救済方法であり、日本でいうところの確認判決に該当する。宣言的救済は、具体的な事件性がなければ行うことはできず、この点も日本での理解と同じである。

　ここまでの救済方法は、その内容や実現形態に差はあるとしても、日本でも

---

[5]　以上、コモン・ローとエクイティの成立については、田中・前掲注3) 66-100頁、伊藤正己＝木下毅『アメリカ法入門〔第5版〕』（日本評論社、2012年）103-109頁、J.H. ベイカー／深尾裕造（訳）『イギリス法史入門〔第4版〕』（関西学院大学出版会、2014年）17-50頁、137-164頁、戒能通弘＝竹村和也『イギリス法入門』（法律文化社、2018年）15-25頁参照。

[6]　Dan B. Dobbs & Caprice L. Roberts, Law of Remedies (3d ed.) (West Publishing, 2018) pp.1-8.

採用されているものであるが、④の強制的救済は、日本の法制度では認められていないものが多く、そのため日本における救済法論においても、この強制的救済の導入の可否が大きな議論となってきた。強制的救済とは、先に述べたエクイティ上の救済において生成・発展してきたものであり、その意味で英米法の法的伝統が特に強く反映されている。

強制的救済は、インジャンクション（injunction）[7]と特定履行（specfic performance）の2つから成り、いずれも上に述べた①から③のコモン・ロー上の救済では十分な救済を図ることができない場合に限って裁判所が命じるものであるが、特定履行が契約上の義務の履行を命じるというものであるのに対して、インジャンクションは裁判所による裁量的な判断で必要と思われる作為・不作為を命じるものであるという点で異なっている。この両者が「強制的救済」と呼ばれる所以は、裁判所の侮辱制裁権（contempt power）によって、その強制性が担保されていることにある。すなわち、裁判所の出したインジャンクションや特定履行の命令を被告が履行しない場合、裁判所は被告に対して法廷侮辱罪を適用し、拘禁や罰金等の制裁を科すことが認められている。他方、こうした強制性ゆえに、インジャンクションや特定履行の命令を発するには、種々の厳しい法的制約が課されており、裁判所もこれらを命じることには慎重であるといわれる[8]。

以上の救済方法のうち、裁判所の裁量の幅が最も大きく、かつ強制力の強いものがインジャンクションである。インジャンクションは、元々は権利侵害を予防するために、その原因となり得る一定の行為を禁じるという事前予防的なものであったが、1950年代以降のアメリカで起こされた、いわゆる「公共訴訟」（public law litigation）（「公益訴訟」（public interest litigation）、「制度改革訴訟」（institutional reform litigation）等ともいう）の中で、裁判所が新たな形のインジャンクションを出すようになった結果、事前予防的な機能を超えて、政策形成的な機能を担うようになった。

---

7) 「差止命令」と訳されることが多いが、必ずしも行為の停止を命じるだけではなく、一定の作為を命じる場合もあるので、日本の差止命令との混同を避けるために、本章では「インジャンクション」と表記する。
8) William M. Tabb & Rachel M. Janutis, Remedies（3d ed.）（West Publishing, 2017）pp.32-48, pp.59-77.

Tabbらは、20世紀後半に生じた現代的なインジャンクションの発展を受けて、インジャンクションを、(i)予防的インジャンクション（preventive injunction）、(ii)修復的インジャンクション（restorative injunction）、(iii)再発防止的インジャンクション（prophylactic injunction）、(iv)構造的インジャンクション（structural injunction）の4つに分けて分析する[9]。このうち(i)の予防的インジャンクションが、伝統的な意味のインジャンクションであり、回復困難な重大な権利侵害を事前に防止するために、一定の行為の禁止を命じるというものである。これは、内容的には日本の差止め判決に相当する。

　一方、(ii)(iii)(iv)は新たなタイプのインジャンクションであり、将来発生が予想される権利侵害を防止すると同時に、現在進行中の権利侵害的な状況の是正を求めるという機能を有する。まず、(ii)の修復的インジャンクションとは、過去に発生した不法行為の効果を除去することによって、現在の権利侵害的な状況を是正するというものである。例えば、人種差別的な選挙の効果を除去するために、選挙のやり直しを命じることなどがこれに当たる。(iii)の再発防止的インジャンクションとは、権利侵害の防止に直接的に関連する作為・不作為の範囲を超えて、必ずしも法律上の義務とはいえない行為を、裁判所が権利侵害の再発防止を目的として被告に命じることをいう。例えば、従業員がセクハラを行っていることを会社が漫然と放置していた結果、セクハラが発生した場合、裁判所は予防的インジャンクションとして、会社に対して当該セクハラ行為の防止を命じることができるが、それを超えて、法律上の義務とはいえない一般的なセクハラ防止研修の実施を命じるようなとき、それは再発防止的インジャンクションということができる。

　そして、現代型インジャンクションの中で、もっとも社会的影響力の大きいものが、(iv)の構造的インジャンクションである。これは、公的制度や公的施設の中に、権利侵害的な慣行や制度が内在する場合に、裁判所がその是正を命じ、かつその是正プロセスの進捗を監督するというものである。構造的インジャンクションの最初の、かつ典型的な事例が、黒人を隔離する人種別学校の違憲性が問われたブラウン事件（Brown v. Board of Education）であった。この事件に

---

9) Id., pp.119-126.

おいてアメリカ連邦最高裁は、まず、人種別学校は平等原則違反であると宣言し（ブラウン事件第一次判決[10]）、続いてこれを是正するために、学校の建物、通学方法、人事、学区、関連条例等の見直しの検討を教育委員会に命じ、是正が行われている間、連邦地方裁判所がそれを監督し続けると判示した（ブラウン事件第二次判決[11]）。

構造的インジャンクションでは、まず裁判所が権利侵害的な制度や施設の是正を命令し、被告が是正に応じない場合には、裁判官が特定の是正措置を命じるというプロセスがとられることが多い。このように構造的インジャンクションは、裁判所が政策形成機能を果たすものであり、その意味で伝統的な司法権の範囲を超えるものであるが、アメリカでは刑務所や精神病院等の改善をめぐって、構造的インジャンクションが発せられてきた。しかし、その権限超越的な内容ゆえに、しばしば論争を巻き起こし、構造的インジャンクションを抑制するための法律を連邦議会が制定したこともあるが、連邦最高裁は、構造的インジャンクションを発する権限を裁判所が保持し続けていると宣明している[12]。

二　日本における救済法論の展開

1　救済法論の端緒

前述のとおり、英米法においては権利と救済の不可分性が強く意識されており、権利救済機関としての裁判所に対する信頼と期待も大きい。片や日本においては、明治以降、外形的には欧米流の立憲主義を採用し、さらに戦後は英米法的な法の支配の原理を導入したといわれているにもかかわらず、権利と救済の結びつきに対する認識は英米法のそれと比較して希薄であり、権利救済機関

---

10)　347 U.S. 483 (1954).
11)　349 U.S. 294 (1955).
12)　See, Brown v. Plata, 131 S.Ct. 1910 (2011). アメリカでは制度改革訴訟の一環として、受刑者が刑務所施設の改善を求める訴訟が頻発していたところ、これを抑制するために、1995 年に連邦議会が刑務所訴訟改革法（Prison Litigation Reform Act: PLRA）を制定して、裁判所が刑務所改革を内容とする構造的インジャンクションを命じることができる要件を厳格に定め、裁判所の裁量を狭めようとした。Brown v. Plata では、下級審が下した受刑者減員命令（prisoner release order）が、PLRA の定める要件を充足しているか否かが争われたが、連邦最高裁は、PLRA が裁判所による実効的な救済を制限するものと解釈すべきではないと判示して、PLRA によっても裁判所による構造的インジャンクションは制限されないことを明らかにした。

としての裁判所の位置づけも脆弱なままであった。日本では、裁判所の主たる役割は法的紛争の「裁定」にあると考える傾向が強く、そこに権利救済機関としての役割を見出す向きは少なかったといえる[13]。

　救済を考えるに際しては、①どのような権利利益を、②どのような手続で、③どのように救済するかを分節して考える必要がある。①が実体法にかかわる問題であり、②が手続法にかかわる問題であり、③が英米法でいうところの救済法にかかわる問題である。このうち、日本の法律学においては、③の問題を個別的に抽出することなく、それを①や②の問題の一環として論じてきたために、実体や手続が論じられることはあっても、救済の内実が問われることは少なかった。それゆえ、実体法上の権利利益を、給付・確認・形成の判決を通じていかに具体化するかに議論が収斂し、実体法と手続法の枠内で行われる原告の請求を認容することが、すなわち「救済」を意味すると理解されてきた。その結果として、原告の提訴や請求が法的に認められるか否かという議論に重きが置かれ、どのような救済手段を講ずれば原告の権利利益を実現できるのかという、救済の実質に関する議論は等閑視される傾向にあった。

　しかし、1980年前後になると、権利救済の実効性やその具体的な内容を問い直そうとする新たな議論が生まれてきた。例えば、行政法学者の東條武治は、1979年に論文「権利保護の有効性論」を著し、その中で「『有効性を欠く権利の保障は、真の権利保護ではない』という考え方が憲法の次元でどの程度進んできたか」と問いかけ、現代国家にふさわしい実効的な権利保護を憲法32条の裁判を受ける権利を通して導き出すことを主張した[14]。

　また、民訴法学者の竹下守夫は、権利救済の具体的な中身を検討し、「ある権利に対して、いかなる『救済の方法』が認められるかが問題となるときには、第一次的には、これらの実体法の諸規定ないしその解釈によって定められることになるが、直接の手懸かりとなる明文の規定がない場合は、その権利（の内実をなす利益）の性質、侵害またはその危険を生じせしめている行為・状態の

---

13)　兼子一＝竹下守夫『裁判法〔第4版〕』（有斐閣、1999年）1-14頁参照。
14)　東條武治「権利保護の有効性論」公法研究41号（1979年）。なお、下山瑛二も同時期に、行政訴訟における救済方法を詳細に考察し、とりわけ確認の訴えの意義を強調している（下山瑛二「救済方法」『現代行政法学の基礎』（日本評論社、1983年）199頁以下）。

性質・態様などの実体法上の諸要素を考慮して決定されるべきことになる」との大枠を示した上で、主要な救済方法を「現在及び過去の権利侵害に対する救済」と「将来の権利侵害に対する救済」に分類した[15]。このうち、「現在及び過去の権利侵害に対する救済」には、①債務の現実的履行の強制（例：強制執行等）、②損害賠償（懲罰的損害賠償、定期金賠償を含む）、③原状回復（物理的原状回復）、④権利侵害の差止め、⑤権利の確認的宣言、⑥法律関係の形成が含まれ、他方、「将来の権利侵害に対する救済」には、①将来の権利侵害の予防的差止め、②将来の損害賠償が含まれるとした。また、竹下は、このような救済を実現するために司法権の役割を重視し、「司法の核心的役割は、憲法を頂点とする実定諸規定・その基礎にある法原則等の総体としての実定法規範によって認められた『権利（法的に認められた利益を含む）』を、対審構造をもつ手続において確定し、これに必要とされる『救済』を与えることによって、司法的に保障（保護といってもよい）することに求めるべき」であると主張した[16]。

2　司法権論アプローチ

東條や竹下らからの問題提起を受けて、憲法学の視点から、これを司法権論的な救済法論へと発展させたのが佐藤幸治である[17]。佐藤は、日本における現実の司法権は「かなり手足を縛られた存在」であり、「その中身や活動方法はほとんど実定法律の次元で決められてしまっている」と指摘した上で、裁判所には、より積極的な役割を期待して然るべきであるとして、次のように司法権の範疇に「救済」の観念を含めることを主張する。すなわち、「日本国憲法上の『司法権』のあり方を考える場合、憲法81条および13条の規定と結びつけて理解する必要があり、憲法典が『司法権』に対し憲法典の保障する基本的人権の保障・実現に格別の責務を負わせていることが看過されるべきではない。……『司法権』の本質をもって『権利の確定』と捉えると同時に、『司法権』にはかかる権利の『救済』のために何をなしうるか、あるいは何をなすべきかについてより積極的に取り組むべき課題」が内包されており、その際、そうした裁判所

---

15)　竹下守夫「救済の方法」芦部信喜ほか（編）『岩波講座基本法学8 紛争』（岩波書店、1983年）。
16)　竹下守夫「民事訴訟の目的と司法の役割」民事訴訟雑誌40号（1994年）10頁。
17)　佐藤幸治『現代国家と司法権』（有斐閣、1988年）3-144頁、257-297頁。

による「救済」を「『司法権』に付随した権能として構成することも可能ではないか」との主張である。佐藤は、こうした権利救済の具体的な方法として、英米法的な救済法でいうところの権利救済の4つの類型、すなわち、①損害賠償的救済、②原状回復的救済、③強制的救済、④宣告的救済を例として挙げるが、しかし佐藤の考える救済法は、この4類型に限定されるものではなく、より柔軟で個別的なものであり、「事案ごとの柔軟な対応を裁判官に許し、かつ期待するような法」を意味するという。

このような佐藤の救済法論は、その中で積極的に評価されている英米法的な救済法の観念に見られるように、アメリカ法の理論と実践に依拠した部分が多いため、「結局アメリカ合衆国における裁判所の活動の歴史的・経験的な現実をふまえたものでしかないのではないか」との批判があり、また裁判官による柔軟な救済や、違憲判決の一般的効力を肯定的に見る点に対しては、「事件性の下での私的紛争の解決という視点から離れた理解につらなるように思われる」[19]といった疑問が呈されている。だが、その重要性に無自覚なままに軽視されてきた救済概念を真正面から見据え、それを憲法解釈の中に整合的に取り込もうとした佐藤の論考は、積極的に評価されて然るべきであろう。佐藤の主張はその後の議論に大きな影響を与え、この時期以降、憲法学や行政法学の中で、権利救済のあり方や方法を問おうとする機運が高まっていった。

3 裁判を受ける権利論アプローチ

佐藤による救済法論の発展を受けて、その後、様々な救済法論が憲法学、行政法学、民事法学の世界から打ち出されていったが、このうち藤井俊夫、棟居快行、松井茂記らは、裁判を受ける権利を土台とした救済法論を展開した。

例えば藤井は、裁判を受ける権利の保障は「その裁判のあり方に関する一定

---

18) 野坂泰司「『司法権の本質』論について」杉原泰雄＝樋口陽一『論争憲法学』（日本評論社、1994年）293頁。
19) 戸波江二「司法権・違憲審査制論の50年」樋口陽一＝森英樹他（編）『憲法理論の50年』（日本評論社、1996年）117頁。佐藤の司法権理論は、その内部に矛盾を抱えているのではないかとの指摘は何人かの論者からなされている。そうした指摘について、市川正人「佐藤幸治教授の憲法訴訟論」法律時報59巻9号（1987年）、同「佐藤幸治教授の司法権論」法律時報81巻11号（2009年）参照。

の保障を意味しているということも確かに重要ではあるが、この保障には、何よりも、それによって例えば表現の自由とか財産権などに関する救済を受ける権利を保障しているという意味があることに注意する必要がある」とし、裁判を受ける権利それ自体に「訴権」性を付与することや、司法権の限界を限定的に解釈すべきことを主張する。そして、人権救済の方法として「例えば、差止訴訟とか、給付訴訟とか、義務づけ訴訟とか、宣言判決などについても、『人権救済のためにどうしても必要』な場合には、あるいは、その他の権利・利益についても他に適切な救済方法がない場合には、積極的にこれを肯定してゆくということも検討すべき」であり、裁判を受ける権利の保障に「訴権」そのものの保障も含まれると解すれば、「このような救済方法の創出の憲法上の根拠となりうる」と論じている。[20]

同様に棟居も、裁判を受ける権利を手がかりの一つとして、「基本権訴訟」の可能性を探る。棟居は、「憲法32条は実体的基本権全体にかかり、個別の実体的基本権に訴権性を付与することによって実体的請求権たらしめるところの手続的基本権規定である」とし、「実定訴訟法の規定する訴訟要件・訴訟類型それ自体も、『裁判を受ける権利』に照らした司法審査に服すべき」と主張する。そのように解すれば、「裁判所は、実定訴訟法に抵触する訴でも、違憲無効と判断される実定訴訟法の規定にとらわれることなく出訴を認めることが出来、また実定訴訟法に規定のない訴でも許容しうる」という。その結果、実体的基本権を侵害された者は、実定訴訟法上の訴訟要件・訴訟類型にかかわらず、権利を防御・回復するための訴訟が許される余地があるとし、そのような訴えを「基本権訴訟」と名付けた。[21]

同じく松井も、裁判を受ける権利の再構成を通じて司法救済の拡充を訴える

---

20) 藤井俊夫『事件性と司法権の限界』(成文堂、1992年) 12頁以下。
21) 棟居快行『人権論の新構成』(信山社、1992年) 285-315頁。なお、棟居は、近時の論稿において、基本権訴訟の主張は、単に訴訟の間口を広げることを意図したものではなく、「しかるべき救済手続が法令上用意されていないという立法不作為、ないしはむしろ積極的に基本権の裁判上の救済を塞いでいる訴訟要件の存在を、それ自体として『基本権侵害』であるという解釈をデフォルトに据える」ことが主眼であったと述べ、基本権の実現に必要な立法を立法者が怠っている場合は、裁判所は立法不作為を埋め合わせるべく、実体法上および手続法上の基本権実現を自ら行わなければならないと主張している (棟居快行「基本権としての人権──『基本権訴訟』その後」専修法学論集128号 (2016年))。

が、松井の場合、その前提に手続的デュー・プロセスの権利を据える。松井は、現状の「裁判を受ける権利は、絵に描いた餅にすぎない」と述べ、その原因は裁判を受ける権利に関する従来までの解釈の貧困にあり、さらにその深奥には、手続的デュー・プロセスに関する解釈の不十分さがあるという。従来の学説では、手続的デュー・プロセスの憲法上の根拠を憲法31条に置いてきたが、松井はこれについて次のように批判を加える。すなわち、31条を根拠条文とした結果、主として刑事手続が議論の焦点となってしまい、刑事以外の裁判手続や行政手続など、憲法が全体として政府の手続に対しどのように手続的デュー・プロセスを保障しているかが曖昧にされてきたと指摘するのである。そこで松井は、手続的デュー・プロセスの一般的根拠は憲法13条の幸福追求権に求めるべきであると主張し、憲法13条から導かれる手続的デュー・プロセスの権利は、「国民に関わるすべての政府の行為に妥当すると考えるべきであ」り、「実体的権利を剥奪する場合（侵益的処分ないし不利益処分）だけでなく、実体的利益の付与を決定する場合（授益的処分ないし利益処分）やさらには処分と言えないような手続でも、ともかく個々の個人に関わるような政府の手続にはすべて認められるべきである」という。そして、この手続的デュー・プロセスの一環として、憲法32条の裁判を受ける権利の保障があると位置づけ、憲法32条を民事・行政裁判におけるデュー・プロセスの総則的規定と見る。その結果、裁判へのアクセスは、憲法の手続的デュー・プロセスの問題と考えられなければならず、審級制度、裁判管轄、訴訟手続、訴訟要件などについても、立法府の完全な裁量とはいえず、手続的デュー・プロセスによって拘束を受けるとする。さらに、裁判所が与える救済についても、実効的なものであることが要求され、具体的には、本訴において実効的な救済を受けるために必要な仮の救済を求めることが認められるべきであり、また法律に定められた救済手段が不十分である場合には、「裁判所は、その司法権に基づいて、権利の実効的救済にとって必要な救済を与えることが認められるべきである」という。ここで、「裁判所は、その司法権に基づいて…必要な救済を与える」（傍点筆者）と述べられていることにも表れているように、松井は、裁判を受ける権利の再構成は、司法権の位置づけについても再検討を迫るとし、「裁判を受けて実効的な救済が与えられてはじめて裁判を受ける権利は意味のあるものとなる」という観点からは、「憲

法 76 条の『司法権』の裁判所への付与は、それに付随する救済などに関する権限も憲法上当然に包摂しているものと考えられるべきであろう」と論じている。[22]

4　紛争解決プロセス論アプローチ

日本における救済法論には、上述のとおり、司法権の中に救済付与の拡大可能性を見出すというアプローチと、裁判を受ける権利を通して救済の拡大を図るというアプローチの2つがあり、両者が共鳴し合いながら救済法論のメイン・ストリームを形成してきた。[23] 他方、民訴法学の分野からは、訴訟その他の紛争解決プロセスの過程の中に、救済の契機を探ろうという見解が提示されている。[24]

例えば、井上治典は、救済には権利の実現・実行を意味する「結果としての

---

[22] 松井茂記『裁判を受ける権利』（日本評論社、1993年）3頁、79-104頁、157-167頁。同じく、松井茂記『日本国憲法〔第3版〕』（有斐閣、2007年）124-126頁も参照。
　なお、この他に裁判を受ける権利からのアプローチをとる救済法論として、ドイツ基本法19条4項の規定（「何人も、公権力によって自らの権利を侵害されたときは、裁判で争う途が開かれている」）の解釈を、日本国憲法の裁判を受ける権利の解釈に照射することによって、実効的権利救済の実現を唱える笹田栄司や高田敏の論稿がある（笹田栄司『実効的基本権保障論』（信山社、1993年）、高田敏「法治主義と行政訴訟・憲法訴訟—実質的法治主義と包括的権利救済原則」佐藤幸治＝清永敬次（編）『憲法裁判と行政訴訟』（有斐閣、1999年））。また、井上典之は、「憲法訴訟の出口」ないしは「違憲判断の後始末」という問題設定を行い、「司法的人権救済」のあり方を論じる。井上は、裁判所に人権救済を求める手段として、国家の不当な干渉を排除する不作為請求権や、社会権等の侵害に対する違憲性確認請求権を重視し、そのような請求権は憲法32条の裁判を受ける権利から導かれると説く（井上典之『司法的人権救済論』（信山社、1992年））。

[23] なお、これ以外のアプローチを採るものとして、人権保障規定と統治機構規定から成る憲法の全体構造から「包括的体系的実効的人権救済をうける憲法上の権利」が導かれるとする竹中勲の実効的人権救済権論がある。竹中は、この権利ゆえに、国は司法的救済はもちろんのこと、非司法的救済のための制度を確立すべき憲法的規律に服すると主張する（竹中勲「実効的人権救済権論」佐藤幸治＝初宿正典＝大石眞（編）『憲法五十年の展望Ⅱ自由と秩序』（有斐閣、1998年））。

[24] なお、この2つの流れをいずれも「不毛」であると批判するのが、遠藤比呂通の「憲法的救済法」論である。遠藤は、J.S.ミルの自由論を導きの糸として、「人権概念の法的含意」を探り、人権概念そのものの中に裁判所による救済可能性の契機を見出そうとする（遠藤比呂通「憲法的救済法への試み──基本的人権の法的含意㈠～㈣」国家学会雑誌101巻11＝12号（1988年）、同102巻7＝8号（1989年）、同103巻5＝6号（1990年）、同105巻1＝2号（1992年））。遠藤の上記連載論文のうち、㈠については、その後、遠藤比呂通『不平等の謎──憲法のテオリアとプラクシス』（法律文化社、2010年）に再録されたが、同書「はしがき」の中で遠藤は、この論文を発表した当時を振り返って、「当時の私は、提訴する『市民』の発意よりも、救済を付与する裁判官の権能の方を、人権の実効化において重要な契機と考えていた」と自省的に述懐している。この問題意識に基づき、遠藤は市民の発意による憲法訴訟の理論化を試みることとなるが、この点については、遠藤比呂通『市民と憲法訴訟』（信山社、2007年）参照。

救済」と、紛争当事者間の利害の調整を意味する「過程としての救済」があり、これまでの救済概念は前者の意味で用いられることが多かったが、救済手続の社会的機能を考えた場合、後者の救済にウエイトを置くべきであると主張する[25]。井上は、「実体法の完結性を前提としたうえで権利は所与のものであり、救済（手続）は、それを保護・実現する手段にすぎない」という考え方を「『権利→救済』の思想」と名付け、これに対して「現実の社会に生起する紛争に対する救済の必要性とその手続」が権利に先行すると捉え、「救済手続の積み重ねを通じてしだいに権利なるものが形成されていく」と考える「『救済→権利』の思考」を対置する。そして、日々生起する新たな法的問題に対処するためには、原理的にも実践的にも後者の考え方をとるべきことを説くのである[26]。

このような井上の考えを土台として、独自の救済法論を展開し、それに基づいて数々の法制度改革の提言を行っているのが川嶋四郎である。川嶋は、民事裁判は「当事者間の一期一会的な関わりあいを通じたダイナミックな『権利と救済の創造過程』」でなければならないとし[27]、そのような創造過程を構築するためには、裁判官が実体法上の権利を認識し、そこに一定の救済を上からあてがうというこれまでの「垂直的救済」を排し、当事者が主体となって、当事者の満足を極大化しつつ、社会正義を実現できるよう救済を創造していくという「水平的救済」を志向しなければならず、訴訟制度や法曹制度、あるいはADRのような裁判外紛争処理制度は、こうした「水平的救済」の形成をサポートするように設計されなければならないと主張する[28]。そこで重要なことは、「自分でできる納得裁判」を実現することであり[29]、「既存の実体権をも一応の指針としながら、当事者間で以後の行為の指針となるべき救済内容を創出できる『法的救済のフォーラム』を保障し充実させ」、そのような救済創出過程を通じて、当事者を「納得（あるいは諦め）させ得るプロセス」を構築することであるという[30]。

---

25) 井上治典「民事救済手続の理念と構造」井上治典＝河野正憲＝佐上善和『現代民事救済入門――民事執行・倒産篇』（法律文化社、1992年）3-5頁。
26) 井上・前掲注25) 8-9頁。
27) 川嶋四郎『民事訴訟法』（日本評論社、2013年）3-4頁、10-12頁。
28) 川嶋四郎『民事救済過程の展望的指針』（弘文堂、2006年）10-46頁。
29) 川嶋四郎『民事訴訟過程の創造的展開』（弘文堂、2005年）115頁。

川嶋の救済法論の特徴は、裁判所によって救済が実現されるのではなく、裁判所のサポートによって、当事者自らが救済を創造するという点にあり、また、救済の内容は一義的に定まるのではなく、同じような事案でも、当事者が異なれば救済の内容も異なるという、可変的・動態的な救済概念を強調する点にある。川嶋にとって重要なことは、「結果としての救済」ではなく、救済を創出する過程で、当事者が自己決定を行い、自己創発を行い、エンパワメントされることであり、「いかなる救済結果に至ろうとも、結果とは別に過程へのかかわり方や、そこでの接遇および処遇のあり方いかんにより、心や感情が癒やされ」、「一定の満足感を得る」ことによって「自己救済」されることにあるといえる[31]。

　このような川嶋らの紛争解決プロセスを重視する救済法論は、それまでの救済法論とは一線を画するものといえる。それは、既存の救済法論が、救済を実現する主体として裁判所を措定し、裁判所の救済権限や裁判所に救済を求める権利の淵源をどこに求めるかという議論であったのに対して、川嶋らの救済法論は、裁判所が救済の主体であることを前提としつつも、そこで実現されるべき救済の創出過程のあるべき姿を議論の中心に据えているという違いである。言い換えれば、それまでの救済法論が、「与えられる救済」を論じたのに対して、川嶋らは「創り出す救済」を論じているといえよう。

　他方、「過程としての救済」や当事者による自己創発的な救済を重視するとき、そのサポート役として裁判所が相応しいかどうかが問題となろう。川嶋は、そうしたサポート機能を裁判制度が十全に発揮するために必要な改革を提唱するが、一方、川嶋がいう「人の人による人のための救済」[32]を希求するとき、救済の導き手としては、裁判所よりもむしろ行政機関、とりわけ一定の独立性を付与された専門的な権利救済機関のほうが、適任かつ実効性の高い救済を行うことができる場合もあり得よう。結果ベースではなく、過程ベースで救済法論を考えるという川嶋らの視座転換は、救済機関についての視座転換にも連動するものと思われるが、その点については後述する。

---

30)　川嶋・前掲注28) 25頁、30-31頁。
31)　川嶋四郎『差止救済過程の近未来展望』（日本評論社、2006年）30-36頁。
32)　川嶋・前掲注28) 2頁。

ここまで述べてきたように、かつては語られることの少なかった「救済」が、今日では法分野をまたいで活発に議論され、様々な救済法論が展開されている。そこに共通する問題意識は、これまでの救済の硬直性や司法権の過小性であった。この問題を乗り越えるべく、柔軟な救済のありようを探り、そうした救済の契機を司法権概念や裁判を受ける権利、あるいは紛争解決のプロセスの中に見出そうとしたのが、これまでの救済法論であった。こうした救済法論の展開が、法律学において「救済」という視点を顕在化させ、これまで意識的に議論されることのなかった救済の意義や実現方法を、個別の研究対象として析出したことの意義は大きいといえよう。[33]

三　救済の方法

1　インジャンクションの位置づけ

　日本における救済法論が、具体的にどのような救済方法の実現を主張しているかを検討するとき、英米法（特にアメリカ法）の救済法で採用されている救済方法に倣うものが多い。[34]先述のとおり、英米法では、大別して、①損害賠償（懲罰的損害賠償を含む）、②原状回復（違法な利益の「吐き出し」を含む）、③宣言的（確認）救済、④強制的救済という4種類の救済方法が認められているが、これを日本法と比較した場合、損害賠償は日本においても主たる救済方法として確立しているが、ただし、損害額の算定方法には違いもあり、また懲罰的損害賠償は日本では認められていない。[35]また、原状回復については、契約以前の状態や違法行為が発生する以前の状態に戻すという大枠の意味における原状回復は、

---

33)　新堂幸司『新民事訴訟法〔第5版〕』（弘文堂、2011年）254頁も、救済法論の展開は「裁判による紛争解決機能を拡充する方向であり、裁判を通じて新しい権利自体を生み出す契機になるという意味でも、今後の展開が注目される」と評価する。一方、高橋宏志『重点講義民事訴訟法 上〔第2版補訂版〕』（有斐閣、2013年）402-403頁は、救済法は「マジックワード」であり、救済の権限は「本来の姿としては、裁判所の先行的判決によるのではなく、立法で裁判所に授権していくべきものであろう」と批判する。

34)　なお、法体系の異なる英米法上の救済法を、「天下り式」に日本法に導入することを批判するものとして、参照、石川健治「文法と翻訳──『救済法』と『行政裁判権』の位置づけをめぐって」法学教室373号（2011年）。

35)　いわゆる萬世工業事件の最高裁判決（最二判平9・7・11民集51巻6号2573頁）において、最高裁は「懲罰的損害賠償としての金員の支払」は「我が国の公の秩序に反する」と判示している。

日本でも採用されている。しかし、「原状」の捉え方については英米法のそれと差異もあり、また違法な利益の「吐き出し」は日本では認められていない[36]。他方、宣言的救済は、権利や地位の確認あるいは義務の不存在確認などを通じて日本でも広く活用されており、行政訴訟の分野においても、不作為の違法確認や行政処分の無効確認が認められてきた。加えて、2004年の行政事件訴訟法の改正以降は、実質的当事者訴訟としての確認訴訟の意義が再評価されており、在外邦人の選挙権確認の訴えを認めた2005年の最高裁判決[37]がひとつの契機となって、確認訴訟の活用に注目が集まっているところである[38]。

　このように①から③の救済方法については、その内容や適用範囲の差はあっても、日本でも採り入れられている方法であり、英米法と日本法とで重なる部分が多いといえる。しかしながら、④の強制的救済については、彼の地との乖離は大きい。強制的救済が「強制的」である所以は、収監を含む直罰的な侮辱制裁権によって担保されているためであり、その点が強制的救済の最大の特徴である。侮辱制裁権はエクイティの歴史の中で発展してきたものであるが、エクイティ上の裁判では、裁判所に立法者としての役割と法執行者としての役割の双方が期待され、その役割を実効的に果たし、裁判所の権威を維持するために、必然的に自らの命令を強制するための権限が必要となる[39]。その結果、裁判所に固有の権能として侮辱制裁権が認められてきたのだが、日本には同様の制度は存在せず、また、エクイティの伝統のない日本においては、侮辱制裁権が裁判所に付与された司法権に附随する固有の権能と言い得るかは疑問が残る。イギリスやアメリカにおいても、現在では侮辱制裁権の根拠は成文化されてお

---

36) 日本では、違法な利得の吐き出しが、懲罰的損害賠償の文脈で論じられる場合と、不当利得返還の文脈で論じられる場合とがあるが、いずれにしてもこれを明確に認めた判例は存在しない。なお、出資法違反の高金利を取り立てられた原告が、違法な利得の吐き出しを損害賠償に含めて求めた訴訟において、一審松山地裁が、前掲注35)の最高裁判決を引用して、これを退けた例がある（松山地判平18・6・7民集62巻6号1517頁）。
37) 最大判平17・9・14民集59巻7号2087頁。
38) 多くの論稿があるが、近年のものとして、春日修『当事者訴訟の機能と展開』（晃洋書房、2017年）、黒川哲志「公法上の当事者訴訟の守備範囲」曽和俊文ほか（編）『行政法理論の探究』（有斐閣、2016年）、同「憲法上・行政法上の権利と、その当事者訴訟による実現」法学教室457号（2018年）等を参照。なお、憲法学から当事者訴訟の活用を主張するものとして、猪股弘貴「公法上の当事者訴訟──『人権救済訴訟』研究序説」明治大学社会科学研究所紀要49巻2号（2011年）がある。
39) Tabb & Janutis, supra note (8) p.97.

り、日本においても、法律上の明確な授権がない限り、侮辱制裁権は認められないと解すべきであろう。

　では、侮辱制裁権という厄介な棘を抜き、救済方法の内容のみに目を向けるとき、強制的救済に属する救済方法と日本法との距離は縮まるであろうか。強制的救済のうち、特定履行については、日本における契約法上の履行強制と重なる部分が多く、救済方法としてこれを含めることに違和感はない。一方、命令の内容が裁判官の大幅な裁量に委ねられているインジャンクションは、日本法との相違が大きい。

　英米法上のインジャンクションは、元々、金銭賠償等のコモン・ロー上の救済方法に対する補完的手段として位置づけられ、また救済対象も原則として財産権侵害に限られていたが、次第に財産権以外の権利にも対象を拡大し、先に述べた1955年のブラウン事件判決を端緒とする公共訴訟の登場により、適用対象が制度改革にまで広がった。このように、英米法においては、インジャンクションは判例を通じて徐々に定着してきたのだが、この点、日本においても、近年、差止請求訴訟について一定の進展が見られる。

　民事訴訟においては、1986年の北方ジャーナル事件最高裁判決で、人格権としての名誉権に基づく出版の差止請求が認められたように、人格権を侵害する行為の差止めが判例上認容されており、2002年の「石に泳ぐ魚」事件最高裁判決では、プライバシー権の侵害を理由にモデル小説の出版差止めが認めら

---

40) イギリスの場合は、1981年法廷侮辱法（Contempt of Court Act 1981）が、アメリカの場合は、合衆国法典第18編401条（18 U.S.C. §401）が、侮辱制裁権を裁判所に授権している。
41) なお、2016年に制定された「ヘイトスピーチ対策法」（本邦外出身者に対する不当な差別的言動の解消に向けた取組の推進に関する法律）に関する国会審議の中で、裁判所の仮処分や差止判決の実現を担保する方策として、侮辱制裁権を法定すべきではないかとの質問がなされた際、政府参考人（萩本修・法務大臣官房司法法制部長）は、「制裁までの必要があるかどうか、司法の権威を制裁によって保持することが手段として適切、妥当か、……そういった種々の観点から慎重に検討を要する」として消極的な姿勢を示している（第190国会参議院法務委員会議録第8号10頁）。
42) インジャンクションの歴史については、青井未帆「憲法上の権利の司法的救済──インジャンクション類似の救済手段利用に向けての予備的考察」本郷法政紀要7号（1998年）36-49頁に詳しい。なお、同稿でも触れられているが、行政法分野におけるインジャンクションは、行政機関の判断に対する敬譲という要素が加わるなど、私法分野にはない特徴がある。この点を含め、行政法分野におけるインジャンクションの生成と発展については、嘉藤亮「アメリカ行政法における『救済』観念の基層」神奈川法学44巻1号（2011年）が詳細な検討を行っている。
43) 最大判昭61・6・11民集40巻4号872頁。
44) 最三判平14・9・24判時1802号60頁。

れ、近年では、いわゆるヘイトスピーチを伴う集会やデモ行進（ヘイトデモ）に対する差止判決も出されるなど、表現の自由・集会の自由との緊張関係を孕みながらも、差止請求権は確実に法的な地歩を固めてきている。また、いずれも上級審で覆されてはいるが、人格権侵害を理由として航空機の飛行差止めを認めた大阪国際空港訴訟控訴審判決に始まり、原発の運転差止めを認めた志賀原発運転差止め事件金沢地裁判決や、高浜原発再稼働差止め事件大津地裁判決など、公害・環境問題についても差止めを認める判決が見られるようになった。さらに、国立マンション訴訟東京地裁判決では、住民の景観利益に基づいて、竣工済み高層マンションの20m以上の部分について撤去が命じられ注目された。同判決において東京地裁は、「不法行為による被害の救済は、金銭賠償の方法により行われるのが原則である」としつつ、「景観利益の特殊性と、本件建物による景観利益破壊の程度を総合考慮すると、本件建物のうち、……高さ20メートルを超える部分を撤去しない限り、……景観利益に対して受忍限度を超える侵害が継続することになり、金銭賠償の方法によりその被害を救済することはできない」と述べ、救済の実効性確保の観点から撤去を命じたが、これは英米法にいうところの作為命令型のインジャンクションといえよう。

　民法には差止請求権を一般的に認める根拠規定は存在しないものの、このように人格権等に基づいて、判例上、差止請求が認められてきており、また、知的財産権の侵害等については、特許法や著作権法等の特別法で差止請求が明文で認められており、同様に競争秩序に関しては、不正競争防止法や独占禁止法によって差止請求が法定されている。これに加えて注目すべきは、2006年の消費者契約法の改正によって新たに導入された消費者団体訴訟制度である。これは、消費者契約における不当条項の使用や不当勧誘行為について、一定の要件を満たした民間の消費者団体（適格消費者団体）が、当該行為の差止訴訟を起

---

45)　京都朝鮮学校に対する街宣活動の差止めを命じたものとして、京都地判平25・10・7判時2208号74頁（判決平26・12・9によって確定）、川崎市のコリアンタウンにおけるヘイトデモ禁止の仮処分を命じたものとして、横浜地judge川崎支判平28・6・2判時2296号14頁。
46)　大阪高判昭50・11・27判時797号36頁。
47)　金沢地判平18・3・24判時1930号25頁。
48)　大津地決平28・3・9判時2290号75頁。
49)　東京地判平14・12・18民集60巻3号1079頁。

こすことができるという制度であるが、直接的な利益侵害を受けたわけではない消費者団体が、「不特定かつ多数の消費者」（消費者契約法 12 条）の利益を保護するために差止請求を行うことができるという点において、これまでには見られなかった画期的な制度であるといえる。

他方、以前は「絶望的」であるとまで評された行政訴訟においても[50]、2004 年の行訴法の改正によって、義務付け訴訟と並んで差止訴訟が抗告訴訟の中に組み入れられ、差止請求権が明文の根拠を得るに至り、これを境にして下級審レベルでの差止めの認容も増加している。住民の景観利益に基づいて、公有水面埋立免許を県知事が交付することを差止めた鞆の浦公有水面埋立免許差止め事件広島地裁判決[51]や、自衛隊機の飛行差止めを高裁レベルで初めて認めた第四次厚木基地騒音訴訟東京高裁判決[52]などはその代表例であり、これまでは極めて困難であった行政訴訟での差止請求にも、一抹の光明が見え始めている。

こうした判例や立法の進展を受けて、近時、差止請求権に関する学説も新たな展開を見せている。民事的な差止請求権の法的根拠をめぐっては、これまでに権利説、不法行為説、および両者の併用を主張する二元説が提唱されてきた[53]。権利説は、物権的請求権のアナロジーとして差止請求権を位置づけようというものであり、物権と同様の排他的効力が認められるべき排他的支配権が侵害された場合に、その権利に基づいて差止請求が認められるとする。そうした排他的支配権として、どのような権利を挙げるかによって、さらに人格権説や環境権説に分かれるが、上に挙げた判例のように、人格権に基づいて差止めを認めるという考え方が有力となっている。他方、不法行為説は、不法行為における損害賠償としての原状回復と差止めの間に厳密な区別を設けることは困難であるから、不法行為の効果として差止めが認められるとする。これに対して二元

---

[50] 越智敏裕「行政事件訴訟法改正で行政事件手続はどう変わるのか」法学セミナー 607 号（2005 年）24 頁。越智は、行政訴訟の「絶望的」な実態が、日本を「法治国家」ならぬ「放置国家」にしてきたと評する。

[51] 広島地判平 21・10・1 判時 2060 号 3 頁。

[52] 東京高判平 27・7・30 判時 2277 号 13 頁。なお、上告審において最高裁は、従前どおり飛行差止めを認めなかった（最一判平 28・12・8 民集 70 巻 8 号 1833 頁）。

[53] 各学説の対比については、吉村良一「不法行為の差止訴訟」内田貴＝大村敦志（編）『民法の争点』（有斐閣、2007 年）参照。なお、学説の名称や分類方法は本章とは異なるが、差止請求権の法的根拠に関する諸説の分析については、根本尚徳『差止請求権の理論』（有斐閣、2011 年）23 頁以下に詳しい。

説は、権利説と不法行為説の併用を企図する一連の学説の総称であり、例えば、権利の効力として差止めが認められる場合は権利説、それができない場合は不法行為説を用いるべきであるとする見解がこれに含まれる。

さらに、近年になって、藤岡康宏や根本尚徳らによって新たに主張されているのが、違法侵害説である。これは、権利侵害であれ、法益侵害であれ、違法な侵害があれば、それを理由として差止めを認めるという見解である。例えば、藤岡は、物権的請求権を物権に内在する効力ではなく、物権とは別に外在的に存在する「1つの法制度」と捉えるべきであるとし、そこから物権の保護に対象を限定されない「一般的差止請求権」が導かれるという。そうすれば、権利の効力にとらわれることなく、権利は権利として違法な侵害から保護されるとともに、新たな利益に対しても予防的権利保護を講じることができ、この結果、先に挙げた消費者団体訴訟制度のように、権利概念では処理できないような問題についても、差止めによる救済が認められることの説明がつくと主張する[54]。また、藤岡は、差止めは不法行為の救済方法に限定されない「1つの法制度」であり、損害賠償とは別の独立した救済制度であるとする。この結果、差止めは「権利保護のラインを損害賠償の場合よりも前進させ、違法行為の阻止を目的とする救済手段」となり、差止めを認めるか否かについては、過失の有無ではなく、違法に侵害されている利益の要保護性が重要な判断基準になるという[55]。

違法侵害説の特徴は、差止請求権を権利や不法行為から解放し、それを独立した法制度として位置づけ、違法な権利侵害・利益侵害に対する救済方法と捉える点にある。これは、コモン・ロー的な救済方法とは別個のものとしてインジャンクションを創成してきた、英米法的な救済法の体系に類似した考え方であるが、他面で、救済法の歴史を持たない日本においても、インジャンクションを新たな「1つの制度」として取り込むことを意図する際には説得的な理論ということができ[56]、それに加えて、民事法上の差止請求の根拠と行政法上の差止請求の根拠を統一的に把握できるという長所も指摘できよう。

このように差止請求権に関する近年の判例や立法の動向、および学説の展開

---

54) 藤岡康宏『民法講義Ⅴ不法行為法』（信山社、2013年）520-522頁。
55) 藤岡・前掲注54) 522-523頁。なお、根本・前掲注53) も藤岡と同様の見解を提示した上で、物権的請求権の発生根拠に関する詳細な分析に基づいて、その理論的妥当性を論証する。

を概観すると、日本においても、インジャンクションの代表例である予防的インジャンクションについては、現行の司法制度における救済方法として成立し得るといえる。

2 現代型インジャンクションの可能性
(1) 修復的インジャンクション

インジャンクションと日本法との接合について考えるとき、さらに検討を要するのが、アメリカの公共訴訟の中で発展してきた現代型のインジャンクションである。上に見た予防的インジャンクションと比較して、現代型のインジャンクション（修復的インジャンクション、再発防止的インジャンクション、構造的インジャンクション）は性質が異なるため、その当否を別に考察する必要がある。

この点、川嶋四郎は、アメリカの公共訴訟における現代型インジャンクションについて詳細な分析を加えた上で、それらは「アメリカ法に特殊固有のドラスティックな救済実現」のようにも見えるとしつつ、救済方法の実体的側面、すなわち具体的な救済内容ではなく、救済実現の手続的側面、すなわち救済内容の形成過程や実現過程に着目すれば、そこに日本法におけるエクイティなるものを見出す契機があると述べる。前述したブラウン判決がそうであるように、公共訴訟においては、裁判所が一方的に救済内容を決定するのではなく、当事者や関係者に救済策を検討させ、その実現を裁判所が監督するというプロセスがとられることがある。「過程としての救済」を重視する川嶋は、公共訴訟におけるこのプロセスに着目し、ブラウン事件第一次判決と同第二次判決がそうであったように、「違憲／違法確認判決過程」と「救済命令判決過程」を分けて考え、「権利と救済」の分離可能性を追求することによって、「要件事実では捕捉しがたい事案即応的な具体的救済の積極的な創出」を主張する。そして、

---

56) なお、藤岡は、「救済の本質を考えると、損害賠償として後から救済されるよりも、違法な行為を差し止めることのほうが効果的である」として、「救済規範としては『損害賠償と差止め』ではなく、『差止めと損害賠償』として、まず差止めが取りあげられ」ることが重要であるという（藤岡・前掲注54) 527-528頁）。同様に、川嶋四郎も「救済の範疇における『差止的救済の優位性』」を説く（川嶋・前掲注31) 3頁）。
57) 川嶋四郎『公共訴訟の救済法理』（有斐閣、2016年) 1-6頁。なお、井上・前掲注22)『司法的人権救済論』は、憲法学的な観点から公共訴訟を詳細に分析にしている。

そのための方策として、訴訟上の和解等の充実や、判決機関と執行機関を一体化するための民事執行法の改正、あるいは執行方法とりわけ非金銭的執行の多様性の確保等を提唱する[58]。

　川嶋も指摘するように、アメリカにおける公共訴訟とそこで発展してきた現代型インジャンクションは、日本法との間に相当の径庭がある。現代型インジャンクションは、多分に政策形成機能を含むため、日本で認識されているところの「裁定機関としての裁判所」という伝統的な司法権のあり方とは接合しづらい。しかし、現代型インジャンクションの要素を部分的に日本法の中に見出すことは、必ずしも不可能ではないと思われる。例えば、修復的インジャンクションについて見れば、アメリカにおけるその典型例は、人権侵害的な制度に基づいて行われた選挙のやり直しを命じることである[59]。日本の場合、これと同様の訴訟として、議員定数の格差をめぐる一連の憲法訴訟があるが、最高裁判決においても、また下級審判決においても、違憲または違憲状態を宣言するにとどまっており、選挙そのものを無効とする判決が下されたことはない。しかし、一票の価値の格差が憲法の定める平等原則に違反し、かつそれを是正するために必要とされる合理的期間を経過している場合には、公職選挙法204条が定める選挙無効訴訟の原則に則り、裁判所は選挙無効の判決を出すことも可能であるはずであり、実際に、最高裁判決に付された少数意見の中には、その旨を主張するものもある[60]。選挙無効の判決は、修復的インジャンクションのような選挙のやり直し命令ではないが、公職選挙法上、選挙の無効が判決された場合、中央選挙管理会は、再選挙を行わせなければならないのであるから（110条2項）、選挙の無効判決は選挙のやり直し命令と同じ効果を持つといえ、その点において修復的インジャンクションと機能的には同一視できるであろう。

58）　以上、川嶋・前掲注57) 281-300頁。
59）　Tabb & Janutis, supra note (8) pp.124-125. なお、一票の価値の格差に関するアメリカの判例を詳細に検討し、権利救済における司法の役割を探るものとして、参照、嘉藤亮「権利実現と救済——較差是正訴訟の検討から(一)〜(三)」神奈川法学49巻1＝2＝3号（2017年）、50巻2号、50巻3号（2018年）。
60）　例えば、1985年の大法廷判決（最大判昭60・7・17民集39巻5号1100頁）に付された木戸口裁判官や谷口裁判官の反対意見、近時では2015年の大法廷判決（最大判平27・11・25民集69巻7号2035頁）に付された木内裁判官の反対意見、2017年の大法廷判決（最大判平29・9・27民集71巻7号1139頁）に付された山本庸幸裁判官の反対意見などがある。

また、一連の定数格差訴訟を考えるとき、裁判所が修復的インジャンクションと同様の判決を下せる根拠を、単に公職選挙法上の授権規定のみに見出すのではなく、さらに高次の法理論から演繹する可能性が見えてくる。最高裁が、定数格差の違憲を宣言するにとどめ、選挙を無効とすることを回避するために用いてきたのが、いわゆる「事情判決の法理」であるが、ここで着目すべきは、事情判決の実定的根拠は行政事件訴訟法31条にあるところ、選挙無効訴訟ではこの規定を準用しないことが公職選挙法219条に明記されているという点である[61]。そこで最高裁は、事情判決を初めて用いた1976年の大法廷判決以来[62]、事情判決の法理を「高次の法的見地」あるいは「一般的な法の基本原則」から導き出すという手法をとっている。これはつまり、行訴法に対して特別法たる地位にある公選法中に、国会があえて事情判決を排除する定めを置いたにもかかわらず、最高裁は明文の法的根拠のないままに、国会の立法裁量ないしはその立法者意思に反して選挙を有効なものと認め、結果として、選挙を無効にした場合に生じる混乱の回避という「公益」を政策的に実現したことになる。すなわち、裁判所は「高次の法的見地から」それが必要であると考えれば、法律上の具体的な条規に反してでも、「一般的な法の基本原則」を適用することができるのであり、この判決は裁判所がそうした権能を有することを認めたものであると解することができる。

では、このような権能、すなわち「高次の法的見地から」、「一般的な法の基本原則」を発見し、その内容を解釈・宣言し、具体的な事件に対してそれを適用する権能の法的根拠はどこにあるのであろうか。制定法の中に明文の根拠規定がない以上、そうした権能の根拠は、憲法76条1項で裁判所に付与された司法権の中に求める他はない。つまり、憲法上、裁判所に与えられた司法権の中には、高次の法的見地から見出した「一般的な法の基本原則」を解釈・適用する権能が含まれているのであり、それゆえ、最高裁は公選法の規定に反して事情判決の法理を適用できたのである。

---

61) 事情判決の法理については、野中俊彦『憲法訴訟の原理と技術』（有斐閣、1995年）308頁以下に詳しい。また、定数格差訴訟に事情判決の法理を用いることへの是非を論じたものとして、参照、君塚正臣「事情判決の法理——議員定数不均衡問題の解決に向けて(2)」横浜法学25巻2号（2016年）。
62) 最大判昭51・4・14民集30巻3号223頁。

「高次の法的見地」や「一般的な法の基本原則」に基づいて、裁判所が裁量的に一定の政策的判断を行えるというこうした論理を権利救済に敷衍して当てはめるならば、法的な権利のうち、少なくとも憲法上の人権については、他のすべての実定法規に優位する地位にあることは論を待たず、また理念的に見ても、人権保障は近代立憲主義が掲げる最も枢要な「法の基本原則」であり、かつ憲法13条も明文で人権は国政上、最大の尊重を必要とする旨を定めている。そうであるならば、この人権尊重の原理に則って、裁判所が実定法規範にはない救済方法を「高次の法的見地」から裁量的に導出することも、それが権力分立原理等の他の憲法原理に反しない限り、裁判所に授権された司法権の範囲に含まれると解されよう。[63]

(2) 再発防止的インジャンクション

次に、再発防止的インジャンクションについてみてみると、これは法律上の義務の範囲を超えて、裁判所が被告に権利侵害の予防策をとることを命じるものであり、当事者主義ないしは処分権主義、あるいは訴えの利益の観点から考えて、そこまでの政策形成的な判決を日本の裁判所が下すことは不可能といえよう。しかし、それは判決に再発防止的インジャンクション類似の内容を含むことの困難性であって、和解等の中にそれを盛り込むことが否定されるわけではない。川嶋は、先述のとおり、アメリカの公共訴訟に関する分析の中から、救済内容を創出するための当事者等による「法的救済のフォーラム」の重要性を見出し、訴訟上の和解等の充実を主張したが、こうした自主的解決の手続を通じて、裁判所が再発防止的インジャンクションを出したのと同じ結果を実現することはできよう。

例えば、保育施設でうつぶせ寝の状態で窒息死した幼児の両親が、施設の代表者らを相手に損害賠償を求めた訴訟において、大阪地裁の和解勧試に基づいて和解が成立した際、和解条項の中に、今後当該施設は乳幼児の睡眠時に、乳

---

63) 住吉博は、裁判所が本案判決＝救済を与えることができる根拠は、「法秩序の中に、裁判所はその権限に基づき原告にとり必要のある一定の救済を付与してよい、とする規約が存在することに求められる」とした上で、そのような規約は「国法上のものであると一応説明できるが、その存在についてさらに突き詰めて考える営みは、より高次の領域での思考に委ねられる」と述べる（住吉博「訴えの類型」青山善充＝伊藤眞（編）『民事訴訟法の争点〔第3版〕』（有斐閣、1998年）118頁）。

児については5分ごと、幼児については15分ごとに確認するとの内容が盛り込まれた。これは法律が保育施設に要求している以上の行為基準であり、また原告の権利利益に直接関係するものではないという点において、将来の被害者をつくらないという再発防止的インジャンクションと同じ効果を持つ条項であるといえる。あるいは、佐賀少年刑務所に勤務していた女性職員が、男性刑務官からセクハラやパワハラを受けたとして、国や男性刑務官に損害賠償を求めた訴訟において、刑務所内での研修の実施や既存の相談窓口の周知徹底を内容とする和解が成立した事例も、再発防止的インジャンクション類似の効果を持つものといえよう。いずれの事例の和解内容も、判決によっては得ることのできない再発防止策を勝ち取った点に意義があるが、逆にいえば、司法手続においてこれを実現するには、両当事者の合意に基づく和解や調停等の方法によるしかなく、アメリカのように裁判所が判決でそれを命じることはできない。そこに日本の司法制度の限界があるといえよう。

(3) 構造的インジャンクション

同様のことは、現代型インジャンクションの最大の特徴である構造的インジャンクションにも当てはまる。構造的インジャンクションは、制度や施設のあり方について、裁判所が改革を命じ、その改革の内容や実施についても、裁判所が継続的に関与するというものであるが、上に見た再発防止的インジャンクションと同じく、このような権能を日本の裁判所に求めることは、伝統的な司法権概念や権力分立原理から考えて極めて困難であろう。

しかし、裁判所の判決が一定の制度改革を促すきっかけとなることはあり得る。とりわけ憲法裁判の判決は社会的・政治的なインパクトが大きく、それが制度改革につながることも少なくない。例えば、前述の在外邦人選挙権確認訴

---

64) 2015年3月20日読売新聞（大阪版）。
65) 2014年3月8日朝日新聞（佐賀県地方面）。
66) 和解研究の第一人者である草野芳郎は、判決では実現できない事項を内容に含む和解を「判決乗越え型の和解」と名付け、これが和解の基本になるべきであると主張する（草野芳郎『和解技術論〔第2版〕』（信山社、2003年）11頁以下）。そして、そうした和解によって、現在の紛争を解決し、過去を清算するのみならず、「未来を創る」ことが和解の意義である説く（同「和解は未来を創る」豊田愛祥＝太田勝造ほか（編）『和解は未来を創る』（信山社、2018年））。

訟最高裁判決は、在外邦人の投票制度の改革を実現させ、また下級審判決においても、ハンセン病元患者に対する政府からの謝罪や「ハンセン病療養所入所者等に対する補償金の支給等に関する法律」の制定のきっかけとなったハンセン病国家賠償訴訟熊本地裁判決[68]や、成年被後見人の選挙権の回復につながった成年被後見人選挙権確認訴訟東京地裁判決[69]など、事実上の公共訴訟となったものは少なくない。また、判決文中にまま見られる「必ずしも十分ではない」といった現行制度に対する消極的な評価も、制度改革に向けた間接的効果を発揮する場合がある。同様に、夫婦別姓訴訟において、最高裁は、現行の夫婦同氏制は人権を侵害するものではないとしつつ、選択的夫婦別姓制も「合理性がないと断ずるものではない」とし、同制度の採用については、「嫡出子の仕組みなどの婚姻制度や氏の在り方に対する社会の受け止め方に依拠するところが少なくなく、この点の状況に関する判断を含め、この種の制度の在り方は、国会で論ぜられ、判断されるべき事柄にほかならない」として、より合理的な制度の構築に向けた議論の発展に期待を寄せたが[70]、こうした傍論の蓄積が長期的には構造的インジャンクション類似の効果を発揮することはあり得よう。ただし、これらはあくまでも裁判所が制度改革のきっかけをつくるに過ぎず、それを命じるわけでも、改革内容の策定・実施に直接関わるわけでもない。その意味で、アメリカにおける構造的インジャンクションとの距離は大きいと言わざるを得ない。

他方、構造的インジャンクションの特徴のひとつは、川嶋が指摘するように、当事者を交えた協議の場を「法的救済のフォーラム」として創出し、その中からあるべき救済内容を考案していくことにあるが、日本の裁判所にも、これと類似の機能を期待できる余地はある。近年の例を挙げるならば、市の所有地を神社施設の敷地として町内会に無償で使用させていることが、憲法の定める政教分離原則に反するのではないかが問われた空知太神社訴訟において、最高裁は、敷地の無償使用が政教分離原則に反するとの判断をする一方、原告が求め

---

67) 憲法裁判が有するインパクトについては、戸松秀典『憲法訴訟〔第2版〕』（有斐閣、2008年）404頁以下参照。
68) 熊本地判平13・5・11判時1748号30頁。
69) 東京地判平25・3・14判時2178号3頁。
70) 最大判平27・12・16民集69巻8号2586頁。

た神社施設の撤去以外にも適切な解決手段があり得ると述べ、原審がその点について「適切に審理判断するか、当事者に対して釈明権を行使する必要があった」ところ、「原審が、この点につき何ら審理判断せず、上記釈明権を行使することもないまま」に違憲と判断したことは、法令の解釈適用を誤ったか、釈明権の行使を怠った違法があると判示して、職権で審理を二審に差し戻した[71]。すなわち最高裁は、原告の訴えを理由のあるものと認めつつ、原告が主張する神社の撤去を行えば、神社における地域住民らの宗教的活動の自由を阻害するおそれがあるため、別の救済方法の検討を職権で指示したことになるが、このように当事者の主張するところを超えて、救済方法の更なる検討を求めたという本判決の手法は、構造的インジャンクションに類似した性質を持つものといえる。

　川嶋もこの判決を「注目すべき判決」と評価するが[72]、しかし本判決では、新たな解決手段として、市有地の町内会への譲与という方法を暗に示唆しており、そうした点において、当事者ベースの「法的救済のフォーラム」から救済策を導き出すという本来の構造的インジャンクションの手法とは異なる。また、本判決において最高裁が再検討を指示したのは、原告の主張に沿った解決方法のあり方ではなく、原告以外の者の権利利益を保障するための方法である。加えて、本判決を受けて、新たな解決方法を検討すべく、市は神社を使用していた町内会会長らと協議し、神社の敷地を氏子総代長に賃貸することで合意したが、原告はこの協議に関与しておらず、また市と町内会との合意にも納得せず、差戻控訴審および差戻上告審でも神社の撤去を主張したが、受け容れられなかった[73]。このように見ると、最高裁は原告以外の者の権利利益を「救済」するために、原告を排除したフォーラムの組織を促したということができ、結果においては、アメリカ的な構造的インジャンクションとはまったくの別の解決手法であったといえよう。

　では、和解を通じた解決の中に構造的インジャンクション類似の機能を見出

---

[71]　最大判平22・1・20民集64巻1号1頁。
[72]　川嶋・前掲注57) 289頁。
[73]　差戻控訴審判決：札幌高判平22・12・6民集66巻2号702頁、差戻上告審判決：最一判平24・2・16民集66巻2号673頁。

すことはできないであろうか。この点で画期的な事例として、赤江浜住民訴訟が挙げられる。これは、宮崎市赤江浜で県が浸食防止のために実施した人口岩礁の設置工事に関し、地元住民らが自然破壊の不当な支出であるとして、県知事に対して工事費の返還等を求めて 2006 年に提起した訴訟である。その後、県と原告団との和解協議で、海岸保全のあり方を考えるフォーラムの設置で合意し、2008 年に訴えは取り下げられた。県と住民との間には、既に協議の場として「宮崎海岸懇談会」と「海岸勉強会」という組織があったが、その後、2009 年にこれらを土台に「宮崎海岸市民談義所」が設置され、専門家も交えて住民と県および国との協議が行われてきた。また、これ以外に学識経験者から成る専門的な検討機関として「宮崎海岸侵食対策検討委員会」が設置され、これら行政・市民・専門家によって形成された海岸保全のための検討枠組みは「宮崎海岸トライアングル」と呼ばれ、市民参加の下に海岸保全を実施するという取組が現在まで引き継がれている。[74]

　訴訟と和解をきっかけとして、このような協議の場を形成できたことは、構造的インジャンクションによる解決手法に類似する面があるが、しかし和解を通じた当事者同士のフォーラムの形成は、裁判所がそれを促すことはできても、運営に関与することはできず、またフォーラムを通じて形成された解決策の内容が、当事者の権利利益の「救済」に不十分なものであったとしても、裁判所が新たな措置をとることはできない。制度改革が和解どおりに進まないという場合でも、裁判所としては何の手立てもなく、ここにアメリカにおける構造的インジャンクションとの大きな乖離がある。

　制度改革が和解どおりに進まなかった例としては、障害者自立支援法違憲訴訟が挙げられよう。2008 年から翌年にかけて全国 14 箇所で提訴された障害者自立支援法違憲訴訟では、当時の障害者自立支援法が、障害者に過度の負担を課し、法の下の平等や生存権を侵害するとして、障害者が自己負担額の返還等を国に請求した。しかし、訴訟の係属中に国が法律の廃止を表明したことを受けて、原告団と国との間で基本合意文書が取り交わされ、これに基づいて

---

74)　宮崎海岸トライアングルの構成およびこれまでの活動については、国土交通省九州地方整備局宮崎河川国道事務所のホームページ（http://www.qsr.mlit.go.jp/miyazaki/）（2019 年 3 月現在）を参照。

2010年にすべての訴訟で和解が成立した。[75] 基本合意文書には、障害者自立支援法の廃止と新たな福祉法制の策定・実施が盛り込まれ、これら合意事項の履行状況を確認するため、原告団と国との定期協議を行うことが定められた。定期協議の中で、原告団は障害者自立支援法の廃止と、それに代わる新たな「障害者総合福祉法」の制定を求めたが、国はこれを受け容れず、障害者自立支援法を改正して、現行の障害者総合支援法（障害者の日常生活及び社会生活を総合的に支援するための法律）を制定した。同法は、障害者自立支援法と比較して、法律の理念や目的は変更されたものの、障害者自立支援法と同様の骨格を維持していたため、原告団は合意の反故であるとして激しく反発した。しかし、どのような立法を行うかは、国会の裁量に委ねられており、このような結果に対して、裁判所は何ら介入の手段はない。アメリカ的な構造的インジャンクションが困難な日本において、和解を通じたフォーラムの形成と制度改革は有用な方法であるが、障害者自立支援法違憲訴訟をめぐる顛末は、その限界を示すものであるといえよう。

四　救済の機能

1　制裁機能の位置づけ

上ではアメリカの救済法に見られる救済方法の内容に着目して、日本における救済法を考察してきたが、救済法を分類する際に、救済が何を実現すべきなのかという機能面を重視すべきであることを強調するのがLaycockである。[76] Laycockは、救済法を機能の違いに即して、①損失補塡的救済（compensatory remedies）、②予防的救済（preventive remedies）、③原状回復的救済（restitutionary remedies）、④制裁的救済（punitive remedies）、⑤付随的救済（ancillary remedies）に分類する。このうち、①は主として損害賠償による事後的な損失補塡を、②は差止めや権利の確認等による事前の権利侵害防止を意味する。③

---

[75]　同訴訟の経緯については、障害者自立支援法違憲訴訟弁護団（編）『障害者自立支援法違憲訴訟――立ち上がった当事者たち』（生活書院、2011年）参照。

[76]　Douglas Laycock & Richard L. Hasen, Modern American Remedies (5th ed.) (Aspen Publishers, 2018) pp.3-5.

は不法な利得の返還または吐き出しによる原状回復を指し、④は故意の権利侵害者に制裁を科すために、被害者の被った損失を上回る賠償を命じることを指す。これに対して⑤は、他の救済方法の補助を意味し、訴訟費用や弁護士費用の被告負担、判決内容の強制執行、判決に従わない被告に対する法廷侮辱罪による処罰、損害賠償のための財産の差押えや強制競売などを意味する。

　これらの機能面から見た救済法のうち、大方の機能は日本の司法制度においても考慮され、何らかの形で実現しているといえるが、民刑峻別論の影響もあってか、日本の救済法論では制裁についての議論は少なく、また法制度においても、刑事法制を除いては制裁的機能を意図したものはほとんど見出すことはできない。

　アメリカにおける制裁的救済の代表例は、懲罰的損害賠償であるが、これは加害者に対する制裁を目的としているだけではなく、加害者およびその他の者が将来的に同様の行為を行うことを防止するという目的があるとされる[77]。これが、懲罰的損害賠償が「見せしめ的損害賠償」（exemplary damages）と呼ばれる所以であるが、このように懲罰的損害賠償は被害者の救済を目指したものというよりは、一般予防的ないしは特別予防的な効果を期待したものといえる。日本においても、同様の視点から利益吐き出し型の損害賠償の導入を主張する見解がかねてより唱えられているが[78]、判例がこれに否定的なことは先に見たとおりである。アメリカにおいても、懲罰的損害賠償に対しては種々の批判がなされており、例えば、憲法で保障された適正手続を経ることなしに、被告に準刑事罰的な制裁を科すことの問題性や、被った損失以上の利益を被害者が「棚ぼた」式に得ることへの疑問、あるいは被告が保険によって損害賠償の支払いを実質的に免れてしまえば、そもそも抑止効果がないのではないかといった疑義が呈されている[79]。予防や抑止を目的とする点において、懲罰的損害賠償は先

---

77)　Tabb & Janutis, supra note (8) p.269.
78)　窪田充見「不法行為と制裁」磯村保ほか（編）『民法学の課題と展望——石田喜久夫先生古稀記念』（成文堂、2000 年）、同「不法行為法における法の実現」長谷部恭男＝佐伯仁志ほか（編）『岩波講座現代法の動態 2 法の実現手法』（岩波書店、2014 年）。なお、予防的な目的ではなく、あくまで被害者の権利を回復することを目的として利益吐き出し型の損害賠償を主張するものとして、山下純司「不法行為における利益吐き出し責任」NBL937 号（2010 年）参照。
79)　アメリカにおける懲罰的損害賠償の歴史や概要、運用上の問題点等については、榎岡宏成『アメリカ懲罰賠償法』（信山社、2012 年）参照。

述の再発防止的インジャンクションとその機能面で近似性を有するが、再発防止的インジャンクションが「再被害」の防止を制度改革的な手法で指向するのに対して、懲罰的損害賠償は「再加害」の抑止を間接強制的な手法で指向するものであり、両者の目指すものは異なっているといえる。「法と経済学」の観点から見ると、懲罰的損害賠償には高い抑止効果があるとの分析もあるが、あくまで被害者の「救済」に重きを置いて救済法の機能を考える場合、懲罰的損害賠償に代表される制裁機能は、副次的なものと見るべきであろう。

2 救済としての「謝罪」と「関係修復」の可能性

他方、被害者の救済に重きを置いて考えた場合、救済法の中に新たな機能を創出すべき余地もあるのではないだろうか。それは心理的治癒と関係性の修復の機能である。

権利侵害を受けた者は、法によって保護されるべき権利利益を毀損されるだけではなく、自尊心や人としての尊厳を傷つけられることがある。とりわけ人格にかかわる権利利益が侵害された場合には、その心理的・精神的ダメージは大きい。また、権利侵害によって、加害者との関係はもちろんのこと、自己を取り巻く人びととの関係性が壊れ、社会的な孤立に苛まれることもある。例えば、企業や学校等における種々のハラスメントは、加害者との関係だけではなく、他の人びととの関係にも悪影響を与え、以前同様の生活を送ることを困難にすることが多い。被害者が抱え込むこうした心的外傷をケアし、加害者および周辺の人びととの人間関係を回復させることを、それぞれ心理的治癒、関係性の修復と呼ぶならば、救済法は社会生活上の処方箋として、こうした心理的治癒機能や関係性の修復機能も具備していく必要があろう。

心理的治癒機能や関係性の修復機能を実現する救済内容としては、まずもって「謝罪」を挙げることができる。謝罪はこれまで救済法の中で確たる地位を与えられることはなく、むしろ法的救済には不適なものと考えられてきたが、近年、英米法においても、謝罪の持つ法的意義の見直しが主張されている。[81]

日本において、法的救済としての謝罪の位置づけが論じられた事例として、

---

80) 森田果＝小塚荘一郎「不法行為法の目的――『損害塡補』は主要な目的か」NBL874号（2008年）、籾岡・前掲注79）73頁以下。

いわゆる「命日払い訴訟」がある。これは、交通死亡事故の被害者遺族等が、加害者に対して損害賠償を請求する際に、それを一時金賠償ではなく定期金賠償として請求し、被害者の月命日または年命日に支払うことを求めるという訴訟を指す。小佐井良太の調査によれば、このような訴訟で原告が命日払いを請求した理由のひとつは、命日ごとの長期間の支払によって、賠償金に「償い」としての意味づけを持たせたいとのことであったという[82]。

このような請求を認容したリーディングケースとして、東名高速飲酒トラック追突死傷事件における東京地裁判決がある[83]。しかし、この判決では定期金賠償を認めつつも、その理由は被害者遺族の意図を酌んだからではなく、「一時金として請求するか定期金として請求するかは、それが損害賠償義務者の支払を著しく煩瑣にするなど権利の濫用と評価されるような場合を除いては、処分権主義により、損害賠償請求権者の選択に委ねられるべきものと解するのが相当である」というものであった。そして、定期金賠償の中に償いの意味を持たせたいという遺族の意図については、「このような意図が原告らにあったとしても、もとより、それだけで原告らの定期金請求が権利の濫用となるものではなく、他に原告らの定期金請求を排斥する理由も見いだし得ない」と述べ、権利の濫用になるか否かの消極的な判断材料と位置づけ、請求を認めるか否かの積極的な判断材料とはしなかったのである[84]。

---

81) See, Robyn Carroll, Apologies as a Legal Remedy, Sydney Law Rev. 35 (2013); Daphna Lewinsohn-Zamir, Do the Right Thing: Indirect Remedies in Private Law, Boston Univ. Law Rev. 94 (2014) p.78, footnote 113.
82) 小佐井良太「『死別の悲しみ』を伴う紛争事例の解決をめぐって――定期金賠償方式に基づく『命日払い』請求再考」交通法研究38号（2010年）78頁以下。なお、常松淳は命日払い訴訟を加害者に対する懲罰の問題として論じる（参照、常松淳『責任と社会――不法行為責任の意味をめぐる争い』（勁草書房、2009年）1頁以下、201頁以下）。懲罰と償いは両立しえないものではなく、被害者の意図の中に両者が重複的に混在することはありうるが、小佐井の調査に見られるように、この問題は償い＝謝罪の面に重きを置いて捉えるべきであろう。
83) 東京地判平15・7・24判時1838号40頁。同時期の裁判例として、いわゆる「音羽幼児殺害事件」を巡る損害賠償請求事件に関する判決（東京地判平14・12・4判時1838号80頁）がある。同判決では、殺人事件の被害者遺族が加害者に対して、損害賠償金の命日払いを請求したところ、東京地裁はそうした請求も原告の処分権の範囲に属するとして、これを認容した。
84) 小佐井は、この判決は原告の心情の尊重と「法の謙抑性」との対立というディレンマに、一定の折り合いつける道筋を示すものであるとして肯定的に評価する（小佐井良太「『死別の悲しみ』と金銭賠償――法は死者を悼みうるか」江口厚仁ほか（編）『圏外に立つ法／理論――法の領分を考える』（ナカニシヤ出版、2012年）54頁以下）。

このように、この判決は遺族側の請求の意図を判決理由として正面から受け容れることはなかったものの、結論的に請求そのものは認容したため、実質的には被害者側の意図にそった命日払いが実現することとなり、その後、同様の訴訟で命日払いを求める請求が相次いだ。しかし、ごく一部の判決を除いて、その請求が認容されることはなく、ほとんどの訴訟で一時金一括払い方式での支払を命じる判決が下され、命日払い判決は判例理論としては否定されたと考えられている。[85]

　この事例に見られるように、謝罪の法的価値が軽視されていることによって、被害者の実際的な救済が妨げられているという面がある。とりわけ損害賠償については、その弊害が大きい。損害賠償請求訴訟においては、被害者やその家族は、必ずしも金銭賠償を求めているわけではない場合があるにもかかわらず、加害者の法的責任を問うためには、金銭賠償を求めるしか方法がないために、やむを得ず損害賠償を請求するものの、かけがえのない価値を金銭的に評価されることによって、かえって精神的苦痛を被ることがある。[86]金銭賠償には、それが命じられること自体に謝罪の意味合いがあるという見方もあるが、金銭賠償に制裁的な含意はあり得ても、謝罪の意味があるかどうかはケースバイケースである。例えば、浜松市宝石店入店拒否差別事件[87]において、外国人であることのみを理由に不当な差別を受けた原告が損害賠償を勝ち取ったものの、その後、ジャーナリストの取材を受けた被告は、原告が最初から損害賠償を狙ってわざとトラブルを起こしたという趣旨の発言をしている。[88]損害賠償という「救済」が、かえって加害者から自省の機会を失わせるとともに、被害者に二次的被害を与えることになった事例といえよう。

　そこで、謝罪の意義を再評価し、救済方法としてそれを取り込むためには、

---

85) 小佐井・前掲注82) 75頁。
86) 交通事故死遺族に対する小佐井・前掲注82) 78頁以下の聞き取り調査に、そうした心情が表れている。
87) 宝石店に入店しようとしたブラジル人女性が、外国人であることを理由に退店を要求されたため、人種差別であるとして宝石店店主らに損害賠償を請求した事件。静岡地裁浜松支部は、原告の訴えを認め、被告に150万円の損害賠償を命じた（静岡地浜松支判平11・10・12判時1718号92頁）。被告側は控訴せずに同判決が確定した。
88) 藤井誠二「あるブラジル女性が問うた『共生社会』」梅野正信ほか（編）『リアル国家論』（教育史料出版会、2000年）188-190頁。

実質的な救済につながる謝罪のあり方を検討する必要性がある。謝罪が表面的なものであったり、また自己の責任を回避するための策略的なものであったり、あるいは裁判所等から命じられた強制的なものであったりすれば、救済の実効性に欠けるばかりでなく、かえって被害者の心情を傷つけることにもなろう。したがって、被害者の救済につながる謝罪とは何なのかを検討しなければならないが、この点、人間の攻撃性や紛争解決の心理的解析を専門領域とする社会心理学者の大渕憲一による謝罪の構成要素が参考になる[89]。大渕によれば、謝罪は、①負事象の認知（＝自分の行為によって被害が生じたことを認める）、②責任受容（＝自己の責任を認める）、③悔悛表明（＝反省を表明する）、④被害者へのいたわり（＝被害者の苦しみを理解し、その緩和に努力する）、⑤更正の誓い（＝加害行為を繰り返さないことを誓う）、⑥赦しを請う（＝被害者の赦しを求める）という6つの要素から構成されるべきであり、この中でも②の責任受容と③の悔悛表明が謝罪の中核的要素であるという。それは、この2つの要素が、被害者の心理的ショックを緩和し、自尊心を回復させ、再被害の不安を解消するとともに、加害者への処罰感情を満たすという効果を最も直接的に果たすからである。このような効果を有する謝罪を法的救済の中に取り込むことができれば、権利侵害を受けた者の心理的治癒につながり、救済をより実効化できるであろう。

　また、責任受容と悔悛表明に支えられた謝罪は、関係性の修復の機能も有する。近時、紛争解決学の領域で注目を集める「紛争変容理論」では、紛争をあってはならない否定的なものとして捉えるのではなく、紛争を変容の機会として積極的に位置づけ、紛争の解決を変容の過程として捉え直すことを主張する[90]。そこでは、紛争解決の過程を通じて、紛争当事者が自律性や連帯感を取り戻し、また紛争に対する客観的視点を獲得することによって「変容」を遂げることが重要視され、そうした変容を実現できるような調停の実現が模索される。紛争変容理論では、変容の促進要因として、「謝罪」とそれに対する「赦し」が不可欠であるとされ、この両者が響き合って当事者が相互に変容したとき、紛争

---

89)　以下、大渕憲一『謝罪の研究――釈明の心理とはたらき』（東北大学出版会、2010年）4-10頁。
90)　以下、外村晃「『解決』から『変容』へのパラダイムシフト――2つの調停モデルからみる紛争の変容と寛容性」安川文朗＝石原明子（編）『現代社会と紛争解決学――学際的理論と応用』（ナカニシヤ出版、2014年）22頁以下。

が解決したということができる。ここでの謝罪は、それがもし表面的なものに終始すれば、被害者の赦しという変容と結びつくことはできない。そこで、先にあげた謝罪の要素、とりわけ責任受容と悔悛表明が重要になるのである。このように、責任受容と悔悛表明に支えられた謝罪が赦しと結びつき、当事者の変容がもたらされれば、関係性の修復も実現することとなる。すなわち、謝罪は、被害者に対する心理的治癒の機能を果たすだけではなく、関係性の修復の大きなきっかけともなるのである。

では、心理的治癒と関係性の修復という機能をもった謝罪を救済法に組み込むとき、どのような救済方法が適合的であろうか。ひとつはインジャンクション的に謝罪を命じることが考えられるが、強制的な謝罪は、一定の心理的充足感を被害者にもたらすことはあっても、それが責任受容を含まない表面的なものであれば、安定した心理的治癒にはつながらず、またそれが加害者との関係をさらに悪化させ、前述した浜松市宝石店入店拒否差別事件のような弊害をもたらすこともあり得る。加えて、謝罪の強制は、それを命じられた者の思想・良心の自由や表現の自由を侵害するおそれもある[91]。何らかの形で加害者に謝罪を求める場合でも、それが関係性の修復に資するものでない限り、有効な救済方法とはいえないであろう。そうしたことを勘案すれば、心理的治癒と関係性の修復という機能をもった謝罪を実現するには、判決による救済方法よりは、調停等による解決が適合的であるといえる。すなわち、井上治典がいうところの「過程としての救済」として、責任受容と悔悛表明を含む謝罪を実現することが、最も効果的な方法といえよう。

無論、調停というプロセスが、心理的治癒と関係性の修復の機能を必然的に具備するわけではない。そこで行われる調停は、定型的なものや打算的なものであってはならず、被害者の人としての尊厳を基調とするものでなくては、心理的治癒を実現することはできない。子どもを交通事故で亡くした経済学者の二木雄策の述懐は、このことを如実に示している。二木は、事故の加害者に対

---

91) この問題は、いわゆる謝罪広告強制事件をめぐって議論されてきた。謝罪広告の強制と思想・良心の自由との相克については、勝山教子「謝罪広告——良心の自由と『謝罪』の強制」法学教室236号（2000年）、野坂泰司「謝罪広告の強制と『良心の自由』——謝罪広告強制事件判決」法学教室305号（2006年）参照。野坂は、謝罪広告の強制は憲法19条が保障する「良心の自由」を侵害する余地があると指摘する。

して提起した民事裁判の描写を通じて、裁判による「救済」がいかに実際的な救済性に欠けるかを指弾している。調停を含む民事裁判の過程で、二木は「娘をモノとしてではなく最後まで一人の人間として扱うこと」を追求したが、定型的な損害賠償の算定基準の前にその思いは汲み取られることはなかった。二木は控訴審まで争い、控訴審判決にも満足することはできなかったが、しかし上告を断念する。その理由は、「大阪高裁のこの判決文は娘を抽象的なヒトとしてではなく、一人の個性ある人間として扱うという姿勢を随所に示すものだった」ためである。加害者からの謝罪はなく、調停や裁判の判決では「救済」を得られなかった二木であったが、「娘をモノとしてではなく最後まで一人の人間として扱うこと」という思いの実現を控訴審判決の中に読み取ることによって、一定の心理的な治癒を得られたのであろう。このことは、調停や裁判の過程が、個人の尊厳を基調とするものでなければ、どのような方法をとろうとも、被害者が真に救済されることはないということを示している。

　他方、謝罪と赦しによる関係性の修復のためには、調停等を担う第三者の能力が重要になる。紛争の当事者は、互いに敵対的な感情を有していることが多いがゆえに、介在する第三者のサポートなしには関係性の修復を図ることはできない。これについて民訴法学者であり弁護士である中村芳彦は、従来、調停の制度論や技法論の中に埋没していた調停実施者の役割論に焦点を当て、調停実施者に必要とされる意識や能力を検討する。中村は、調停を行う第三者は、前例や定型的なプロセスに拘泥することなく、「あくまで当事者自身によって語られた事実や想いの中から、共に暗闇の中で揺れながら、手探りで方向性を探り、問題を明確化しつつ、とりあえず次へと繋いでいくプロセス自体に価値を認めていくという方略」を基礎としつつ、①当事者自身の解決能力を引き出し、促進する「触媒」としての役割、②当事者相互間をつなぐ「媒介者」としての役割、③自らを当事者のひとりであると認識する「当事者性」、④両当事者の心理的負担の緩和を図る「ケア型の関係形成」を担うことが必要であると

---

92) 二木雄策『交通死——命はあがなえるか』(岩波書店、1997年)。
93) 二木・前掲注92) 101頁、229頁。
94) 中村芳彦「紛争処理過程における第三者の役割」山本顯治(編)『紛争と対話』(法律文化社、2007年)。

説く。中村の描く調停者像は、定型的な上からの公共性としての紛争解決ではなく、当事者の対話の中から生み出される紛争解決を目指すものであり、先に見た紛争変容理論にも接合する。謝罪と赦しによる関係性の修復のためには、このような調停者の媒介が不可欠であろう。

五　救済の主体

1　司法救済の問題点と非司法的救済の意義

　既存の救済法論は、権利救済における裁判所の役割の尊重という法の支配の伝統に則り、救済の主体として裁判所を措定してきたが、「与えられる救済」から「創り出す救済」への移行や、救済の機能論における心理的治癒機能や関係性の修復機能を重視すれば、救済の担い手は必ずしも裁判所に限られるものではない。そもそも司法救済は、独立した裁判所によって、紛争の終局的解決を図ることができるという特長を有するものの、様々な様相を呈する種々の紛争を、被害者の救済に重点を置いて解決するシステムとしては、多くの問題点を抱えている。例えば、裁判には時間的・経済的・心理的負担が伴い、かつ慎重さや厳格さの反作用として、簡易・迅速な救済を行うには適さない面がある。また、裁判では、主たる救済策が過去の損害に対する金銭賠償に半ば限定されており、権利侵害を受けた者が納得のいく解決が得られないという現状がある。加えて、裁判において救済できるのは原則として当事者だけであり、権利侵害を生み出している制度的・構造的な要因にメスを入れることができないため、「将来の被害者」の予防という面では実効性に欠けるということも指摘できよう。

　このような司法救済の問題点を考えるとき、権利救済の主体は裁判所に限定されるものではない。救済法に関するアメリカの代表的テキストでも、①自力救済（self-help）、②行政救済（administrative relief）、③裁判外紛争処理（alternative dispute resolution: ADR）を、重要な「非司法的救済」（non-judicial remedies）として挙げているが[95]、このうち ADR は、かねてより日本でもその拡充が主張され[96]、

---

95) Dobbs & Roberts, supra note (6) p.8.
96) 日本における ADR 研究のパイオニアによるものとして、参照、小島武司『裁判外紛争処理と法の支配』（有斐閣、2000 年）。

2004年にはADR促進法（裁判外紛争解決手続の利用の促進に関する法律）が制定されたこともあり、交通事故、労働紛争、消費者問題など様々な領域で独自のADRが創設され、専門性・個別性をもった紛争処理システムとして機能している。また、行政救済も、国や自治体の行政部局による様々な救済・支援のほか、①労働委員会や公害等調整委員会などの審判機能をもった第三者委員会による救済、②労働局の下に置かれた紛争調整委員会や国民生活センターに付置された紛争解決委員会など、当事者間のあっせん・調停・仲裁を担う第三者委員会による救済、③DV防止法（配偶者からの暴力の防止及び被害者の保護等に関する法律）に基づいて設置されたDV相談支援センターや児童福祉法に基づく児童相談所など、当事者への相談・援助・指導を担う専門行政機関による救済、④人権擁護委員や民生委員・児童委員など、国から委嘱を受けた民間人による相談等の救済など、種々の救済システムが整備されている。[97]調停等を重視する「過程としての救済」や「創り出す救済」、およびそこで期待される心理的治癒機能や関係性の修復機能を重視すれば、司法救済の改革と並んで、これらの非司法的の救済システムをさらに拡充し、簡易・迅速・柔軟で、かつ当事者の視点に立った機動的な権利救済を展開していくことが求められよう。[98]

2　国内人権機関の可能性

上に見た行政上の救済機関やADRは、それぞれに実効性を持ってはいるが、しかし避けては通れない問題点が存在する。ADRはあくまで任意的な救済制度であって強制力に乏しく、また個別的・専門的なものであるがゆえに普遍性に欠ける面があり、新しい権利問題や被害が顕在化・広範化していない権利侵

---

[97]　行政上の権利救済制度については、大橋真由美「行政に関わる権利利益の訴訟以外の方法による救済」公法研究78号（2016年）、金子匡良「国の人権政策」江橋＝山崎公士（編）『人権政策学のすすめ』（学陽書房、2003年）参照。また、行政上の権利救済については、自治体が独自の制度を設けている例も多い。そうした自治体の制度については、上記大橋論文の他、金子匡良「自治体の人権政策と人権救済制度」江橋崇（編）『グローバル・コンパクトの新展開』（法政大学出版局、2008年）を参照。

[98]　非司法的救済による権利救済の必要性を説くものとして、井上典之「実効的な権利保障」小山剛＝駒村圭吾（編）『論点探究憲法〔第2版〕』（弘文堂、2013年）参照。なお、本章では取り上げないが、NGOや各種民間団体による権利救済も極めて重要である。NGOの人権救済活動については、やや古い論稿ではあるが、林陽子「人権擁護活動におけるNGOの役割」法学セミナー523号（1998年）が参考になる。

害などをカバーすることが難しい。他方、行政救済は一定の強制力を有するものの、省庁割拠主義的に縦割り化されているため、ADR と同じく個別的・専門的なものが多く、いずれの省庁の所掌にも属さない問題については、救済の網の目から漏れてしまう場合も少なくない。

　この点、諸外国では、幅広い人権問題に対応するために、国内人権機関 (National Human Rights Institutions: NHRIs) と総称される機関、特に人権委員会と名付けられた機関を設置している国が多い。何をもって国内人権機関とするかは、必ずしも共通の理解が形成されているとはいえないが、①広範な人権問題を所掌し、②被害者救済のために必要な権限を付与され、③政府から一定の独立性を保障された機関であるという点を主要な要素とするならば、1970 年代に設立されたニュージーランド人権委員会やカナダ人権委員会等がその端緒といえる。その後、1990 年代になると、国際人権基準を国内で実施する仕組みとして、国内人権機関の役割が重視され始め、91 年には国内人権機関の権限・責務・構成等についての指針を示したパリ原則（国内人権機関の地位に関する原則）が国連人権委員会のワークショップで採択され（93 年に国連総会で承認）、95 年には国連人権センターによって、国内人権機関の設置と強化を目的とするハンドブックが刊行された。同時期に、国連の人権条約実施機関も、国内人権機関を持たない国に対して、その設置を促す見解を積極的に表明するようになり、日本に対しても、1998 年以降、国内人権機関の設置要請を含む勧告（最終所見）が、各種の人権条約実施機関によって再三にわたり出されている。

　国内人権機関に期待される機能や役割は種々あるが、被害者救済という点か

---

99) 唯一の例外は法務省下の人権擁護委員制度であるが、これが実効性に欠けるものであることについては、金子・前掲注 97) 92 頁以下、久禮義一＝平峯潤「人権擁護委員制度の現状と課題」憲法論叢 16 号（2009 年）94 頁以下参照。
100) 国内人権機関の意義や発展の経緯、各国の機関の類型等については、山崎公士『国内人権機関の意義と役割——人権をまもるシステム構築に向けて』（三省堂、2012 年）に詳しい。
101) 同ハンドブックの翻訳として、国連人権センター（編）／山崎公士（監修）／マイノリティ研究会（訳）『国内人権機関—人権の伸長と保護のための国内機関づくりの手引き書』（解放出版社、1997 年）がある。
102) 日本においても、国内人権機関を設立する動きがなかったわけではない。2002 年には小泉内閣によって人権委員会の設置を目的とする人権擁護法案が国会に提出され、また 2012 年には野田内閣によって人権委員会設置法案が提出されたが、いずれも廃案に終わっている。
103) 国内人権機関の機能や役割については、山崎・前掲注 100) 51 頁以下参照。

ら見た場合、迅速かつ柔軟な調停によって、当事者間の関係性の修復を図るという機能が最も重要である。この点、被害者救済のプロセスにおいて、特に調停を重視するのがカナダ人権委員会（Canadian Human Rights Commission: CHRC）である。[104] カナダ人権委員会は、カナダ人権法（Canadian Human Rights Act）に基づいて 1977 年に設置された機関であり、同法に定められた 13 の差別禁止事由（①人種、②出身国または民族的出自、③肌の色、④宗教、⑤年齢、⑥性別、⑦性的指向、⑧性自認または性別表現、⑨婚姻状況、⑩家族状況、⑪遺伝的特性、⑫障害、⑬犯罪歴）に基づいて行われた 9 類型の差別行為（①物品・サービス提供等の拒否、②商業施設・居住施設の利用拒否、③直接的・間接的な雇用差別、④求人・募集における制限や優先、⑤従業員組織における排除や制限、⑥雇用機会を奪うような方針・慣行の策定・実行、⑦男女別格差賃金、⑧差別的意思表示または差別助長行為、⑨ハラスメント行為）を受けた者からの申立てを受けて、被害者を救済する。[105]

カナダ人権委員会の救済プロセスは、以下のようなものである。まず、人権委員会が被害者からの申立てを受理すると、申立ての内容を相手方（加害者）に通知し、次に両者の間で任意の事前調停（mediation）を試みる。[106] これが不調に終わった場合、当該事案を調査に付し、その調査結果に基づいて、事案を棄却するか、調停（conciliation）に付すか、カナダ人権審判所（Canadian Human Rights Tribunal）[107] に移送するかを決定する。人権委員会が調停の開始を決定した場合、当事者はこれに参加しなければならず、人権委員会の職員である調停官の下で、原則として 3 ヵ月から 4 ヵ月の時間をかけて解決策が模索される。調停が不調に終わった場合、事案は人権審判所に移送され、裁判類似の審理が

---

104) カナダ人権委員会については、山崎・前掲注 100) 65 頁以下、金子匡良「カナダ人権委員会――人権文化の確立に向けて」NMP 研究会＝山崎公士（編）『国内人権機関の国際比較』（現代人文社、2001 年）、同「雇用差別に関するカナダ人権委員会の機能」アジア・太平洋人権情報センター（編）『人権保障の新たな展望――国内人権機関の機能と役割』（アジア・太平洋人権情報センター、2004 年）を参照。
105) なお、人権委員会への申立てを行ったことを理由として、申立人に対して不利益な取扱いを行うことも差別行為に当たるとされており、これを含めると差別行為は 10 類型となる。
106) mediation は直訳すれば「調停」または「あっせん」であるが、後述する「調停」（conciliation）と区別するため、「事前調停」という訳語を当てておく。
107) 人権委員会に申し立てられた事案について、人権委員会からの移送を受けて審理し、審決を下すために設けられている機関。カナダ人権法に設置根拠を持つが、人権委員会とは別の独立機関である。

行われるが、これ先立って、任意の事前調停を行うこともできる。この事前調停が成功しなかったときは、正規の審判が開かれ、その結果、人権審判所が人権侵害の存在を認定した場合は、人権侵害行為の中止や再発防止、被害者の権利の回復、逸失賃金の支払い、損害賠償等の是正措置を命じることができる。このうち、権利の回復措置や人権侵害の再発防止措置としては、人権侵害的な方針・慣行の変更、人権を保障するための方針の策定、人権意識を高めるための研修の実施などが命じられることが多い。なお、審決に不服がある者は、連邦裁判所に提訴して司法審査を求めることができる[108]。

このようにカナダ人権委員会およびカナダ人権審判所の救済プロセスでは、事前調停を含む計3回の調停が行われ、かつ調停によって解決に至った場合は、人権委員会がそこでの合意内容が誠実に履行されているかを継続的に監視することになっている。かつては、人権委員会が受理した申立ては、すぐに調査に付されていたが、1999年から事前調停の手続が導入され、現在に至っている。この調停重視のプロセスは、もともとカナダのオンタリオ州人権委員会（Ontario Human Rights Commission）などで採用され、高い成功率を収めていたため、連邦の人権委員会でも導入されたという経緯がある。このことは、人権侵害の解決には両当事者の理解と合意を得ることが効果的であり、そのためには権利救済のプロセスが、当事者の関係性の修復を図る機能を発揮すべきことを示しているといえよう。統計の取り方が異なるので単純な比較はできないが、事前調停が導入される以前の1996年から1998年の平均事案解決率が約12％であったのに対して[109]、同制度が導入された後の2002年から2004年の平均事案解決率は約36％に上昇し[110]、直近5年間の2013年から2017年の平均事案解決率も約30％を維持していることを見ても[111]、調停重視のプロセスが事案解決に効果的に結びついているといえるであろう。

---

108) カナダ人権委員会およびカナダ人権審判所の救済プロセスについては、両者のウェブサイトで詳しく解説されている。各ウェブサイトのURLは以下のとおり（いずれも2019年3月現在）。カナダ人権委員会（http://www.chrc-ccdp.gc.ca/eng）、カナダ人権審判所（http://www.chrt-tcdp.gc.ca/index-en.html）。
109) CHRC, Annual Report 1999（2000）p.54 より算出。
110) CHRC, Annual Report 2004（2005）pp.8-9 より算出。
111) CHRC, Annual Report 2015（2016）p.88, Annual Report 2017（2018）p.73 より算出。

人権委員会による調停プロセスによって解決に至った事例としては、例えば、関節リウマチを患っている女性が家族と旅行中に、旅行会社の添乗員から嫌がらせや不当な取扱いを受け、これが障害等による差別に当たるとして人権委員会に申立てを行ったという事案がある。[112] この事案では、人権委員会の調停によって両者が協議し、旅行会社が損害賠償を支払うことで解決がみられたが、それとともに、旅行会社が申立人に謝罪文を送ることが約束された。このような事案の場合、裁判では金銭賠償を求めるしか救済策がないが、救済策の中に謝罪を盛り込み、それによって被害者の尊厳の回復を図ることができる点に、人権委員会による救済プロセスの利点がある。

　また、人権委員会による調停は、当事者のみの救済ではなく、制度の改革を実現するという公共訴訟的な機能を果たす場合もある。例えば、トランスジェンダーの申立人がカナダ運輸省（Transport Canada）に対して申立てた事案がそれである。[113] カナダ運輸省の規則では、旅客機への搭乗に際して、搭乗客の外見が身分証明書の記載内容や写真と異なる場合、航空会社の職員はその搭乗客に口頭で質問できることになっていたが、他の搭乗客が周囲にいる状態でトランスジェンダーの搭乗客が性別等について質問を受ければ、その者のプライバシーが侵害されるとして、救済の申立てが行われた。人権委員会による調停の過程で、申立人は、トランスジェンダーの搭乗客が外見と身分証明書との違いについて説明する自己申告書を航空会社の職員に示すことができれば、プライバシーを守れると提案し、申立人と運輸省と人権委員会が共同で、そのような自己申告書のひな形を作成することで事案の解決を見た。作成されたひな形は、運輸省が公認したものではなく、搭乗客がこれを用いることを義務付けられるわけでもないが、このひな形が利用可能になることによって、申立人はもちろんのこと、同じ状況に悩んできた多くのトランスジェンダーの人びとが救済されることとなった。このように、当事者同士の対話を基調として、制度改革を実現できるという点も、人権委員会による救済プロセスならではの特長といえよう。

---

112) CHRC, Your Guide to Understanding the Canadian Human Rights Act (2010) p.12.
113) CHRC, Settlement for transgender air traveler (http://www.chrc-ccdp.gc.ca/eng/content/settlement-transgender-air-traveller)（2019 年 3 月現在）

むすび

　人権保障の基本原則を定める憲法13条は、「生命、自由及び幸福追求に対する国民の権利については、……国政の上で、最大の尊重を必要とする」と定めている。これは人権救済の責任を司法のみならず、国政を運営する機関としての行政府および立法府にも要請したものであると解すべきであろう。このように、人権は「裁判上のみならず立法・行政を含めた国政全般において実現・保護されるべき権利であるというところに、その本質的な属性が見出される」[114]ということを想起すれば、救済法論も司法救済のみならず、立法・行政を包括した権利救済システムの全体像を視野に入れなければならない。

　憲法13条が宣言するとおり、国家の最大の責任は個人の尊重とその人権の保障にあり、人権が保障されるためには、それが侵害されたときの救済が不可分一体のものとして担保されなければならない。そして、ここでいうところの「救済」は、一方的な上からの救済ではなく、応答的で関係修復的な当事者重視の救済でなければならない。責任の実践は、相手方に対する理を尽くした応答を伴うものでなければならず[115]、したがって、人権保障に対する責任の実践も、当事者の意思を最大限尊重する当事者重視型のシステムの構築を要請することになる。

　それでは、人権保障の実効性を確保するために、どのような救済システムが必要なのであろうか。本章で述べてきたことに基づいて提示するならば、まず積極的な司法救済を可能とする法制度の整備と判例の蓄積が期待される。DV防止法では、DV被害者の保護を図るために、裁判所が加害者に対して、被害者への接近禁止命令や住居からの退去命令を出せることになっているが、こうしたインジャンクション的な法制度を今後さらに拡充し、種々の権利利益の侵害に対して、裁判所が幅広く積極的な救済を及ぼすことができるようにするとともに、差止請求の認容等、これまで消極的に扱われてきた判例上のインジャンクション的な救済法についても、より積極的に活用の途を探っていく必要が

---

114) 浦部法穂『憲法学教室〔第3版〕』（日本評論社、2016年）56頁。
115) 参照、瀧川裕英『責任の意味と制度』（勁草書房、2003年）115頁以下。

あろう。[116]

　また、個別の法的根拠がない場合でも、裁判所は具体的な事情を勘案して、被害者に必要とされる救済策を、議員定数訴訟昭和51年最高裁判決がいうところの「高次の法的見地」から積極的に講じていくべきである。日本では、裁判所が具体的立法を離れて、独自の積極的な権利救済を図ることについては否定的な見方が強く、それは司法権の範囲を逸脱するものであると捉える傾向にあるが、憲法が各種の人権を定め、その最大限の尊重を国政運営の基本原則に掲げている以上、裁判所も権利救済機関としての役割を能動的に果たさなければならない。こうした積極的な救済権限については、実体法や手続法の中に、その内容や手続を定めておくことが望ましいが、しかし人権侵害に対して必要な救済を図る権能は、そもそも司法権に内在しているものと解され、したがって、個別の根拠法が存在しない場合であっても、裁判所はその裁量に基づいて必要な救済措置を命ずるべきであり、それこそが人権救済機関としての裁判所の役割であるといえる。[117]

　その一方、裁判には種々の限界や制約があるため、個別事案を超えた制度の改革や、将来の被害者を未然に防止するための救済策の実現には不向きである。そこで、司法救済と並んで、行政上の人権救済システムを整備する必要がある。それには行政各分野の担当部局が、個々の所管領域において実効的な人権救済を行うとともに、行政内部での横の連携を密なものとして、人権行政のネットワークを構築しなければならないが、それに加えて、人権救済の専門機関として、人権委員会のような独立機関を設立することも極めて有用である。[118] そして、

---

116) インジャンクション類似の救済手法による人権救済を展望するものとして、青井・前掲注42) 52頁以下参照。

117) 必要とされる救済方法に対応する制定法が欠けている場合には、判例による法創造の余地があることを主張するものとして、民事訴訟については、住吉・前掲注63)、堤龍弥「訴えの分類」新堂幸司（監修）／高橋宏志＝加藤新太郎（編）『実務民事訴訟講座〔第3期〕第1巻——民事司法の現在』（日本評論社、2014年）を、行政訴訟については、土井真一「法律上の争訟と行政事件訴訟の類型——在外日本国民選挙権訴訟を例として」法学教室371号（2011年）を参照。また、判例における「実効的救済」の深化を跡づけた論考として、笹田栄司「『人権の実効的救済』についての覚書」佐藤幸治＝泉徳治（編）『行政訴訟の活発化と国民の権利重視の行政へ』（日本評論社、2017年）を参照。

118) 人権救済機関としての国内人権機関の有用性を憲法学の視点から主張するものとして、参照、江島晶子「『人権救済法』としての憲法の可能性——憲法訴訟・国際人権機関・国内人権機関」法律論叢83巻2＝3号（2011年）。

人権委員会の救済手続は、徹底した関係修復型の手続にしなければならない。人権侵害の被害者に対する最善の救済策は、加害者との関係性を修復し、その中で人としての尊厳を回復することであり、そのためにも、地道な調停手続を中心とする関係修復的な手続と手法を重視する必要がある[119]。

　実効的な人権保障を実現するためには、以上のようなシステムと手法を司法と行政の双方において確立していかねばならない。これが今後の救済法論に課された課題といえよう。

【追記】
　およそ四半世紀前、法政大学大学院に入学し、憲法を専攻した筆者が、法律学の基礎をたたき込まれたのが浜川清先生の行政法のゼミであった。法学部出身ではない筆者は、浜川先生から「この訴訟の訴訟物は何か」と質問され、初めて『訴訟物』という用語を知った。誠に情けない話であるが、今となっては良い思い出である。この拙稿が、浜川先生から賜った薫陶とご学恩に少しでも報いるものとなれば幸いである。

（かねこ・まさよし　法政大学教授）

---

[119] 河野正憲は、訴訟が「当事者の片方の言い分を貫いたことによるジャスティス」を実現するものであるのに対して、調停は双方に等しく満足を与えるための「合意によるジャスティス」を実現するものであると説く（河野正憲「民事紛争解決システムの全体構造への一視角——民事訴訟、仲裁、調停」新堂幸司（監修）／高橋宏志＝加藤新太郎（編）『実務民事訴訟講座〔第3期〕第1巻民事司法の現在』（日本評論社、2014年）106頁）。

第1部　権利保護システムの現代的課題

第2章　行政訴訟における「法律上の争訟」論の諸相

稲葉　馨・土田伸也・西田幸介

はじめに

（1）裁判（司法）による行政統制のあり方と、法治主義（法律による行政の原理・法の支配）のあり様とは、表裏の関係にある。違法行政を防止・是正して「法治行政」を維持・回復する役割が、行政からの独立を保障された裁判所にゆだねられているからである。もっとも、裁判所法3条1項は、裁判所の権限について、「一切の法律上の争訟を裁判」し、「その他法律で特に定める権限を有する」と定め、「法律上の争訟」を裁判することをもって、裁判所の「固有の権限」とすると共に、その「本質」に由来する「限界」を示すものとしている。[1]従来の「通説的訴訟観は、『司法権』＝『法律上の争訟』＝『主観訴訟』という二重の等式」、すなわち石川健治教授のいう「司法権＝法律上の争訟＝主観訴訟のトリアーデ」の存在を「暗黙の前提」としてきたとする亘理教授が、この「トリアーデ」により、「法律上の争訟性を具備しない紛争」が「司法権の本来的な審判対象から除外」されることになったと述べているところも、同様な趣旨であろう。[3]

---

1) 兼子一＝竹下守夫『裁判法〔新版〕』（有斐閣、1978年）69-73頁参照。
2) 亘理格「法律上の争訟と司法権の範囲」磯部＝小早川＝芝池編『行政法の新構想Ⅲ行政救済法』（有斐閣、2008年）4-5頁。なお、石川健治「トポスとしての権利侵害論」法学教室327号（2007年）49頁参照。
3) 亘理・前掲注2）11頁。

(2) 興味深いのは、教授が、判例の分析を通じて、そのような「法律上の争訟」概念の機能について、その現象形態・問題局面を次のように整理・類型化していることである。教授は、これを、(1)法令の適用による「紛争解決可能性」と(2)「当事者間の権利義務に関する争いの存否」との二つの局面に分け、「トリアーデ」は、基本的に(2)に関するものであるとした上で、(2)をさらに、(i)「上位概念としての『法律上の争訟』」、(ii)「独立概念としての『法律上の争訟』」、(iii)「先行判断基準としての『法律上の争訟』」という3つのタイプに区分している。

(i)は、原告適格や処分性等の訴訟要件（「下位基準」）に関する「判断を束ねる」意味を有するにとどまり、(iii)も、法律上の争訟性は認められるのに、原告適格・処分性等の要件を充足しないとされる事案を表現するためのカテゴリーであるのに対して、(ii)は、「訴訟事件」として、あるいは「本案」で主張する「違法事由」として、「裁判所の審判対象」に「相応しい事柄であるか否かを判断するための独立の基準として機能する」ものとされ、さらに、(a)「一般的国家行為」の抽象的違憲訴訟、(b)「公的機関・組織」の「内部自律的決定」に関する訴え、(c)行政主体・行政庁が「行政権の主体」として提起する訴え、(d)国等の「裁定的関与」に対する地方公共団体の訴え、(e)その他の「具体的な権利義務に関係のない訴え」（機関訴訟・民衆訴訟など）の5類型に細分化されている。

(3) 本章では、この「法律上の争訟」概念をめぐる諸問題について、適宜、行政（事件）訴訟の裁判例をも素材として検討を加えようとするものであるが、便宜上、分担執筆方式をとるため、亘理教授の分析をも参考にしつつ、以下のように3つの節に区分することとした。まず、「トリアーデ」のうち、「法律上の争訟＝主観訴訟」の側面からのアプローチであり、上記の5類型の中では、主として、(e)に関わる。現行の行政事件訴訟法（以下、「行訴法」とする）に明記されていないにもかかわらず、行政事件訴訟の4類型について、抗告訴訟・当事者訴訟＝「主観訴訟」、民衆訴訟・機関訴訟＝「客観訴訟」に大別する（通説的）見解について考察を加える（第1節）。次いで、第2節において上記の(c)

---

4) 亘理・前掲注2) 5頁以下。

5) 以上、亘理・前掲注2) 7-10頁。

の問題に関連し、「法律上の争訟」に特別な意義を見出した最高裁平成14年7月9日第三小法廷判決（民集56巻6号1134頁。以下、「平成14年最判」とも呼ぶ）の、その後の裁判実務における運用のされ方と機能についてとりあげた後、第3節では、法律上の争訟＝主観訴訟とされる抗告訴訟・当事者訴訟について、主観訴訟性を特徴づけるものとされている「訴訟要件」に的を絞って検討する（第3節）。主として、上記にいう「(i)上位概念としての法律上の争訟」に関するものといえるが、「具体的争訟性」の要件を中心に憲法論の視点からの考究も心がける。

【稲葉　馨】

第 1 節　訴訟類型論と法律上の争訟

1　「行政事件訴訟」の 4 類型と 2 大区分論

　(1)　行訴法 2 条は、「この法律において『行政事件訴訟』とは、抗告訴訟、当事者訴訟、民衆訴訟及び機関訴訟をいう」としている。このように、行政訴訟を 4 つに類型化する発想は、行訴法が制定される以前から定着していたわけではない。それどころか、同法の訴訟類型規定の制定に強い影響を与えた田中二郎博士でさえ、戦後当初においては、「行政事件訴訟」の種類について、「抗告訴訟と当事者訴訟の二分論」をとり、「機関訴訟・民衆訴訟を抗告訴訟の一種」とする見解をとっていたとされている。[1]

　村上教授は、「行政訴訟」について「訴訟目的によって区別し、権利保護を目的とする主観（的）訴訟と、適法性の確保を目的とする客観（的）訴訟に分ける考え方」を「客観訴訟論」と呼び、明治憲法下においてフランス法の影響を受けて導入され、「ドイツの訴訟目的論の影響によって変容」を受けるも、現行憲法下、「裁判を受ける権利」の保障（32 条）による行政訴訟事項の「概括主義」の採用にともない、「法律上の争訟」概念と結合されることとなり、さらに、行訴法の制定により「公定化」されるに至ったもので、これが「現在の通説」になっている旨指摘している。[2]

　(2)　この「通説」的見解の骨格については上述したところ〔はじめに(1)〕であるが、行訴法の明文の上では、「自己の法律上の利益にかかわらない資格で提起するもの」という民衆訴訟の定義規定（5 条）、「国又は公共団体の機関相互間における〔中略〕紛争についての訴訟」という機関訴訟の定義規定（6 条）における文言、そして、「民衆訴訟及び機関訴訟は、法律に定める場合において、法律に定める者に限り、提起することができる」（42 条）との確認的規定から、民衆訴訟・機関訴訟が「客観（的）訴訟」に当たり、「法律上の争訟」に該当しないとの趣旨を読み取ることができることになる。[3] また、これを「主観（的）訴

---

1)　村上裕章「日本における客観訴訟論の導入と定着」法政研究 82 巻 2・3 号（2015 年）550-551 頁。
2)　村上・前掲注 1) 論文 519 頁以下、特に、547-557 頁参照。

訟」の側からみると、処分・裁決の取消しを求めるタイプの民衆訴訟・機関訴訟については、取消訴訟の原告適格（9条）・取消理由の（主張）制限（10条1項）の規定は準用されない（43条1項）という点に、同様な趣旨を見出すことができる。
[4]

　(3)　このように、村上教授のいう「客観訴訟論」とは、行政訴訟を2つに大別する訴訟類型観に立つ見解（以下、「2大区分論」とする）といえる。そこで、このような見解の意義と問題点を探るため、さし当たり念頭に浮かぶ疑問をあげてみると、概ね次のとおりである。[5]

　①訴訟目的によって、現行の訴訟制度・訴訟類型を、いずれかに純化して把握することができるか。抗告訴訟・当事者訴訟にせよ、民衆訴訟・機関訴訟にせよ、多かれ少なかれ、両面性（適法性確保と権利保護）を有している（ものが少なくない）のではないか。

　②両面性が認められる場合、主要（第一義的）な目的がいずれにあるかによって、2大区分を行うとしたら、通説的見解と同様な帰結にいたるか。

　③現行法上「客観訴訟」としての「民衆訴訟」または「機関訴訟」に属するものと解されている訴訟の中に、実質的に見て「法律上の争訟」に該当し得るものはないか。

　④仮に、「法律上の争訟」と解しうる訴訟が、現行法上、「民衆訴訟」または「機関訴訟」として法定されている場合、別途、「主観（的）訴訟」としても提訴することが許されるか。

　⑤「客観訴訟」であって、「民衆訴訟」・「機関訴訟」のいずれの定義にも当てはまらない訴訟（類型）を想定できるか。

　この小稿で、これらの疑問のすべてについて踏み込んだ考察を加えることは困難であるので、⑤については今後の課題とし、以下、《類型化の相対性・相対化》という視点から①〜④について、一通りの言及を行うこととしたい。

---

3)　塩野宏『行政法Ⅱ〔第5版〕』（有斐閣、2010年）266-268頁参照。
4)　宇賀克也『行政法概説Ⅱ〔第6版〕』（有斐閣、2018年）383頁参照。
5)　ちなみに、亘理格「法律上の争訟と司法権の範囲」磯部＝小早川＝芝池編『行政法の新構想Ⅲ　行政救済法』（有斐閣、2008年）16頁は、これを「二元的訴訟目的観」と呼んでいる。

2 訴訟類型区分の相対性・相対化

(1) 周知のように、①の疑問に対して、訴訟目的なるものの「相対性」を明解に説いているのは村上教授である。「ある訴訟制度が国民の権利保護を目的とするか、行政の適法性の維持を目的とするかは相対的な問題であって、結局は量的差異にすぎないのではないか」[6]と。

教授のこのような認識は、さらに進んで、「そもそも2つの訴訟目的が互いに背反」する「関係にあるかどうかも疑問」とするに至り、訴訟目的を基準に「訴訟をカテゴリカルに分類し、それに様々な帰結をストレートに結びつける点で、通説は決定的な欠陥をはらんでいる」と断ずるのである[7]。

(2) 他方、亘理教授は、「通説的な訴訟観」について、「主たる訴訟目的」が「国民の権利利益の保護」と「適法性の維持・回復等の公益の確保」のいずれにあるかによって、「主観訴訟と客観訴訟を区別してきた」と述べており[8]、「通説」も、訴訟目的の「相対的」性格・「量的差異」を承知した上で、複合的な目的間に「主」・「従」の格付けを持ち込むことにより、その「客観訴訟論」の妥当性を維持しようとしてきた、との認識を示しているように思われる（前記②の論点）。

そして、このような認識を前提として、亘理教授は、「そもそも主観訴訟と客観訴訟を、訴訟目的の差異のみに着目して区別することは妥当」かという問題提起を行い、回答のヒントをフランスの越権訴訟に求めて、次のように述べている。「訴訟審理の対象である法問題の性質」が「行政作用の客観的な適法性」であるところから、「わが国の取消訴訟に相当する」越権訴訟が通例「客観訴訟」と把握されているのであり、これに習えば、「わが国の抗告訴訟も一面では客観訴訟なのである」[9]と。

「訴訟目的」なるものの相対的性質に照らし、「審理対象」の視点から当該訴訟の性格をとらえようとすることは、「法律上の争訟＝主観訴訟」の等式にも、

---

6) 村上裕章『行政訴訟の基礎理論』（有斐閣、2007 年）249 頁。
7) 村上・前掲注 6) 249 頁。
8) 亘理・前掲注 5) 16 頁。
9) 亘理・前掲注 5) 17 頁。

その内容理解において再考を促すこととなる。「法律上の争訟」の概念は、目的ではなく、「審理対象」に関する概念だからである。この問題につき、村上教授は、次のような提案を行っている。「仮に主観訴訟と客観訴訟の分類」を行うとしても、「端的に、『法律上の争訟』に当たるか否かによって区別すべきではないか」と。[10]

(3) このように、訴訟審理対象に係る概念としての「法律上の争訟」に該当するか否かによって、「主観訴訟」・「客観訴訟」の区別を行おうとする場合、現行法上、行訴法にいう「民衆訴訟」または「機関訴訟」として扱われながら（民衆訴訟・機関訴訟につき、抗告訴訟・当事者訴訟に関する規定の準用について定める同法43条の援用などが、その証左となる）、実質的には「法律上の争訟」（特に、《当事者間の権利義務・法的利益関係性》、以下、この意味で「法律上の争訟」という）に該当し得る訴訟があるか、これが前記③の疑問である。

(a) 民衆訴訟について

(i) 先に簡単に触れたように〔本節1(2)〕、民衆訴訟が「自己の法律上の利益にかかわらない資格」で提起する訴訟（類型）であるのに対し、抗告訴訟では、当該訴えについて「法律上の利益を有する者」（取消訴訟・無効等確認訴訟・非申請型義務付け訴訟・差し止め訴訟）ないし、―それに類する―「法令上の申請権に基づいて申請した者」（不作為の違法確認訴訟・申請型義務付け訴訟）のみが原告適格を有するとされている。[11]抗告訴訟が法律上の争訟に該当することが端的に示されているのに対し、「自己の法律上の利益にかかわる」場合にも、立法政策上、（あえて）民衆訴訟として制度化することも想定されているのか、明確とは言い難い。

(ii) もっとも、民衆訴訟について、「この訴訟の原告たる者は、行政権によって自己固有の法益を侵害された者であることを必要とせず、原告適格は別の見地から法律で定められている点（第42条参照）に特色を有」するといった説明に照らすと、[12]《自己の法律上の利益にかかわる場合であってもよいが、訴え

---

10) 村上・前掲注1) 557頁。
11) 稲葉馨「行政訴訟の当事者・参加人」磯部＝芝池＝小早川編・前掲注5) 67-68頁参照。
12) 杉本良吉『行政事件訴訟法の解説』（法曹会、1963年）24-25頁。

の「資格」は、その者の法律上の利益（保護）とは別の見地から個別法によって設定される》との趣旨とも解することができるように思われる。白藤教授が、「自己の法律上の利益にかかわらない資格」との文言について、「主観法（主観的な法的利益）的観点とはかかわりのない別の観点」から、個別法による原告適格の定めがおこなわれることを「記したにすぎ」ず、「公益であるのか、個人の利益であるのか」といった「『法益』保護の観点とはかかわりない観点から出訴資格が論じられるべきである」と述べているところも、基本的に同旨と考えられる。

(iii) では、現行法上、個別法により設けられている「民衆訴訟」（白藤教授にならって、以下「法定民衆訴訟」とする）では、どのような「資格」が要求されているのであろうか。村上教授は、定義規定（行訴5条）中に例示されている「選挙人たる資格」以外の実例として、「当選人」・「投票人」・「審査人」・「住民」〔たる資格〕をあげている。

ここで注目されるのは、「現在制度化された民衆訴訟のすべてが、性質上も、民衆訴訟であるとはいえない」とし、その種の民衆訴訟を「形式的民衆訴訟」と呼ぶ見解が以前から見られたことである（下線は、稲葉）。そこでは、具体例として、「一般の選挙関係訴訟で落選者が出訴する場合」や、選挙人名簿への登録・直接請求署名簿の署名に関する訴訟で「自己の登録・署名の効力を争う場合」があげられているが、この見解によれば、これらの訴訟は、《本（実）質的》には、「法律上の争訟」に当たることになろう。

さらに、村上教授は、現行の法定民衆訴訟の中には、(イ)「そもそも法律上の利益を有すると解される者しか提起できないもの」と(ロ)「法律上の利益を有すると解される者が原告の中に含まれている場合」とがあることを指摘している。前者の例として、①国会議員の当選の効力に関する訴訟〔選挙人・候補者等〕、

---

13) 室井力＝芝池義一＝浜川清『コンメンタール行政法Ⅱ行政事件訴訟法・国家賠償法〔第2版〕』（日本評論社、2006年）89頁〔白藤博行〕。
14) 南博方＝高橋滋＝市村陽典＝山本隆司編『条解行政事件訴訟法〔第4版〕』（弘文堂、2014年）143頁〔村上裕章〕。なお、現行法上の民衆訴訟の具体例については、特に、村上裕章「客観訴訟と憲法」行政法研究4号（2013年）14-21頁を参照。
15) 山村恒年＝阿部泰隆編『判例コンメンタール行政事件訴訟法』（三省堂、1984年）61頁〔木佐茂男〕。
16) 山村ほか・前掲注15) 61頁〔木佐〕。

②連座制により当選無効とならないことを確認する訴訟〔当選人〕、③最高裁判所裁判官国民審査の罷免無効訴訟〔罷免を可とされた裁判官〕など、後者の例として、④地方公共団体の議員・長の選挙または当選の効力に関する訴訟〔選挙人・公職の候補者〕、⑤国会議員の選挙の効力に関する訴訟〔選挙人・公職の候補者〕、⑥直接請求の投票に関する訴訟〔選挙人・請求代表者・議会〕などを挙示（カギ括弧内は、提訴権者）しているが[17]、(ロ)の類型においては、法定された提訴権者のうち誰が訴えを提起するかによって、訴訟の「性質」が変わり得ることになろうから、法定民衆訴訟として制度化する意味も、(イ)の場合と(ロ)の場合とでは同様に論じ得ない点もあろう。

(b) 機関訴訟について

現行法上「機関訴訟」として扱われている訴訟（以下、「法定機関訴訟」とする）についても、実質的にみて「法律上の争訟」に該当するものが存在することは、以前より、いくつかの観点から指摘されてきた。

(i) まず、機関訴訟に当たるか否かの判別基準となる「『機関』や『権限』の観念は実質的かつ相対的に解すべき」という思考様式をとる見解によるものがある。すなわち、論者によれば、行訴法にいう「機関訴訟」は、「必ずしも形式的意味での通常の『機関』相互の訴訟に限られない」のであり、「国や公法人自体が出訴する場合であっても」、当該訴訟が機関訴訟としての性質をもつことも考えられる[18]。また、「逆に形式的には機関であっても、裁判的保護を受け得べき場合が、理論的にはあり得る」ということになる[19]。このような観点から、雄川博士は、法定機関訴訟のうち、実質的に見て「法律上の争訟」に該当し得る例として、地方税に係る課税権の帰属等をめぐって地方公共団体の長が提起する訴え（地方税法8条10項）、地方公共団体の首長と議会の紛争に関する訴訟（地方自治法176条5項）に言及している[20]。

(ii) 次に、機関訴訟の問題を基本的に「同一の行政主体に属する行政機関間

---

17) 以上、南ほか編・前掲注14) 143頁〔村上〕。
18) 以上、雄川一郎『行政争訟の理論』（有斐閣、1986年）465頁〔初出は、1974年〕。
19) 雄川・前掲注18) 466頁。
20) 雄川・前掲注18) 432頁、466頁参照。なお、雄川博士の見解については、さらに、室井ほか・前掲注13) 94頁〔白藤〕、西上治「機関争訟の『法律上の争訟』性」行政法研究6号（2014年）110頁以下参照。

の紛争」と捉えることによって、「異なる行政主体の機関の間の権限争議」＝「行政主体（法人）間紛争」として、これに該当し得る法定機関訴訟を「法律上の争訟」（の実質を有するもの）と解するものである[21]。国と地方公共団体との関係について、さらに「自治権」によって補強をはかる見解も、基本的には同様な思考によっていると思われる[22]。

この見解によれば、例えば、機関訴訟に関する行訴法の定めが準用される旨を明記する（地方自治法251条の5第8項・9項、251条の6第4項・5項）、いわゆる「国等の関与に関する訴訟（以下、「関与訴訟」という[23]）」も、実質的には「法律上の争訟」に当たることになろう。

(iii) さらには、「権利と権限」・「法人（格）と機関（性）」・「外部関係と内部関係（上下機関関係）」といった概念対からなる伝統的な理論枠組み自体の「自明性」を「根底から問い直す」ことを通じて、「機関訴訟」も「法律上の争訟」たり得ることを論証しようとする試みもみられる[24]。その代表者ともいうべき山本教授は、「憲法あるいは法律により、相互に一定の自律性・独立性を保障された国または公共団体（の機関）が、権限を主張し合う訴訟は、法律上の争訟と解するべきである」とし、行訴法「5条・6条にいう民衆訴訟および機関訴訟には、『法律上の争訟』ないし法律の特別の根拠なしに認められる訴訟が含まれていると解するべきである」と述べている[25]。

(4) 以上のように、「法律上の争訟」たる性質を有しながら、現行法上「民衆訴訟」あるいは「機関訴訟」として制度化されているケースが（少なからず）存在することは、広く認められているように思われる。そこで、最後に、上記④の問い（通常の〔主観的〕訴訟手続の利用可能性）について、簡単に見ておこう。

---

21) このような思考の理論的可能性と論点について、大貫裕之「『機関』訴訟」笹田栄司＝亘理格＝菅原郁夫編『司法制度の現在と未来』（信山社、2000年）170頁以下、室井ほか・前掲注13）92-94頁〔白藤〕など参照。
22) 特に、塩野説につき、西上・前掲注20）118頁以下〔123頁〕参照。
23) 村上・前掲注14）22頁以下、稲葉馨「国・自治体間の紛争処理制度」都市問題91巻4号〔2000年〕38-39頁参照。
24) 文献も含め、西上・前掲注20）137頁以下参照。
25) 南ほか編・前掲注14）876-877頁〔山本隆司〕。また、山本隆司「行政の主体」磯部＝小早川＝芝池編『行政法の新構想Ⅰ』（有斐閣、2011年）107-111頁をも参照。

（ⅰ）この点について、いち早く選挙訴訟に関連して、次のような指摘がなされていた。「公選法の趣旨は、法律上の利益を有する者についても、選挙又は当選の結果を争うについては、公選法所定の手続によらしめているもの」であり「本来、自己の権利義務に関係のある法律上の争訟について、<u>訴訟の途を閉ざす</u>ことは、憲法第32条に違反することになるのであるが、<u>訴訟の形式を一定の形式に定めることは違憲ではなく、法律上利害関係をもつ者も民衆訴訟</u>を提起できる以上、他の訴訟形式を認めなくても違憲の問題は起こらないものと考える」(下線は、稲葉)。村上教授も、これを援用しつつ、次のようにいう。「選挙権……の侵害が『法律上の争訟』に当たる」としても、「権利保護の水準が低下しない限り」これを「客観訴訟によって争わせることも許されないわけではない」と。

（ⅱ）これに対して、白藤教授は、「端的に『自己の法律上の利益』にかかわる主観訴訟であるとして民衆訴訟からはずす解釈をとるか、またはこのような場合においては民衆訴訟と主観訴訟との選択的判断を原告に委ねるか、いずれかの解釈をとるべきである」との見解を表明している。

（ⅲ）筆者は、かつて、機関訴訟として法定化された関与訴訟に触れて、次のように述べたことがある。この訴訟の制度化は、学説の対立を「立法的に解決」しようとしたものであり、「機関訴訟によっても、基本的に裁判を受ける機会が保障されることから、少なくとも、本紛争処理訴訟に乗る」かぎり、「同一目的を達成するための別の訴訟は認められない」のではないかと。民衆訴訟・機関訴訟に係る抗告訴訟・当事者訴訟に関する規定の「準用」について定める行訴法43条は、処分取消請求型・処分無効確認請求型につき原告適格の規定（行訴法9条・36条）を除く「取消訴訟に関する規定」（ただし、10条1項の主張制限に関する規定も除く）ないし「無効等確認の訴えに関する規定」の「準用」を認め、それ以外の民衆訴訟・機関訴訟には、いわゆる形式的当事者訴訟関係の規定（39条・40条1項）を除く「当事者訴訟に関する規定」が「準用」されるものとし

---

26) 田中真次『選挙関係争訟の研究』（日本評論社、1966年）14頁。
27) 村上・前掲注6）36頁。
28) 室井ほか・前掲注13）91頁〔白藤〕。
29) 稲葉・前掲注23）38-39頁。

ている。

　ここで、「法律上の争訟」（および裁判を受ける権利）の観点から問題が生じうるとすれば、行訴法9条・36条にいう原告適格要件＝「法律上の利益を有する者」よりも狭い範囲の者にしか関与訴訟の提起資格が認められていない場合であろう[30]。いうまでもなく、当該関与訴訟によって関与の取消し等を求めるにつき「法律上の利益」を有しながら、関与訴訟を利用する途が閉ざされているとすると、裁判を受ける権利の侵害になりかねないからである。したがって、そのような事態がみとめられるときは、関与訴訟の提起資格が及ばない範囲に限って、取消訴訟等の利用を肯認する余地があろう。

【稲葉　馨】

---

30)　なお、行訴法10条1項は、基本的に、同法9条と同旨の規定であり、また、関与訴訟について、形式的当事者訴訟類似の訴訟形態が問題となることは、少なくとも現行法上は、ないと思われる（現行法上、行訴法40条は「形式的当事者訴訟」に「適用される規定」と解されている。南ほか編・前掲注14) 862頁〔山田洋〕参照）。

第2節　行政主体が提起する訴訟と法律上の争訟

1　はじめに

　従来、最高裁判所が繰り返し述べてきた「法律上の争訟」とは、「当事者間の具体的な権利義務ないし法律関係の存否に関する紛争であって、かつ、それが法令の適用により終局的に解決することができるものに限られる」というものである[1]。この定義に素直に依拠すれば、ある争訟が法律上の争訟に該当するか否かを判断するために、誰が提起する争訟かという視点は不要である[2]。それにもかかわらず、最高裁判所は、いわゆる宝塚市パチンコ店建築中止命令事件において、提訴の主体が行政主体であることに着目し、専ら行政権の主体として行政主体が提起する訴訟は、特別の法律の定めがないかぎり、法律上の争訟に該当しない旨、判示した（以下「平成14年最判」という）[3]。学説は、この判決を強く批判してきたが、平成14年最判は今日まで変更されることなく、生き続けている。このような現実を踏まえるならば、「判決の射程範囲は狭く捉えていくのが、判例法の合理的形成という観点からしても、適切ではないか」[4]との指摘もあることから、本節では、ひとまず平成14年最判それ自体の当否はおいておき、その後の裁判例が平成14年最判を用いて、どのような判断を示してきたかを確認したうえで、平成14年最判の射程範囲を限定する方法について整理し、検討することにしたい。

2　法律上の争訟性を肯定した裁判例

　まず、平成14年最判でいう「行政権の主体」として提起した訴訟であることを否定し、法律上の争訟性を肯定した裁判例には、以下のものがある。
　①東京地判平18・3・24判時1938号37頁〔杉並区住基ネット事件第一審判

---

1)　最三判昭56・4・7民集35巻3号443頁。
2)　竹下守夫「行政訴訟と『法律上の争訟』覚書」論究ジュリスト13号（2015年）118頁以下。
3)　最三判平14・7・9民集56巻6号1134頁。
4)　塩野宏「地方公共団体の出訴資格」兼子仁＝阿部泰隆編『自治体の出訴権と住基ネット』（信山社、2009年）133頁。後述の福岡高判平19・3・22判例自治304号35頁も、平成14年最判の「射程距離は極力控え目に解するべき」と述べる。

決〕は、杉並区（原告）が東京都および国（被告）に対して行った「賠償請求に係る訴えは、原告が財産権の主体として自己の財産上の権利利益の保護救済を求めるものであって、自己の権利利益の保護救済を目的とするものである」から、「法律上の争訟」に当たるとした。

②福岡高判平19・3・22判例自治304号35頁〔福間町公害防止協定事件控訴審判決〕は、公害防止協定が「行政契約の性格を有するものであるところ、一般論としては、行政契約に基づく義務の履行請求も行政上の義務の履行を求めるものにほかならないという場合もないとはいえない。しかし、産廃条例15条は、この種の協定が、産業廃棄物処理施設を設置しようとする者と関係住民との間で締結される場合もあることをも予定しているのであり、その場合においては、協定締結の当事者がともに私人であること、協定締結の目的とされる関係住民の生命・健康の保持と生活環境の保全も、まさに協定締結の当事者である関係住民自身の権利そのものであること等からして、同協定は民事契約としての性格を有することは疑問の余地がない。そうであれば、旧協定が行政契約の性格を有するといっても、同種の協定が関係住民と設置者との間で締結された場合と対比しても、その差はまさに紙一重といった微妙なものにすぎないというべきである。したがって、Z町（X）のYに対する本件請求をもって、直ちに行政上の義務の履行を求めるものであると解することはできない」として、町が原告となった産廃処分場使用差止請求を法律上の争訟に該当することを認めた。[5]

③東京高判平19・11・29判例自治299号41頁〔杉並区住基ネット事件控訴審判決〕は、上記①の判断を維持しつつ、「控訴人から送信された本人確認情報について被控訴人東京都の受信義務の有無及び被控訴人国の住基法に従った指導権限の不行使の適否を判断するためには、住基法上の権限の存否又はその行使の適否について判断することになるから、そのことが主要な争点になるが、それは飽くまでも本件国賠請求の当否の判断の前提となる発生原因事実の判断にすぎない。控訴人が本件国賠請求において求めているのは、控訴人の被控訴

---

[5] 第一審（福岡地判平18・5・31判例自治304号45頁）は平成14年最判との関係について判示していない。また、上告審（最二判平21・7・10裁判集民事231号273頁）も平成14年最判との関係に言及した控訴審判決の部分について、特段、言及していない。

人らに対する損害賠償請求権という財産上の権利の有無に関する判断であるから、その前提問題として住基法上の権限の存否又はその行使の適否に対する判断を行うことによって、損害賠償請求権という財産上の権利に関する訴えの法律上の争訟性が失われるということはできない」として、杉並区による損害賠償請求訴訟を法律上の争訟として認めている。

④東京高判平 23・10・13 訟月 58 巻 11 号 3746 頁は、航空法 49 条 3 項で定められた物件除去請求権を民事訴訟により実現できるか、問題にしている。同判決は、航空法 49 条 3 項が「規定する除去請求権の主体は「空港の設置者」であって国又は地方公共団体に限られないこと、同項は、航空機の安全な離着陸を確保し空港の十全な使用を可能ならしめるため空港の設置者に除去請求権を認める旨の規定であることからすれば、同項に基づく除去請求訴訟は、空港の設置者として自己の財産上の権利利益の保護を求める訴訟であり、「国又は地方公共団体が専ら行政権の主体として国民に対して行政上の義務の履行を求める訴訟」（……）にはあたらない」と判示する。[6]

⑤福井地判平 29・9・27 判例集未登載は、廃棄物の最終処分場に多量の廃棄物が処分されたことに伴い、生活環境保全上の支障が生じたことから、同処分場を区域内に有する地方公共団体（原告）が、当該支障を除去するための工事等の費用を支出したことを理由に、廃棄物を処分した一部事務組合の地位を承継した地方公共団体（被告）らに対し、事務管理に基づく有益費償還請求等を行った事案を扱っている。同判決によれば、「原告は地方公共団体ではあるが、本件訴えは、原告が、財産権の主体として、事務管理に基づく費用償還請求権等の私法上の債権について保護救済を求めるものであって、専ら行政権の主体として国民に対して行政上の義務の履行を求めるものとはいえないから、法律上の争訟に当たる」としている。

以上の裁判例のうち②は、行政権の主体として提起した訴訟であることを否定する理由として、公害防止協定を民事契約と同視できることに求めている。そこでは、第一に私人であっても当該法律関係の当事者になりうること、第二に協定締結の目的とされる利益が住民自身の権利であることから、公害防止協

---

6) 第一審（静岡地判平 22・3・18 訟月 58 巻 11 号 3765 頁）および上告審（最三決平 25・10・1 判例集未登載）では平成 14 年最判との関係は明示的に扱われていない。

定と民事契約の同視可能性が導き出されている。また、④も、行政権の主体として提起した訴訟であることを否定する理由として、私人であっても当該法律関係の当事者になりうることを指摘するとともに、当該訴訟が「自己の財産上の権利利益の保護救済を求める」ものとして評価できることを指摘している。他方、①③⑤は原告たる行政主体が損害賠償請求権や、費用償還請求権といった債権について保護救済を求めていることを理由に、行政権の主体として提起した訴訟であることを否定している。このように、一見すると、裁判例上、法律上の争訟性が肯定された理由は必ずしも統一されていない。しかし、その理由を、行政主体が「私人も立つことのできる立場」にあるか否かという点に集約することは可能なようにみえる[7]。②および④は、そのことを直接指摘しているし、①③⑤で着目されている債権については、私人が当該法律関係の当事者になることを肯定できるからである。

3 法律上の争訟性を否定した裁判例

次に、平成14年最判でいう「行政権の主体」として提起した訴訟であることを肯定し、法律上の争訟性を否定した裁判例には、以下のものがある。

⑥前掲東京地判平18・3・24〔杉並区住基ネット事件第一審判決〕は、杉並区（原告）による東京都（被告）の本人確認情報受信義務の確認を求める請求が、「原告における住民基本台帳事務の適切な実施や杉並区民に関する記録の適正な管理等を希求するものであって、行政権限の適切な行使の実現を目的とするものというべきである。そうすると、本件確認の訴えは、行政主体が、その所有する不動産の所有権等に基づいて何らかの請求を行う場合などのように、財産権の主体として自己の財産上の権利利益の保護救済を求めるものと解することはできない」として法律上の争訟に当たらないとした。

⑦東京高判平19・2・15訟月53巻8号2385頁〔逗子市米軍家族住宅事件控訴審判決〕は、「本件合意書の体裁及び内容に照らせば、本件合意は、控訴人の逗子市域における緑地の環境保全や逗子市民の生活に密接に関連する医療、道路、治水、治安、消防等に係る行政に関する事項を対象とするものであって、

---

7)　神橋一彦『行政救済法〔第2版〕』（信山社、2016年）21頁以下。

その内容も、もっぱら、控訴人が行政主体として池子住宅地区周辺住民を含む逗子市民に対して行う行政上の施策又は方針に関するものであるというべきであり、控訴人自らがその権利主体として固有の権利利益の保護救済を目的とするものではないことが明らかである。そして、本件合意が、関係当事者に対して、各立場に応じた相応の利益を発生させ、又は受忍すべき負担若しくは責務を生じさせるものであるとしても、その利益は、地方公共団体である控訴人若しくは同市長又は神奈川県若しくは同知事が、行政主体として、防衛施設庁（被控訴人）との間で、上記行政上の施策又は方針に係る目的の実現のために受けるものであって、直接には控訴人の逗子市域における者において享受し、その負担又は責務は、防衛施設庁（被控訴人）が、行政主体として、地方公共団体である控訴人若しくは同市長又は神奈川県若しくは同知事との間で、負うものというべきである。したがって、本件訴えは、控訴人が、防衛施設庁（被控訴人）に対し、本件合意に基づく行政上の施策ないし方針を遂行する行政上の義務があるとして、当該義務の確認を求めて提起したものといわざるを得ず、当該義務が控訴人自身の財産的権利に由来するものであるという事情も認められず、また、特にその請求を許す法律もないから、法律上の争訟に当たらず、不適法というほかはない」とした。

⑧前掲東京高判平19・11・29〔杉並区住基ネット事件控訴審判決〕は、⑥と同様、法律上の争訟性を否定している。同判決は、「本件の住基ネットを使用したデータの送受信は、住基法に基づく住民基本台帳事務の適正な実施及び住民に関する記録の適正な管理等のために行う行政事務である。したがって、住基ネットによるデータの送受信は、住民票管理行政から相対的に独立したIT処理の事業事務であるとか、民間私企業におけるデータ・ネットワーキングと同様であるなどということはできず、その送受信に関し市町村が都道府県を訴訟の相手方として本人確認情報の受信義務の確認を求めることは、住基法の適用の適正ないし住民基本台帳事務の適正な実施を求めるものにほかならないから、地方公共団体の主観的な権利利益の保護救済を目的とするものということはできない」として、法律上の争訟性を否定した[9]。

---

8) 第一審判決（横浜地判平18・3・22訟月53巻8号2399頁）も、当該訴えが法律上の争訟に当たらない旨、判示しているが、平成14年最判の枠組みを前提とした判断ではない。

⑨那覇地判平 30・3・13 判例集未登載〔辺野古事件第一審判決〕は、沖縄県（原告）が国（被告）に対して知事の許可を受けることなく、岩礁破砕等の行為を行うことの差止めを求めた事案を扱っている。同判決は、「原告は、本件規則〔沖縄県漁業調整規則：筆者注〕39 条 1 項に基づき、被告は、本件水域において、沖縄県知事の許可を受けずに岩礁破砕等行為を行ってはならないという公法上の不作為義務を負っていると主張し、かかる義務の履行請求として本件差止請求を行っているものである。そうすると、本件差止請求に係る訴えは、原告が財産権の主体として自己の財産上の権利利益の保護救済を求める場合に当たらず、原告が専ら行政権の主体として被告に対して行政上の義務の履行を求める、本件規則 39 条 1 項の適用の適正ないし一般公益の保護を目的とした訴訟であるというべきである」として、法律上の争訟に当たらないとした。なお、岩礁破砕等行為をしてはならないことの義務の確認を求めた訴訟については、上記差止訴訟と同様、「本件規則 39 条 1 項の適用の適正ないし一般公益の保護を目的として、原告が専ら行政権の主体として提起したものである」から、法律上の争訟に当たらないと判示している。

⑩福岡高判平 30・12・5 判例集未登載〔辺野古事件控訴審判決〕は、上記⑨の控訴審判決であるが、基本的に⑨と同じ理由で、岩礁破砕等行為の差止請求訴訟および岩礁等破砕行為をしてはならないことの義務確認訴訟が法律上の争訟に当たらない旨、判示している。

以上の裁判例のうち⑥⑧⑨⑩は、法律上の争訟性が否定される理由を、法令によって定められた行政権限の適正な執行を目的にしていることに求めているのに対し、⑦は合意に基づく義務が行政上の義務であることに求めている。⑥⑧⑨⑩のいずれの裁判例においても、「私人も立つことのできる立場」という視点は明示されていないものの、法令によって行政機関に一定の権限が付与されており、当該権限の行使は法令上、私人によっては行い得ないと考えると、⑥⑧⑨⑩は、行政主体が「私人も立つことのできる立場」に立っていたわけではなかったために、行政権の主体として提起された訴訟であると判断されたと理解することができる。そうすると、この点では、上述した法律上の争訟性を

---

9) その後、最高裁（最三判平 20・7・8 判例集未登載）は杉並区からの上告を退けた。

肯定した裁判実務の視点と符合する。これに対し、⑦は、地元の住民や住民団体が関係者と合意することによって住環境の維持・改善を目指すこともありえることから、行政主体が「私人も立つことのできる立場」に立っていたといえるにもかかわらず、行政権の主体として訴訟を提起したと判断しており、他の裁判例との関係で整合的に理解することは困難であるといわざるを得ない[10]。

4　射程範囲を限定する方法

　以上のように平成14年最判後の裁判例をみると、平成14年最判を用いて法律上の争訟性を肯定する裁判例と否定する裁判例の両方を確認することができる。それでは、これらの裁判例は平成14年最判の射程範囲を果たしてまたどのように限定したか。この点、まず上記の裁判例における当事者の主張や学説を踏まえて整理すると、平成14年最判の射程範囲を限定する方法として、以下の(1)～(5)があることを指摘できる。

　(1)　平成14年最判は行政主体と国民の間の訴訟を前提にしているため、行政主体間の訴訟には妥当しない。

　(2)　平成14年最判は民事執行が予定されている事案を前提にしているため、民事執行が予定されていない事案には妥当しない。

　(3)　平成14年最判は行政処分により課された義務の履行を求める場合に限定されるため、契約締結によって生じる義務や、法令によって直接生じる義務の履行を求める場合には妥当しない。

　(4)　平成14年最判は給付訴訟を前提にしているため、行政主体が原告となる確認訴訟には妥当しない。

　(5)　平成14年最判は専ら行政権の主体として義務の履行を求める場合に限定されるのであるから、行政権の主体として義務の履行を求めるとともに、財産権の主体としても義務の履行を求める場合は、平成14年最判は妥当しない。

　それでは、以上の考えうる方法について、これまで、裁判所は、どのような評価をしてきたか。

　まず(1)～(4)は、いずれも上記の裁判例によって否定されている（(1)につき⑥

---

10)　たとえば山本未来「行政主体間の争訟と地方自治」愛知大学法学部法経論集177号（2008年）30頁以下。

⑧⑨⑩、(2)につき⑨⑩、(3)につき⑨⑩、(4)につき⑥)。ただ、いずれについても、裁判例において、説得的な理由が示されているとは言い難い。

他方、(5)については、⑥によって「平成14年最高裁判決は、専ら行政権主体として行政上の義務履行を求める訴訟について法律上の争訟性を否定するものであり、当該義務が行政主体の財産的権利に由来するものである場合、すなわち、財産権主体として自己の財産上の権利利益の保護救済を求める場合でもある場合には、法律上の争訟性を否定していない」〔傍点筆者〕とされ、一定の理解が示されている。ただし、その後の裁判例を見る限り、平成14年最判を、このように限定的に解する見方は必ずしも市民権を得ているとはいえない。

そうすると、上記(1)～(5)の方法は、いずれも平成14年最判の射程範囲を限定する方法として十分に確立していないといえる。このことを前提にすれば、判例法の合理的形成が図られているとは必ずしもいえない状況があるといえよう。

5　射程範囲を限定する現実的方法と問題点

結局、今のところ残されている現実的手法といえば、平成14年最判を前提とする限り、個別事案の特性を強調して、できるだけ当該訴訟が「財産権の主体として自己の財産上の権利利益の保護救済を求める」訴訟であると指摘していくことであろう。その具体的な方法は事案によって異なるといえようが、当該事案を、行政主体の立場が「私人も立つことのできる立場」か否かという観点から検討することで、法律上の争訟性を否定しないことが、これまで行われてきた（上記①～⑤)。しかし、「私人も立つことのできる立場」か否かという観点から検討すれば「財産権の主体として自己の財産上の権利利益の保護救済を求める」訴訟であるといえる事案なのに、それを否定した⑦のような裁判例もある。そのため、裁判実務上、「私人も立つことのできる立場」か否かという視点は、必ずしも平成14年最判の運用を適切にコントロールするだけの役割を担えていないように思われる。

6　司法過程を通じた紛争の解決と政治過程を通じた紛争の解決

このように、平成14年最判は裁判実務上、安定して運用できる視点を得ら

れないまま今日に至っているように見受けられるが、それでもなお平成14年最判が裁判実務で用いられ続けている一つの考えうる理由は、行政主体が関わる紛争の中には、司法過程を通じてではなく、政治過程を通じて解決されるべき紛争が含まれており、そのような紛争を司法審査から除外するための枠組みとして平成14年最判が一定の有用性をもっているからではないかと推測される。このような観点からすると、平成14年最判を用いて法律上の争訟性を否定した⑦⑨⑩の事案は、在日米軍に関わる安全保障の問題が紛争の背後にあるといえるから、当該紛争は司法過程ではなく、政治過程を通じて解決されるべきといえなくはない。他方、⑥および⑧の杉並区住基ネット事件は、⑦⑨⑩の事案と比較すると、そこまで政治性を帯びた紛争とはいえないから、このような観点から法律上の争訟性を否定した⑥および⑧には批判の余地がある。なお、①ないし⑤は、いずれも紛争の実態からして⑦⑨⑩に比肩するほどの政治性を帯びた紛争であったとはいえず、それゆえ平成14年最判を前提にしても、法律上の争訟性を肯定することに大きな抵抗はなかったとみることもできよう。

　もっとも、このように、行政主体が関わる紛争を、司法過程を通じて解決するのに相応しい紛争か、それとも政治過程を通じて解決するのに相応しい紛争かという視点で分析するとすれば、その具体的なメルクマールはさらに問題になりうるし、そのような視点を法律上の争訟概念あるいは平成14年最判と関連づけて展開することの是非も問題になろう。いずれについても、今後の課題として指摘するに止めておく。

【土田伸也】

---

11)　参照、国地方係争処理委員会平28・6・20決定。
12)　本文では⑥および⑧の事案は⑦⑨⑩の事案ほどの政治性を帯びていないことを指摘したが、だからといって⑥および⑧の事案が政治的要素を全く含んでいないというわけではない。実際に⑥は「法は、行政主体間の政治的な交渉、合意等によって解決されることを予定していると見るべきである」と判示しており、これを前提にすると、⑥および⑧が法律上の争訟性を否定したのは妥当であったとみる余地もあろう。
13)　参照、宍戸常寿「政治過程としての杉並区住基ネット訴訟」法律時報89巻6号（2017年）27頁、西上治「行政事件の再定位？」法律時報89巻6号（2017年）35頁。

第3節　法律上の争訟と抗告訴訟・当事者訴訟の訴訟要件

1　問題の所在

(1)　法律上の争訟と抗告訴訟・当事者訴訟の訴訟要件（行訴法が定めるものと訴えの利益に限る。以下同じ）との関係については、これまで憲法学だけでなく行政法学においても議論がなされてきた。ある紛争が法律上の争訟に当たること（以下「法律上の争訟性」という）が「訴訟の基本要件」であると整理され[1]、取消訴訟を想定したものと思われるが、その訴訟要件の中でも処分性（とくに法効果の具体性）と原告適格が法律上の争訟を「抗告訴訟という特定の訴訟類型に即して捉えた場合の要件」であるといわれたり[2]、法律上の争訟性が抗告訴訟の原告適格と訴えの利益に「該当するか否かの判断に置き換えられて」いると指摘されたりしている[3]。

ある紛争が法律上の争訟に当たるとき、当該紛争の管轄権ないし裁判権が裁判所に認められるのは、憲法または法律に特別の定めがある場合を除いて、憲法76条1項が裁判所に与えた司法権が法律上の争訟に当たる紛争を対象とするものと解され[4]、裁判所法3条1項が「一切の法律上の争訟の裁判」を裁判所の権限としているからであろう。抗告訴訟に関し、「裁判所がそもそも抗告訴訟について裁判権をもつのは」、行訴法の「規定によるのではなく、……裁判所法三条一項の規定による」と説明されることがある[5]。

(2)　いうまでもなく、憲法は、裁判を受ける権利を保障している（32条）。法律上の争訟性と裁判を受ける権利の関係について、憲法学説では、裁判を受ける権利は「裁判所に対して、適法な訴えの提起があった場合には必ず裁判を

---

[1]　野中俊彦「訴訟要件論」同『憲法訴訟の原理と技術』（有斐閣、1995年）225頁以下・227頁。
[2]　晴山一穂「司法権の限界」杉村敏正（編）『行政救済法1』（有斐閣、1990年）17頁以下・27頁。中川丈久「行政事件訴訟法の改正——その前提となる公法学的営為」公法研究63号（2001年）124頁以下・131-132頁も参照。
[3]　河野敬「事件性」芦部信喜（編）『講座憲法訴訟第1巻』（有斐閣、1987年）219頁以下・235頁。
[4]　たとえば、佐藤幸治『日本国憲法論』（成文堂、2011年）581頁以下。
[5]　小早川光郎「抗告訴訟の本質と体系」雄川一郎＝塩野宏＝園部逸夫（編）『現代行政法大系4 行政争訟I』（有斐閣、1983年）135頁以下・146頁。

行うべき義務を課し、『裁判の拒絶』を禁止する」ものであって、「権利保護の利益を欠き『法律上の争訟』性のない事項について本案の審理を否定しても、裁判の拒絶にならない」と説明するものがある[6]。これによれば、民事事件および行政事件に関する限り、法律上の争訟に当たる紛争と裁判を受ける権利が保障されるべき紛争はその範囲を同じくし、法律上の争訟について裁判を受ける権利が保障されるべきこととなる[7]。このことは、抗告訴訟・当事者訴訟の訴訟要件の解釈にも影響を与える。法律上の争訟に当たる紛争について提起された抗告訴訟や当事者訴訟が、たとえば、原告適格や訴えの利益を欠くとして却下されるとき、それが裁判を受ける権利を侵害するものでないかが問題となるからである。もっとも、国や公共団体が訴訟を提起する場合を想定すると、これらの出訴権と法律上の争訟の関係については、別の考慮が必要であろう。この点については、前節で論じられた。以下では、私人が抗告訴訟や当事者訴訟の原告となる場合に限定して、上の問題を論じる。

2　司法権の範囲と法律上の争訟

(1)　従来から司法権の範囲をめぐっては様々な議論のあるところである[8]。判例は、「司法権の固有の内容として裁判所が審判しうる対象は、裁判所法三条にいう『法律上の争訟』に限られ」るとし（最三判昭41・2・8民集20巻2号196頁）、法律上の争訟とは、「当事者間の具体的な権利義務ないし法律関係の存否に関する紛争であって、かつ、それが法令の適用により終局的に解決することができるもの」をいう（最三判昭56・4・7民集35巻3号443頁）とする。法律上の争訟性と「事件性」（ないし「争訟性」）は同義のものとして扱われるのが通例であ

---

[6]　芦部信喜「裁判を受ける権利」同『人権と議会政』（有斐閣、1996年）222頁以下・249頁、253頁。佐藤・前掲注4) 355頁も参照。

[7]　なお、この点については、君塚正臣「司法権と『裁判を受ける権利』――日本国憲法32条の法意」同『司法権・憲法訴訟論上巻』（法律文化社、2018年）208頁以下・233頁、241頁参照。

[8]　たとえば、君塚正臣「司法権定義及び裁判所の中間領域」同・前掲注7) 書41頁以下（初出は2014-2015年）、渋谷秀樹「司法の観念についての覚書き」立教法務研究3号（2010年）33頁以下、高橋和之「司法の観念」同『現代立憲主義の制度構想』（有斐閣、2006年）141頁以下（初出は1995年）、同『体系憲法訴訟』（岩波書店、2017年）32頁以下、中川・前掲注2)、野中俊彦「司法の観念についての覚書き」杉原泰雄先生古稀記念『二一世紀の立憲主義――現代憲法の歴史と課題』（勁草書房、2006年）425頁以下、長谷部恭男「司法権の観念――『事件性』に関する覚書」ジュリスト1400号（2010年）4頁以下がある。

ったといってよい[9]。

　しかし、主として客観訴訟の許容性をめぐって、憲法学説では、新たに司法権を定義する試みがされている。その際の問題意識は、裁判所法が、①「一切の法律上の争訟」の「裁判」の権限と②「その他法律において特に定める権限」を裁判所に与えている（3条1項。ただし憲法に特別の定めのある場合を除く）ところ、司法権の範囲を画定する概念としての事件性が法律上の争訟と一致すると解してよいのか、仮にこれが肯定されるとすると、上記②に該当するものとして客観訴訟を法定することが憲法上許容されるか、また、客観訴訟としての法定が認められるものの範囲が立法政策上は無限に拡大するのではないかなどの点にある。

　そこで、たとえば、高橋和之教授は、司法を「適法な提訴を待って、法律の解釈・適用に関する争いを、適切な手続の下に、終局的に裁定する作用」と定義し、「この定義で司法作用の核心をなすのは、『法律の解釈・適用に関する争いの裁定』であり、『適法な提訴』は司法の発動条件、『適切な手続』は司法権行使の態様、『終局性』は効果を表現している」と説明している[10]。そして、高橋教授は、ここでいう「適法な提訴」に当たるものは、㋐「憲法上の権利」（「新しい人権」も含む）の侵害に対する救済を求める場合、㋑「法律上の権利・利益」の侵害に対する救済を求める場合、㋒法律が出訴を認めている場合であり、㋑について、立法府が法律により創設した「権利利益の侵害に対する裁判的救済を保障した規定」が裁判を受ける権利を定める憲法32条であり、㋒について、「立法府は、権利を設定しないで、出訴権だけを認めることが許され」、「この場合の出訴は、自己の権利利益に関する救済を求めるものではなく、公共的な利益に関する裁判所の判断を求めるもの」だが、「立法府はそれが立法政策として適切と考えれば、憲法の他の規定に反しない限り、そのような出訴権を認めることが許され」、「客観訴訟といわれているものが、この例である」との説明を付している[11]。また、渋谷秀樹教授は、高橋教授の上のような議論を「権利の生

---

9) たとえば、芦部信喜（著）・高橋和之（補訂）『憲法〔第6版〕』（岩波書店、2015年）339頁、野中俊彦ほか『憲法Ⅱ〔第5版〕』（有斐閣、2012年）229頁〔野中執筆〕。
10) 高橋和之『立憲主義と日本国憲法〔第4版〕』（有斐閣、2017年）411頁。
11) 高橋・前掲注8) 56-57頁。

成過程に逆行する発想である」と批判しつつ、「事件性の要件は、『法律上の争訟』よりも広く、具体的な法的紛争の存在要求であ」り、「実際には国会が法律によって、また地方議会が条例によって、実体的権利を創設することにより、『法律上の争訟』と事件性の要件の間の空白領域を充塡できるとともに、実体的権利を設定することが困難な場合であっても、出訴権を法律によって設定することによって、その空白領域を充塡したのと同様の効果を生むことができる」とする。

この問題の核心は、おそらく、立法府が、具体的な紛争解決を目的としない訴訟（たとえば抽象的規範統制訴訟）を、客観訴訟として創設できるかということではなく、その制度目的が法の適用により解決可能な具体的な紛争の解決に限定された客観訴訟をどのような範囲で法定することが憲法上許容されるかの点にあるのではなかろうか。この点で、行政法学説における次の二つの見解が注目に値する。

一つは、中川丈久教授の司法権の概念の把握の仕方に関するものである。中川教授は、司法権の概念は、「その外周（最大領域）とコア（最小領域）の間に、中間領域が広がるという、いわばドーナツ（同心円）構造」をとっており、憲法76条1項が「司法権」を裁判所に独占させているのは「コアが放棄されてはならないという意味」であって、「外周とコアの間の中間領域」で、「裁判所がどう行動すべきかについて、憲法は特段の指示を与えているわけではな」く、それは「裁判所自身の見識と、法律による立法政策的介入とが交錯するなかで形成される」としたうえで、客観訴訟はこの中間領域に位置づけられるとする。もう一つは、曽和俊文教授が主として客観訴訟の制度的拡充に関係して事件性の概念について述べたものである。曽和教授は、行政訴訟制度の制度目的として「国民の権利救済と並んで、行政の適法性確保を独自の制度目的として構想することが妥当である」とし、その場合に事件性の要件が「裁判所が判断するにふさわしい事例を判定するメルクマール」となり、それを司法権の「中核概念」と「外延を画するための基準」の二つの局面に区別したうえで、前者の局

---

12) 渋谷秀樹『憲法〔第3版〕』（有斐閣、2017年）635-636頁。
13) 野中・前掲注8) 440頁参照。
14) 中川・前掲注2) 127頁、129頁。

面では、「権利義務又は法律関係の存否に関する紛争」という要素は事件性の要素に含まれるべきであり、この意味での事件性を肯定できる紛争が「『司法権』の対象とならない場合には『裁判を受ける権利』を侵害する」こととなるが、事件性の後者の局面では「権利義務又は法律関係の存否に関する紛争」という要素は不要であって、この要素を取り除いた「『事件性』を満たす紛争を司法部の処理にゆだねるべきかどうかは、行政の適法性確保制度としての行政訴訟制度の意義をどの程度重視するのかにかかわる、基本的には立法裁量の問題である」とする。[15]

いずれの論者も、中川教授のいう司法権の概念のコアの領域に、判例がとる意味での法律上の争訟が含まれることを否定するものではない。高橋教授と曽和教授の見解から読み取れるように、裁判を受ける権利が保障されるべき領域と立法政策によって司法権の発動が可能とされる領域とは区別されるべきであって、前者の領域を画する基準として法律上の争訟性があるという、すでに紹介した法律上の争訟と裁判を受ける権利の関係についての憲法学説における説明は、これらの論者においても維持されていると評価できる。また、渋谷教授と曽和教授は、「具体的な法的紛争」（渋谷教授の表現）でなければ、立法上も客観訴訟の管轄に属させることができないことを示唆する。曽和教授が外延としての事件性の要素から「権利義務又は法律関係の存否に関する紛争」を除外すべきことを主張する点は、一見すると権利義務に関係のない訴訟を認める点で「具体的な法的紛争」の存在をも事件性の要素から取り除こうとするものともいえるが、法律上の根拠のない客観訴訟を肯定する趣旨でなかろうから、高橋・渋谷・中川の各教授の見解でも示唆されるように、客観訴訟の領分とする紛争の範囲は、事件性の諸要素を考慮しながら立法政策により適切に決定されるべきであるというのであろう。[16]

このような議論から本節が学ぶべきところは、事件性と法律上の争訟の関係

---

15) 曽和俊文「行政訴訟制度の憲法的基礎」ジュリスト1219号（2002年）60頁以下・63-64頁。
16) この点、長谷部・前掲注8) 10頁は、「事件性の概念を絶対視するのではなく、事件性の概念が果たしてきた機能に着目して司法作用の憲法上の限界を画するのであれば、固有の司法作用の対象とされてきた『法律上の争訟』を超える事案の解決を国会が裁判所に委ねた場合、それが憲法上の限界を踏み越えていないかは、事件性の概念が果たしてきた1つひとつの機能に即して、個別に（場合によっては個別の事案ごとに）判断していかざるを得ない」と指摘している。

をいかに解するにせよ、法律上の争訟が司法権の中核にあることである。このため、抗告訴訟の訴訟要件や当事者訴訟の訴訟要件と、法律上の争訟との関係を整理することが、司法権の範囲をめぐる議論にとっても有益であると考えられる。そこで以下では、法律上の争訟の意義を判例に従って把握した上で、法律上の争訟性を、①当事者間の具体的な権利義務に関する争いであること（以下「具体的争訟性」という）と②法令の適用による終局的な解決可能性の二要素に分け、抗告訴訟と当事者訴訟の訴訟要件に関係すると考えられる具体的争訟性に限定して検討する。

(2) この検討の前提として、具体的争訟性が何を指すのかについて確認する。ただ、判例にいう具体的争訟性の内容を詳細に検討する暇はないので、ここでは、抗告訴訟や当事者訴訟の訴訟要件との関係にも留意してこの点について検討した土井真一教授の分析を参考にする。

土井教授は、具体的争訟性が認められるためには、①当該紛争が権利義務に関する争いでなければならず、また、当該権利義務と「一定の関係を有す者が訴訟当事者でなければならない」とし、②ここでいう権利は「法律により厳密な意味で保障される『権利』である必要はないが、『法律上保護される利益』でなければならない」とし③権利義務に関する争いが「紛争実体として存在していること」が必要であり、「個々の訴訟で具体的に何を請求の対象とするかは、その次の段階」の問題であることと、④「具体的事実関係を基礎とする成熟した争訟でなければならない」ことを指摘したうえで、このような具体的争訟性は「終局判決時に存在しなければならず、判決を得ることについて、当事者に現に利益が認められなければならない」とし、「この要件は、憲法上、ムートネスの法理と呼ばれるもので法律上の争訟の内容ではなく、法律上の争訟が存在する基準時に関する要件であるが、司法権の行使に関する憲法上の要件として、合わせて論じられている」とする。[17]

この分析について、若干のコメントをする。まず、上記①にいう当該権利義務との「一定の関係」、②にいう「法律上保護される利益」、④にいう「成熟し

---

[17] 土井真一「法律上の争訟と行政事件訴訟の類型——在外日本国民選挙権訴訟を例として」法学教室371号（2011年）79頁以下・81-82頁。

た争訟」の内容は、必ずしも明らかなものではない。これらと法律によって抗告訴訟と当事者訴訟の訴訟要件とされるものとの関係を明らかにすることが本節の課題となる。これらは、個別の訴訟の請求内容や訴訟類型を離れて具体的争訟性の内容として明らかにすることができるものなのだろうか、それとも、請求内容や訴訟類型に即して内容を明らかにすべきものなのだろうか。

　次に、上記②の「一定の関係」について、土井教授が訴訟当事者を権利義務の帰属主体に限定していないことが興味深い。この点に関し、たとえば、具体的争訟性が求められることから「原則として自己の権利または法律によって保護される利益の侵害」がなければ「裁判所に救済を求める」ことができないとの指摘や[18]、具体的争訟性が認められるためには「事実上の侵害」が「紛争当事者自身の権利・利益にかかわるもの」であることを要するとの指摘がある[19]。このように「原則として」という留保が付されたり「かかわるもの」とされたりするのは、土井教授と同じ趣旨であると考えられる。土井教授のいう「一定の関係」の範囲それ自体が論点となろうが（以下では、訴訟当事者が当該権利義務と「一定の関係」にあることを「一定の関係性」と呼ぶ）、この点は後に若干の検討をすることとして、ここでは、具体的争訟性が肯定されるためには、原告がその「権利」または「法律上保護される利益」（以下これらをあわせて「法益」と呼ぶ）が侵害されている状態にあること（そのおそれがある場合を含む。以下単に「法益侵害」という）が必要とされるのが原則であることを確認するにとどめる。

　また、憲法学説では法律上の争訟性を動的に捉えてその内容にムートネスを含める見解もあるが[20]、土井教授はムートネスと法律上の争訟性を区別している。この対立は整理の仕方の違いにすぎないようにも思われるが、ここでは、土井教授が「終局判決時」（口頭弁論終結時）に法律上の争訟性が維持されていなければならないことを強調している点に注目しておきたい。ただし、いずれの立場によっても、ムートネスが訴訟の基本要件であることには変わりがない。

---

18) 芦部・前掲注9) 339頁。
19) 渋谷・前掲注12) 639頁。
20) たとえば、佐藤幸治『憲法訴訟と司法権』（日本評論社、1984年）42頁、渋谷・前掲注12) 636頁以下。

3 抗告訴訟と具体的争訟性

これまで、抗告訴訟の訴訟要件と法律上の争訟の関係については、主として、取消訴訟の訴訟要件に含まれる処分性・原告適格・訴えの利益をめぐって検討がなされてきた。

(1) 処分性について、判例の一般的な理解に従えば、ある行政の行為が公権力の行使に当たり（以下「公権力性」という）、それにより具体的な法効果が生じる（以下「具体性」という）と認められるとき、当該行為が「行政庁の処分」（行訴法3条2項）に当たり取消訴訟の対象となる（最一判昭39・10・29民集18巻8号1809頁）。この処分性の定式について、野中俊彦教授は、憲法訴訟論の見地から抗告訴訟の訴訟要件について論じるなかで、「処分性をめぐる論議」は「ある行為を……取消訴訟で争わせるべきかという観点」と「ある行為が国民の権利・利益に十分具体的な影響を与え、訴えの提起を認めるに足るだけの成熟性を有しているかどうかという観点」からなされており、「後者の観点からは、行政内部行為、法令、一般処分、行政計画などは」、「公権力性を備えている」が、「常に具体的に国民の権利・利益に影響を及ぼすとは限らず、そのかかわり具合は、かなり一般的・抽象的な段階のものから個別的・具体的な段階に至るまで、さまざま」であり、「行政庁の意思と行為が一般的なものから個別的なものへ、抽象的なものから具体的なものへと移っていく過程」の「どのあたりで取消訴訟の提起を認めるのが適切かが問題となる」としている[21]。ここでいう成熟性は、必ずしも具体性と同一のものではないように思われ、行政の「段階」ないし「過程」が取消訴訟の提起を認めるのに適する状態にまで至っていることをいうものと考えられる[22]。

判例のなかには、実質的には成熟性を考慮して処分性を否定したものと評価できるが、法効果や具体性を欠くとして処分性を否定しているようにみえるものがある。たとえば、工業地域指定をする都市計画決定の処分性を否定した判

---

[21] 野中・前掲注1) 232-233頁。村上裕章「憲法と行政訴訟——両者の関係について一試論」同『行政訴訟の基礎理論』（有斐閣、2007年）2頁以下・34頁（初出は1995年）も参照。

[22] ただし、行政法学説では、成熟性が処分性の一要素として整理されることがある。たとえば、村上裕章は、具体性を成熟性と同義に用いている（稲葉馨ほか『行政法〔第4版〕』〔有斐閣、2018年〕229頁以下〔村上執筆〕）。

例では、その法効果が「不特定多数の者に対する一般的抽象的な」ものにすぎないとして具体性が否定されている（最一判昭 57・4・22 民集 36 巻 4 号 705 頁）。この判例については、それが「訴えの成熟性を否定」したものであるとし、行政計画についてはその「処分性を論議する共通の基準としての、訴えの成熟性の観点のアプローチが重要」であるとの指摘がある[23]。また、処分性の定式が用いられなかったものだが、最二判平 17・7・15（民集 59 巻 6 号 1661 頁）は、医療法に基づく病院開設中止勧告の処分性を①その不遵守により事後に不利益的な処分がされることが確実となることと②事後的な救済が実効性を欠くことを理由に肯定している。これは、①の点で成熟性が認められるから行政指導と性格付けることのできる同勧告の処分性を肯定したものと評価できなくもない。

　このように考えると、取消訴訟における成熟性は、処分性の一要素というよりも、処分性の判定に際して実質的に考慮される事項であると整理すべきであろう。そして、処分性が肯定されるのであれば、取消訴訟においては、成熟性の有無を疑う必要はない。結局、処分性の判断において、取消訴訟という訴訟類型に即して、成熟性が判断されていると解するのが適切ではなかろうか。

　なお、詳細な検討は今後の課題とするが、取消訴訟における審査請求前置（行訴法 8 条参照）や裁決主義は、行政機関による救済を経由させる点で、成熟性と無関係とはいえないし、差止訴訟で必要とされる処分または裁決の蓋然性（最一判平 24・2・9 民集 66 巻 2 号 183 頁参照）や差止訴訟と非申請型義務付け訴訟で必要とされる「重大な損害が生じるおそれ」（同法 37 条の 4 第 1 項、37 条の 2 第 1 項）も、成熟性にも関係する訴訟要件とみることができよう。

　(2)　抗告訴訟の原告適格は、具体的争訟性との関係では、法益侵害と一定の関係性の存在を担保する機能を果たしていると考えられる[24]。

　まず、法益侵害との関係を検討する。取消訴訟において原告は、「法律上の利益」の回復ないし保護を求めて出訴すべきものとされている（行訴法 9 条 1 項）。

---

23)　塩野宏『行政法Ⅱ〔第 5 版補訂版〕』（有斐閣、2013 年）109-110 頁。
24)　小早川光郎『行政法講義下Ⅲ』（弘文堂、2007 年）257-258 頁は、取消訴訟の原告適格が認められるためには、法律上保護された利益説でも法的保護に値する利益説でも「当該処分が原告の一定の利益に対する侵害を伴うものであることを要」するとしている。

法益と法律上の利益が一致するとの考えもあり得る。しかし、判例は、法律上保護された利益説を採用して（最二判平元・2・17民集43巻2号56頁等参照）、根拠法令が保護する利益でも反射的利益であれば、それは原告適格を基礎付けないとしており、判例による限り、法律上の利益よりも法益の方がその範囲が広く、法益に法律上の利益が内包されると考えるのが素直であろう。

　それでは、取消訴訟の原告適格について法的保護に値する利益説をとればどうなるか。これを採用すべきであるとしたと考えられる、最二判昭37・1・19（民集16巻1号57頁）に付された池田克裁判官の補足意見は、「違法な行政処分に対して出訴し得る者は、必ずしも法的権利ないし利益を有する者に限られることなく、事実上の利益を有するに過ぎない者であっても、その利益が一般抽象的なものではなくして具体的な個人的利益であり、しかも当該違法処分により直接且つ重大な損害を蒙った場合には、その者に対し同処分の取消……を訴求する原告適格を認めるのを相当とする」としている。この立場によって「法的権利ないし利益」ではなく「事実上の利益」の侵害を主張する者の原告適格を肯定するのであれば、当該事実上の利益が法益に含まれることが前提となる。この補足意見から法益に含まれる事実上の利益の範囲を推測することは難しいが、あえていえば、この立場によるとき、裁判所が事実上の利益でも「具体的な個人的利益」であるとしたものは法益に含まれ、「直接且つ重大な損害」の要素は紛争解決に適切な当事者の選別のためのものであると考えるのが、穏当ではないかと思われる。

　「法律上の利益」を有する者に原告適格を認める差止訴訟（行訴法37条の4第3項参照）、非申請型義務付け訴訟（同法37条の2第3項）および無効等確認訴訟（同法36条参照）でも、取消訴訟の場合と同様と考えることができよう。

　不作為の違法確認訴訟と申請型義務付け訴訟では、法令に基づく申請（または審査請求）をした者に原告適格が認められる（行訴法3条5項、37条、37条の3第2項参照）。いわゆる申請権を想定すれば、いずれの訴訟でも申請に対する不作為や申請拒否が申請権の侵害に当たるとして法益侵害が認められることになる。ただ、法令によって申請制度が採用されていれば、適法に申請が処理され

---

25)　申請権については、小早川光郎『行政法上』（弘文堂、1999年）220頁参照。

る利益は根拠法令によって保護されるとも考えることもできようから、申請権を想定しなくても、上記両訴訟を提起する限りにおいて法益侵害を肯定することができよう。

　次に、一定の関係性との関係についてである。これを裁判所が具体的争訟性のレベルで判断することはあり得ないわけではなかろうが、抗告訴訟に関する限り、紛争解決にとって適切な当事者を選別することを含めて、訴訟類型に応じて当事者適格の問題として判定されると整理するのが適切といえよう。

　具体的な検討の素材を見出すことが難しいが、抗告訴訟では、公権力の行使の相手方や処分の申請者が法益侵害を主張する限り一定の関係性が否定されることはなかろう。このため、この問題の中心は、取消訴訟、無効等確認訴訟、差止訴訟または非申請型義務付け訴訟で処分の第三者が原告となる場合である。たとえば、判例に従って、処分の第三者の原告適格が原告の主張する利益が反射的利益であるとして認められないとき、具体的争訟性の観点からは、法益侵害は肯定されるが一定の関係性が否定されると説明することが可能である。この説明は、法律上の利益が法益に内包されることを前提とする。このように、一定の関係性の判定基準をあらかじめ定立できるとしても、それが具体の訴訟類型を離れて設定可能なものであるとは考えにくい。結局、法律上保護された利益説がとる原告適格の判断構造は、法益侵害と一定の関係性を反映していると考えられる。そして、いずれにせよ、取消訴訟で原告適格が肯定されるとき、法益侵害と一定の関係性もまた認められるため、それらの有無を疑う必要はない。

　なお、抗告訴訟の被告適格は、抗告訴訟が法主体間の紛争にかかるものであることを確保する機能を果たすと考えられる。抗告訴訟を公法上の法律関係に関する争いから公権力の行使に関するものを取り出したものと解すれば、本来的に当事者適格を認められる者は、当該公権力の行使にかかる法律関係の主体であるべきことになろう。しかし、公権力の行使にかかる法律関係においては、その相手方となる法主体は明確である場合が多いが、公権力を行使する法主体は、法令上、明示されることはほとんどないといってよく、それを明らかにするためには当該法令の解釈が必要となる。このため、抗告訴訟の被告適格の定めは、適切な当事者の選別に資すると同時に、紛争当事者となる法主体を簡易

（3） 憲法学説では、ムートネスが取消訴訟において訴えの利益の問題として取り扱われていると説明されることがある。[26] この点を手かがりとして、抗告訴訟における訴えの利益と具体的争訟性の関係について検討する。

取消訴訟の提起後に当該処分の効力が消滅した場合、取消しを求める対象が存在しないのであるから、訴えの利益だけでなくムートネスも認められない、つまり「争訟性を喪失した」（つまりムートとなった）とみることができないわけではない。しかし、ムートネスと訴えの利益に関しては、次の点に留意が必要であろう。

まず、訴えの利益の有無は、請求内容や訴訟類型に依存するのに対し、ムートネスは紛争の性質ないし状態を問題とするものであって請求内容や訴訟類型とは関係がない。たとえば、憲法学説でムートネスに関する判例としてよく引き合いに出される、いわゆるメーデーデモ事件の最高裁判決（最大判昭28・12・23民集7巻13号1561頁）では、皇居外苑の使用不許可処分の取消訴訟について使用を求めた期日を経過したために訴えの利益を欠くとされたが、当該処分にかかる国家賠償法1条1項に基づく損害賠償請求訴訟を提起すれば、訴えの利益は認められよう。このような場合、取消訴訟の訴えの利益は消滅したが、ムートネスは認められると説明せざるを得ない。同じく憲法学説においてムートとなったと判断したものであると評価されることのある、いわゆる朝日訴訟の最高裁判決（最大判昭42・5・24民集21巻5号1043頁）では、「生活保護法の規定に基づき要保護者または被保護者が国から生活保護を受ける」「保護受給権とも称すべき」「法的権利」は「被保護者自身の最低限度の生活を維持するために当該個人に与えられた一身専属の権利であって、他にこれを譲渡し得ないし」「相続の対象ともなり得ない」とされて、訴訟承継が認められず訴訟終了とされた。これはある権利についてその帰属者が存在しない状態であることに着目した判断だから、同判決はムートになったとしたものと評価されるのであろう。しかし、損害賠償請求を考慮に入れると、やはりムートネスは認めら

---

26) 渋谷・前掲注12) 645頁。ムートネスと訴えの利益の関係については、野坂泰司「訴えの利益とムートネスの法理」芦部（編）前掲注3) 書283頁以下・315-317頁参照。

れるのではないかという疑問がある[27]。

　また、上の点と重なるところがあるが、抗告訴訟に限らず、ある紛争にムートネスが認められることと、ある訴訟で訴えの利益が維持されていることとの間には、ズレがあるのではないかと思われる。たしかに、ムートネスの判断において考慮されるべき事情と、とくに取消訴訟で訴えの利益の有無に関して考慮される事情とが類似することはあり得よう。しかし、民事訴訟法学説で、訴えの利益の判断要素には本案判決の必要性と本案判決の実際上の効果（実効性）が含まれると説明されている[28]ことを参考にすれば、ムートとなれば訴えの利益の有無の判断は不要なのではないか、ムートネスが認められるから本案判決の必要性が判断可能なのではないか、ムートとなっていないのにもかかわらず本案判決が実際上紛争解決に資するとは考えられないとき、本案判決の実効性を欠くとして訴えの利益が否定されることになるのではないか、などの疑問がある。たとえば、メーデーデモ事件において最高裁は、出訴後の「事情の変動」（具体的には期日の経過）を訴えの利益が消滅したと判断する際の考慮事項の一つとしている。これは、原告と被告の間に具体的争訟性のある紛争があるものの、原告が現に提起した取消訴訟において本案判決を下す必要はない（本案判決の実効性もない）としたものにすぎないと評価することもできる。

　ちなみに、憲法学説におけるムートネスの法理に関する関心は、どちらかというとムートとなった場合になお傍論において憲法判断ができるかにあったといえ[29]、訴えの利益とムートネスを区別して考えれば、上の2判例は、いずれも、ムートネスが認められる状況において傍論で憲法判断が示されたものといえる。

　このように考えると、抗告訴訟における訴えの利益は、たとえば、取消訴訟では、取消判決の必要性と実効性を口頭弁論終結時において必要とするものであって、ムートネスとは区別して判定されるべきものであり、また、具体的争訟性との関係では、抗告訴訟の訴えの利益には、原告適格の要件によって絞りをかけられた法益侵害が、口頭弁論終結時に、原告が選択した類型の訴訟の本

---

27) 以上の点については、君塚正臣「成熟性・ムートネスの法理──『司法権』要件の動中静的要請」同・前掲注7)書275頁以下・282-287頁（初出は2016年）参照。
28) 新堂幸司『新民事訴訟法〔第5版〕』（弘文堂、2011年）257頁。
29) 野中ほか・前掲注9) 295頁〔野中執筆〕参照。

案判決によって救済されるべきものであることを維持する機能があるといえる。このため、抗告訴訟において、訴えの利益は、やはり訴訟類型に即した判断が必要であり、具体的争訟性そのものの判断要素とはいえない。

4 当事者訴訟の訴訟要件と具体的争訟性

当事者訴訟の訴訟要件に関し、具体的争訟性との関係を検討する必要があると思われるのは、当事者訴訟の対象（訴訟物）、当事者適格および訴えの利益である。ここでは、便宜上、実質的当事者訴訟のみを検討の対象とする。

(1) 実質的当事者訴訟は公法上の法律関係を対象とする。それがいかなるものかについては議論のあるところだが、少なくとも、法律関係を対象とする争いである限り、具体的争訟性にいう権利義務に関する争いであることを肯定することができる。また、民事訴訟法学説によると、民事訴訟のうち、一般の給付の訴えでは、「訴訟物たる給付請求権を自ら持つと主張する者に原告適格があり」、「原告によってその義務者と主張されている者に被告適格」があり、確認の訴えでは、「確認の利益を判定する際に、当該原告と被告との間の訴訟で判決することが紛争解決の必要性・実効性があるかとして当事者の正当性も判断されるのが普通である」とされる[30]。また、給付の訴えについて、将来給付の訴えをひとまずおけば、訴えの利益が問題となる状況はあまりないようである。

実質的当事者訴訟でもこれらと同様に考えるべきであろう（行訴法7条参照）から、まず、実質的当事者訴訟としての給付の訴えでは、当事者適格が肯定されれば具体的争訟性が否定される余地はほとんどなく、法益侵害、一定の関係性、成熟性のいずれも肯定されよう。これに対し、実質的当事者訴訟としての確認の訴えでは、訴えの利益が具体的争訟性と密接に関係すると考えられる。

そこで、以下では、実質的当事者訴訟としての確認訴訟（以下単に「確認訴訟」という）における訴えの利益（以下単に「確認の利益」という）に限定して、それと具体的争訟性の関係について考察する。

---

[30] 髙橋宏志『重点講義民事訴訟法上〔第2版補訂版〕』（有斐閣、2013年）246-247頁。

(2) 民事訴訟法学説において、民事訴訟での確認の訴えの利益は、「原告の権利または法律的地位に不安が現に存在し、かつ不安を除去する方法として原告・被告間でその訴訟物たる権利または法律関係の存否の判決をすることが有効適切である場合に、認められる」といわれ、その有無の判断の観点として、①方法選択の適否（他の手段との分担）、②対象選択の適否、③即時解決の必要性、④被告選択の適否があるとされる。[31]

これらのうち、具体的争訟性に関係するのは、次のように、対象選択の適否、即時解決の必要性および被告選択の適否であると考えられる。すなわち、対象選択の適否は、訴訟物が権利または法律関係であることを前提とするため、それが認められるとき、当該紛争が先に土井教授の整理を通してみた意味での権利義務に関する争いであることを疑う必要がなく、法益侵害を肯定できる点で、具体的争訟性と関係する。また、即時解決の必要性が認められるとき、当該紛争に具体的争訟性の要素ともなる成熟性が認められる。被告選択の適否は、一定の関係性にかかわる。原告については、訴えが権利または法律関係の確認を求めるものである限り一定の関係性の存在を疑う必要はない。これに対し、被告については、被告選択の適否の判断において、一定の関係性の存否が確認訴訟という訴訟類型に即して判断されているということができよう。当事者適格が有する適切な当事者を選別する機能は、一定の関係性と密接に関係すると考えられる。これらに対し、方法選択の適否は訴訟類型間の選択に関するものであるから、ここでは具体的争訟性に関係しないと考えることにしたい。

成熟性に注目して、確認の利益について判断を示した判例を検討する。まず、いわゆる在外邦人選挙権訴訟で、最高裁は、原告の請求のうち予備的請求を、公職選挙法附則8項（当時のもの。以下同じ）が「違憲無効であるとして」、「今後直近に実施されることになる衆議院議員の総選挙における小選挙区選出議員の選挙及び参議院議員の通常選挙における小選挙区選出議員の選挙」につき「選挙権を行使する権利を有することの確認をあらかじめ求める訴え」と解したうえで、「選挙権は、これを行使することができなければ意味がないものといわ

---

31) 新堂・前掲注28) 270頁以下。確認の利益については、野口貴久美「行政立法の違法を争う確認訴訟――『行政過程の特色を反映した要件論』の試み」行政法研究 11 号（2015 年）37 頁以下が示唆に富む。

ざるを得ず、侵害を受けた後に争うことによっては権利行使の実質を回復することができない性質のものであるから、その権利の重要性にかんがみると、具体的な選挙につき選挙権を行使する権利の有無につき争いがある場合にこれを有することの確認を求める訴えについては、それが有効適切な手段であると認められる限り、確認の利益を肯定すべき」であるとした（最大判平17・9・14民集59巻7号2087頁）。「具体的な選挙につき選挙権を行使する権利の有無につき争い」があれば、即時解決の必要性が認められるというのであろう。成熟性が、確認訴訟という訴訟類型に即して判断されている。

また、いわゆる教職員国旗国歌訴訟の1つにおいて、最高裁は、「本件通達を踏まえて処遇上の不利益が反復継続的かつ累積加重的に発生し拡大する危険が現に存在する状況の下では、毎年度2回以上の各式典を契機として」「処遇上の不利益が反復継続的かつ累積加重的に発生し拡大していくと事後的な損害の回復が著しく困難になることを考慮すると、本件職務命令に基づく公的義務の不存在の確認を求める本件確認の訴えは、行政処分以外の処遇上の不利益の予防を目的とする公法上の法律関係に関する確認の訴えとしては、その目的に即した有効適切な争訟方法であるということができ、確認の利益を肯定することができる」とする（前掲最一判平24・2・9）。ここでも、「処遇上の不利益が反復継続的かつ累積加重的に発生し拡大していく」点で、即時解決の必要性を肯定することを通して成熟性が訴訟類型に即して判断されている。

ムートネスは、確認訴訟でも当然に必要とされる。たとえば、在外邦人選挙権訴訟にならえば、すでに実施された総選挙での小選挙区選出議員の選挙で公職選挙法附則8項によって選挙権を行使する権利があったことの確認訴訟は、原告の権利に不安が現に存在しないから確認の利益を欠くとされようが、この紛争がムートになったとはいえず、損害賠償請求訴訟でこれを争うことは認められよう。

5　具体的争訟性の位置

(1)　それでは、訴訟の基本要件としての具体的争訟性の位置をどのように把握すべきであろうか。この点の検討に当たっては、法律上の争訟性も、個別の訴訟においては訴訟要件の一つであるため、法律上の争訟性が肯定されても、

他の訴訟要件を欠くとして訴えが却下される場合のあることを確認しておく必要がある。また、法律上の争訟性を欠くとして訴えが却下されるとき、その判断の誤りは「憲法の違反」(民事訴訟法312条1項)に当たり直ちに「上告の理由」となるのに対し、最高裁への上告の場合、それ以外の訴訟要件についてはその判断の誤りが上告受理申立ての理由となる(同法318条1項)にとどまることや、すでに指摘したように、民事事件と行政事件については法律上の争訟性の範囲と裁判を受ける権利が保障される範囲が一致すると解されていることにも注意が必要である。

　これまで本節で検討してきたように、具体的争訟性は、独立した訴訟要件であるにもかかわらず、訴訟の対象性(抗告訴訟の処分性等、当事者訴訟の訴訟物)、当事者適格、訴えの利益(ただし確認の利益のみ)などの判定において、訴訟類型ないし請求内容に即して、その諸要素の有無が判断されると考えられる。すなわち、成熟性は、たとえば、取消訴訟では処分性の判定において実質的に考慮されるのに対し、確認訴訟では確認の利益の一内容とされる。法益侵害は、主として取消訴訟、無効確認訴訟、差止訴訟および非申請型義務付け訴訟においてその有無が問われるところ、少なくとも原告適格が肯定される限り、法益侵害もまた肯定されると考えられる。一定の関係性は、当事者適格の判定において訴訟類型に即した判断がされる。とくに問題となるのは、処分の第三者が提起する取消訴訟、無効確認訴訟、差止訴訟および非申請型義務付け訴訟における原告と、確認訴訟における被告である。これらに対し、ムートネスは、紛争自体の性質ないし状態に関するものだから、その必要性は当然に肯定されるべきだが、訴えの利益とは別の事項といえ、訴訟類型に即した判断がされるものとは考えにくい。

(2)　具体的争訟性の諸要素が、訴訟の対象性、当事者適格および訴えの利益

---

32)　この点については、小早川光郎「非主観訴訟と司法権」法学教室158号(1993年)97頁以下・99-100頁参照。

33)　芝池義一「抗告訴訟に関する若干の考察」原田尚彦先生古稀記念『法治国家と行政訴訟』(有斐閣、2004年)55頁以下・70頁は、「行政決定に関する紛議の『法律上の争訟』該当性の判断は、必ずしも訴訟形式に先だって先験的に考え得るものではなく、訴訟形式に即して考えるべきだという仮説」が成り立つとする。

の判定において、訴訟類型や請求内容に即して判断されることと裁判を受ける権利との関係をいかに解するかの問題がある。この点の詳細な検討は今後の課題としたいが、抗告訴訟と当事者訴訟の訴訟要件の判断要素のうち具体的争訟性と関係のないものについては、それを考慮して訴えを不適法とすることが裁判拒否に当たらないかの検討を要する。とりわけ、処分性における公権力性、訴えの利益における本案判決の実効性や確認の利益に関する方法選択の適否については、裁判を受ける権利を実効的に保障する見地からの解釈が求められる。たとえば、ある行政の行為について、裁判所が公権力性を欠くとして抗告訴訟の対象性を否定して却下判決を下すとき、当該紛争に法律上の争訟性が認められるのであれば、当該紛争が他の類型の訴訟によって争い得るものであることが確認されなければ、それは裁判拒否に当たることとなる。

このように考えると、法律上の争訟性が裁判を受ける権利が保障される対象となるものの範囲を画するものであるとすれば、抗告訴訟や当事者訴訟について法律上の争訟性を論じる実践的な意義は、抗告訴訟・当事者訴訟の訴訟要件の判定に際し、裁判を受ける権利の保障の見地から、具体的争訟性と関係のない判断要素を考慮して訴えが不適法とされることを抑制するところにあるといえる。

【西田幸介】

(いなば・かおる　立正大学教授・東北大学名誉教授)
(つちだ・しんや　中央大学教授)
(にしだ・こうすけ　法政大学教授)

---

34) この点に関連して、高橋・前掲注10) 410-411頁は、「裁判所の役割は国民の権利を保護することにあり、そのために『裁判を受ける権利』に応えなければならないが、〔裁判所は〕それに付随して必要な『裁定』を行うのであり、この裁定こそが『司法』の核心なのである」と述べている。中野貞一郎「司法審判権の限界の画定基準」同『民事訴訟法の論点II』(判例タイムズ社、2001年) 314頁以下・335頁 (初出は1990年) も参照。

第1部　権利保護システムの現代的課題

第3章　行政裁量と行政救済

榊原秀訓

はじめに

　これまで、行政裁量の司法審査にかかわって、判断過程審査や比例原則審査に関する近年の判例・学説の状況、特に憲法学における権利保障と裁量審査との関係を含めた審査密度の向上や相対化等について検討を行ってきた。判断過程審査に関しては、行政処分における裁量審査について継続的に研究者の関心事になるとともに、裁量審査における行政規則との関係、法規命令における立法裁量の場面でも議論が展開されてきた。

　そこで、本章では、これまでに十分な検討を行うことができなかった裁量審査の論点について、イギリスにおける行政裁量やわが国の憲法学における議論も言及しつつ、分析を行っていきたい。ただし、イギリス法自体の分析は他の機会に検討する予定をしているので、イギリスとの比較に関しては簡単に言及し、基本的な視角を提供するにとどめる。

---

1)　榊原秀訓「行政裁量の『社会観念審査』の審査密度と透明性の向上」室井力先生追悼『行政法の原理と展開』（法律文化社、2012年）117-138頁。

2)　榊原秀訓「行政裁量の審査密度——人権・考慮事項・行政規則」行政法研究23号（2018年）1-26頁。

3)　最近のものとして、高橋正人「判断過程審査を巡る学説・判例実務」法学81巻6号（2018年）126-150頁、深澤龍一郎「裁量審査の密度と方法」法律時報90巻8号（2018年）36-41頁参照。また、憲法研究者による検討として、渡辺康行「行政法と憲法——行政裁量審査の内と外」法律時報90巻8号（2018年）10-15頁参照。

一 審査密度、審査の構造化と敬譲

1 審査方式の一元化と多元化
(1) 審査密度の向上
イギリスにおける司法審査の審査方式にかかわって、1998年の人権法（Human Rights Act）制定以降、ヨーロッパ人権条約の国内法化により、同条約上の権利が争われる場合には、EU 条約上の権利が争われる状況とともに、比例原則審査が行われる。これらの人権や権利がかかわらない場合には、比例原則審査ではなく、ウェンズベリ不合理性審査が行われることから、審査の仕方が二元的なものとなっている。そこで、このような二元的な審査を維持するか、あるいは、比例原則審査に一元化するべきかが論争となってきた。[4]

比例原則審査に一元化すべきとする一つの理由は、比例原則審査の方がウェンズベリ不合理性審査よりも審査密度が高く、一元化した方が審査が容易であるからであり、他方で、二元論は、人権等がかかわる場合には、より審査密度が高い比例原則審査を用いるとしても、人権等にかかわらない場合には、審査密度が低いウェンズベリ不合理性審査を用いるべきとする。

さて、わが国においても、社会観念審査とともに、判断過程審査が行われており、前者と比べて後者の方が審査密度が高く、また、行政決定に権利がかかわる場合は、審査密度が向上していることから[5]、イギリスと類似の状況が存在すると考えられる。

(2) 審査方式と審査の構造化
この論争のもう一つの論点は、審査の構造化にある。ウェンズベリ不合理性審査に比べて、比例原則審査は審査が構造化されていると評価されている。比

---

[4] *New Zealand Law Review* [2010] の特集（Proportionality, Deference, *Wednesbury:* Taking Up Michael Taggart's Challenge）参照。ウェンズベリ不合理性審査については、杉村敏正「イギリス法における行政裁量の濫用に対する司法審査の限度」同『法の支配と行政法』（有斐閣、1970年）224-228頁等参照。
[5] 曽和俊文『行政法総論を学ぶ』（有斐閣、2014年）211頁、榊原・前掲注2) 2-4頁、6-14頁、亘理格「最高裁の行政法解釈学」法律時報90巻8号（2018年）9頁等参照。

例原則審査は、一般的に、次のような三段階の構造で、裁判所が考察するというものである。①方策は、望ましい目的を達成するために適していたか否か。②方策は、望ましい目的を達成するために必要であったか。そして、③それはそれにもかかわらず、個人への過度の負担を課したか。この審理の最後の部分は、しばしば狭義の（厳格な意味での）比例性と呼ばれている[6]。

　わが国では、憲法学において、いわゆる二重の基準論と比例原則審査の間で論争があるが[7]、行政法学においては、憲法学における三段階審査の主張のように、比例原則審査によって審査すべきという議論は強力ではなく[8]、また、比例原則審査としては、先の三段階目の狭義の（厳格な意味での）比例原則審査が用いられるにとどまっていると思われる。仮に憲法で三段階審査が採用され、行政裁量においても比例原則審査が用いられ、両者が比例原則審査に一元化されると、違憲審査と裁量濫用審査は連続するものとなる。

　裁量の司法審査においては、イギリスのように、審査密度の向上ほどの関心は、審査の構造化には向けられていないと思われる。しかしながら、裁量の判断過程がブラックボックス化することには批判が強く、その透明性の向上には大きな関心が向けられている。

　この点にかかわって、卒業式・入学式において君が代斉唱の際に起立斉唱を命ずる職務命令に反した教職員の再任用等の拒否が争われた事件をみておく。東京高判（東京高判平27・12・10LEX/DB25541917）は、「都教委の裁量については、全く新規に採用する場面と同列に考えるのは相当でない」として、判断過程審査を用いて再任用等の拒否を違法としたが、最判（最一判平30・7・19裁時1704号4頁）は、「合否の判断に際しての従前の勤務成績の評価については、基本的に任用権者の裁量に委ねられている」として、都教委が、「従前の勤務成績の内容として本件職務命令に違反したことを被上告人らに不利益に考慮し、これ

---

6)　P. Craig, *Administrative Law*, 8th edn (Sweet & Maxwell, 2016), p.650.
7)　法律時報83巻5号（2011年）の特集「違憲審査手法の展望」第1部「審査基準論と三段階審査」等参照。
8)　わが国における比例原則審査の紹介として、小山剛『「憲法上の権利」の作法〔第3版〕』（尚学社、2016年）338頁、須藤陽子「行政法における比例原則」高木光＝宇賀克也編『行政法の争点』（有斐閣、2014年）24頁等参照。
9)　同事件東京地判（東京地判平27・5・25LEX/DB25540412）についてのものであるが、榊原・前掲注2)20-21頁参照。

を他の個別事情のいかんにかかわらずに特に重視すべき要素であると評価し」、不合格等の判断をすることが、「著しく合理性を欠くものであったということはできない」とした。「著しく合理性を欠く」か否かの判断基準は、社会観念上「著しく妥当性を欠く」か否かを判断基準とする社会観念審査と類似のものであり、審査の構造化だけではなく、透明化にも逆行するものと考えられる。

(3) 審査密度の可変性と敬譲

もう一点確認しておきたいのは、ウェンズベリ不合理性審査も、比例原則審査も審査密度は一様ではなく、可変的なものと考えられており、同じ審査方式においても審査密度が異なることである。そして、審査密度の可変性は、わが国においても同様である[10]。

こういった審査密度の可変性に関連して、近年イギリスで議論されてきているのが、敬譲(deference)である。つまり、一定の場合に裁判所が他に敬譲を示すことによって審査密度を低下させるわけである。この敬譲が示されるのは、一般的に、審査対象組織が専門性を有する場合と、民主的正統性を有する場合である[11]。これは、わが国において専門性が認められる場合や政治的・政策的判断がなされる場合に、広い裁量が認められ、審査密度が低下するのと同じ状況である。以下では、わが国における敬譲がどのように評価できるかをみておく。

2 専門性に対する敬譲と判断過程合理性審査

(1) 敬譲と原発設置許可

まず、判断過程に注目するものの、幾つかのステップを踏んで審査が行われる場合に、専門的機関が設定した審査基準を尊重した審査として、判断過程合理性審査と呼ばれる審査がある。伊方原発事件最判(最一判平4・10・29民集46

---

10) 榊原・前掲注1) 125-126頁参照。
11) M. Elliott, "Proportionality and Deference: The Implication of a Structured Approach" in C. Forsyth et al. (eds), *Effective Judicial Review* (Oxford University Press, 2010), pp. 264-286; M. Elliott, "From Bifurcation to Calibration: Twin-Track Deference and the Culture of Justification" in H. Wilberg and M. Elliott (eds), *The Scope and Intensity of Substantive Review: Traversing Taggart's Rainbow* (Hart Publishing, 2015), pp.61-90.
12) 村上裕章「判断過程審査の現状と課題」法律時報85巻2号(2013年) 12頁。

巻7号1174頁）は、原子炉設置の安全性審査に関して、「審査の対象には、将来の予測に係る事項も含まれ」ることを述べつつ、①「原子力委員会若しくは原子炉安全専門審査会の専門技術的な調査審議」において「用いられた具体的審査基準に不合理な点があり」、あるいは②原子炉施設が「具体的審査基準に適合するとした原子力委員会若しくは原子炉安全専門審査会の調査審議及び判断の過程に看過し難い過誤、欠落があり、被告行政庁の判断がこれに依拠してされたと認められる場合」に、許可処分が違法になるとする。

つまり、審査は二段階で行われ、専門的機関が設定した「具体的審査基準」が法令と同様の機能を果たし、その後の審査が「看過し難い過誤、欠落」に限定されるものと言える。専門的機関による基準設定を高度に尊重した審査方法と考えられる。このような判断過程合理性審査は、社会観念審査と比較すると審査密度は向上していると言えるであろうが[13]、専門的機関の判断をここまで尊重し、「不合理性の審査」にとどめ、第二段階の審査が「看過し難い過誤、欠落」に限定される理由も不明である[14]。もっとも、深澤が指摘するように、「『不合理な点』、『看過し難い過誤、欠落』の認定の方法次第で、裁量審査の密度は相当に変化しう[15]る」ことになる。既に早い段階で、例えば、首藤は、「実体的判断代置方式を原則としながら、いずれの主張も成り立ちうる場合には行政側の判断を尊重する」「判断余地説」を紹介し、「司法審査方式をめぐる一般的議論との関係でいえば、原発訴訟については実体的判断代置を貫くことは困難な部分があるとしても、少なくとも判断余地説的なレベルが要求されるべきである」としていたし[16]、最近でも、阿部は、「裁判所はゼロから審理するなら、行政の

---

13) 小早川は、「行政の判断の過程（特に、具体的審査基準とそれへの当てはめ）を追跡することによってある程度厳密に行う」ものと評価している。小早川光郎『行政法講義下Ⅱ』（弘文堂、2005年）201頁。村上裕章「司法制度改革後における行政法判例の展開——理論の過剰と過少」公法研究77号（2015年）35頁も参照。

14) 亘理格「原子炉安全審査の裁量統制論」論究ジュリスト3号（2012年）28-29頁、山田洋「判批」平成4年度重判（1993年）46-47頁。曽我は、「今後の原子炉設置許可取消訴訟における行政の判断過程に対する裁判所の審査密度は、これまで以上に、相当踏み込んだものになるべき」とする。曽和・前掲注5) 189頁。

15) 深澤龍一郎「行政裁量論からみた福島事故の前と後」斎藤浩編『原発の安全と行政・司法・学界の責任』（法律文化社、2013年）168頁。

16) 首藤重幸「原発行政への司法審査のあり方」法学セミナー458号（1993年）28-29頁。阿部泰隆「原発訴訟をめぐる法律上の論点」ジュリスト668号（1978年）20頁等も参照。

専門性に勝てないが、原告側も十分に主張立証しているのであるから、争点を整理して、いずれが不合理な主張をしているのか、原告の批判に対して、行政側は納得できるような反論をしているのかを判断すれば良いだけであって、行政の専門性におびえる必要はない」としている[17]。審査基準が専門的機関によって策定されるという点が重要だとすると、その組織のあり方が問われることになる[18]。藤田も、「単に『行政庁の専門技術的判断』をいうだけでは司法審査を制限する（自制する）合理的理由とはならない」とし、行政内部において専門家の判断を求める手続を経た判断であっても、「反対当事者が更に強力な主張立証を行うことができたならば、それにも拘らず、行政庁の『裁量』を認める、という理屈は出てこない」とする[19]。これらの見解は、安易に行政の専門性に対する敬譲を認めないものである。

(2) 判断過程合理性審査の射程

専門的機関が設定する審査基準に依拠した判断過程合理性審査は、理解の仕方によっては極めて広範囲で利用できることから、判決の射程も問題となる。その文脈で注目すべきは、家永教科書検定第１次訴訟最判（最三判平5・3・16民集47巻5号3483頁）である。それは、「教科用図書検定調査審議会の判断の過程（検定意見の付与を含む）に、原稿の記述内容又は欠陥の指摘の根拠となるべき検定当時の学説状況、教育状況についての認識や、旧検定基準に違反するとの評価等に看過し難い過誤があ」るかを問題にしている。審査基準の合理性審査とその適用の審査という二段階の審査を行う伊方原発事件最判と比較すると審査基準の合理性審査への言及はないが、伊方原発事件最判と同様に、専門的機関の判断に依拠したものである。

調査官解説は、「文部大臣の裁量の範囲を狭く解した上で、現実に可能な裁量逸脱の審査方式の中から厳しい審査基準を採用し、裁判所の審査の範囲を広く認めたもの」とする[20]。しかし、その審査方式は、判断過程合理性審査と類似

---

17) 阿部泰隆「原発訴訟のあり方と今後の方向」現代人文社編集部編『司法は原発とどう向き合うべきか』（現代人文社、2012年）55頁。
18) 比山節男「原発事故と行政法の覚書」水野武夫先生古稀『行政と国民の権利』（法律文化社、2011年）337頁。
19) 藤田宙靖『裁判と法律学』（有斐閣、2016年）148-158頁。

であり、専門的機関に注目するとしても、教科用図書検定調査審議会の構成と運営＝手続がその判断を尊重し得るほどのものかが問題となる。室井は、「検定を受ける教科書執筆者の側の『学術的、教育的な専門技術的判断』」が「文部大臣のそれに劣後し、文部大臣の『判断』によって抑制または規制されることとなる」ことを批判する。つまり、「教育内容行政謙抑原則を軽視または無視する」ことの問題点である。結論として、「高度に科学的・専門的判断が問われる原発訴訟においてはかりに必ずしも全面的に無意味ではないとしても、教科書検定訴訟においては、言葉の遊びでしかないであろう」との厳しい評価を行う。判断過程合理性審査の射程については、慎重に判断しなければならない。

3　軍事・外交に対する敬譲

わが国において、伝統的には、政治的・政策的領域における裁量の審査密度が低いと考えられ、最近の例として、厚木基地第4次訴訟最判や辺野古新基地建設事件最判をあげることができる。既に、岡田が、両者の事件を例に、「軍事・外交に関連する事件になると、最高裁は思考停止の状態になってしまうようである」と厳しい批判を行っている。

(1)　厚木基地第4次訴訟

まず、厚木基地第4次訴訟に関して、東京高判（東京高判平27・7・30民集70巻8号2037頁）は、比例原則審査または判断過程審査で違法性を認めるのに対して、最判（最一判平28・12・8民集70巻8号1833頁）は、自衛隊機飛行の差止めにかかわって、裁量審査をして、「社会通念に照らして著しく妥当性を欠く

---

20) 瀧澤泉「判解」法曹会編『最高裁判所判例解説民事篇（平成5年度(上)）』（法曹会、1996年）425頁。
21) 室井力「教科書検定裁量論」名経法学創刊号（1994年）92-96頁。竹内俊子「教科書訴訟最高裁判決について」法学教室156号（1993年）101頁も参照。
22) 岡田正則「行政訴訟の審理と裁判官の責任――その歴史と現状」判例時報2351号（2018年）127頁。
23) 「受忍限度を比例原則に基づく行政裁量の限界に引き写」したものとする、巽智彦「判批」判例セレクト2015［Ⅱ］（2016年）10頁。北見宏介「判批」新・判例解説Watch21号（2017年）53頁も参照。また、「判断過程審査の枠組みを用いていた」と説明するものとして、村上裕章「判批」平成29年度重判（2018年）45頁。

ものと認めることは困難」としており、社会観念審査に基づき違法性を否定しているようにみえる。

岡田は、最判が、「『総合考慮』という判断手法を用いて司法審査をブラックボックス化」しており、「どの要素をどのように考慮したのかに関する説明を行って」いないことなどを問題とする[24]。また、弁護士の福田も、「防衛大臣の権限に広範な裁量を認める一方、裁量審査の抽象化とブラックボックス化により、客観的に検証のできない価値判断によって結論を導いた」ことや「『総合考慮』の指針ないし基準も示」さない「極めて融通無碍なものである」ことを批判する。そして、「本来最も重視すべき諸要素・諸価値である」ところの「②の住民の騒音被害の内容・程度を安易に軽視し」、「本来考慮に容れ又は過大に評価すべきでない事項である」ところの「①公共性・公益性及び③国の対策・措置を不当に考慮し又は過大に評価して、その裁量判断を根本的に誤ったもの」としている[25]。これは、判断過程審査の必要性を示し、国の利益と対立する住民の権利利益を軽視していることの問題点を指摘するものである。

(2) 辺野古新基地建設事件

次に、前知事が行った埋立承認に対して、次の知事が埋立承認取消を行ったことから争いになった辺野古新基地建設事件においては[26]、福岡高裁那覇支判（福岡高那覇支判平28・9・16民集70巻9号2727頁）と若干論理は異なるが、その結論を最判（最二判平28・12・20民集70巻9号2281頁）も支持する。最判は、「公有水面埋立法4条1項1号の『国土利用上適正且合理的ナルコト』という要件（第1号要件）」について、「総合的な考慮をした上での判断が事実の基礎を欠いたり社会通念に照らし明らかに妥当性を欠いたりするものでない限り、公有水面の埋立てが第1号要件に適合するとの判断に瑕疵があるとはいい難い」とし、

---

24) 岡田正則「厚木基地訴訟・辺野古訴訟最高裁判決からみた司法制度の現状」法と民主主義516号（2017年）39頁、同・前掲注22）127頁。
25) 福田護「厚木基地航空機飛行差止訴訟の現場から」判例時報2330号（2018年）10-13頁。
26) 同事件では、前知事による当初の埋立承認の審査の「厳格度」が低く、その後に、次の知事が審査の「厳格度」を上げて承認取消を行ったと考えられる。榊原秀訓「埋立承認の職権取消処分と裁量審査」紙野健二＝本多滝夫編『辺野古訴訟と法治主義——行政法学からの検証』（日本評論社、2016年）165-181頁。

社会観念審査を用いているようにみえる。判決の言い回しが通常のものと異なるのは、違法だけではなく、不当をも対象にしているからと考えられる[27]。また、「公有水面埋立法4条1項2号の『其ノ埋立ガ環境保全及災害防止ニ付十分配慮セラレタルモノナルコト』という要件（第2号要件）」について、「専門技術的な知見に基づいてされた上記都道府県知事の判断に不合理な点があるか否かという観点から行われるべき」として、本件では、沖縄県が定めた「審査基準に特段不合理な点があることはうかがわれない」、また、「判断過程及び判断内容に特段不合理な点があることはうかがわれない」とし、判断過程合理性審査と類似の審査をしている。

　注意しておきたいのは、最高裁が、埋立承認取消の理由として、承認が違法の場合だけではなく、不当の場合も考えていることである。もっとも、裁判所が不当を審理できるのか、できるとしてどのように審理できるのか、また、審理の対象は埋立承認処分ではなく、承認取消処分ではないかも問題となっている[28]。人見は、最高裁は、実際には「原処分たる埋立承認処分が違法ではなかったという認定のみで、原処分には違法性も不当性もないと判断し、現知事の原処分取消処分を違法とし」、「前知事の埋立承認を見直すか否かの現知事の裁量判断の余地を無視して、結果として前知事の裁量判断のみを尊重」していると厳しく批判している[29]。

　そして、1号要件については、人見が指摘するように、「前知事の裁量判断として最小限の要件を満たしたとして埋立承認をしたとしても、現知事がより適切な国土利用のあり方の要素を考慮した結果、前知事が処分をした時点においても不当な判断であったと判断する可能性は否定できないはず」であり、前知事の承認を社会観念審査により審査しても、「その点の判断のみでは、現知事の埋立承認の職権取消処分の適法性は、判断できないはず」である[30]。本多も、社会観念審査の方法で「違法事由の有無に加えて、不当事由の有無を認定できるか大いに疑問がもたれる」ことを述べる[31]。また、2号要件にかかわって、本

---

[27] 稲葉馨「判批」平成29年度重判（2018年）54頁。
[28] 審理の対象について、武田真一郎「判批」成蹊法学86号（2017年）184-193頁参照。
[29] 人見剛「辺野古争訟の経緯と諸判決に関する一考察」Law and Practice11号（2017年）47頁。
[30] 人見・前掲注29）44頁以下。
[31] 本多滝夫「行政法と地方自治法の交錯」龍谷法学50巻4号（2018年）310頁。

多は、判断過程合理性審査が「比較的審査密度が高いものであると解されている」ことから、本件の審査が同様のものであれば、「この審査を通過した判断には十分に合理性があると評価してよいかもしれない」などとしつつ、「本件上告審がそのように裁量基準の適用の仕方を審査した形跡はない」として、実際には、裁量審査が限定されていることを批判する。

さらに、是正の指示は知事の裁量権行使を尊重して謙抑的なものでなければならず、実際に尊重されているか裁判所が厳格に審査する必要がある。つまり、先にみた家永教科書検定第1次訴訟において室井が裁判所に教科書執筆者の判断を尊重した審査を求めていたが、それと類似の状況になる。

二 行政規則の合理性と「拘束力」の根拠

1 行政規則の合理性と「拘束力」

(1) 最高裁と行政規則

判断過程合理性審査は、専門的機関が策定した行政規則に依拠した審査を行うものであるが、個別事情考慮の必要性とあわせ、合理的な行政規則に依拠した審査も近年の特徴となっている。例えば、酒類販売業免許等取扱要領事件（以下、「酒類販売業事件」）最判（最一判平10・7・16判時1652号52頁）は、「平成元年取扱要領における酒税法10条11号該当性の認定基準は、当該申請に係る参入によって当該小売販売地域における酒類の供給が過剰となる事態を生じさせるか否かを客観的かつ公正に認定するものであって、合理性を有して」おり、「これに適合した処分は原則として適法」としつつ、「酒類販売業の免許制が職業選択の自由に対する重大な制約であることにかんがみ」て、「事案に応じて、各種例外的取扱いの採用も積極的に考慮し、弾力的にこれを運用するよう努めるべき」とする。

---

32) 本多・前掲注31) 312頁。調査官解説は、「第2号要件の適合性に係る免許権者（承認権者）の裁量的な判断の幅はある程度広範にならざるを得ない」としていた。衣斐瑞穂「判解」法曹時報69巻8号（2017年）365頁。
33) この点については、榊原・前掲注26) 182-185頁参照。
34) 髙橋正人「行政規則の外部効果に関する一考察——解釈基準・裁量基準の裁判規範性を中心に」静岡大学法政研究20巻4号（2016年）56-79頁。

また、三菱タクシーグループ運賃値上げ申請却下国賠事件（以下、「タクシー運賃値上げ事件」）最判（最一判平 11・7・19 判時 1688 号 123 頁）は、「本件通達の定める運賃原価算定基準に示された原価計算の方法は、法 9 条 2 項 1 号の基準に適合するか否かの具体的審査基準として合理性を有する」とし、運賃変更の認可申請について、「特段の事情のない限り同号の基準に適合しているものと判断することも」、是認し得るとする。他方で、異なる運賃額の「申請について、法 9 条 2 項 1 号の基準に適合しているか否かを右提出書類に基づいて個別に審査判断すべき」とする。

さらに、停止期間経過後に、処分基準に先行の処分を受けたことを理由として後行の処分に係る量定を加重する旨の不利益な取扱いの定めがある場合に訴えの利益があるかが争われた札幌市パチンコ店営業停止命令事件（以下、「札幌パチンコ店事件」）最判（最三判平 27・3・3 民集 69 巻 2 号 143 頁）は、行政手続「法 12 条 1 項に基づいて定められ公にされている処分基準」について、行政庁が後行の処分につき「処分基準の定めと異なる取扱いをするならば、裁量権の行使における公正かつ平等な取扱いの要請や基準の内容に係る相手方の信頼の保護等の観点から、当該処分基準の定めと異なる取扱いをすることを相当と認めるべき特段の事情がない限り、そのような取扱いは裁量権の範囲の逸脱又はその濫用に当たる」こととなり、この意味において、行政庁の後行の処分における裁量権が「処分基準に従って行使されるべきことがき束されて」いるとする。

(2) 判断過程合理性審査との関係

最初に、これらの最判と判断過程合理性審査との関係をみていく。まず、高橋は、判断過程合理性審査を採用した伊方原発事件最判での「〈裁量基準の合理性審査〉と〈裁量基準に基づく処分の適合性審査〉」の二段階審査から、上記の酒類販売業事件最判、タクシー運賃値上げ事件最判においては、第一段階の「〈裁量基準の合理性審査〉が省略されているようにも感じられる」とし、「公表された裁量基準に関しては、原則として、〈裁量基準に基づく処分の適合性〉のみがなされる事例が多くなり、法規命令と裁量基準の相対化が一層進むこと

---

35) 高橋・前掲注 34) 82 頁。

が予想される」とする。この内、第一段階の「〈裁量基準の合理性審査〉が省略されているようにも感じられる」という指摘は、両最判が行政規則の合理性を認めているにもかかわらずなされており、高橋は、その後の札幌パチンコ店事件最判の評釈において、両最判に言及しつつ、そのような二段階審査を行うまでもなく、「（原則として）合理的な基準であるとの前提」で審査されることになるといった評価をしており、当初の評価に修正がなされているようにも思われる。

また、札幌パチンコ店事件最判に対して、庄村は、「『二段階審査』の、裁判所による『合理性』のお墨付きも経ていない」と指摘するが、高橋は、「（原則として）合理的な基準であるとの前提」があると理解しているわけである。同最判が処分基準の合理性審査を明示的には行っていないので「お墨付き」はないが、黙示的に合理性を前提にしているように考えられる。この点は、後に、根拠にかかわって改めて検討する。

さらに、伊方原発事件最判の二段階審査における二段階目の「裁量基準に基づく処分の適合性」と、酒類販売業事件最判、タクシー運賃値上げ事件最判との関係を考えてみると、両者はかなり異なると考えられる。伊方原発事件最判の「調査審議及び判断の過程に看過し難い過誤、欠落があ」るか否かの判断は、違法性判断を限定していると思われるからである。

もう一つの相違は、個別事情考慮義務の有無にあるように思われることから、これに関連する深澤の議論を紹介する。深澤は、裁判所の「判断過程の合理性審査」として、「考慮事項に着目した審査」とともに、「裁量基準に着目した審査」の二通りがあることを述べる。この議論のポイントは、判断過程合理性審査がなされている原子炉設置許可にかかわっては、「行政裁量を付与された行

---

36) 高橋正人「判批」静岡大学法政研究21巻1号（2016年）374頁。
37) 庄村勇人「判批」名城ロースクール・レビュー34号（2015年）194頁。
38) 札幌パチンコ店事件最判の調査官解説も、一般論として、「裁量基準が設定され、行政庁がこれに従って決定をしたとされるときには、裁判所の審査は、まず、その基準に不合理な点があるかどうかについて行われるのが通例である」としている。市原義孝「判解」法曹会編『最高裁判所判例解説民事篇（平成27年度(上)）』（法曹会、2018年）73頁。
39) 深澤龍一郎「判断過程の合理性審査」同『裁量統制の法理と展開——イギリス裁量統制論』（信山社、2013年）358-362頁、同「行政訴訟における裁量権の審理」『現代行政法講座Ⅱ　行政手続と行政救済』（日本評論社、2015年）152-158頁、163-167頁。

政機関は、自らが公益に適合すると考える方法で活動すれば足りるはずであり、個別の事案において、個別事情考慮義務を必ずしも負担するわけではない」とする点である。深澤は、「裁量基準に着目した審査」として、その説明の基礎としている判断過程合理性審査以外の状況においても「裁量基準に着目した審査」を想定しているように思われるが、その拡大には慎重でなければならず[40]、他方で、判断過程合理性審査に限定して、個別事情考慮義務が存在しないという特徴をあげることができるように考えられる。

2　行政規則の「拘束力」とその根拠
(1)　行政規則の「拘束力」と「拘束度」

札幌パチンコ店事件最判以前から、行政規則の「拘束力」をどのように理解すべきかに関心が向けられている。常岡は、「関係法令の趣旨に合致する合理的な裁量基準は100％の外部効果を持つわけではない。しかしそれでも、比喩的に言えば、いわば数十％（例えば、60％、70％）拘束する外部効果を持っている」とする。合理的な裁量基準を運用すると合理的な結果がもたらされる場合には、当該裁量基準は適用されるべきであり、他方で、それを適用したら不合理な結果が生ずるならば適用すべきでないからである。つまり、「合理的な裁量基準でも、それが、裁判規範として拘束力を持つのは、当該裁量基準が想定する事案、事象の全範囲ではない」が、「合理的な裁量基準は、本来的に、一定の範囲で一定程度法的拘束力を持つ」と説明する[41]。そして、こういった状況を説明するために、「拘束度」といった概念を提唱している。

この説明の内、「拘束度」に関連して、合理的な裁量基準であっても、適用されるのは「一定の範囲」に限られるとの説明は、「数十％（例えば、60％、70％）拘束する」というよりは、「数十％（例えば、60％、70％）の範囲で拘束する」と説明した方が妥当と思われる。

(2)　行政規則の合理性と平等原則

より重要であるのは、行政規則の「拘束力」や「拘束度」の根拠である。一

---

40)　榊原・前掲注 2) 23-25 頁。
41)　常岡孝好「裁量基準の実体的拘束度」『行政法学の未来に向けて』（有斐閣、2012 年）706-707 頁。

つの理解として、平等原則を媒介にした行政の自己拘束をその根拠と考えることができるが、これに対して、常岡は、4点の疑問・批判を提出する[42]。①平等原則によって裁量基準に法的拘束性を認めるためには、裁量基準自体に何らかの正当性、合理性が備わっていることが前提と解される。②形式的に裁量基準に適合している申請について一方で認容処分が下されているとき、同じく形式的に同基準に適合している他の申請について平等原則によって自動的に認容処分が下されることにはならず、取扱いの差に合理的な理由がある場合は許容される。③裁量基準に反した行政活動が、平等原則違反とはならず、許容されることがあり得ることから、裁量基準通りの結論を下したとしたら、場合によってはそれが違法または裁量濫用と評価されることがあり得る。④合理的内容の裁量基準通りの決定を下さないことがむしろ合理的である場合には、裁量基準通りの決定を行わなくても平等原則違反とはならない。

　野口も「平等原則」を媒介せずに、裁量基準の拘束を考え得るとするが、行政手続法に定められていることを重視する点に特徴がある[43]。常岡は、裁量基準の合理性を重視し、「平等原則」を媒介せずに、裁量基準の拘束を考え得るとするもので、裁量基準が不合理な場合、形式的に裁量基準に適合しても法令には適合しない行政処分は違法であろうから、「平等原則」の適用が適切とは考えられないのはもっとものように思われる。行政の自己拘束論を強調する大橋も、「裁判所は行政規則の内容が合理的である限りにおいて、当該規則を裁判の基準にする（つまり裁判規範として用いる）」と説明し、また、行政手続法との関係については、「従来は基準が公表されていなかったために、処分が不平等取り扱いかを確かめる手段が市民や裁判所には欠けていた。これに対し、行政手続法により審査基準や処分基準の公表が要請されたため、自己拘束論を展開する基盤が整備された」としている[44]。

　また、裁量基準が合理性を有するときに、それには適合しないものの、個別事情考慮義務によって法令に適合することを求める場合や裁量基準から離反す

---

[42]　常岡・前掲注41）712頁。
[43]　野口貴公美「行政立法」磯部力＝小早川光郎＝芝池義一編『行政法の新構想Ⅱ——行政作用・行政手続・行政情報法』（有斐閣、2008年）34頁、同『行政立法手続の研究——米国行政法からの示唆』（日本評論社、2008年）198-199頁。
[44]　大橋洋一『行政法Ⅰ〔第3版〕』（有斐閣、2016年）145-146頁。

ることの合理性が認められる場合を別として、合理性を有する裁量基準を他の者には適用しながら、裁量基準の適用を求める者に適用しないことが「平等原則」に反するとすることは否定できないと考えられる。さらに、行政手続法に定められた行政規則が合理性を有している場合、同様に、「平等原則」の適用も考え得るが、他者に適用がなく、「平等原則」を用い難いときにも、その適用を求めることができるという相違があることになりそうである。もっとも、野口は、行政手続法上の規則と他の行政規則の相違を強調するが[45]、行政手続法のいかなる点に着目するかによって相違の程度は異なり、少なくとも適用対象者への行政規則の公表を重視するならば、行政手続法に定めがあるか否かは決定的な相違を生むものではないことになる。

(3) 「拘束力」とその根拠に関する札幌パチンコ店事件最判の評価

「拘束力」とその根拠という点で、札幌パチンコ店事件最判をどのように評価するかが問題となる。常岡は、根拠として、「行政の自己拘束論」があり、その基礎は、第一義的には、平等原則であり、それに加えて、「透明性原則」が上げられることを紹介する。そして、上記(2)の考えと同様に、処分基準が違法な場合には、平等適用は要求できず、「処分基準の自己拘束論が成り立つのは、あくまでも処分基準が法令の趣旨に合致して合理的で有効な場合に限られる」として、行手法12条1項によって「公にされている処分基準でありさえすれば原則的に裁量権行使を覊束すると考えるべきではない」とする[46]。

他方、野口は、行政規則の裁判上の意味として、「裁量基準の場面で、裁判所が、裁量基準を裁量審査に用いる」という意味と「行政規則に行政内部的な自己拘束力が認められることを、裁判所としても認める」という二つのものがあるとする。前者は、「裁判所が判断基準として採用するのであるから、当然に、その基準には内容的な適正性・合理性が求められる」とする。他方で、後者は、「『自己拘束』、つまり、行政の行動原理として、『行政自身で決めた基準なのだから、基準を決めた当人（行政）はその基準に従うだろう、従わなければならない』という意味での行政への拘束性の議論であり、行政に対して信義則的な

---

45) 野口・前掲注43)「行政立法」34頁注(25)。
46) 常岡孝好「判批」民商法雑誌151巻6号（2015年）538-539頁。

行動要請を求める内容といえる」としている。さらに、後者は二つに分かれ、一つは「基準に従って判断することが推定されるという判断レベルの拘束」であり、「裁判所には『処分が基準に従って行われることを信頼した者の信頼を保護する』という要請が働く（この場合、その前提として、基準自体が合理的であることは必ずしも要請されない）」というものと、もう一つは、「基準どおりの処分をしなければならないという処分内容レベルでの拘束」として、裁判所には「基準に従わない処分は違法と判断する」という要請が働くものと分析する。本判決は、後者の最初のものだとして、それが、この判決が「合理性」の判断に言及していない理由と考える。野口は、以下の庄村の指摘に注目する。庄村は、「基準とは違う行為を行った場合、基準違反であるから違法とするのではなく、『基準を平等に適用しなかった』、あるいは『基準を信頼していたのにその信頼を裏切った』から違法という側面が強い」という指摘である。

　以上のように、常岡は、処分基準の合理性の必要性を強調し、野口は、処分基準の合理性よりも信頼保護を重視している。この相違は、処分基準の法的性格と狭義の訴えの利益の二つの面のいずれを重視するかの相違にも関連している。処分の違法性を争う場面では、加重処分を規定する処分基準の適用を排除し、他方で、狭義の訴えの利益の場面では、処分基準の適用が前提となり、平等原則や信頼原則の適用が求められるからである。処分基準の法的性格の問題として処分の違法性を争う場面では、処分基準の合理性が必要であると思われる。もっとも、先に触れたように、処分基準が合理性を有する場合でも、その適用のために平等原則や信頼保護原則を用いることが考えられる。

三　法規命令における立法裁量

1　法律による白紙委任と法規命令の権限踰越審査

　最後に、法規命令における立法裁量をみておきたい。まず、国家公務員の政治活動の制約を人事院規則に委任する国家公務員に関する最判（最一判昭33・5・1刑集12巻7号1272頁）が一つの例である、授権法律が白紙委任であるとして

---

47) 野口貴公美「判批」自治研究93巻2号（2017年）141-145頁。
48) 庄村・前掲注37）194頁。

争う方法がある。しかし、宇賀が指摘するように、「委任の方法に関する違憲審査に関して、判例はきわめて謙抑的」である[49]。

他方で、近年、委任を受けた法規命令を授権範囲踰越とする判断が最高裁（例えば、医薬品ネット販売権確認等請求事件（以下、「医薬品ネット販売事件」）最判（最二判平25・1・11民集67巻1号1頁）や、下級審（朝鮮学校就学支援金支給拒否事件・大阪地判平29・7・28LEX/DB25448879）においてみられる[50]。また、委任立法について、イギリスでは宣言判決で争われるが[51]、わが国においても確認訴訟の活用によって争う機会が増加することも予想される。

もっとも、法規命令に対する審査の厳格化は、裁判所が、白紙委任の疑いがある法律について、その趣旨目的を読み取ることによって違憲とせず、法規命令がそれに反して違法と判断している可能性もある。例えば、山本は、「判例上は、実際に法規命令の根拠法律の定めが不明確性（白紙委任）ゆえに違憲無効とするされる例はほとんどなかった」ことを述べつつ、これに比べて医薬品ネット販売事件最判のように、「特定の内容の法規命令を定めるために、根拠法律の規定が十分明確かを判断する方が、判断の射程が限定される点でも、法律でなく法規命令が違法とされるという効果の点でも、判断しやすいことが示されたように思われる」とするが[52]、阿部は、同事件一審判決にかかわって、薬事法36条の5の「条文は、……委任されている内容が『その文理上、一般用医薬品の販売……における販売の方法・態様』であると法文上どこからも読み取れない。仮にそう読んだとしても、販売の方法・態様についてどのような観点から規制することを委任しているのか、立法者の意思は文理上まったく明らかではないので、完全に白紙委任であり、権利を制限する委任としては違憲」とする[53]。

---

[49] 宇賀克也『行政法概説I〔第6版〕』（有斐閣、2017年）278頁。
[50] 近年の動向について、正木宏長「委任命令の違法性審査」立命館法学355号（2014年）81-106頁、高橋正人「行政立法制定における考慮事項と司法審査」静岡大学法政研究21巻2号（2017年）330-359頁、高木光「判批」民商法雑誌149巻3号（2013年）277-278頁等参照。
[51] Craig, *op.cit.*, n.6, pp.458-459.
[52] 山本隆司「行政裁量の判断過程審査——その意義、可能性と課題」行政法研究14号（2016年）19頁。
[53] 阿部泰隆「違憲審査・法解釈における立法者意思の探求方法」加藤一郎先生追悼『変動する日本社会と法』（有斐閣、2011年）80頁。

正木は、「委任命令の場合、委任元の法令が過度に白紙委任的であれば委任規定それ自体が違憲となるため、委任内容はある程度特定的であることが前提となる」と指摘する[54]。また、求められる委任の程度は、一律ではなく、例えば、サーベル事件最判（最一判平2・2・1民集44巻2号369頁）では、広範な裁量が委任され、監獄法幼児接見不許可事件最判（最三判平3・7・9民集45巻6号1049頁）や児童扶養手当事件最判（最一判平14・1・31民集56巻1号246頁）では、より制限的な委任がされていると考えられる[55]。さらに、公務員退職一時金返還利率事件において、東京高判（東京高判平25・9・26民集69巻8号2391頁）が国家公務員法附則を「白紙委任」としたのに対して、最判（最一判平27・12・14民集69巻8号2348頁）がそれを否定していることに関連して、正木は、「アメリカにおいて、白紙委任であるとして委任禁止法理により法律が違憲とされたことは合衆国最高裁判所レベルでは、ニューディール期に2つの判決で全国産業復興法が違憲とされただけである」ことを紹介し、「白紙委任の禁止は、行政権への無制約な権限の委譲を防ぐ伝家の宝刀のようなものであり、刑法や租税法の適用の場面はともかく、本件のような場合については『利率』というような特定の程度で十分である」としている[56]。つまり、正木は、白紙委任とすべき場合をかなり限定的に考えており、授権法律に求められている「ある程度特定的」の程度はかなり低いように思われる。

2　法規命令の審査密度を向上させる考慮事項

(1)　立法者意思

医薬品ネット販売事件最判の調査官解説は、委任命令が授権規定による委任の範囲内と判断する際の考慮事項として、「①授権規定の文理、②授権規定が下位法令に委任した趣旨、③授権法の趣旨、目的及び仕組みとの整合性、④委任命令によって制限される権利ないし利益の性質等」の四つの考慮事項をあげている[57]。以下では、「厳格解釈」が採用された理由として、②の点にかかわって、

---

54)　正木・前掲注50) 122頁注(42)。
55)　豊島明子「行政立法の裁量統制手法の展開」法律時報85巻2号（2013年）30-31頁、正木・前掲注50) 109頁。
56)　正木宏長「事例でチャレンジ・行政法の解釈　公務員退職一時金返還利率事件」法学教室447号（2017年）28頁。

授権の趣旨を明確にするために、立法者意思が参照されたことと、④委任命令によって制限される権利ないし利益の性質への注目をとりあげる。

　立法者意思について、福永は、「もともと委任立法の司法審査では、『授権法の趣旨』を理解するために『立法過程における議論』が『しんしゃく』される傾向がある」ことを紹介する[58]。もっとも、立法者意思として参照できる資料の範囲等は論点となり、阿部は、「国会での法案の趣旨説明、付帯決議、中核となった争点での明示の結論なり一致した結論」に限定すべきとする[59]。また、福永は、「一般に正式な立法過程の審議録（国会議事録、委員会議事録）ではなく、その前過程の審議会の答申や、立法後の所管省庁担当者執筆による解説書が重視され、しばしば起草者意思イコール立法者意思」ととらえられたことなどを述べ[60]、「あまりに公知でない立法経緯に傾斜した法解釈では予測可能性が奪われる」ことや、「行政機関が立法経緯を利用することで、行政解釈が立法者意思であるといった立法経緯の権威的利用を行政側に許す危険性」を警戒する[61]。田尾も、「立法者意思（立法趣旨、立法経緯等）の探求でさえも、得られた情報の取捨選択を通じて解釈者（裁判官）の主観に依拠せざるをえない」ことなどを指摘する[62]。さらに、駒村は、制定経緯から立法趣旨を導出することについて、①公示性に乏しい立法経緯を委任範囲画定に用いること、②多種多様で膨大な言説の集積である立法経緯から関連性を有する個別の事実を拾い上げるのは、事実の選択や評価において恣意性が入り込む余地が否定できないこと、③立法過程に関与した個々の人物の個別的な意図と「立法者の意図」とは同じではないこと、④立法部は法律を慎重かつ厳密に策定するインセンティヴを失い、制定経緯に断片的な言説を残し、あとから法の趣旨はこうだと弁明すればよいことになることへの疑問や批判を述べる[63]。

---

57) 岡田幸人「判解」法曹会編『最高裁判所判例解説民事篇（平成25年度）』（法曹会、2016年）20頁。
58) 福永実「事例でチャレンジ・行政法の解釈　セルフスタンド特例適用願い不許可事件」法学教室447号（2017年）42頁注16）参照。
59) 阿部・前掲注53) 92頁。
60) 福永実「行政解釈と立法者意思」広島法学38巻1号（2014年）136頁。
61) 福永・前掲注58) 42頁。
62) 田尾亮介「事例でチャレンジ・行政法の解釈　立法者意思・立法趣旨の探求――地方議会会派運営費交付金事件」法学教室447号（2017年）37頁。
63) 駒村圭吾『憲法訴訟の現代的転回』（日本評論社、2013年）318頁。

そもそも、立法者意思に関する議論が、公法学の領域に妥当するのかは疑問であり、法治主義や民主主義の観点からすれば、事後的な事情や社会的価値観の変化等への対応は、本来、法律改正によるべきとの指摘もある。[64]

　イギリスにおいては、立法資料の活用は、ペパー事件（*Pepper v Hart* [1993] A.C.593）で、制定法規定があいまいであるといった限定的状況において許されるとされたが、ステイン卿（Lord Steyn）は、議事録への依拠が、国会の意思ではなく、提案者の意思を探り、それに依拠することになるため、憲法原理に適合しない、法律制定段階において政府が意図的に法律の規定をあいまいにしつつ、国会答弁において政府に有利な説明を行うインセンティブを与えるといった問題などを指摘しており、[65]わが国と共通する関心事がうかがえる。

(2) 権利

　権利への注目による行政処分の審査密度向上と同様の傾向が、法規命令における立法裁量にもみられる。塩野は、法規命令の権限踰越の判断の際、「規律の対象となる私人の権利利益も重要な要素となる」とする。[66]そして、近年、「国民の基本的人権や重要な地位」の規制・制約が行われる場合には、厳格な解釈が行われていることが指摘されている。[67]

　具体的には、監獄法事件最判における「接見の自由」、東洋町議会議員リコール署名無効事件最判（最大判平 21・11・18 民集 63 巻 9 号 2033 頁）の藤田裁判官補足意見における「国民の参政権の行使」に関する指摘、[68]医薬品ネット販売事件最判における「職業活動の自由」への言及である。また、下級審判決でも、例えば、タクシーの乗務距離制限を行う公示の違法性が争われた事件の名古屋地判（名古屋地判平 25・5・31 判時 2241 号 31 頁）に関して、常岡は、裁判所が実

---

64) 下山憲治「公法解釈における立法者意思とその探求序説」自治総研 38 巻 12 号（2012 年）8 頁。
65) 榊原秀訓『司法の独立性とアカウンタビリティ』（日本評論社、2016 年）17 頁注33参照。また、岩切大地「イギリス貴族院のペッパー判決にみる議会意思の憲法的意義」法學政治學論究 69 号（2006 年）67-98 頁も参照。ステイン卿の見解は以下の論文を参照。J. Steyn, "Pepper v Hart; A Re-examination", (2001) 21(1) *Oxford Journal of Legal Studies* 59.
66) 塩野宏『行政法 I〔第 6 版〕』（有斐閣、2015 年）107 頁。
67) 高橋信隆「行政立法の法的統制」高木＝宇賀編・前掲注 8）32-33 頁。櫻井敬子＝橋本博之『行政法〔第 5 版〕』（弘文堂、2016 年）65 頁、野口・前掲注 43）「行政立法」45 頁（もっとも、法規命令だけではなく、行政規則をも含んだものである）も参照。
68) 渡邊亙「医薬品ネット販売の権利確認等請求事件」白鷗法学 19 巻 2 号（2012 年）24 頁も参照。

際には社会観念審査より厳格な審査(判断過程審査)を行っている要因として、「営業の自由を保護する必要性」をあげている。

3 法規命令における立法裁量と判断過程審査
(1) 法規命令の「二段階審査」

法規命令における立法裁量の司法審査をみると、行政処分の裁量審査のような方式が一般的とは言えないことから、アメリカ法を参考にわが国における法規命令の司法審査として、「議会意思を手がかりとした上位の法令との違法性審査の後の合理性審査」という二段階審査を提唱する正木の見解がある。つまり、①「議会が法律の条文において議会意思を示していて、委任命令がそれに反するような内容であれば違法になる」(この議会意思を手がかりとした上位法令との整合性の審査が第一段階)とし、②委任命令がひとまず議会からの授権の枠内にあるような場合に「判例は行政機関の裁量に言及し、それが合理的である限りで当該委任命令は適法であると判断される」(この合理性の審査が審査の第二段階)とするものである。

これに対して、「委任立法の適法性の審査は、処分等の裁量審査の枠組みに類似する」と考える野口は、「行政立法の段階的把握」として、行政立法の「策定前の段階」、「策定の段階」、「適用の段階」の三段階を分け、法規命令の違法性について、「逸脱の問題」(法律の委任の範囲を越えていないか)と「濫用の問題」(委任の趣旨に反するような内容となっていないか)を区別し、「前者は行政立法策定前の問題、後者は行政立法策定段階の問題」として、「行政立法の策定前」における検討点は、正木の第一段階審査の一部であり、また、従来の委任立法の審査における「委任範囲の逸脱の有無」の審査と位置づけられるのでないか」とする。「行政立法の段階的把握」は必ずしも明確ではないが、野口が述べる

---

69) 常岡孝好「行政立法の法的性質と司法審査(1)——最近の道路運送法関係に係る裁判例を素材にして」自治研究90巻9号(2014年)15-16頁。福島卓哉「判批」北大法学論集67巻4号(2016年)309頁も参照。
70) 石森久広「判批」判例評論650号(2013年)118頁参照。
71) 正木・前掲注50) 116頁。
72) 野口・前掲注43)「行政立法」39頁。
73) 野口貴公美「行政立法の課題」行政法研究20号(2017年)21頁注(11)、22-23頁。

ように、正木の二段階説は、委任の範囲内にあるかという「逸脱」の問題と、一応は委任の範囲内にあるものの実際にはそれを超える「濫用」の問題とに分けることは不可能ではないと思われる[74]。

つまり、山本が述べるように、「一般的にいって、法効果が社会で広範に及ぶ抽象的な内容の法規命令を定めるには、行政処分等よりも明確な法律の根拠が必要にな」り、「概して、行政処分等の場合よりも、法律の文理により裁量が限界づけられやすい」が、法律の文理による限界づけは、「行政処分等の場合も同様であり」、法規命令と行政処分との間の「裁量の構造自体の違いを根拠づけない」と考えられる[75]。結局、法規命令と行政処分における裁量や判断過程審査という審査方式の共通性を想定することができる。

法規命令と行政処分における裁量の相違を考えてみると、上述の指摘とは異なり、法規命令の場合、「法律の抽象的な文言に基づいてそれを具体化する規範を制定するという行為の性格上、広い裁量的な判断が行政に認められるケースが多い[76]」とする見解もあるが、常に広い裁量が認められるわけではなく、行政処分の場合にも、広い裁量が認められるケースもあるし、狭い裁量しか認められないこともある。また、法規命令の場合には、規範の違法性を問題にするためにより抽象度が高く、法律の趣旨に反したとして違法と判断できる場合が限られ、角松が述べるように、「制定された委任命令の内容は、意味の導出としての法令の『解釈』というよりは」、むしろ、「行政機関による『政策選択』として理解される場合が多い」とも考えられるのに対し[77]、行政処分の場合は、特定の事件の事実関係が問題となり、具体的事件に即した考慮事項に焦点を当て、違法と判断することが法規命令よりも容易と思われる。そうだとすると、法規命令に広い裁量が認められる場合には、行政処分と同様に判断過程に焦点を当てた審査が必要と考えられる。

---

74) 例えば、公務員退職一時金返還利率事件の「政令については、上位法と矛盾するものではなく、5.5％の複利が受益と負担との関係において均衡を欠くものでないのであれば不合理ではない」とする説明参照。正木・前掲注56) 28-29頁注(19)。

75) 山本・前掲注52) 16頁。また、正木説の「二段階審査」について、実質的には自らの整理と同旨であるとする。

76) 高橋滋『行政法〔第2版〕』(弘文堂、2018年) 140-141頁。

77) 角松生史「行政法における法の解釈と適用に関する覚え書き」小早川光郎先生古稀『現代行政法の構造と展開』(有斐閣、2016年) 396頁。

(2) 法規命令に対する判断過程審査と判断過程合理性審査

　イギリスにおいては、委任立法の審査は、行政処分の審査と同様の方式で行われており[78]、わが国においても、例えば、本多は、「法規命令制定機関が有する専門技術的見地または政策的見地に照らした委任立法の解釈」という解釈方法を最高裁が用いる場合、「法規命令制定機関に広範な裁量権を認め、裁量権の濫用の有無（社会通念違反の有無、判断の過程・手続における過誤の有無）を審査している」とする[79]。また、石森は、最高裁における法規命令の違法性審査について、「文言上は、法規命令定立者の裁量権逸脱濫用審査として行われているわけではない」が、「法律が法規命令制定者に一定の裁量権を付与し、命令制定事項がその裁量権の逸脱濫用と評価できるかの審査に引き直すことも可能」とし、「事案に応じて、裁量権逸脱濫用審査も解釈代置式審査もあり得る」とする[80]。行政処分の場合と同様に、法規命令の場合も裁量のあり方により審査方式が異なるわけである。

　近年の判例において判断過程審査との関係で注目されるのは、老齢加算廃止の保護基準変更を違法と争う事件である[81]。それは、判断過程審査により保護基準の改定とそれに基づく保護変更決定を違法とした福岡高判（福岡高判平22・6・14民集66巻6号2505頁）を破棄差し戻した最判（最二判平24・4・2民集66巻6号2367頁）（老齢加算廃止北九州事件）と、別の事件（老齢加算廃止東京事件）で同様の判決を行う最判（最三判平24・2・28民集66巻3号1240頁）の二つの最判である。この二つの最判は、法規命令について判断過程合理性審査に類似の審査を行ったものであり、裁量が比較的広い事案で用いられるところに特色を認める指摘もある[82]。確かに、判断代置的な審査は困難で、判断過程に焦点を当てることが考えられるであろう。

　最判は、厚生労働大臣の「専門技術的かつ政策的な見地からの裁量権」を認

---

78) P. Cane, *Controlling Administrative Power* (Cambridge University Press, 2016).
79) 市橋克哉ほか『アクチュアル行政法〔第2版〕』（法律文化社、2015年）73頁（本多滝夫執筆）。
80) 石森・前掲注70) 118頁。
81) 保護基準の法的性格を法規命令と考えるかという論点があるが（前田雅子「厚生労働大臣の定める保護基準と保護実施機関による最低限度の生活の判断権限」滝井繁男先生追悼『行政訴訟の活発化と国民の権利重視の行政へ』（日本評論社、2017年）322頁）、ここでは検討しない。
82) 村上裕章「判批」法政研究80巻1号（2013年）211-212頁。

め、「裁判所の審理においては、主として老齢加算の廃止に至る判断の過程及び手続に過誤、欠落があるか否か等の観点から、統計等の客観的な数値等との合理的関連性や専門的知見との整合性の有無等について審査されるべき」とし、改定に基づく生活扶助額の減額が被保護者の「期待的利益の喪失を通じてその生活に看過し難い影響を及ぼすか否か等の観点から」、「改定の被保護者の生活への影響の程度」やそれが「激変緩和措置等によって緩和される程度等」について、統計等の客観的な数値等との合理的関連性等を含めて審査されるべきとする。

判断過程合理性審査を行う伊方原発事件最判と比較すると、審査対象を「判断の過程」のみならず「判断の手続」も含み、「過誤、欠落」には「看過し難い」というほどの厳格さを要求しないといった相違を有しており、また、専門委員会の検討過程を跡づけてそこでの過誤を審査するものではない点で相違がある。最高裁が統計等の客観的な数値との合理的関連性を主たる考慮事項とした結果、保護基準の改定の適法性に対する審査密度が低められ、専門委員会での検討と区別される大臣の判断要素に審査を及ぼすべきであったと指摘されている[83]。塩野は、「生活保護基準のように委任の範囲が広い場合には裁量統制という形での委任立法統制は一つの手法ということができる」としつつも、二つの平成24年最判においては、「判断過程の統制といっても、形式的審査に限定しているので、結局のところは、行政権の判断の追認にとどまるとの批判をまぬかれないように思われる」とする[84]。さらに、審査のあり方を一歩進めようとするものと考えられるのが、行政判断の分節化（専門技術的な判断・政策的判断についての手続上・組織上の分節化）による審査である[85]。

おわりに

以上みてきたように、わが国の行政裁量の司法審査においては、まず、裁量

---

83) 豊島・前掲注55) 33-34 頁、前田雅子「判批」平成 24 年度重判 (2013 年) 39-40 頁。
84) 塩野・前掲注66) 109 頁。
85) 前田雅子「保護基準の設定に関する裁量と判断過程審査」芝池義一先生古稀『行政法理論の探究』（有斐閣、2016 年）324-327 頁、337 頁。

審査の構造化や透明化が依然として不十分であり、過剰な敬譲がなされることがあり、安易に行政の専門性に対する敬譲を認めず、軍事・外交に関連する事件で思考停止しないことが求められる。また、判断過程合理性審査にもかかわるが、裁量基準に依拠した審査がなされてきているものの、合理的な裁量基準であればそれに依拠するということではすまず、その理論的根拠や個別事情考慮義務との関係などいっそう検討すべき点もある。さらに、法規命令にかかわって、裁判所の審査が積極的になっているが、立法資料の使い方や判断過程審査との関係などの検討課題も残っており、広い裁量が認められる場合には、判断過程に焦点を当てた審査も必要となっていると考えられる。それ以外にも、イギリスの司法審査は立憲主義や法の支配との関係でも議論されてきていることから、わが国においても、国会や行政と裁判所の役割との関係で検討を行うことが必要であろう。

(さかきばら・ひでのり　南山大学教授)

---

86) 榊原秀訓「イギリスにおける立憲主義、法の支配と司法審査」アカデミア社会科学編16号 (2019年) 63-89頁。

[付記1]　元々掲載を予定していた「行政裁量と行政救済——人権・考慮事項・行政規則」は、論文名を少し修正して行政法研究23号 (2018年) に掲載させていただいた。

[付記2]　本稿は、JSPS科研費 JP17H00956 の助成を受けたものである。

[付記3]　本稿脱稿後、高橋正人『行政裁量と司法審査論』(晃洋書房、2019年) に接した。

第1部　権利保護システムの現代的課題

第4章　保育の民営化と行政責任
――2012年子ども・子育て支援関連3法を中心に

小泉広子

はじめに

　保育行政は、1990年代以降の保育民営化の流れの中で、法制度的にも実体的にもその役割の変更を迫られている。1990年代後半からの保育の民営化の手法は、公立保育所の民営化、すなわち公設民営化と公立保育所を廃止し私立保育所を設置する方式が典型であるが、それと同時に、自治体財源の効率化、保育の多様化、保育所待機児童の解消等を理由に、営利法人による保育所の設置・運営を進めるため、保育所の設置・運営基準の規制緩和が進められてきた。

　ところで、児童福祉法に定められた市町村の保育所における保育の実施義務は、現物給付義務と解され、保育利用は市町村による行政処分あるいは市町村と保護者の行政契約によるものとされてきた。それに対し、保育サービスの保護者に対する現金給付化が、2012年に子ども・子育て支援法案として浮上した。法案の審議過程において、各界からの反対を受け、児童福祉法における市町村の保育の実施義務規定が復活する一方、現金給付の仕組みも子ども・子育て支援法に規定されたため、2012年8月に成立した子ども・子育て支援関連3法では、現物給付または現金給付の対象となる施設や事業およびその手続の解釈に対立を生じさせている。現物給付においては、行政は保育サービスそのものを給付する義務を負うのに対して、現金給付化された場合、行政の責任は現金給付受給資格の認定と現金給付に限定され、保護者が現金でサービス提供者か

ら保育サービスを購入することになる。したがって保育の現金給付化の流れは、行政と保護者との利用関係から、施設設置主体や事業者と保護者との契約関係に重点を移すものであり保育の民営化の新たな段階として位置づけられよう。

本章は、子どもの保育を受ける権利の基本構造を確認した後、1990年代後半からの保育民営化の手法を概観した上、2012年に成立した、新たな就学前の子どもに対する教育・保育の給付システムである、子ども・子育て支援関連3法に基づく、保育の給付の仕組みを現物給付と現金給付の観点から考察し、市町村の保育の実施義務内容の現段階および保護者の争訟可能性を検討する。

一　保育をうける権利の基本構造

1　子どもの発達保障と保育所

保育所は明治期に誕生し[1]、1947年12月に成立した児童福祉法に法定されるが、法案作成に当たり、当時の厚生省は、国会での予想質問答弁資料において、保育所を次のようにとらえていた。

> 「第一保育所は、児童の環境を良くするために入所させるところであって、乳幼児を有する保護者が安心して働き、労働能率を高めることによって生計が補助され、子の生活と発育を保障することになります。第二は、乳幼児が共同生活をすることによって正しい社会性と心身の健康な育成をすることができます。第三は、いままで恵まれなかった勤労大衆の母が時間的に養育の任務より解放され、国家の経済、文化並びに政治的活動に参加し、又は、教養をうけ、休養することによって家庭生活の向上改善を図りその結果は乳幼児の福祉を増進させる基盤となります。」[2]

ここでは、子どもの発達保障を中心におき、女性の勤労保障が子どもの生活と発育の保障になること、乳幼児の共同生活を子どもの成長発達にとって重要であるととらえていること、母親の社会参加や幸福追求、休息の保障が、家庭生活の向上改善と乳幼児の福祉の増進の基盤になると考えられていた。基本的

---

[1] 汐見稔幸＝松本園子＝髙田文子＝矢治夕起＝森川敬子『日本の保育の歴史』（萌文書林、2017年）93頁。
[2] 児童福祉法研究会編『児童福祉法成立資料集成上巻』（ドメス出版、1978年）871頁。

人権とそれを保障する保育所の目的・役割が意識されていたといえる[3]。

保育を受ける権利は、子どもの権利に関する条約でも保障されている。父母の養育責任について定める条文において、「締約国は、父母が働いている児童が利用する資格を有する児童の養護のための役務の提供及び設備からその児童が便益を受ける権利を有することを確保するためのすべての適当な措置をとる。」(18条3項) と定める。

2　現物給付としての特徴

制定当時の児童福祉法は、1条で、国民の子どもの育成の義務および子どもの生活保障と愛護の権利を定め、2条で、保護者とともに、国や地方公共団体の子どもの健やかな育成に関する責任を課した。

保育については、「市町村長は保護者の労働又は疾病等の事由により、その監護すべき乳児又は幼児の保育に欠けるところがあると認めるときは、その乳児又は幼児を保育所に入所させて保育しなければならない」と定め、市町村長に保育所における保育の現物給付義務を課した。

保育所の設置については、市町村（長）の保育の実施義務を背景に[4]、児童福祉法制定以降市町村立の保育所が急増し、1950年代後半から公立保育所の数が私立の保育所の数を抜く。（その後保育所が増設される中、公立保育所の数が私立よりも多い状況が2008年まで続くが、2009年以降は公立の数が私立より減少していく[5]）。

保育の実施義務の内容としての、現物給付の基準は、児童福祉法の委任に基づき、省令である「児童福祉施設最低基準」（現行「児童福祉施設の設備及び運営に関する基準」）によって主に保育の外的条件整備を中心に定められていた。後述する2011年の改正まで「最低基準」は、基準の低さが問題ではあったが、保育所の設備・運営のナショナル・ミニマム・スタンダードとして機能していた。また、この最低基準が保育所認可の基準としても機能していた。

保育の外的条件整備の一つとして、保育に従事する専門職として保母（現行は「保育士」）の配置が最低基準に義務付けられていた。その後、保育士の定義

---

3) 田村和之『保育行政の法律問題〔新版〕』（勁草書房、1992年）31頁。
4) 田村・前掲注3) 57頁。
5) 全国保育団体連絡会・保育研究所編『保育白書2016』（ひとなる書房、2016年）230頁。

が法律上おかれ、現行児童福祉法では、保育士名簿に登録された「専門的知識および技術をもって、児童の保育及び児童の保護者に対する保育に関する指導を行うことを業とするもの」をいう（18条の4）。保育士資格は、専門職としての教育訓練および試験による知識・技術の確認を、保育条件整備の一環として児童福祉法に法定されている。

二　保育の民営化の手法

1　設置主体・運営主体の営利企業化

　保育所の民営化は、自治体財政の効率化を理由とした公立保育所の公設民営化、公立保育所の廃止・民営化が典型であるが、1990年代後半からの保育民営化政策の進展は、保育所経営への営利企業の参入促進、保育施設利用に際して施設と保護者の直接契約制やバウチャー制度導入の提案など、市町村の現物給付義務それ自体の仕組みに変更を加え、市場化を意図するものになっている[6]。また、待機児童対策を理由にしながら、営利企業の参入を促進するため、法令の改正や各種通知を通じて保育所の最低基準を切り下げてきた。

　現行児童福祉法では、保育所を設置できるのは、都道府県、届出をした市町村、都道府県知事の認可を得た者とされている（35条2項～4項）。また、社会福祉事業の組織法である社会福祉法は、保育所を経営主体に制限のない第二種社会福祉事業（2条3項）としている。ところで厚生（労働）省は、従来、保育所を設置しようとする私人について原則として社会福祉法人でなければならないとする方針をとっていた。その理由として、「保育事業の公共性、純粋性及び永続性を確保し事業の健全なる進展を図る」必要性を挙げていた[7]。これに対し、2001年に厚労省は上記の方針を改め、「待機児童の解消等の課題に応じて地域の実情に応じた取り組みを容易にする」ことを理由に、認可保育所の民間企業による設置を容認する通知を発した[8]。同時に、公立保育所の運営業務の民間委託（NPO法人、株式会社）を可能とする通知を発した[9]。同年の児童福祉法

---

6) 二宮厚美『自治体の公共性と民間委託』（自治体研究社、2000年）27頁。
7) 1963年3月19日、児発271、厚生省児童局長通知「保育所の設置認可等について」。
8) 2000年3月30日、児発295、厚生省児童家庭局長通知「保育所の設置認可等について」。

の改正では、保育所整備促進のための公有財産の貸付け等の促進が規定され、社会福祉法人その他の多様な事業者の能力を活用した保育所の設置または運営を促進することとされ、民間参入の法的基盤整備が行われた。

2　最低基準の切り下げ

　1998年から、厚生省は、待機児童問題、保育士不足を理由として、通知のレベルで年度当初からの定員超過入所、短時間勤務保育士の導入、調理業務の委託、分園方式の導入を容認した。2010年には、「児童福祉施設最低基準」(厚生労働省令)を改正し、公立・私立の認可保育所において、満3歳以上の児童に対する食事の提供について外部搬入を実施することを可能とする規制緩和がなされた。

　2011年の「地域主権改革一括法」により、「児童福祉施設最低基準」から「児童福祉施設の設備及び運営に関する基準」(厚生労働省令)に改正され、児童福祉施設の最低基準は、都道府県条例に基づき設定されることになった。条例を定めるにあたっては、省令の「従うべき基準」か「参酌基準」に従う。保育所に関し「従うべき基準」とされた項目は、①乳児室またはほふく室、保育室または遊戯室および調理室の設置、②乳児室・ほふく室・保育室・遊戯室の面積基準、③食事の外部搬入の際の必要な調理設備、④職員(保育士、嘱託医および調理員)の配置基準、⑤保育内容、である。「参酌基準」とされた項目は、①屋外遊技場の設置および面積基準、②医務室および便所の設置、③保育室等を2階以上に設ける場合の耐火上・階段の基準である。この改正により、園庭のない認可保育所や、保育所には便所がない、ショッピングセンターなどに設置された認可保育所が開設されるようになる。[11]

---

9)　2001年3月30日、雇児保10号、厚生労働省雇用均等・児童家庭局保育課長通知。この通知は、2003年の地方自治法の改正による指定管理者制度の導入前に発信されているが、通知では、保育所の運営業務を事実行為として地方自治法上の管理委託規定の適用はなく、公の管理受託者の要件を満たさない民間事業者にも業務委託が可能であるのとの見解を示し、実際に指定管理者制度開始以前に、委託に関する条例を制定せずに、公立保育所の管理運営を株式会社に委託した例もあるとのことである。参照、田村和之『保育所の民営化』(信山社、2004年) 15頁以下。
10)　1998年2月13日、児発73号、厚生省児童家庭局長通知。
11)　子どもの権利条約 市民・NGO報告書をつくる会『日本における子ども期の貧困化——新自由主義と新国家主義のもとで』(2018年) 76-78頁。

2016年2月18日には、前記省令の一部改正により、保育士の配置人数と資格が緩和された（基準94条）。また、保育士の算定については、当分の間、幼稚園教諭もしくは小学校教員または養護教諭の免許状を有する者を保育士とみなすことができるとされた（基準95条）。

三　子ども・子育て支援関連3法による保育を受ける権利の変容

1　子ども・子育て支援関連3法の立法経緯

2009年2月24日の社会保障審議会少子化対策特別部会の「第1報告——次世代育成支援のための新たな制度体系の設計に向けて」と題する報告書の中で、「新たな保育の仕組み」が示された。2009年9月の政権交代後は、子ども・子育て新システム検討会議が設置される。基本制度ワーキングチームによる検討を経て、2012年3月2日に「子ども・子育て新システムに関する基本制度」が示され、この提案を受け、「子ども・子育て新システム法案骨子」が少子化社会対策会議で決定、同年3月30日に「子ども・子育て支援法案」「総合こども園法案」「子ども・子育て支援法及び総合こども園法の施行に伴う関係法律の整備等に関する法律案」の3法案が国会に提出された[12]。

法案の提案理由は、子どもや子育て環境の厳しさ、待機児童問題を背景に「全ての子供に良質な生育環境を保障し、子ども・子育て家庭を社会全体で支援するため、幼保一体化を含め、子ども・子育て支援関連の制度・財源を一体化して新しい仕組みを構築し、質の高い学校教育、保育の一体的な提供、保育の量的拡大、家庭での養育支援の充実を図ることが求められている」としていた。

同法案の特徴は、①子ども・子育て支援給付として、子どものための現金給付と子どものための教育・保育給付制度を創設する（子ども・子育て支援法）、②子どものための教育・保育給付の対象となる施設に対し、指定制度を導入する（子ども・子育て支援法）③総合こども園の創設（総合こども園法）④市町村の保育所における保育の実施義務規定の削除（児童福祉法）であった。すなわち、同法案による新システムの基本構造は、原則として、市町村の現物給付として

12）　衣笠葉子「子ども・子育て支援新制度と幼保改革」論究ジュリスト11号（2014年）13頁。

の、保育所における保育の実施を廃止し、保育サービスの提供を子ども・子育て支援法による金銭給付制度に変更するものであった。保育の利用については、保護者と施設・事業者との直接契約が想定されていた。

総合こども園は、小学校就学前の子どもに幼児期の学校教育および保育ならびに保護者に対する子育て支援の総合的な提供を図ることを目的とし、学校および児童福祉施設として位置づけられていた。設置者は、国、地方公共団体、学校法人、社会福祉法人が原則であるが、総合こども園法上の基準に適合すれば、株式会社やNPO法人も設置できるとされた。

この保育の現金給付化を中心に、保育関連団体からの強い反対が生じ、国会審議中、民主・自民・公明の3党の実務者協議が行われ、3法案の修正が確認された[13]。その内容は、①総合こども園法案に代わり、認定こども園法の一部改正法案を提出し、新たに「幼保連携型認定こども園」を創設し、単一の施設として認可・指導監督等を一本化した上で、学校および児童福祉施設としての法的位置づけを持たせる。この「幼保連携型認定こども園」については、既存の幼稚園および保育所からの移行は義務づけない。「幼保連携型認定こども園」の設置主体は、国、地方公共団体、学校法人または社会福祉法人とする。②子ども・子育て支援法案については、認定こども園、幼稚園、保育所を通じた共通の給付「施設型給付」および小規模保育等への給付「地域型保育給付」を創設し、市町村の確認を得たこれらの施設・事業について財政支援を行う。ただし、市町村が児童福祉法第24条に則って保育の実施義務を引き続き担うことに基づく措置として、私立保育所については、現行どおり、市町村が保育所に委託費を支払い、利用者負担の徴収も市町村が行うものとする。従来の都道府県による認可制度を前提としながら、大都市部の保育需要の増大に機動的に対応できる仕組みを導入する（児童福祉法の改正）。その中で、社会福祉法人および学校法人以外の者に対しては、客観的な認可基準への適合に加えて、経済的基礎、社会的信望、社会福祉事業の知識経験に関する要件を満たすことを求める。その上で、欠格事由に該当する場合や供給過剰による需給調整が必要な場合を除き、認可するものとする。小規模保育等の地域型保育についても、同様

---

13) 社会保障・税一体改革に関する確認書（社会保障部分）2012年6月15日。

の枠組みとした上で、市町村認可事業とする。③児童福祉法第24条等について、保育所での保育については、市町村が保育の実施義務を引き続き担うこととするなどの修正を行う、とするものであった。3党修正協議により、法案の修正が行われ、①「就学前の子どもに関する教育、保育等の総合的な提供の推進に関する法律の一部を改正する法律」、②「子ども・子育て支援法」（以下、支援法）、③「子ども・子育て支援法及び就学前の子どもに関する教育、保育等の総合的な提供の推進に関する法律の一部を改正する法律の施行に伴う関係法律の整備等に関する法律」の3法律が2012年8月10日に成立した（以下3法を総称する場合は、「子ども・子育て支援関連3法」と表記する。）。

つまり、この修正確認では、支援法によって、認定こども園、幼稚園、保育所を通じた共通の給付として「施設型給付」、小規模保育への「地域型保育給付」等の金銭給付制度を導入する一方、保育所での保育については、児童福祉法によって市町村が保育の実施義務を引き続き担うとしたため、修正後の子ども・子育て支援関連3法上、現金給付と現物給付の仕組みが混在する事態が生じることになった。

2　支援法による子どものための教育・保育給付の創設

支援法により、子どもための教育・保育給付が創設された。子どものための教育・保育給付は、①満3歳以上の小学校就学前子ども（19条1項1号）、②満3歳以上の小学校就学前子どもであって、保護者の労働または疾病その他の内閣府令で定める事由により家庭において必要な保育を受けることが困難であるもの（同条同項2号）、③満3歳未満の小学校就学前子どもであって、前号の内閣府令で定める事由により家庭において必要な保育を受けることが困難であるもの（同条同項3号）、に対して、施設型給付費または地域型給付費を支給する（11条、19条）。

施設型給付費は、保育所での保育、認定こども園での教育・保育、幼稚園での教育を受けたときに支給される（27条）。地域型保育給付費は、上記19条1項3号で定められた3歳未満の保育を必要とする子どもが、家庭的保育、小規模保育、居宅訪問型保育、事業所内保育を受けた場合に支給される。給付費支給対象となるためには、それぞれの施設または事業が、認可基準を満たした上

で、市町村が条例で定める運営に関する基準に適合し、市町村の確認を受ける必要がある（確認を受けた施設を「特定教育・保育施設」と呼ぶ）。

　また、従来の認可保育所以外に、新たな保育施設および保育事業が法定され、教育・保育給付の対象になった。

　そのうち、認定こども園は、2006 年の認定こども園法の制定により導入された施設であり、幼稚園、保育所等が、都道府県知事の認可を受けて、小学校就学前の子どもに対する教育および保育、ならびに、すべての子育て世帯を対象に子育て支援の総合的な提供を行うことを目的としていた。認定を受けた保育所と利用者は直接契約により、利用が開始される。従来の、母体とする施設に応じた類型である、幼稚園型、保育所型、認可外保育施設が都道府県の認定を受ける地方裁量型、に加え、新たな「認可」施設として幼保連携型認定こども園が創設された[14]。地方裁量型は、面積基準や保育士の配置基準などが認可保育所の設置基準より低くても、認定こども園の認定、市町村の確認を受ければ、施設型給付費の対象となる。

　さらに、今改正で法定化された、3歳未満の子どもを対象とする家庭的保育等の設置基準は市町村条例で定められる。条例の制定にあたり、従事する者、その員数、児童の適切な処遇の確保、秘密保持、健全な発達に密接に関連する事項については、厚生労働省令に従うことになる一方、面積基準、設備については、省令が参酌基準とされる。省令上、保育士資格者の配置が認可保育所に比較すると緩和されており、認可保育所の設置基準を大きく下回る。

　保護者は、子どものための教育・保育給付を受けようとするときは、内閣府令に定めるところにより、市町村に対し、子どものための教育・保育給付を受ける資格を有することおよびその該当する上記各号の区分についての認定を申請し、その認定を受けなければならない（20 条 1 項）。保育の必要性の認定後、政令に基づき保育必要量の認定を行う（20 条 2 項）。これらの認定後、区分、保育必要量等を記載した支給認定証を保護者に交付し、認定結果を通知する（20 条 3 項）。市町村は、支給認定子どもが支給認定の有効期間内において、市町村長が条例で定める運営に関する基準に適合し、市町村長の確認を受けた保育

14）　幼保連携型認定こども園の教育内容統制をめぐる問題については、小泉広子「子ども・子育て支援関連3法と子どもの権利」日本教育法学会年報第 43 号（有斐閣、2014 年）44 頁。

所、認定こども園、幼稚園において保育・教育を受けたとき、保護者に対し、施設型給付費を支給する（27条1項）。保護者は、施設に支給認定証を提示して、保育を子どもに受けさせるものとする（27条2項）。確認を受けた地域型保育の利用については、地域型保育給付費が支給される（29条1項）。

3　保育の実施の類型をめぐる議論

　上記の支援法による現金給付の仕組みと、修正協議により復活した、改正児童福祉法による「市町村の保育の実施義務」に基づく現物給付の仕組みの混在により、利用関係について解釈の対立が生じている。

　改正児童福祉法24条1項は、「市町村は、この法律及び子ども・子育て支援法の定めるところにより保護者の労働又は疾病その他の事由により、その監護すべき乳児、幼児、その他の児童について保育を必要とする場合において、次項に定めるところによるほか、当該児童を保育所……において保育しなければならない」と定め、市町村の保育の実施義務を規定している。

　利用関係の類型の理解については対立がある。まず、①支援法に基づく施設給付費の支給対象となる認定こども園への入所、および地域型保育給付費の対象となる家庭的保育事業等の利用関係は、市町村自らが行う事業を除き、市町村は保育を行う義務を負わず、保育の利用関係は児童の保護者とこれら施設・事業者との間で成立する。この類型の法律関係においては、市町村に対して保育の実施を求めて争訟を提起することはできない。②保育所における保育の利用関係は、市町村が保育を実施する義務を負うという2012年改正前の法律関係が引き続き成立する。児童の保護者の保育所申込みに対し、市町村が承諾することで保育所利用関係が成立する。③市町村の措置による保育の利用の3類型とする見解がある[15]。一方で、支援法により、①私立保育所を除き、幼稚園・公立保育所・認定こども園に共通の給付方式として、現金給付の仕組みである

---

15) 加藤智章＝菊池馨実＝倉田聡＝前田雅子著『社会保障法〔第6版〕』（有斐閣、2015年）310-311頁、公立、私立を問わず市町村の保育所の現物給付があるとする見解として、田村和之「子ども・子育て支援関連三法の『意義』と問題点・疑問点」月刊保育情報　429号（2012年）6頁、伊藤周平「子ども・子育て支援法と改正児童福祉法24条の諸問題点」月刊保育情報440号（2013年）7頁、木下秀雄「『保育所における保育』を受ける権利と改正児童福祉法24条──再論」月刊保育情報455号（2014年）5-6頁。

が、給付費の施設による代理受領が認められるため、「現金給付の現物化」方式が採用され、保育の利用は保育所と保護者との直接契約となる。②私立保育所については、実施委託の規定（支援法附則6条1項）があるため、市町村・提供者間の委託契約による、市町村の保育の実施義務がある、③市町村の措置による保育の利用の3類型と解するものもみられる[16]。

解釈の相違がみられるのは、公立保育所の利用関係を、現物給付か現金給付かとする点である。その背景には、支援法を優先するか、あるいは、児童福祉法を優先し、24条1項の市町村の保育所における保育の実施義務として、公立・私立の保育所共に従来の現物給付義務が維持されていると解釈するかの対立がある。

24条1項の立法者意思として、法案修正の原案である、前述の3党合意に基づく社会保障・税一体改革に関する確認書において、「関係整備法案については、児童福祉法第24条等について、保育所での保育については、市町村が保育の実施義務を引き続き担うこととするなどの修正を行う。」とされていたところであり、公立、私立を問わず従来の現物給付が意図されていたことは明白である[17]。

4　保育所保育の実施の相対化

市町村の保育の実施義務を保育所における保育の現物給付と解した場合であっても、今回の法改正により、保育所における保育の位置づけが相対化している問題がある。

改正前児童福祉法24条1項は、但書きで、「保育に対する需要の増大、児童の数の減少等やむを得ない事由があるときは、家庭的保育事業による保育を行うことその他の適切な保護をしなければならない。」とし、市町村は、保育所における保育の現物給付を原則としながら、やむを得ない場合に、例外的に、市町村の研修を受けた保育者の居宅において保育をするなどの代替的な保護が

---

16) 内閣府子ども子育て本部「子ども子育て新制度について」（2017年6月）、原田大樹『例解 行政法』（東京大学出版会、2013年）334-340頁、同旨菊池馨実『社会保障法』（有斐閣、2014年）484-498頁。
17) 田村和之「子ども・子育て関連3法の問題点 その1──「保育の実施義務」は維持されたのか」月刊保育情報447号（2014年）4頁。

おこなわれなければならないと解されていた。適切な保護を加えることの決定も市町村の行政処分であり、無認可保育施設などに行政契約の形式で「適切な保護」を委託することになっていた[18]。

これに対し、今改正では、やむを得ない場合の適切な保護の規定を削除した。さらに、24条2項で、「市町村は、前項に規定する児童に対し、……認定こども園又は家庭的保育事業等（家庭的保育事業、小規模保育事業、居宅訪問型保育事業又は事業所内保育事業をいう。以下同じ。）により必要な保育を確保するための措置を講じなければならない。」と規定した。

この場合、保育所の不足により保育所に入所できない場合、市町村の保育の義務はどのように解釈されるのか。すなわち、やむを得ない場合の、市町村の代替的保護義務が削除されたことをどう解釈するかということである。改正児童福祉法24条1項には、「次項に定めるところによるほか」という文言が挿入されたが、2項に定められているのは、新たに現金給付の対象となる認定こども園および家庭的保育事業等であり、市町村には、現物給付義務はない。したがって、現物給付義務と現金給付義務の対象となる施設・事業を並列させることによって、現物給付義務を相対化させる効果を生じさせる疑念がある。「必要な保育を確保するための措置」の解釈を、施設や事業の整備・確保のための財政的措置だけではなく、「必要な保育」そのものを確保する措置と解し、市町村が自ら24条2項に係る施設や事業を運営していれば必要な保育を確保できるが、これらを設置・運営していない場合は民間の施設・事業等に保育を委託することで、みずからの責任において必要な保育を確保・提供すると解する説があるが[19]、「やむを得ない場合」に代わる、委託の契機をどこに置くかという点に課題は依然残されているように思われる。

5 利用手続の問題

(1) 申請にかかわる問題

改正前児童福祉法では、保育に欠けるところのある児童の保護者で保育所における保育を希望する場合は、入所を希望する保育所その他省令の定める事項

---

18) 桑原洋子＝田村和之編『実務注釈 児童福祉法』（信山社、1998年）145頁。
19) 田村和之「市町村の『保育の実施義務』について」賃金と社会保障1678号（2017年）56-58頁。

を記載した申込書を市町村に提出しなければならない（24条2項）と規定し、市町村は、一の保育所について申込みをした児童のすべてが入所する場合、適切な保育を行うことが困難な場合に、当該保育所に入所する児童を公正な方法で選考することができる（24条3項）と規定していた。

　この入所申込み手続は、1997年の改正により明文化されたもので、学説では、新たに制度化された画期的な規定、仕組みで、利用者の選択を法制度的に担保するための規定、あるいは、措置制度の下でも利用者の申請は当然承認されていたとする立場からは、本来保障されて然るべき事項がようやく明確に保障されることになった、と解されていた。[20] 最高裁は、この改正の趣旨について「その保育所の受け入れ能力がある限り、希望通りの入所を図らなければならないこととして、保護者の選択を制度上保障したものと解される」としている。[21]

　97年改正に先立ち、1994年に厚生省の設置した「保育問題検討会」が、保育所措置制度の見直しとして、措置制度の充実により制度を見直していくべきとする意見と市町村に措置制度に代えて契約による直接入所を導入すべきという異例の両論併記の報告書を出していた。このことから、24条改正が「契約による直接入所制度」の導入か、あるいは措置制度の存続か解釈が分かれた。学説は、市町村と保護者の関係は、入所決定の法効果から行政処分と解していた。[22] また、保護者の申込みに契約法的性格をみて、「契約関係と行政処分との並存・交錯を含んだ複合的な法律関係として把握し、当該法律関係の入り口に当たる保育所入所決定については、相手方への十分な保育所情報の提供と保育所選択機会の保障及び申請権保障を組み込んで構築された行政処分制として把握することは、むしろ適切な制度理解と運用に資する」と理解されていた。[23]

　それに対し、2012年の改正児童福祉法では、まず、24条2項の保護者の市町村への申込みに関わる規定を削除した。内閣府政策統括官（共生社会政策担当）・

---

20)　秋元美世「保育制度改革と児童福祉法の改正——保育所措置制度の見直しをめぐって」法律時報69巻8号（1997年）31頁、桑原＝田村・前掲注18）142頁。
21)　横浜市立保育園廃止（民営化）条例事件・最一判平21・11・26民集63巻9号2124頁。
22)　桑原＝田村・前掲注18）142頁。
23)　亘理格「保育所利用関係における合意の拘束力——保育期間中における保育所廃止・民営化に対する法的制約の存否問題を素材に」『「民」による行政——新たな公共性の構築』（法律文化社・2005年）222頁。

厚生労働省雇用均等・児童家庭局長連名通知によれば[24]、新制度における保育所利用の開始は、支援法上の教育・保育給付の支給認定にかかわる保護者からの申請により、市町村が保育の必要性の認定を行う（20条1項）。支給認定については、行政処分である（19条1項、20条1～4項）。その際、市町村が利用調整を行うにあたって必要となる保護者の施設・事業の希望の聴取を同時に行うことも可能な取り扱いとするとしている。つまり保育所については、現物給付義務が維持されたと説明されているにもかかわらず、申請の段階では、支援法上の現金給付のための申請手続が保育所利用にも適用されている。

(2) 利用の「調整」結果と「要請」の法的性質

改正前の児童福祉法に基づく保育所の利用関係は、同法24条に基づき、市町村が保護者の申込みに応じて保育所入所決定を行い、私立保育所に入所する場合は当該児童の保育を委託するという給付方式が取られていた。この入所決定は、行政処分であると解され、その相手方に一定内容のサービスを給付することを内容に含み、これにより地方自治体がサービスを給付する義務を負う当事者となる法律関係が成立すると解されてきた。入所申込者の数が保育所の定員を超過している場合、市町村は入所させる児童を公正な方法で選考して入所を決定する（旧児童福祉法24条3項）。また、地方自治体がサービスの実施を民間事業者に委託する場合、地方自治体と事業者の間に第三者のためにする契約が成立するという説が有力であった。そのうえ、利用者の権利利益を保護するために、児童福祉法46条の2において、「児童福祉施設の長は、都道府県知事又は市町村長……からこの法律に基づく措置又は助産の実施若しくは母子保護の実施のための委託若しくは保育所における保育を行うことの委託を受けたときは、正当な理由がない限り、これを拒んではならない」と規定し、事業者は受託義務を課されていた[25]。

これに対し、改正児童福祉法においては、市町村の保育所における保育の実施義務を復活させた上で（24条1項）、前述のように、保護者からの申込み規

---

[24]　「児童福祉法に基づく保育所等の利用調整の取扱いについて」（平成27年2月3日　府政共生第98号・雇児発0203第3号）。
[25]　前田雅子「社会福祉の法関係」『行政法の争点』（有斐閣、2014年）266頁。

定を削除し、「市町村は、保育所、認定こども園……又は家庭的保育事業等の利用について調整を行うとともに、認定こども園の設置者又は家庭的保育事業等を行う者に対し、前項に規定する児童の利用の要請を行うものとする」（附則73条による読み替え後の児童福祉法24条3項）と、規定された。これまでの、「選考」という文言が、保育所以外の施設・事業者を含めた「調整」に代わり、保育所以外の施設設置者や事業者に対し「利用の要請」が行われる仕組みに代わっているが、従来の利用関係とどのように変更されたのであろうか。

　まず、利用の「調整」という概念であるが、当初国会に提出された修正前児童福祉法改正案において導入されていた。この修正前の改正法案では、保育所を含めたすべての保育に係る施設や家庭的保育事業等の利用を、保護者と施設・事業者との直接契約としたうえで、待機児童がいる場合には、利用について調整を行うとともに、施設の設置者または事業者に対し、保育を必要とする児童の「利用の要請」を行うと規定していた。この規定の趣旨について、国会審議では、「市町村の責任が、後退をすると言われますけれども、それは待機児童がいない市町村では、今でも、形式的には市町村を通しますけれども、事実上は直接申し込みをしているというようなことはよくありますし、新制度でも、待機児童がいる市町村では、今までどおり一旦市町村に申し込んでもらい、市町村が優先度に応じて利用する保育所を調整する。そういうようなことで、保護者と市町村と施設の関係は、直接契約になっても実質的に変わらないと思います。」と答弁されていた。この、優先度に応じた調整という説明から、これまでの「選考」と同様の内容が想定されていたと考えられる。ただ、その調整結果の保護者に対する法的効力については、国会審議からは明らかになっていない。一方、保育の給付義務は、保護者と施設設置者または事業者との直接契約によって生じるのであり、市町村は、「要請」という行政指導を通じて、施設の設置者または事業者に保護者との契約締結を促すという仕組みであったと考えられる。

　これに対し、改正児童福祉法では市町村の保育所における保育の実施義務が復活したことにより、24条に修正が加えられたが、利用の「調整」や「要請」

26）　2012年5月25日　衆議院社会保障と税の一体的改革に関する特別委員会公聴会における小宮山国務大臣の発言。

の仕組みが残り、利用関係の解釈を複雑にしている。以下、保育所と認可保育所、家庭的保育事業等に分けて利用関係を検討する。

調整については、待機児童の有無にかかわらず、すべての保育所、認定こども園、家庭的保育事業等の利用について行うとされたが、調整の結果の保護者への法的効果については、保育所と他の施設・事業とでは相違があると解される。

調整の結果、保育所が決定された場合、児童福祉法24条1項に基づき、従来の仕組みと同様に、決定は行政処分と解され[27]、市町村は行政処分に基づき特定の保育所での保育実施義務を負うことになる。私立保育所についても、保育の実施義務を有する市町村長が当該児童の保育を私立保育所に委託し実施すると解される（児童福祉法24条1項、支援法附則6条1項）。市町村長からの保育所における保育を行うことの委託を受けた保育所長は、正当な理由がない限りこれを拒むことはできず、受託義務がある（児童福祉法附則73条2項による読み替え後の46条の2）。認定こども園や家庭的保育事業等の場合と異なり、保育所は、調整による利用の要請の対象となっていない（24条3項）ことからも、調整の結果としての決定は、行政処分として、市町村による保育所での保育給付を内容として含んでいることを意味する。

ただし、法文上の建付けにかかわらず、利用の調整の取扱いに関する通知では、修正前児童福祉法案と同様に保育所を直接契約施設とみなした解釈が示されている[28]。

すなわち、「当分の間、すべての市町村は、保育の必要性の認定を受けた子

---

27) 2013年3月21日の参議院厚生労働委員会における政府参考人答弁において、厚生労働省雇用均等児童家庭局長は次のように答弁していた。「子ども・子育て支援新制度におきましては、保育を必要とする子供の施設・事業の利用について、市町村が利用の調整を行うこととされています。利用調整の手続など詳細は今後検討でございますけれども、これは現行の保育所の利用手続と同様に、利用者が市町村に対して利用希望を出した上で、それに基づいて市町村により調整が行われると、こういう仕組みになるわけでございます。この利用手続の中で、利用者が例えば自らの希望に沿わない調整結果になった場合、これは市町村に対してその調整結果について異議申立てを行うということが新制度上想定され、また可能と考えております。特に保育所の利用につきましては、これは現行制度と同様、新制度におきましても利用者が市町村に対して申込を行う、そして市町村と契約を結ぶということになりますので、異議申立てを含めて市町村と利用者が直接向き合う、そういう関係であることについては現行と何ら変わるものではございません」。

28) 前掲注24)。

どもが、保育所、認定こども園、法第24条2項に規定する家庭的保育事業等を利用するに当たり、利用調整を行った上で、各施設・事業者に対して利用の要請を行うこととされている」とし、利用の要請の対象が保育所を含めたすべての施設・事業者であるかのような記述をしている。また、「（待機児童がいる場合、）特定教育・保育施設等は、保育の必要度の高い順に受け入れることが求められている。そのため、市町村がすべての特定施設・保育施設等に係る利用調整を行うこととされ、特定教育・保育施設等は、利用の申込みを受けたときは、正当な理由なく、当該申込みを拒むことはできず、また、市町村の行う利用調整に対し協力義務が課せられている。」とし、市町村の保護者・子どもへの実施義務としての保育所における保育の給付の説明を避けている。

　また、保育所の利用調整については、支援法20条3項に基づき、保育の必要性の認定を行う際に、保育の必要性の事由や優先利用の必要性を踏まえ、利用者ごとに保育の必要性に応じて指数（優先順位）づけを行い、施設・事業所ごとに当該申請者の指数と利用希望順位を踏まえ、施設・事業所ごとに申請者の指数が高い方から順に利用を「あっせん」すると説明している。このあっせんという行為は、児童福祉法に規定はなく、支援法42条に規定され、市町村は、特定教育・保育施設に関し必要な情報の提供を行うとともに、支給認定を受けた保護者から求めがあった場合に、保護者の希望、子どもの養育の状況、保護者に必要な支援の内容その他を勘案し、子どもが適切に特定教育・保育施設を利用できるよう、相談に応じ、必要な助言または特定教育・保育施設の利用についてのあっせんを行うとともに、必要に応じて、特定教育・保育施設の設置者に対し、当該支給認定子どもの利用の要請を行うものとすると定める（42条1項）。また、特定教育・保育施設の設置者は、前項の規定により行われるあっせんおよび要請に対し、協力しなければならないとする（同条2項）。このことから、同通知は、保育所利用関係について、認定こども園や家庭的保育事業等と同様、保護者と施設との直接契約として解釈しているものと推察され、市町村の保育の実施義務に関する児童福祉法の建付けと齟齬をきたしている。

　一方、認定こども園、家庭的保育事業等については、その利用の調整の結果は、認定こども園や事業の利用に関する、施設への優先的申込みの地位を保護者に与えることになると解される。なぜなら、そもそも、認定こども園や家庭

的保育事業等の保護者や子どもに対する給付義務は、直接契約の施設・事業として、認定こども園の設置者または事業者と保護者との契約により生じるからである。また、調整の結果の通知の法的性質は、当該保護者に、優先的に特定の施設や家庭的保育事業等と利用契約を締結する地位を与える内容とする行政処分と解する余地がある[29]。市町村の実務上、保育所と並列して認定こども園や家庭的保育事業等の希望を提出させる実態があり、利用調整が保育所とそれ以外の施設等と一体的に行われている場合があること、直接契約施設等の希望を出したとしても、調整の結果不承諾の決定をうけた場合は、契約締結に制限を受けることになり、行政争訟の途を開くことが要請される。保育所の場合も含め、調整結果としての不承諾処分を争う場合には、選考基準および基準適用や、子ども・子育て支援法上の市町村子ども・子育て支援事業計画（61条）および児童福祉法上の保育所整備に関する計画（56条の4の2）の違法、不当を争うことが可能と考えられる[30]。

　市町村と認定こども園の設置者や事業者との関係は、修正前の児童福祉法改正案と同様に、「要請」という行政指導を通じて、調整結果により入所の優先的申込みの地位を与えられた保護者との契約締結を事業者に促すことになる[31]。また、この要請に対し、認定こども園の設置者または家庭的保育事業等を行う者は、「できる限り協力しなければならない」とされ（46条の2第2項）、前述の保育所長の受託義務とは、別建てにされている[32]。直接契約施設の設置者や事業者は、支給認定を受けた保護者からの利用の申込みを、正当な理由なく拒んではならないとされ（支援法33条、同45条）契約の締結が強制されているが、市町村により選択された保護者から申込みがあった場合は、優先的に契約する

---

29)　市町村の利用調整につき、不服申立てを認める政府見解として、前掲注27)。
30)　兼子仁『地域自治の行政法　地域と住民でつくる自治体法』（北樹出版、2017年）111頁。
31)　市町村の利用調整の性質を保護者や保育施設・事業者に対する行政指導と解するものとして、田村和之「子ども・子育て支援関連3法の『意義』と問題点」月刊『保育情報』434号（2013年）7頁、伊藤周平「子ども・子育て支援新制度における保育の利用の仕組みと子どもの保育を受ける権利」田村和之＝伊藤周平＝木下秀雄＝保育研究所著『待機児童ゼロ――保育利用の権利』（信山社、2018年）114頁。
32)　ただし、同法46条2項は、保育所に対しても、「24条3項の規定により行われる調整及び要請に対し、できる限り協力しなければならない」と規定しており、修正後に保育所を要請の対象から外し、保育の委任の受任義務を規定した24条3項および46条の2（73条の2項による読み替え後）の規定と整合性がとれない。

ことを「要請」されていると解することができる。

　このような仕組みは、直接契約施設利用における、利用者と施設設置者・事業者間の契約への行政的関与の一形態とみなされる一方、児童福祉法上の利用の「要請」に対する施設設置者・事業者側の義務は、「できる限り協力しなければならない」という、任意によるものであり、市町村との関係では、利用者との契約締結が強制されるものではない限界があると解される。

おわりに——残された課題

　本章は、1990年代後半からの公立保育所の民営化、および、保育所の設置・運営基準の規制緩和を通じた民営化の動きと、その流れに位置付けられる2012年の子ども・子育て支援関連3法の成立による、保育サービス給付関係の変更を概観した。保育所保育については、市町村の現物給付義務が維持されたとみるが、支援法による施設給付費等の仕組みも同時に導入されたため、現物給付と現金給付の峻別およびその手続の理解が困難になっていることが明らかになった。他方、待機児童問題を背景に、現物給付か現金給付かという法の建付けとは別に、市町村の利用調整についてはその適用を一般化し、市町村が、保育の必要性に応じ利用者を選考し、特定の保育所の利用を確定する手続を、児童福祉法によって導入せざるをえなかったと考えられる。また、保護者と施設設置者・事業者との直接契約の場合であっても、この市町村の調整結果を保護者への行政処分とみなし、争訟権を認める余地がある。

　一方、今回の改正により、保育所保育を、市町村の現物給付が維持されたあるいは現金給付の現物化と理解するにせよ、現物給付の水準の適正さについては、課題が残されている。現物給付の水準の確定のためには、政府に提供が義務付けられている現物給付の水準がいかなる原理によって規定されるのか、財政責任の所在などの課題をクリアにする必要がある。[33]保育所保育の現物給付水準は、省令により基準が定められてきたが、前述のとおり設備基準の緩和、専門職配置の基準緩和、定員超過入所の是認等を通じて、現物給付基準を切り下

33）　世取山洋介＝福祉国家構想研究会編『公教育の無償性を実現する——教育財政法の再構築』（大月書店、2012年）1-21頁。

げてきた。また、従来から、設備・運営基準自体の低さが指摘されており、特に子どもの人数に対する保育士の配置基準は問題である。また、支援法による施設型給付費や地域型保育給付費の金額は、「公定価格」として内閣府告示の形式で定められる。施設型給付の公定価格は、基本分単価＋処遇改善等加算（ⅠとⅡ）＋加算部分で構成される。基本分単価は、職員の人件費を中心に、管理費と事業費で構成される。保育士の給与の実態については、所定内給与が20万円未満の常勤労働者が半数近く、16万円未満の常勤労働者が１割近くを占め、かつ労働時間が長い現状はきわめて問題ある賃金水準であると指摘されている[34]。また、人件費対象の職員数は国基準に拘束されるが、実際の保育士の配置数は国基準の約1.8〜２倍程度と推計されており、低賃金の理由の一つとなっている[35]。現金給付化の流れにあっても、現物給付基準と財政支出基準の解明が早急に求められているといえよう。

（こいずみ・ひろこ　桜美林大学教授）

---

[34] 箕輪明子「保育士の低賃金、長時間労働化の現状と課題」『保育白書2017年版』（ひとなる書房、2017年）138-147頁。

[35] 村山祐一「なぜ給与・賞与が低いのか」『保育白書2017年版』（ひとなる書房、2017年）145-146頁。

第2部 抗告訴訟の再検討

第5章　抗告訴訟の法定化・多様化・廃止論

稲葉　馨

一　はじめに

1　抗告訴訟と当事者訴訟の「二本柱」構造

(1)　抗告訴訟と当事者訴訟

「行政事件」に関する訴訟手続の一般法である「行政事件訴訟法」（昭和37年法律139号〔2004（平成16）年法律84号による改正後〕。以下、「法」または「行訴法」ともいう）は、「この法律において『行政事件訴訟』とは、抗告訴訟、当事者訴訟、民衆訴訟及び機関訴訟をいう」（法2条）としているが、私人の裁判を受ける権利（憲法32条）を具現する、「法律上の争訟」ないし「主観（的）訴訟」（当事者間の具体的な法律関係に関する紛争で、法の適用によって解決可能なもの）に当たるのは前二者のみである。そのことは、それぞれの定義規定（法5条・6条）に窺えると共に、「民衆訴訟及び機関訴訟は、法律に定める場合において、法律に定める者に限り、提起することができる」（法42条）との定めによって確認できる。

そのうち、「抗告訴訟」とは、「行政庁の公権力の行使に関する不服の訴訟」（法3条1項）を意味し、それに属するものとして、処分の取消しの訴え・裁決の取消しの訴え・処分または裁決の（以下、同じ）無効等確認の訴え・不作為の違法確認の訴え・義務付けの訴え・差止めの訴えと、6種類の訴訟が（限定的ではなく、いわば定型的に）列挙されている（同条2項～7項）。

他方、「当事者訴訟」とは、「当事者間の法律関係を確認し又は形成する処分又は裁決に関する訴訟で法令の規定によりその法律関係の当事者の一方を被告とするもの及び公法上の法律関係に関する確認の訴えその他の公法上の法律関係に関する訴訟をいう」（法4条）。前段は、通常、「形式的当事者訴訟」と呼ばれているもので、「処分又は裁決」の法効果（形成・確認される法律関係の全部または一部）が争点となっているものの、法令の定めるところにより――抗告訴訟の場合のように（法11条1項）処分庁・裁決庁が属する行政主体ではなく――当該法律関係の「当事者」を被告としなければならないところから、（本来なら抗告訴訟なのだが、というニュアンスで）「特別に」当事者訴訟に属するものとされている。したがって、「当事者訴訟」を実質的な意味でとらえるとすれば、後段に定められている「公法上の法律関係に関する訴訟」ということになる。

　以上、初歩的な確認を行ったに過ぎないが、要するに、「行政事件訴訟」は――個別の法律の定めに依拠する民衆訴訟・機関訴訟を視野の外に置くとすれば――「行政庁の公権力の行使に関する不服の訴訟」である抗告訴訟と「公法上の法律関係に関する訴訟」である「当事者訴訟」の二本柱で構成されている（さし当たり、両者の「太さ」の違いは問わない）といってよいであろう。

(2) 「訴えの3類型」と民事訴訟・当事者訴訟・抗告訴訟

　もっとも、両訴訟を民事訴訟法（学）にいう「訴えの3類型」（給付・確認・形成の3区分）の観点からみると、当事者訴訟については、「公法上の法律関係に関する確認の訴え」が殊更に例示されており、民事訴訟と基本的に同様な「訴えの3類型」を内包する上位概念として位置づけることが可能であるから、そのような意味においては、当事者訴訟は民事訴訟と同レベルの訴訟類型概念といえよう。

　他方、抗告訴訟は、「行政庁の公権力の行使」に関する「不服」の訴訟であるが、上記のように、不服すなわち請求の内容を具体的に示す6種類の訴訟類型（定型）が列挙されており、これを「訴えの3類型」の観点から、処分また

---

1) 大貫裕之「実質的当事者訴訟と抗告訴訟に関する論点　覚書」高木光＝交告尚史＝占部裕典＝北村喜宣＝中川丈久編『行政法学の未来に向けて』（有斐閣、2012年。以下、「阿部古稀」とする）635頁は、同様な意味で、当事者訴訟を「包括的な訴訟類型」と呼んでいる。

は裁決にかかる、①取消の訴え（一般に形成訴訟と考えられている。ただし、異説あり）、②２つの確認の訴え、そして③義務付けの訴えおよび差止めの訴え（ただし、主として給付訴訟説と形成訴訟説とが対立しており、形成訴訟と見る場合には、両者も①に該当し、①形成と②確認の訴訟類型に２分されることになる）というように、一応整理することができないではない。そうすると、抗告訴訟自体を同一種類の訴えの類型でとらえることは困難であり、その限りでは、「訴えの３類型」の上位概念にあたるものとして、抗告訴訟も、民事訴訟・当事者訴訟と肩を並べるものといえる。したがって、行政絡みの事件（刑事事件を除く）が法律上の争訟に当たる場合、民事訴訟・当事者訴訟・抗告訴訟のいずれかが必ず（排他的あるいは並存的・互換的に）その「受け皿」としての役割を果たさなければ、裁判を受ける権利（憲法32条）の保護・実現に欠けることになる。

(3) 行政事件訴訟

なお、行訴法は、同法にいう「行政事件訴訟」について定義規定を置いていない。しかし、行訴法７条からも窺えるように、民事訴訟の上位概念ではなく、それと同レベルにあって、しかも抗告訴訟と当事者訴訟の二本柱を包摂しているものということになろう。そうすると、両者を連結する共通項が求められる。それは、何であろうか。いうまでもなく、いずれもが「公法上の法律関係」に関する訴訟という基本的性質を有することであろう。このことは、当事者訴訟については、その定義からして明らかであるが、抗告訴訟も、それがおよそ「法律上の争訟」としての実質を有するものとされる限り、「法律関係」に関する訴訟であることを否定できない。そして、「公権力の行使に関する不服」というカテゴリーの外に位置する「当事者訴訟」において既に「公法」的性格を有するものとすれば、民事法に比して行政法の世界を最もよく特色付けるであろ

---

2) 南博方＝高橋滋＝市村陽典＝山本隆司編『条解行政事件訴訟法〔第４版〕』（弘文堂、2014年）40-41頁〔高橋〕・100-101頁および107頁〔川神裕〕、塩野宏『行政法Ⅱ〔第５版補訂版〕』（有斐閣、2013年）88頁・234-235頁・248頁、宇賀克也『行政法概説Ⅱ〔第６版〕』（有斐閣、2018年）127頁・335頁・356頁、室井力＝芝池義一＝浜川清編著『コンメンタール行政法Ⅱ——行政事件訴訟法・国家賠償法』（日本評論社、2006年）24頁〔浜川〕など参照。
3) 行訴法改正に際して、「行政活動に起因して『法律上の争訟』が発生した場合には、原則として何らかの訴訟類型によって本案審理をすることが憲法上の要請であることを示す条文を置くことが重要」であり、「望ましい」としている高木光『行政訴訟論』（有斐閣、2005年）46頁をも参照。

う「公権力の行使」に関する訴訟が、同様な意味で「公法上」のものでないという理由は考えがたい。

そして、このような観点からすれば、抗告訴訟＋当事者訴訟（狭義の公法上の法律関係に関する訴訟）＝広義の（少なくとも、純粋な民事訴訟ではないという消極的な意味で）「公法上の」法律関係に関する訴訟＝主観的「行政事件訴訟」という図式が成り立つことになる。

2　中川教授の問題提起──「二本柱」思考からの脱却？

上記の二本柱構造観について、近時、従来の「一般的な考え方」に根本的な疑問を呈し、立法論に止まらず、現行行訴法の解釈論としても、これに対峙する「私見」を──判例・学説の分析による理論的裏付けを加えつつ──、詳細かつ包括的に論じているのが、中川丈久教授である[5]。

中川教授は、「抗告訴訟と当事者訴訟を異なる訴訟類型」として「区別することには、そもそも理論的な根拠も解釈論的実益も認められないのではないか」との見解を示し、両者の関係について、「理論的には、抗告訴訟とはつまるところ『公権力の行使に対する不服』（行訴法3条1項）を取り扱う当事者訴訟であるというほかなく、当事者訴訟のうちのある場面のものを、抗告訴訟と呼ぶに過ぎない」と主張する。そして、その理由として、「抗告訴訟の法定類型」は、「いずれもその請求の主旨を実質的に維持した」まま「行訴法4条の定義どおりの当事者訴訟に変換」可能であり、「変換しても、なんら機能面での差異は生じない」ことをあげている。

さらに、中川教授は、このような「理論的立場」からの解釈論的帰結として、①抗告訴訟・当事者訴訟の各「訴訟要件」について、「内容的に同一の判断」

---

4) 高木光『行政法』（有斐閣、2015年）354頁以下、杉本良吉『行政事件訴訟法の解説』（法曹会、1963年）5頁・7頁、稲葉馨＝人見剛＝村上裕章＝前田雅子『行政法〔第4版〕』（有斐閣、2018年）219頁〔村上〕参照。
5) 中川丈久「行政訴訟の諸類型と相互関係」岡田正則＝榊原秀訓＝白藤博行＝人見剛＝本多滝夫＝山下竜一＝山田洋編『現代行政法講座Ⅱ』（日本評論社、2015年）71-73頁。そのほか、特に、同「行政訴訟の基本構造（1・2完）」民商法雑誌150巻1号1頁以下、2号1頁以下〔2015年。ただし、雑誌記載の表記は2014年〕、同「抗告訴訟と当事者訴訟の概念小史」行政法研究9号〔2015年〕1頁以下。なお、理論形成途上のものとして、同「行政訴訟としての『確認訴訟』の可能性」民商法雑誌130巻6号〔2004年〕1頁以下も参照。

が行われるべきこと、②判決手続・保全手続に関する規定も、両訴訟の「違いを過度に意識したものとならないように、解釈上の工夫が必要になる」こと、そして③「法定外（無名）抗告訴訟」という概念が不要となり、「『抗告訴訟の排他的管轄』というルール」を「行訴法の解釈として導くこともできないと解することになる」ことを指摘している[6]。

かくして、中川教授によれば、「戦前と戦後の断絶と連続の産物として法定されるに至った抗告訴訟と当事者訴訟は、<u>異なる二本の柱に見えるが実は、ひとつの柱を二色に塗り分けているだけである</u>[7]」ということになる（下線は、稲葉）。教授ならではの、極めて示唆に富んだ考察である。

3　2004年行訴法改正と訴訟類型

(1)　中川教授の所論への素朴な疑問

中川教授は、その刺激に満ちた長編論稿を「行政訴訟とはつまるところ、かつての行特法1条の『行政庁の違法な処分の取消又は変更に係る訴訟その他公法上の権利関係に関する訴訟』であるという整理に尽きるように思われる。あと一歩、『その他公法上の権利関係に関する訴訟』を『その他の公法上の権利関係に関する訴訟』とすれば、本章で得られた結論と同じ行政訴訟像が得られる」という文言で締めくくっている[8]。

上記のように、行訴法2条は、行特法1条と異なって、「抗告訴訟」と「当事者訴訟」とを並列的に定め、それぞれに定義を与えると共に、適用規定を明記するという体裁をとっているのにもかかわらず、その点を軽視し過ぎていないか。あるいは、自説「検証」のため、6類型の法定抗告訴訟を当事者訴訟に「変換」してみせているが[9]、行訴法における訴訟類型の法定化（後述）が進められたからこその立論であり、あるいは、いわゆる確認訴訟＝訴訟「原型観」ない[10]

---

6)　以上、引用は、中川・前掲注5) 講座論文 71-72 頁。
7)　中川・前掲注5) 民商 150 巻 2 号 207 頁。
8)　中川・前掲注5) 民商 150 巻 2 号 208 頁。ちなみに、南博士も、行特法1条の定めについて、「行政訴訟を『公法上の権利関係に関する訴訟』と定義」し、「取消訴訟も公法上の権利関係に関する訴訟（公法上の当事者訴訟）の一種として捉えていることに特色が」あると述べており（南博方『紛争の行政解決手法』（有斐閣、1993年）57頁〔初出は、1989年〕）、同様な理解を示すものといえようか。
9)　中川・前掲注5) 民商 150 巻 1 号 44-56 頁。

し「基本的」訴訟類型説の応用を試みているに過ぎないのではないか、といった素朴な疑問が湧かないではない。

(2) 本章の課題

しかし、本章の課題は、中川教授の見解を論評することにあるわけではない。今しばらく「一般的な考え方」を出発点として、今後の行政訴訟類型（「訴訟形態」・「訴訟形式」とも称される）のあり方を考えてみたい。それは、すぐれて、2004年行訴法「本格」改正の評価に関わる問題でもあるからである。

訴訟類型の観点から見ると、この改正により、従来の二本柱それぞれに梃子入れがなされた（二本柱構造の維持）。すなわち、抗告訴訟における義務付け訴訟および差止め訴訟の「法定化」（法律規定による明文化）、そして、（実質的）当事者訴訟における確認訴訟の「明示」・「明記」ないし「例示」がそれである。通常、「救済範囲の拡大」のための「救済方法の多様化」（義務付け・差止め）および利用度が低かった既存制度の「活用」（確認訴訟）といわれているものである。いわば《二本柱構造下での訴訟類型の法定化・多様化・活性化路線》といえよう。これを、どう評価すべきであろうか。

振り返って見ると、2004年行訴法改正の立案・検討作業は、訴訟類型に関する立法論をも喚起することとなり、その中で抗告訴訟廃止論も唱えられ、従前の二本柱構造を解体するような提案が有力に行われた。日本弁護士連合会（以下、「日弁連」とする）および浜川清（法政大学名誉）教授（以下、「浜川教授」とする）の改革構想がその代表例である。

また、抗告訴訟における訴訟類型の法定化・多様化によって、結果的に、「抗告訴訟概念の空洞化」が生じ、「抗告訴訟という上位概念」はもはや「実務的には不要」ともいわれている。以下、これらの抗告訴訟廃止案や《法定化・多

---

10) 中野貞一郎＝松浦馨＝鈴木正裕編著『新民事訴訟法講義〔第3版〕』（有斐閣、2018年）37頁。
11) 伊藤眞『民事訴訟法〔第4版補訂版〕』（有斐閣、2014年）159頁。
12) 小林久起『行政事件訴訟法』（商事法務、2004年）6-17頁、小早川光郎編『改正行政事件訴訟法研究』（ジュリスト増刊2005年3月）114-166頁。
13) ほかに、阿部泰隆博士等の提案があるが、行論の関係上、阿部案については、後に触れる。
14) 塩野宏「改正行政事件訴訟法の課題と展望」同『行政法概念の諸相』（有斐閣、2011年）291頁、295頁〔初出は、2004年〕。

様化》の問題について考察を加えることにより、上記課題への接近を試みたい。

二　訴訟類型改革構想——二本柱構造の解体

1　日本弁護士連合会の改革構想
(1)　2002年「行政訴訟改革要綱案」

2002年11月29日付け日弁連「行政訴訟改革等検討委員会・行政訴訟改革要綱案」（以下、「要綱案」とする）は、「行政事件訴訟法の抜本的改正」を第一の課題として掲げ、「法の支配の理念」の下、「一から新たな行政訴訟制度を作り直す」としていた。そのうち、訴訟類型に係る提案としては、「訴訟類型・判決類型を拡大・整備する」との方針が示されており、次のように論じられていた。「裁判所は、国民の意図に合致し国民の最も利益となる訴訟形式により審理を進め、判決をする必要がある。したがって、行政訴訟としては、現行の類型に加えて、例えば次のような類型を整備するとともに、民事訴訟も含めた柔軟な訴えの変更を認める。(1)義務づけ訴訟、(2)法律の保護を求める第三者訴訟、(3)行政権限不行使の違法確認訴訟、(4)計画訴訟、(5)行政立法取消訴訟、(6)予防訴訟、(7)無効等確認訴訟」。

このような《訴訟類型の拡大・整備》がなぜ重要か。要綱案の「解説」によれば、「裁判所がこれまで示してきた無名抗告訴訟に対する消極姿勢に照らせば、明確な条文の形で訴訟類型を規定〔法定化—稲葉〕することが国民の訴訟活用権を確実にする観点からは望ましい」ためである。また、各「訴訟類型は、その役割や形式において重複し得る」が、「国民に対して具体的場面に応じた豊富な選択肢を提供する趣旨」によるものとし、さらに次のように付言している。「訴訟類型を整備することで、訴訟類型間の選択に伴うリスクを原告に負わせることは厳に避けねばならない。そこで、民事訴訟も含めて、訴えの変更を柔軟に認めるとともに、裁判所においても、当事者の主張に拘束されず、原告に

---

15)　日弁連ウェブサイトおよび日本弁護士連合会編『使える行政訴訟へ——「是正訴訟」の提案』（日本評論社、2003年）191頁以下。

16)　なお、行政訴訟の提起は、「行政上の意思決定の効力を争点としまたは効力の発現を差止め、変更を求める民事訴訟」の提起を妨げない（日弁連編・前掲注15）192頁）

最も有利な形の判決類型（指令判決、差戻判決等）を選択することができるようにする」と。

これを図式的に示せば、国民の「訴訟活用権」保障＝当該国民の意図に合致し最も利益になる訴訟類型の選択を可能とする制度⇒訴訟類型の拡大・豊富化⇒それに伴う選択リスクの増大⇒リスクへの対応措置（柔軟な訴え変更の容認・裁判所の判決類型選択権）、といったものになろうか（なお、二本柱構成への言及は見られないが、本文にあるように、「現行の類型に加えて」と述べていることに照らすと、おそらくその枠組み自体は維持することを前提としているように思われる）。

(2) 2003年「行政訴訟法（案）」

(a) 行訴法を全面改正する新法（全71箇条）の形で示された日弁連の2003年3月13日付け「行政訴訟法（案）」（以下、「法案」ともいう）では、前年の要綱案から一転して、訴訟類型の「一本化」が提案されている[17]。すなわち、「この法律において行政訴訟とは、是正訴訟、民衆訴訟及び機関訴訟をいう」（2条）とされ、いわゆる主観（的）訴訟としては「是正訴訟」なる訴訟類型だけが定められており、法案に付された「説明」を見ると、「当事者訴訟は廃止する」と記されている。また、法案3条1項において、「行政決定の違法は、民事訴訟においてもこれを争点とすることができる」とされ、これには「公定力の概念」も「廃止」したとの説明が付されている。

この是正訴訟は、「行政決定の違法の確認を求める訴訟及びその是正のための作為又は不作為を求める訴訟をいう」（法案7条1項）が、その意味について、①「是正訴訟においては行政決定の違法確認が本則となる。違法な行政決定は最初から最後まで無効であり、それを確認することが是正訴訟の基礎」であること、そして、②是正訴訟は「形成訴訟」ではなく、「違法確認に付加して具体的な給付判決がなされることになる」と、「説明」されている。なお、ここでいう「行政決定」とは、「行政機関等の行う行政処分」のみならず、行政機関等の行う「行政立法、行政計画、行政契約、行政指導、事実行為を含むあらゆる行政作用」を指す（6条2号）、極めて広い意味をもつ概念であることに注

---

17) 北村和生「行政訴訟制度改革と訴訟類型」法律時報76巻1号（2004年）98頁は、「統一的行政訴訟型」と呼んでいる。

意を要する。

　(b)　ここで興味深いのは、行政決定の違法の確認を求める訴えなど5種類の訴えを例示する同法11条（1項＝決定の違法確認・給付・差止めの各請求など）に付された「説明」である。「是正訴訟には訴訟類型は存在しない。訴訟類型を設けることは、類型選択の負担を原告である国民に課すことになる。訴訟類型間のキャッチボールを防止する意味でも、主観訴訟としての行政訴訟は是正訴訟のみとし、必要な場合に特則（第5節以下）を置くこととした。ただ、従前の裁判所の消極姿勢に鑑み、是正訴訟の例を特に法律上明記することとした。しかし、これらに限定される趣旨ではない（第2項）」と[18]。

(3)　小括

　(a)　訴訟類型の観点からみると、要綱案が訴訟類型の拡大（ただし、二本柱構造の維持については、明確でない）を図っているのに対し、法案は、是正訴訟のみで（行政訴訟類型の一本化〔ただし、民衆訴訟・機関訴訟は除く〕）、それ以上詳細な訴訟類型を用意しておらず、両者は正反対の方向を向いているごとくである。日弁連の改革構想は、2004年行訴法改正における《訴訟類型の多様化・活性化路線》と基本的に発想を同じくする当初の《訴訟類型の拡大・豊富化》方針を捨てたのであろうか。

　もっとも、法案については、他方で「救済方法のメニュー」の多様化・豊富化を実現する第一の仕掛けが「是正訴訟の制度化」であるともいわれていること[19]に注目する必要がある。そして、このような指摘を念頭において改めて法案を見直すと、「判決類型」について定める第41条（1号～8号。しかも、8号は「その他紛争解決に適切な形式の判決」となっている）の存在および各判決形式とその要件について定める一連の「判決」に関する規定（義務付け判決・指令判決・差戻判決・差止判決・不作為の違法確認判決・違法宣言判決・結果除去判決・事情判決〔45条～51条〕）が目をひく。しかも、興味深いことに、法案41条の「説明」は、「是正訴訟においては、判決類型のみが存在し、様々な救済方法が用意されている」と簡潔に述べているのである[20]。

---

18)　以上、法案の内容と「説明」については、日弁連編・前掲注15) 149頁以下。
19)　日弁連編・前掲注15) 72頁〔松倉佳紀〕。

(b)　要綱案の記述にもうかがえるように、通常、個別の「訴訟類型」は、請求の趣旨（請求内容＝判決内容）を特定する機能を期待されているから、訴訟類型と判決類型とは表裏一体の関係にある。では、法案における判決類型は、訴訟類型とどこが異なるのであろうか。「請求の趣旨の特定」について定める法案22条は、「是正訴訟においては、是正を求める行政決定を特定すれば足り、求める判決類型を特定することを要しない」とし（1項）、その上で、「前項の場合において、裁判所は、訴訟係属中、原告の申立てにより、適切な判決類型を特定することができる」こと（2項）、さらに、当該特定についても、原告は、訴訟係属中、「求める判決類型を自由に変更」できる旨（3項）定めている。これによると、訴え提起時に判決類型を特定することが禁じられているわけではないから、訴え提起時から判決類型が特定されている場合も想定され、その場合には、実質上、訴訟類型の選択に（少なくとも）近似することになろう。そうすると、訴訟類型にあらざる判決類型なるものの独自性は、特定される実体というより、いわば「引き延ばし・あと決め」ができるという手続的な点に見出されることになるのではないかと思われる。

　(c)　以上、要するに、法案においても「訴訟類型」の変形とも言うべき「判決類型」について見れば、その《多様化・豊富化》が指向されていることとなり、その意味では、法案も「要綱案」の延長線上にあるともいえよう。あと決めの容認は、「多様化」に伴う「類型選択の負担を原告に課してしまうのを避ける趣旨」に出たものであり、同様な趣旨から、要綱案が設けていた選択リスクの増大への対応措置（柔軟な訴え変更の容認および裁判所の判決類型選択権）をいわば先鋭化する構想とも評することができよう。もとより、このような制度構想に対しては、「いったいどの時点で出口〔判決類型―稲葉〕を特定するのだろうか」とか、「入口が一つ〔是正訴訟だけ―稲葉〕で本当にいいのか」といった疑問が投げかけられており[21]、なお検討を要する点もあるが、訴訟類型（論）の

---

20)　日弁連編・前掲注15) 172-176頁。
21)　日弁連編・前掲注15) 124-125頁〔小早川光郎発言〕。さらに、交告尚史「訴訟類型と判決態様」ジュリスト1263号〔2004年〕55頁は、「行政処分という行為形式と取消訴訟という訴訟類型との間に存する連関をこんなにも大胆に断ち切ることがはたして今の段階で適切なのか」との疑問を提示している。これは、是正訴訟の判決類型として「取消判決」が明記されておらず、是正訴訟＝確認訴訟（＋給付訴訟？）と見られる点に関わる問題である。

観点から見た制度のあり方として、あり得べき構想と評することができよう。[22]

2　浜川教授の改革案
(1)　訴訟類型改革の必要性

　浜川教授も、2004年行訴法本格改正に至る過程において、訴訟類型論の視点から見ても興味深い改革案を提案している。同教授は、司法制度改革審議会の「最終報告」に向けた「集中審議」が行われている時期に「行政訴訟改革に」ついて論じる中で、「訴訟類型改革の必要性」を次のように説いている[23]。行訴法の「最大の特色」であり、「判例の柔軟な展開を妨げる行政優位のドグマの根拠」となっているのが「行政事件訴訟の排他的管轄の制度」であり、それには、「処分に関する抗告訴訟」の民事訴訟・当事者訴訟に対する排他性と、当事者訴訟の民事訴訟に対する排他性とがある。これに対し、「訴訟類型の柔軟化」と「取消訴訟（抗告訴訟）を補完的な訴訟類型の地位に置」くことによって、民事訴訟で「実績をあげてきたはずの本来の裁判機能を取り戻すことが必要である」と。

　そのため、より具体的には、①当事者訴訟の廃止、②一部の法令が認めているにとどまる「処分に対する給付の訴え（または確認の訴え）を、租税・社会保障等の分野の個別法改正によって大幅に拡大」し、民事訴訟──当事者訴訟の廃止を前提──として認める、③行訴法3条の「抗告訴訟の定義部分を削除」し、民訴法上の給付・確認の訴え以外の「処分に関して便宜な特別の訴訟手続を法定する趣旨」で取消訴訟・無効等確認訴訟・不作為違法確認訴訟を同条に定める、④「処分の作為・不作為の命令」を求める訴えは、「処分権限（義務）の存否を争う……現在の法律関係に関する訴えの一種」とも見ることができ、民事訴訟とした上で、行訴法に「若干の準用規定を定める」、などといった提案

---

[22]　曽和俊文「権利と救済（レメディ）」阿部古稀569頁は、日弁連・是正訴訟案について、「侵害される権利利益の性質に応じて適切な救済（レメディ）を裁判所が与えることを可能とするもの」として「極めて魅力的な提案」と評している。また、横田明美『義務付け訴訟の機能』（弘文堂、2017年）275頁は、「日弁連法案が目指した」のは、「救済内容の特定責任」を「全て原告に負わせる」のではなく、「裁判所（と行政）にも分担させること」であり、「一つの訴訟類型に複数の判決態様を結びつける」という手法には疑問があるものの、「その思想」自体は解釈論・立法論上の検討課題たり得る、としている。

[23]　浜川清「行政訴訟改革について」法律時報73巻7号（2001年）63頁、66-67頁。

がなされている。

(2)「新行政事件訴訟特例法」の提案

浜川教授は、上記の構想を更に進めて「新行政事件訴訟特例法」(以下、「新行特法」とする)の「すすめ」を説くにいたる[24]。

(a) まず、「行政訴訟制度改革の基本方向」を示す。立法(政策)論としての訴訟要件(処分性・原告適格)緩和論は、「行政訴訟の権利救済のための裁判として民事訴訟と共通する本質を曖昧」にし、訴訟類型の拡大論(無名抗告訴訟の法定訴訟化など)は、行政訴訟の「民事訴訟との異質性を固定化し、処分に対する訴訟選択を複雑にしかねない」と述べて、他の改革論に対する疑問を語る。そして、行政訴訟の機能不全について、「裁判所における『民訴法的思考』による行政訴訟の運用に原因があるとの認識」が背景にあることを指摘し、これに真っ向から異を唱える。むしろ「市民間紛争の解決や刑事裁判を司法権本来の職務と考え、行政権と相対する行政訴訟において逡巡する裁判所の姿勢に遠因」があるのではないか、と。そこで、「行政訴訟を活性化するには、おおかたの意見とは全く逆に、行政に対する国民の裁判をより民事訴訟的にするのが効果的と考えている」として、改革の基本方向を明らかにするのである。これを訴訟類型論の角度から見ると、「権利義務の存否に置き換えることができる事件については、裁判官にとって不慣れな取消訴訟ではなく、民事訴訟としての確認・給付訴訟の提起を認める」べきである、ということになる(以上、104頁)。

(b) 「新行政事件訴訟特例法」構想の概要

(ア) 「理論的・分類的訴訟類型概念」(抗告訴訟・当事者訴訟・民衆訴訟・機関訴訟)の廃止。総論的には、「実益に乏しく学説・判例の固定化をもたらす」ものであることが廃止理由としてあげられている。そのうち、抗告訴訟については、いわゆる「処分に関する排他的管轄の根拠となり、民事訴訟の提起を妨げる」ことが、また、当事者訴訟については、「長らくその存在理由に疑問が示されてきた」ことがより具体的な理由とされている(106頁)。

---

[24] 浜川清「司法裁判制度下の行政訴訟改革」法律時報76巻1号(2004年)103-107頁。以下、この節での本論文からの引用は、本文中にページ数のみで示す。

(イ)　そこで、新行特法には、「処分に関する一般的な形成訴訟として取消訴訟の定めを置く」こととし、無効等確認訴訟は、「出訴期間経過後の取消訴訟として」後者に準じて扱う（存置する）が、不作為違法確認訴訟は「廃止し、民事訴訟による」こととなる。

　実体法上、行政庁に行政処分権限が与えられている場合、「処分の作為・不作為という行政庁の第一次判断が争訟の成立にとって不可欠」といえるが、当該判断を「直接攻撃させるか」それとも「直接権利義務関係を争わせるかは立法政策の問題」である。しかし、「行政庁に裁量判断が認められている場合」（裁判所の法適用による権利義務の確定ができない）、「事実上に権利利益が侵害される者」が争う場合（処分による法的地位の変動がない）など、取消訴訟（のみ）が可能・有効な訴訟となるケースもあるため、「民事訴訟の特別手続」として、取消訴訟が存置されるというわけである。他方、取消訴訟が「常に効果的」ともいえないため、他の訴訟（民訴法に基づく「給付・確認等の訴え」）も「妨げられない」とされており、その意味では、取消訴訟は、「処分に関する選択可能な訴訟手続」と位置づけられることになる（106頁）。

　(ウ)　当事者訴訟の民事訴訟化。行訴法における「公法上の当事者訴訟に関する規定を削除し、当事者訴訟を民事訴訟に吸収する」としている（106頁）。前述したように、旧行特法（昭和23年法律81号）は、「行政庁の違法な処分の取消又は変更に係る訴訟その他公法上の権利関係に関する訴訟」を対象としており、前者が理論上の「抗告訴訟」に当たり、後者は「主としては……当事者訴訟を指す」とされていた[25]のと比較すると、「行政訴訟をあらためて民事訴訟の特別手続（特例）と位置づけることにより、行政事件における一般民事訴訟の許容性を拡張し、行政事件独自の訴訟類型を必要最小限に縮小する」ことを目指す浜川教授の新行特法案は、より限定的な「特例」法の構想になっているといえよう[26]。

---

25)　田中二郎『行政法講義案・上巻・第二分冊』（有斐閣、1949年）159頁。また、雄川一郎「行政事件訴訟特例法」同・『行政争訟の理論』（有斐閣、1986年）87-88頁〔初出は、1948年〕、中川・前掲注5）行政法研究11頁参照。
26)　形式的当事者訴訟・行政立法解釈訴訟・団体訴訟についても言及しているが、ここでは割愛する。

(3) 小括

(a) 日弁連・是正訴訟案と浜川・新行特法案とを訴訟類型論の観点から比較対照すると、次のような異同に気づく。

一方では、現行行訴法の抗告訴訟・当事者訴訟「二本柱」構造を解体し、抗告訴訟概念を放逐すると共に、当事者訴訟を廃止（日弁連案では、是正訴訟への吸収と民事訴訟化、浜川案では、民事訴訟化）するとしている点において、共通性が顕著である。また、これらの訴訟類型に認められる「排他性」を、新たな行政訴訟類型（是正訴訟および浜川案における「取消訴訟」）には認めないという点も同様である。すなわち、両案においては、基本的に《民事訴訟の選択も可能な》行政訴訟が想定されている[27]（ただし、取消訴訟〔出訴期間あり〕、または出訴期間が設けられた場合の是正訴訟に関して、出訴期間経過後の民訴提起をも容認する趣旨か、必ずしも明確ではない[28]）。

しかし、他面、両案の対比からは、相違点も目立つように思われる。そのことは、「行政訴訟法」（日弁連案）・「（新）行政事件訴訟特例法」（浜川教授）という新法案の名称にも垣間見ることができる。後者の新行特法案が、「特例」を最小限（基本的に、狭義の「処分」を対象とする取消訴訟〔および準取消訴訟としての無効等確認訴訟〕のみ）に絞り込んだ民訴特別法の構想であるのに対し、前者は、極めて広範囲にわたる「行政作用」を意味する「行政決定」を対象とし、多種・多様な「判決類型」に即応可能な（超）包括的訴訟類型ともいうべき「是正訴訟」を中核とする——全71箇条から成る——相当（少なくとも現行行訴法以上）の自足性を備えた新法構想となっている。

これを訴訟類型論の観点から見ると、浜川案は、基本的に行政（事件）訴訟＝取消訴訟の「単品」主義なのに対し、日弁連案では、「救済方法のメニュー」の多様化・豊富化、言い換えれば、実質上、「訴訟類型」（法文上は、その変形ともいうべき「判決類型」）の多様化が目指されている、といえよう。

(b) 以上、2004年行訴法改正とほぼ同時期に提示された2つの興味深い改革構想をとりあげて、訴訟類型論（二本柱構造の解体、「抗告訴訟」類型の排斥）の

---

27) 日弁連案について、好意的に言及するものとして、興津征雄『違法是正と判決効』（弘文堂、2010年）333頁、344頁参照。
28) 日弁連案につき、日弁連編・前掲注15) 151頁参照。

視点を中心に考察を加えてきた。そこで、この分析を踏まえ、同年改正後の行訴法を素材として、訴訟類型の設定・整備・選択等に関する問題を改めて考えてみることにしたい。

三　行政訴訟類型の法定化と多様化——若干の考察

1　法定化の目的と意義
(1) 訴訟類型の整備
　塩野博士は、行訴法の特色のひとつとして、「訴訟類型の提示」ないし「整備」をあげ、「行政事件訴訟法は、民事訴訟法と異なった訴訟類型を掲げて、これについての適用法規を明確にするという主義をとっている」との説明を行うとともに、「訴訟類型の整備は、日本の行政訴訟制度改革史を一貫する主要論点であった」という歴史的な認識をも示している[29]。[30]

　明治憲法下の行政裁判法（明治 23 年法律 48 号）には訴訟類型に関する明文規定はなく（ただし、「行政訴訟」という一種の（包括的）訴訟類型をあらわすともいえる文言は、条文中に散見された[31]）、日本国憲法下に至って最初の行政訴訟に関する一般規定といえる「日本国憲法の施行に伴う民事訴訟法の応急的措置に関する法律」（昭和 22 年法律 75 号）8 条において「行政処分の取消し又は変更を求める訴え」が法定されたのち、既述のように、行特法（1 条）にいたり、これに「その他公法上の権利関係に関する訴訟」という文言が加わった。そして、前述した（一 1 参照）行訴法（1962 年制定・2004 年改正）の時代となり、ついには、その「特色」として「訴訟類型の整備」が語られることになったわけである。

(2) 法定化の目的
　杉本良吉『行政事件訴訟法の解説』（法曹会、1963 年）によれば、訴訟類型を

---

29)　塩野・前掲注 2) 80 頁。
30)　塩野宏「行政事件訴訟法改正と行政法学」同・前掲注 14) 262 頁〔初出は、2004 年〕。
31)　美濃部達吉『行政裁判法』（千倉書房、1929 年）によれば、それは「行政裁判所の裁判に属する訴訟」を意味し（39 頁）、「性質上」は「民事事件に属するもの」も含み得る概念であり（38 頁）、《行政事件に関する裁判を求める手続》という理論上の意味での「行政訴訟」概念（18 頁）とは異なるものであった。

提示する条項を含む行訴法第1章・総則（1条～7条）は、「二つの基本的事項を規定」している。そのうちのひとつが、「行政事件訴訟の諸類型を網羅的に掲げて、本法の適用される行政事件訴訟の範囲を明らかにするとともに、それぞれの類型の訴訟に定義規定を設けていること」である。訴訟類型論の観点からこれを敷衍すると、「第2章以下の規定によって、それぞれの訴訟に適用又は準用される規定の範囲をできるだけ明確にするため、まず、本章〔第1章—稲葉〕において、行政事件訴訟を類型化して、それぞれについて定義を与えている」というのである（以上、5頁）。これが、上記塩野博士のいう《法律（行訴法）による訴訟類型の整備と提示（本章にいう「法定化」）を通じての適用法規（訴訟要件・審理手続・判決効などに関する規定）の明確化》の意味するところであろう[32]。しかし、訴訟類型の法定化を進める意義は、この点にとどまるのであろうか。

(3) 法定化の必要性

民事訴訟について、学説は一般に、複数の分類基準を示し、その基準に即した訴えの「種類」ないし「型」・「類型」をあげているが、そのうち請求（判決）内容を基準とした分類として、周知の《給付・確認・形成》の3区分があることについては、先にも言及した[33]。しかし、民事訴訟法（平成8年法律109号）は、この3種類の訴えを、上記の抗告訴訟の場合のように法定化（具体的に列挙）しておらず、わずかに個別の規定にその片鱗を見せるにとどまっている（民訴法134条〔確認〕・135条〔給付〕、人事訴訟法2条〔形成〕など）。敢えていえば、このような「訴えの3類型」（区分）を自明の前提としているということになろう。

これに対して、行政訴訟について、法定化の要請ないし必要性の問題をそもそも論として考えるならば、法定化が求められるケースについて、試論的に、①形成訴訟を創設する場合、②一般法ないしそれに準ずる法（民事訴訟法）の特例を定める場合、③憲法の要請を充足しなければならない場合、④その他の理由による場合（適用法規の明確化など）といった区分・整理ができるように思

---

32) なお、大貫裕之「行政訴訟類型と今後の課題」ジュリスト1310号（2006年）25頁参照。
33) 中野ほか・前掲注10) 30頁以下、伊藤・前掲注11) 158頁、新堂幸司『新民事訴訟法〔第5版〕』（弘文堂、2011年）203頁参照。

われる。もとより、行特法における取消訴訟の規定のように、複数のカテゴリー（①②④か）に該当するものもある。[34]

(4) 雄川博士の所論

ところで、雄川博士は、行訴法の立案に当たっての「主要な問題」のひとつとして、「行政事件訴訟の種類・態様を明らかにし、またそれぞれのよるべき規律を明確にする」こと、換言すると、「行政事件訴訟のあるべき諸型態を、当時までの学説及び判例の展開を踏まえてできるだけ明らかにすること」という「課題」があったと述べている。[35] この論述は、さし当たり上記の（杉本・塩野）見解と同趣旨のものとも理解できようが、雄川博士は、それにとどまらず、「行政訴訟の類型を法定することは、わが国法において、そもそもどのような意義をもつものとして考えるべきであろうか」という本質的な問いを発している。そして、実際上やむを得なかったとの留保を付しつつも、「行政事件訴訟特例法は、この行政訴訟類型の問題については充分に吟味することなく立法された」との認識を示しているのである。[36] では、先の問いに対して、雄川博士はどのような回答を用意していたのであろうか。以下に引用しておこう。[37]

「「法律上の争訟」＝裁判を受ける権利の保障という要請のなかった旧憲法の時代と異なり、「日本国憲法の下に」においては「あり得べき行政訴訟の形態を自由に定め得るものではなく、主観的には裁判を受ける権利の、客観的には司法権の権限の範囲に入るものであれば、訴訟として成立することを否定できないのである。したがって立法者としては、訴訟の形態を制限するのではなく、このあり得べき訴訟に適当な形態を与え、これを体系的に整理することがその任務となるのである」（下線は、稲葉）。

もとより、行政絡みの法律上の争訟のすべてを「行政訴訟の形態」で受け止

---

34) ちなみに、興津・前掲注27）346頁は「立法による明文の授権」によって、「その立法に反しない限り、裁判官が直接憲法違反〔権力分立・司法権の限界など―稲葉〕の疑いをかけられる恐れを気にせず権限を行使できることになる」という利点を、「救済メニューの多様化」の効用としてあげているが、むしろ法定化の成果というべきではないかと思われる。
35) 雄川一郎「行政訴訟の形態」同・前掲注25）238頁〔初出は、1973年〕。
36) 雄川・前掲注25）239頁。
37) 雄川・前掲注25）241頁。

めなければならないものではないが（民事訴訟の可能性）、その点は自明のこととされていると思われ、きわめて重要な指摘と評することができよう。

(5) 包括的抗告訴訟概念

　雄川博士も述べているとおり、「訴訟形態」に関わる行訴法立案過程の課題は、①いわゆる事前訴訟型の訴訟類型導入の適否（司法権の限界）問題[38]、および②「種々の行政訴訟の性質を体系的にどう把握するかの問題」（特に、無効確認訴訟の「取扱をめぐる問題」）であった[39]。同博士によれば、これらの問題への対応措置が「包括的な抗告訴訟の概念」の「法定」だった。すなわち、①については、「事が憲法に関する以上、遂にすべてを立法上明瞭にすることができなかった」ため、法定化は「不作為の違法確認の訴訟」までに止め、「それ以上にいかなる場合にいかなる形の訴訟があり得るか」については、新たに採用した「公権力の行使に関する不服の訴訟」という抗告訴訟の定義の「解釈運用の問題として残した」。また、②については、行訴法は「かなり思い切って理論的な構成をとった」とされているが、基本的に取消訴訟を意味する理論上の概念であった旧時の「抗告訴訟」概念を、上記（－1(1)）のような広い意味で用いることとし（概念の拡張）、「その下に各種の法定抗告訴訟ないし無名抗告訴訟を配置」することとした[40]、というのである。

　これを《訴訟類型の法定化》という観点から見ると、次のように言うことができようか。「抗告訴訟」は理論上の概念から実定法上の概念となり、「取消訴訟」・「無効確認訴訟」を包括する意味をこめた（明確な）定義を与えられた（法定化促進の側面）。しかし、そこに配置される（下位分類の）訴訟類型についていわば決めきれない部分を残さざるを得なかったという意味では、法定化は不徹底なものに終わり、いわゆる「無名抗告訴訟」の問題として、立法的解決の先送りがなされることとなった。法定化された各個別訴訟類型以外にも「必ずなんらかの抗告訴訟がある」という趣旨なら、本来、それらと並べて「最後に、

---

38) なお、「法令等の立法行為の効力を直接に争う訴訟」など「法令の効力を攻撃する訴訟」についても「研究」されたが「結局立法化されるに至らなかった」という（雄川・前掲注25）242頁）。
39) 雄川・前掲注25）242頁。後者について、南・前掲注8）67頁以下参照。
40) 以上、雄川・前掲注25）242-245頁。

その他行政庁の公権力の行使に関する不服の訴訟」と書いてしかるべきであるのに、「必ずあるともいってないし、ないともいっていないというつもり」で行訴法3条の規定ぶりになったとの説明も、このような「不徹底」ぶりを物語っているように思われる。

(6) 裁判を受ける権利の保障

では、行訴法の立法者は、裁判を受ける権利を保障するために「あり得べき訴訟に適当な形態を与える」という任務を全うしたことになるのであろうか。

(a) 大貫教授は、憲法による「実効的権利保護」の要請に触れて、次のように述べている。「現行（2004年改正前）行訴法は、行為に関する訴訟として抗告訴訟を設け、法律関係に関する訴訟として、公法上の当事者訴訟を用意している。そして、それぞれ無名抗告訴訟と実質的当事者訴訟を許容しあるいは法定することによって一応あらゆる請求を包み込めるようになっている。更に、行政訴訟の排他的管轄が及ばない限り、民事訴訟の途も開かれている。したがって、提供されている訴訟類型の選択肢は、さしあたり憲法上問題はないと思われる」と[42]。注目すべきは、「無名抗告訴訟」の「許容」が、「あらゆる請求を包み込める」といえるための前提となっている点である。

(b) 「国民は、『法律上の争訟』の存在が認められる限りで、行政訴訟の提起を憲法によって保障され」ており、しかも、その際「包括的で実効的な権利保護」が要請されているとする村上裕章教授も、行訴法の立法者が「『法定外抗告訴訟』ないし『無名抗告訴訟』を否定する趣旨ではない」ことを前提に、現行法（2004年行訴法改正前）の定める「訴訟形式」について、「形式的には一応すべての領域を網羅していると見ることができる」との評価を下している[43]。

(c) このように、2004年改正前の行訴法による訴訟類型の整備は、法定化の及ばなかった部分（無名抗告訴訟の余地）をも不可欠の要素とすることによって、

---

41) 位野木益雄＝白石健三＝渡部吉隆＝雄川一郎＝園部逸夫「（研究会）行政訴訟の実務と理論」ジュリスト527号（1973年）26-27頁〔雄川発言〕。
42) 大貫裕之「行政訴訟による国民の"権利保護"」公法研究59号（1997年）206頁。ただし、「訴訟類型の選択の困難さ」のため、「出訴機会の実効的保障」の点からは問題ありとしている。
43) 村上裕章「憲法と行政訴訟」同『行政訴訟の基礎理論』（有斐閣、2007年）33頁〔初出は、1995年〕。

かろうじて憲法の要請を充たしうるという皮肉な状況にあったといえよう。そうであるとすれば、少なくとも、この法定化が及ばなかった部分をも含めて「抗告訴訟の排他的管轄」を語ることは、特例規定のあり方として、きわめて問題があったと言わざるを得ない。適法な訴訟類型として認められるか認められないか分からないものを「特例」扱いすることによって、他の訴訟類型（民事訴訟・当事者訴訟）の利用の途を塞ぐことになりかねないからである。

実際、周知のように、義務付け訴訟・差止め訴訟といった事前救済型訴訟をめぐる判例の対応は、極めて消極的であり、「義務付け訴訟を明示的に許容しない」行訴法が、「憲法32条の問題」を抱えているという「認識」すらないといった批判を受けることとなった。上記の村上教授の所論の主旨も、憲法の要請に照らして、行訴法と「判例によるその解釈」に義務付け訴訟・予防訴訟・行為形式の多様化対応などの課題をめぐって多くの問題点があることを明らかにし、法改正の方向を示唆する点にあったのである。

2004年の行訴法改正によって、義務付け訴訟（申請型・非申請型）と差止め訴訟が法定化された。以上のような文脈で受けとめるならば——その実効性を前提として——憲法の要請に応える訴訟類型の整備を図ったものとの評価が可能であろう。

2　訴訟類型の多様化
(1)　多様化の意義

すでに触れたように、2004年行訴法改正の意義として、通常、「救済方法の多様化」があげられており、それはまた、日弁連における当初の行政訴訟制度改革案である「行政訴訟改革要綱案」（2002年11月29日）が目指した方向（訴訟類型の拡大・豊富化）であり、変則的ながら、日弁連「法案」においても実質的な狙いとされていた（「救済方法のメニュー」の多様化）ものであったように思われる（二1）。

---

44)　阿部泰隆「行政訴訟からみた憲法の権利保障」ジュリスト1076号（1995年）26頁。
45)　村上・前掲注43) 33-37頁、50頁。
46)　もっとも、市村陽典「訴訟類型」園部逸夫＝芝池義一『行政事件訴訟法の理論と実務』（ぎょうせい、2006年）37頁は、「救済の範囲」の「拡大」を説くにとどまっている。

塩野博士は、この 2004 年改正による「義務付け訴訟、差止訴訟」の「法定化」に触れて、次のように述べている。「これは訴訟類型の整備という悲願の一里塚がやっと二里ぐらいまでできたという話になるのかもしれ」ないが、「訴訟類型の整備それ自体を目的とした」のではなく、確認訴訟の「明確化」も含め、むしろ「取消訴訟中心主義からの脱却がねらい」であり、「その結果、これが救済の多様化となり、さらには抗告訴訟概念の空洞化をもたらしたのではないかというのが私の分析です」と[47]。

　ここには、訴訟類型の多様化が持ち得る重要な側面が示唆されているといえよう。すなわち、多様化が、実質的に「使える」選択肢の豊富化を意味するとすれば、「その現実的効果は、類型相互の相対化」[48]をもたらす方向に働き、既存の訴訟類型の比重を相対的に弱めることになるということであろう。また、法定化・多様化が抗告訴訟の下位類型で進行するということは、その固有の存在意義ともいえる「無名抗告訴訟の余地」(抗告訴訟の非法定化部分)を狭め、ついにはその見直しをせまらずにはおかないからである。

(2) 多様化の消極面

　他方、訴訟類型の多様化のマイナス面を指摘する見解も少なくない。行政訴訟に関する「訴訟類型の拡大論」に対して、民事訴訟とは異質の取扱を固定化し、「処分に対する訴訟選択を複雑にしかねない」との批判を加える既述の浜川教授の見解(ニ2)がそれであるが、是正訴訟への一元化を提案する日弁連「法案」のみならず、《訴訟類型の拡大・豊富化》を目指した日弁連「要綱案」においても、多様化に伴う《訴訟類型選択リスク・負担の増大》への危惧が示されていた(ニ1)。おそらく、「訴訟類型を細かく決めると、その選択は原告の負担」とされ、「裁判所から見て不適切な訴訟類型を選択したことになれば訴えは却下される。往々にして訴訟類型間のキャッチボールが起きる」のであるとの指摘[49]が、代表的なものといえよう[50]。

---

47) 塩野・前掲注14) 291 頁。
48) 塩野・前掲注30) 271 頁。
49) 阿部泰隆「行政訴訟制度改革の一視点」ジュリスト 1218 号 70 頁〔2002 年〕。
50) なお、同様な指摘を行うものとして、北村・前掲注17) 99 頁がある。

市村判事は、2004年行訴法本格改正による「新たな訴訟類型の新設に至る経緯」に触れて、改革に向けて実質的論議の場となった行政訴訟検討会の初期段階における状況を次のように説明している。裁判所に「活用」させるためには訴訟類型の「法定」が必要であるから、「これまでで不十分なものについては、新たな救済方法としての訴訟類型を設けるべきであるという意見」が主張される一方で、「訴訟類型を増やして複雑化する」と逆に使いにくくなるという指摘や、「訴訟類型を増やすことは、法定された類型以外の救済方法を否定する理由ともなりかねない」とする「意見も有力」だった、と[51]。いわば、法定化（による多様化）が持ち得る一種の「ジレンマ」を示唆するものといえよう。

(3) 訴訟類型選択リスクへの対応策

では、この問題にどのように対処すべきであろうか。目についた見解・試みを一瞥してみたい。

(a) 浜川教授の改革構想は、《民事訴訟とその「特別手続」としての取消訴訟（等）》という至ってシンプルなものになっており、この問題への解答という面をも有するものと思われる（民事訴訟原則主義による行政訴訟の多様化回避）。

(b) 北村教授も、「訴訟形式選択のリスク」を避け、「国民の権利救済に資するためには、できるだけ単純な制度を志向すべきとも考えることができる」としつつ、仮に「訴訟形式の細分化」方針をとるのであれば、「訴訟形式の選択を誤った場合の救済制度の創設を別途図るべき」と述べる。ただし、具体例としては、「教示制度の充実」をあげるにとどまっているようである[52]。

(c) 他方、日弁連の改革構想は、やや複雑である。先に見たように、当初の「要綱案」では、訴訟類型の拡大を目指すと共に、それによって《訴訟類型間の選択リスク》が増大するものと考え、それへの対処策として、訴訟変更の柔軟化や裁判所の職権的な判決類型選択権を認めるといった措置を講じるというものであった（訴訟手続レベルでの対処）。しかし、「法案」に至ると、訴訟類型を設けることが「類型選択の負担」を原告国民に課すことになるとして、行政

---

51) 市村・前掲注46) 29頁。ちなみに、同検討会の第8回（2002年10月21日）議事録〔首相官邸ウェブサイト〕も参照。
52) 北村・前掲注17) 99頁。

訴訟（客観訴訟を除く）を「是正訴訟」に一本化するという方針を打ち出す。単一の訴訟類型しかなければ、選択リスクも生じようがないから、いわば究極のリスク発生回避策ともいえよう。もっとも、先に見たように（二1(3)）、法案にあっても、訴訟類型の一面を持つともいえる「判決類型」の多様化が目指され、その「特定」問題が解消されたわけではない。このような観点からは、「訴訟係属中」の特定と自由な変更という形で、いわば、類型選択の「引き延ばし・あと決め」を容認するという工夫に、訴訟手続レベルでの対処策の特色を見出すことができることとなろう。

(d) これに対して、阿部泰隆博士の見解には、似て非なるものがある。博士は、「公法上の当事者訴訟制度」・「公権力概念、第一次的判断権、公定力を〔いわば、過去の遺物として―稲葉〕廃止すべきである」とするが、民事訴訟とは別個の行政訴訟の必要性自体は積極的に認め、行政訴訟を「行政活動と紛争の多様性に応じたものに組み替えるべきである」と述べている。また、民訴との関係では、「行政法規適合性を争う訴訟は、行政訴訟を整備した上で、原則として行政訴訟のルートに載せるべき」とし、さらに加えて民訴と行訴との「併合提起」を認めている。以上の点からすると、二本柱構造を排した上での《多様化》路線と言えないことはないが、日弁連・是正訴訟案のように「一本化」を図るものではない。

以上を前提として、阿部博士は、「訴訟相互の調整」につき、次のように述べている。「原告は、どのような行政活動によりどのような不利益を受けているかを示して、その除去・是正を求めれば、裁判所は審理の結果、原告に最も有利な解決策をとることとすればよい。要するに、請求の趣旨の細目は、入り口でなく出口として、最後に裁判所が当事者と対話して判断すべきである」[54]と。このアイデアは、日弁連の2つの改革構想の公表以前、したがって、法案の立案作業以前に発表されたものであり[55]、法案は、この阿部博士の創見に多くを負

---

[53] 阿部泰隆「行政訴訟の新しいしくみの提案」自由と正義53巻8号（2002年）15-16頁。行政訴訟の具体例として、「申請に対する給付処分を求める訴え」・「不利益処分の発給を求める第三者の訴え」〔民訴と称する実益はないとする〕・「行政指導の違法確認・除去を求める訴え」〔民訴か行訴か「詮索する必要はない」とする〕・「地域住民を保護しない法律の遵守確保手段」としての「団体訴訟」などがあげられており、さらに「計画に対する訴えの創設」も提案されている。

[54] 阿部・前掲注53) 20頁。

うものと推測される。ただし、阿部博士は、「訴訟」相互間の調整を「出口」段階で「請求の趣旨の細目」を確定（特定）することによって行うべきと考えているように解され、少なくとも当時においては、法案のように《訴訟類型と判決類型との分離構想》までをも説こうとするものではなかったように思われる。

四　おわりに

　現行行訴法下において行政訴訟の訴訟類型とされてきた抗告訴訟は、これからどこへ向かうのであろうか。

　(a)　2004年行訴法改正は、抗告訴訟と当事者訴訟の二本柱構造を維持した上で、それぞれの強化（前者の法定化・多様化と後者の活性化）をはかったように見える。また、法定化と多様化が進んだとしても、「これまで想定されてきたその他の法定外抗告訴訟が許容される余地がなくなったと解する理由はない」との指摘もされている。従前から法定外（無名）抗告訴訟に期待されていた《法律上の争訟の補完的＝最後の受け皿》としての役割は、2004年改正によっても、なお失われていないということであろうか。

---

55)　阿部論文は、2002年5月20日開催の第4回行政訴訟検討会に提出された「説明資料」である阿部泰隆「行政訴訟の新しいしくみの提案――行政訴訟検討会報告」を元にしている（阿部泰隆『行政法再入門・下』（信山社、第2版、2016年）105頁）。なお、横田・前掲注22）271頁参照。

56)　上記行政訴訟検討会報告では、「訴訟相互の調整」と題する項目において、「訴訟類型・請求の趣旨の正確な判定は最後に」と述べ、「請求の趣旨の決定」の問題として、次のように論じている。「原告はどのような行政活動によりどのような不利益を受けているかを示してその除去・是正を求めれば、裁判所は審理の結果、原告にもっとも有利な解決策を取ることとすればよい。要するに、請求の趣旨の細目は、入口でなく、出口として、最後に裁判所が当事者と対話して判断すべきである」と（25～26頁）。

　　ただし、阿部・前掲注55）再入門105頁では、その提唱にかかる「違法是正訴訟」案においては、「訴訟類型は違法是正訴訟一本」であり、裁判所は、「先に」違法の有無について判断し、「違法の可能性があれば……当事者の意見を聞いて……判決類型を探求する」としている（同書360頁も参照）。

57)　曽和・阿部古稀566頁は、同改正について、「行政法関係における国民の権利利益の多様性に対応した救済制度を整備」したものと評価する。

58)　市村・前掲注46）37～38頁。例として、行政庁が有する特定範囲の規制権限に係る不行使の違法確認訴訟があげられている。

59)　小早川『行政法下Ⅲ』（弘文堂、2007年）302頁は、義務付け訴訟・差止訴訟の法定化によっても、「法定外抗告訴訟の問題がすべて解消したことにはならない」としつつ、「問題の意義が大幅に減少したことは否定できない」と述べている。

(b) 本章では、このような2004年行訴法改正を経たわが国行政訴訟制度の更なる展開を展望するため、仮に訴訟類型としての抗告訴訟が存在しない世界（「抗告訴訟」が取消訴訟などの個々の訴訟類型の「総称」を意味するにとどまり、訴訟手続規定の適用対象概念とならない場合も、これに準じて考えるべきであろう）を想定するとしたら、行政訴訟の類型構造についてどのような設計図を描くことになるのかという問題関心から、同法の立案作業が進められたのとほぼ同時期における「訴訟類型改革構想」のうちから二本柱構造の解体・抗告訴訟（概念）の放逐を目指す２つの改革案をとりあげた。その基底には、日弁連案に比べて看過されがちな印象を受ける浜川教授の「新行政事件訴訟特例法」構想について、正当な位置づけ・評価が行われてしかるべきであるとの思いがあった。教授の構想は、抗告訴訟・当事者訴訟ともに廃止して、基本的には民事訴訟化することとし、行政訴訟としては、「処分に関する一般的な形成訴訟」である「取消訴訟」（および「出訴期間経過後の取消訴訟」としての「無効確認訴訟」）のみを置くというものであった。しかも、取消訴訟存置の意味は、民訴では争いにくい場合があることから、より「効果的」な選択肢を提供するという点にあるため、取消訴訟の利用強制（排他性）を認めるものとはなっていない。いうまでもなく、この構想では、法律上の争訟の最後の受け皿は、民事訴訟ということになる。上に記した2004年行訴法改正の見方からすると、改正後の行訴法から最も距離のある構想ともいえようが、将来的な選択肢としてもなお意味を失っていないのではないかと思われる。

(c) もとより、これらの改革構想と同時期に、実質的に二本柱構造を維持すると思われる学説も有力に主張されたところである。代表例として、高橋滋教授の提案を見ると、①「処分性の概念を柔軟に解した上で」、その取消・無効等確認・義務付けを求める訴えから構成される訴訟類型としての「（法定）抗告訴訟」と、②「国民と行政主体（行政庁）との間の法律上の争訟であって、民事訴訟（国賠訴訟を含む）及び法定抗告訴訟に該当しないもの」を指す「包括的行政訴訟」からなる改革構想であり、「訴訟類型」の観点から「21世紀に通用する行政訴訟制度」のあり方を提案したものとされている[60]。

---

60) 以上、高橋滋「訴訟類型論」ジュリスト1234号（2002年）23頁、29-31頁。

また、①については、「出訴期間制限と利用強制を伴った訴訟制度を、行政統制を目的とする訴訟制度のなかに位置づけることが必要」であり、しかも、その際、適用対象を画する上で、「『処分』もしくはこれと同等の明確なメルクマールをもつ概念が盛り込まれる」ことが不可欠とされ、②については、「公権力の行使に関する不服」も部分的に含み（「処分・命令の実施」の差し止めなど）、「取消し・撤廃・修正・違法確認・給付」など「多様な救済のメニュー」が用意されて「権利救済の狭間を埋める役割」を果たすことが期待されている[61]。

　(d)　浜川・高橋両教授の改革構想を対比することによってすぐ気づくように、《出訴期間制限と利用強制》の仕組みを維持すべきかどうかという問題への解答次第で、行政訴訟の訴訟類型法定化の意味も違ってこよう。また、日弁連案等に接しては、「判例による法創造の余地を広く認めれば適切な解決が図られると考えるか、あるいはある程度個別の訴訟類型を提示しなければわが国の司法実務が動かないと考えるか」という北村教授の（訴訟類型の細分化の是非をめぐる）指摘が想起されるところであり[62]、問題は司法観にもわたるものであることが分かる。

　本章における検討は、諸見解を整理したにとどまり、筆者の改革構想を提示するものとはなっていない。それを今後の課題として、ひとまず筆を擱くこととしたい。

　　　　　　　　　　　　　　　（いなば・かおる　立正大学教授・東北大学名誉教授）

---

61)　以上、高橋・前掲注60) 29-30頁。
62)　北村・前掲注17) 99頁。

第2部　抗告訴訟の再検討

第6章　抗告訴訟の原告適格
―――代表的利益としての「事業遂行利益」

本多滝夫

一　問題の所在

(a)　行政事件訴訟法（以下「行訴法」という）9条2項は、「処分の相手方以外の者」の原告適格に関する判例の蓄積を踏まえて、2004年の行訴法の改正（平成16年法律第84号）によって追加された条項である。同項は、「処分の相手方以外の者」が「処分の取消を求めるにつき法律上の利益」を有するか否かを判定するための解釈指針を定めている。立案関係者の理解によれば、この条文は判例を前提としているが、判例法の固定化を目的するものではなく、事案に応じた国民の権利利益の救済を可能とするための「開かれた解釈規定」であるとされている[1]。

改正行訴法の施行後、最高裁判所は、都市計画事業認可取消請求事件（小田急高架化訴訟）・最大判平17・12・7（民集59巻10号2645頁、以下「小田急高架化訴訟最判」という）において、行訴法9条2項の適用の仕方を明らかにした。それによれば、同項が定めた解釈指針については、処分の相手方以外の者についての原告適格を基礎付ける利益であるとして判例上確立している「法律上保護された利益」の有無を判断するに当たっては同項が定めた解釈指針を用いるものとされている。

---

1)　参照、塩野宏「行政訴訟の改革の動向」法曹時報56巻3号（2004年）15頁。

(b) 小田急高架化訴訟最判では、最高裁判所は、上記の解釈指針に則って、都市計画事業認可処分の相手方以外の者である都市計画事業地周辺の住民における、当該事業の実施により生ずる騒音、振動等によって健康または生活環境にかかる著しい被害を受けない利益を「法律上保護された利益」と認定し、同様の利益を「法律上保護された利益」としては認定しなかった判例（最一判平11・11・25 判時 1698 号 66 頁）を変更した。

これに対して、自転車競技場外車券発売施設（以下「場外施設」という）の開設による交通、風紀、教育などの生活環境の悪化の被害を受けるおそれがある、開設予定地周辺の住民が、当該施設の設置許可の取消訴訟につき原告適格を有するかどうかが争点であった場外施設許可取消請求事件（サテライト大阪訴訟）・最二判平 21・10・15（民集 63 巻 8 号 1711 頁。以下「サテライト大阪訴訟最判」という）では、最高裁判所は、一方において場外施設の周辺に居住する者における生活環境の悪化の被害を受けない利益は先験的に公益に属する利益であるから「法律上保護された利益」であると認定しなかったが、他方において、「業務上の支障が具体的に生ずるおそれのある医療施設等の開設者において、健全で静穏な環境の下で円滑に業務を行うことのできる利益」を「法律上保護された利益」であると認定した。

最高裁判所は、小田急高架化訴訟最判では、原告において保護を求める利益が害される態様と程度を勘案して当該利益が「法律上保護された利益」に当たるか否かを判定したのに対し、サテライト大阪訴訟最判では、交通、風紀、教育などの生活環境上の利益は個々人の個別的利益ではないことを当然であるかのように性格付けることで、原告において保護を求める利益が害される態様と程度を勘案することなく、当該利益が「法律上保護された利益」に当たらないと判定した。その点で両判決は対照的である。

このような両判決の対照性に照らせば、行訴法 9 条 2 項の追加後も、最高裁判所は、「自己の生命、身体、自由、財産等に著しい被害を生ずる場合に、それが強いかどうかに着目したうえで、それが認められる場合に、その処分要件を定める規定についてそれを個人的利益の保護をも目的とするという法解釈上の論理操作」[2]を行っている、と最高裁判所の調査官がかつて吐露したところにしたがって、原告において保護を求める利益を「法律上保護された利益」に該

当すると認定しているといってよさそうである³⁾。

(c) 上記のような保護利益スケールが「法律上保護された利益」にかかる実質的な判定基準であるとするならば、サテライト大阪訴訟最判において「法律上保護された利益」として認定された「健全で静穏な環境の下で円滑に業務を行うことのできる利益」、とりわけ「円滑に業務を行うことのできる利益」(以下「事業遂行利益」という)とは、上記の保護利益スケールのいずれに該当するのか、が問われることになろう。

もちろん「等」の外延を拡張すれば、「事業遂行利益」は上記の保護利益スケールに含まれることになろう。支障なく事業を行うことができるという意味では「営業の自由」、すなわち「自由」に相当するといってよいかもしれない。もっとも、「営業の自由」を享受する利益は、法効果によって直接に権利利益が侵害される処分の相手方は格別として、処分の相手方以外の者においては、そのままでは「法律上保護された利益」として認定されることはない⁴⁾。「営業の自由」は、後述する通り、一般的公益を保護する法律の仕組みの中で「自由」を喪うことを通じて、「営業上の利益」に換装され、それによってはじめて「法律上保護された利益」として認定される。

そうすると、サテライト大阪訴訟最判においては、最高裁判所は、「事業遂行利益」を「営業上の利益」と同定したが故に、「法律上保護された利益」として認定したと推論することも可能であろう。

そこで、本章では、抗告訴訟における原告適格に関する判例分析の一環として、「営業上の利益」にかかる法解釈上の論理操作との対比で、同じく「営業の自由」に契機をもつ「事業遂行利益」が「法律上保護された利益」として判定される法解釈上の論理操作の特徴を明らかにするとともに、その技法の射程を検討することとしたい。

---

2) 越山安久『最高裁判所判例解説民事篇昭和53年度』(法曹会、1982年) 86頁。
3) 宇賀克也は、サテライト大阪訴訟において控訴審判決が周辺住民の原告適格を認めたにもかかわらず、最高裁判所の判決がこれを消極的に判断したことについて、「交通、風紀、教育などの生活環境上の利益の重要性に対する判断の差異が結論の差異に大きく影響していると考えられる」とし、裁判官の主観的判断の問題は回避できないと説く。参照、宇賀克也『行政法概説Ⅱ 行政救済法〔第6版〕』(有斐閣、2017年) 207頁。
4) 参照、本多滝夫「行政救済法における権利・利益」磯部力ほか編『行政法の新構想Ⅲ 行政救済法』(有斐閣、2008年) 215-216頁。

二 「営業上の利益」と「法律上保護された利益」

1 行訴法改正前の判例における「営業上の利益」

(a) 「営業上の利益」が「法律上保護された利益」であるか否かについては、競業関係にある新規参入事業者に付与された許認可等の違法性を争うために既存事業者が提訴した裁判で争点とされてきた。

行訴法の改正以前の代表的な裁判例として、質屋営業許可取消請求事件（中ノ郷質庫信用組合訴訟）・東京地判昭31・4・7（行裁例集7巻4号978頁、以下「中ノ郷質庫信用組合訴訟東京地判」という）、公衆浴場業許可無効確認請求事件（室谷湯訴訟）・最二判昭37・1・19（民集16巻1号57頁。以下「室谷湯訴訟最判」という）および幼稚園設置認可処分取消請求事件（三愛幼稚園訴訟）・東京高判昭57・3・31（行裁例集33巻3号746頁。以下「三愛幼稚園訴訟東京高判」）がある。[5]

(b) 中ノ郷質庫信用組合訴訟東京地判では、質屋営業許可の取消訴訟における競業関係にある既存事業者の原告適格の有無が判断された。東京地方裁判所は、「質屋営業の営業許可は、質屋営業が庶民金融の重要な部分を占めるものであり、又質物を取扱うのでその性質上犯罪捜査にも関係があつて、社会公共の秩序に影響があるので、一般的に自由な営業を禁じ、許可の申請によつて社会公共の秩序を及ぼす虞れのない営業者にこれを許可し、質営業を適法ならしめるもので、右許可によつて質屋営業者に独占的な利益を享受する地位を保障するものでも、一定の営業利益を保護するものでもない」、したがって、既存

---

[5] 本章で取り上げる競業関係における原告適格に関する最高裁判所の裁判例は、上村考由による小浜市訴訟に関する判例解説で取り上げられている裁判例に準拠している。参照、上村・後掲注12）154-156頁。なお、競業者の原告適格を認めた近時の裁判例として、審決取消等請求事件（JASRAC訴訟）・東京高判平25・11・1判時2206号37頁がある。同判決は、音楽著作物の放送等利用の管理事業にかかる排除措置命令取消審決の取消訴訟において、排除措置命令の名宛人と唯一の競業関係にある事業者につき原告適格を認めたものであり、最高裁判所は原告適格の判断部分について上告受理申立てを排除しているので、競業者の原告適格に関する最高裁判所の一つの考え方を示したものといえよう。しかし、同訴訟は、新規参入業者に付与された許認可等を既存事業者が争った事件ではなく、また、同判決は「営業上の利益」の有無の認定に照らして原告適格の有無を判定したものではないことに照らして、本章の分析の対象としない。なお参照、興津征雄「競争秩序と事業者の利益――JASRAC事件審決取消訴訟の原告適格論と独禁法のエンフォースメント」民商法雑誌150巻4・5号（2014年）570-573頁。

事業者が新規業者の開業によって事実上営業による利益が著しく減じたとしても、「その営業利益は法律によつて保護される利益ということはできない」として、既存事業者の原告適格を否定した。この判決の理由中の説示は、同訴訟の控訴審・東京高判昭 31・9・26（民集 13 巻 10 号 1291 頁）において是認され、さらに控訴審判決は、同訴訟の上告審・最三判昭 34・8・18（民集 13 巻 10 号 1286 頁）において原判決正当と判断されているところから、既存事業者の原告適格に関する、当時の最高裁判所の考え方を示したものといってよいであろう。この判決は、特許制の下では「営業上の利益」の保障を含む営業権が付与されるのに対し、許可制の下では許可事業者には「営業の自由」の回復を超えて、「営業上の利益」が付与されるものでないという学問上の概念である、いわゆる「公企業の特許」と「許可」との概括的範疇的二分論に基づいたものといえよう。[6]

(c) この判決と対照性をなすものが、公衆浴場業許可の無効確認訴訟において既存事業者の原告適格を認めた室谷湯訴訟最判である。最高裁判所は、公衆浴場法において適正配置規制のある許可制を採用したのは、「主として『国民保健及び環境衛生』という公共の福祉の見地から出たものであることはむろんであるが、他面、同時に、無用の競争により経営が不合理化することのないように濫立を防止することが公共の福祉のため必要であるとの見地から、被許可者を濫立による経営の不合理化から守ろうとする意図をも有するもの」であるから、「適正な許可制度の運用によつて保護せらるべき業者の営業上の利益は、単なる事実上の反射的利益というにとどまらず公衆浴場法によつて保護せられる法的利益と解する」として、既存事業者の原告適格を肯定した。

最高裁判所が室谷湯訴訟最判において既存事業者の利益を「法的利益」として認めた理由は、公衆浴場業許可が学問上の特許に当たるからといった「公企業の特許」と「許可」との概括的範疇的二分論に基づいたものではない。すなわち、この判決は、公衆浴場業の許可制の直接の法効果が「営業の自由」の回復であることを前提としつつも、営業の不合理化を招来しない程度において自由競争が制限され、その範囲において個々の公衆浴場業者に「営業上の利益」が帰属することを公衆浴場法が認めていることをもって、当該「営業上の利益」

---

[6] 参照、田中二郎『新版行政法上巻〔全訂第 2 版〕』（弘文堂、1974 年）126 頁。

を「法的利益」と認めたものといえよう。とはいえ、競争の自由の制限によって既存の公衆浴場業者に帰属する「営業上の利益」は、「事実上の反射的利益」と評価することも可能であろう。事実、同判決の奥野健一裁判官の反対意見(「競業者の出現がある程度の抑制を受け、その結果既設業者が営業上の利益を受けることがあつても、それはいわゆる反射的利益に過ぎない……。」)はそうであった。

しかし、「公衆浴場は多数の国民の日常生活に必要欠くべからざる、多分に公共性を伴う厚生施設」であって、「その濫立により、浴場経営に無用の競争を生じその経営を経済的に不合理ならしめ、ひいて浴場の衛生設備の低下等好ましからざる影響を来たすおそれなきを保し難い」といった説示に照らせば、公衆浴場業者の「営業上の利益」は、具体的な利益として公衆浴場業者に帰属するといった理由でのみ「法律上保護された利益」として認められたわけではなく、公衆浴場の衛生設備の水準等の保持を通して実現される「国民保健及び環境衛生」といった一般的公益、すなわち適正配置規定にしたがって配置された公衆浴場の利用者の利益に資するものであるが故に、「法的利益」として認められたものといえよう。これを訴訟平面に置き換えるならば、最高裁判所は、「営業上の利益」といった既存公衆浴場業者に帰属する個別的利益の存在に着眼して、衛生的な環境で入浴をする利益といった不特定多数である利用者の利益を保護する手段として、適正配置規定に違反する許可を争うことができる「特別の法的地位」を既存の公衆浴場業者に認めたものといってよいであろう。[7]

(d) 適正配置規定の有無が許認可制の下で既存事業者に「営業上の利益」を帰属させるための必要条件であることは室谷湯訴訟の各審級判決から看て取ることができる。しかし、適正配置規定が存在すれば、ただちに既存事業者に「営業上の利益」が認められるわけではない。その例を示すのが、三愛幼稚園訴訟東京高判である。この判決は、上告審である最三判昭59・12・4（集民143号263頁）において、とくに理由が示されることなく、原判決正当と判断されているところから、最高裁判所の考え方に合致したものといってよいであろう。

三愛幼稚園訴訟東京高判は、学校教育法および同法施行令・施行規則には相当する定めがないものの、文部事務次官通達や文部初等中等教育局長・管理局

---

[7] 参照、小早川光郎「抗告訴訟と法律上の利益・覚え書き」西谷剛ほか編『政策実現と行政法』（有斐閣、1998年）54頁。

長通知、さらには千葉県私立幼稚園設置認可要領にある適正配置規定について、「幼児教育を受ける機会の均等をはかるために、適切な通園可能距離を勘案した幼稚園の場所的な配置の適正が強く要請される」ために設けられたものであるところ、「幼稚園を新設することによる既設幼稚園への影響をも配慮するというのは、その主たる目的が幼児教育の機会均等を実質的にもはかろうとするところにあるのであり、既設幼稚園の設置者の利益を保護するために幼稚園の集中を排除するところにその目的があるものとは解されない」と説示する。したがって、「右のような配慮の結果、既設幼稚園の設置者において、毎年相当数の幼児を入園させることができ、幼稚園を経営する財政的な基盤の安定をはかるうえで利益を得られ、かつ、その利益が教育内容の充実と事実上つながるものであるとしても、以上の関係法令、通達・通知・行政上の運用等からは、右の利益をもって既設幼稚園の設置者に対して付与された法的利益とまでは認めることができず、右の利益は、反射的利益にとどまるものというほかはない」と判示した。

幼稚園の財政的な基盤の安定による利益が教育内容の充実につながることを認めている以上、この判決は、私立幼稚園の濫立による既存の私立幼稚園の経営の不安定化が幼児教育の内容の水準の低下を生ぜしめるおそれがあるといった機序の存在を否定するものではなかった。しかし、適正配置規定は上記の通り根拠法令にはなく、通達・通知にしか見出されず、その趣旨も通園する幼児の通園の配慮であって教育内容の水準への配慮ではなかった。そして、千葉県において地域における通園幼児数の配慮を踏まえた適正配置規定は厳格に適用されていなかった。このような適正配置規定の規範性に照らせば、かりに既存私立幼稚園の設置者における財政的な基盤の安定による利益が上記の保護利益スケールに照らせば「法的に保護された利益」として認定するに値するものであると見ても、その結論に至るための論理操作にはかなりの困難があったと思われる[8]。

したがって、「営業の自由」を「営業上の利益」に換装するためには、適正配置規定の存在だけでなく、当該規定が当該事業によるサービスの提供ないし

---

[8] 参照、司法研修所編『改訂行政事件訴訟の一般的問題に関する実務的研究』（法曹会、2000年）107頁。

水準の維持をその趣旨とするものでもあること、そして、それが明文で法令上の根拠があり、行政庁に対し拘束力をもって適用されていることが必要とされるといってよいであろう。

2 行訴法改正後の判例における「営業上の利益」

(a) 処分の相手方以外の者についての原告適格の有無の判断指針を法定した行訴法の改正の後に、許認可制の下にある競業関係における既存事業者の原告適格の有無が争われ、最高裁判所に係属した事件としては、病院施設開設許可処分取消請求事件（東京西徳洲会病院訴訟）・最二判平19・10・19（判時1993号3頁。以下「東京西徳洲会病院訴訟最判」という）と一般廃棄物処理業許可取消等請求事件（小浜市訴訟）・最三判平26・1・28（民集68巻1号49頁。以下「小浜市訴訟最判」という）がある。

(b) 東京西徳洲会病院訴訟最判では、最高裁判所は、病院開設許可の取消訴訟における相手方以外の既存の病院開設者等——開設予定病院の所在地付近で医療施設を開設している法人および医師ならびに同医師らが加入する医師会——について、「許可の要件を定めるこれらの規定〈医療法7条4項および同条5項—引用者注〉は、病院開設の拒否の判断に当たり、当該病院の開設地の付近で医療施設を開設している者等……の利益を考慮することを予定していないことが明らか」であること、「〈「基準病床数に関する事項」を定める医療計画の根拠である医療—引用者注〉法30条の3が都道府県において医療計画を定めることとした目的は、良質かつ適切な医療を効率的に提供する体制を確保することにあると解されるから……、同条が他施設開設者の利益を保護する趣旨を含むと解することもできない」こと、さらに、「法の目的を定める法1条及び医師等の責務を定める法1条の4の規定からも、病院開設の許可に関する法の規定が他施設開設者の利益を保護すべきものとする趣旨を含むことを読み取ることはでき〈ない〉」ことを理由として、既存の病院施設開設者等の原告適格を否定した。

この判決では、最高裁判所は、病院開設許可の法的性質をとくに吟味することなく、医療法における既存の病院開設者等の利益を保護する旨の規定の有無を探査することで、医療法に違反してなされたと既存の病院開設者等が主張す

る開設許可について、既存の病院開設者等の利益が「法律上保護された利益」に当たるか否かを判断した。したがって、最高裁判所は、行訴法9条2項が定める通り法律の趣旨目的に照らして判断したが、侵害されることになる利益の性質・内容や侵害の態様・程度を考慮して判断したわけではない。すなわち、病床の過剰化による病院間の過当競争やそれによる医療の質の低下及び病院の倒産を防止するという利益、構築してきた医療提供体制を維持・遂行する利益、医療体制の確保により良質かつ適切な医療業務を提供する利益の存在すらも認定する意欲をそもそも最高裁判所が有していなかったといえよう。

(c) これに対して、小浜市訴訟最判では、最高裁判所は、「市町村長から一定の区域につき既に廃棄物処理法7条に基づく一般廃棄物処理業の許可又はその更新を受けている者は、当該区域を対象として他の者に対してされた一般廃棄物処理業の許可処分又は許可更新処分について、その取消しを求めるにつき法律上の利益を有する者として、その取消訴訟における原告適格を有するものというべきである」と判示し、既存の一般廃棄物処理業者の原告適格を肯定した。その理由は、「廃棄物処理法において、一般廃棄物処理業は、専ら自由競争に委ねられるべき性格の事業としては位置付けられていない」ことを前提として、「廃棄物処理法は、市町村長から一定の区域につき一般廃棄物処理業の許可又はその更新を受けて市町村に代わってこれを行う許可業者について、当該区域における需給の均衡が損なわれ、その事業の適正な運営が害されることにより前記の〈当該区域の衛生や環境が悪化する事態を招来し、ひいては一定の範囲で当該区域の住民の健康や生活環境に被害や影響が及ぶ―引用者注〉ような事態が発生することを防止するため、上記〈一般廃棄物処理業の需給状況の調整を図る仕組み―引用者注〉の規制を設けているものというべきであり、同法は他の者からの一般廃棄物処理業の許可又はその更新の申請に対して市町村長が…既存の許可業者の事業への影響を考慮してその許否を判断することを通じて、当該区域の衛生や環境を保持する上でその基礎となるものとして、その事業に係る営業上の利益を個々の既存の許可業者の個別的利益としても保護すべきものとする趣旨を含むと解するのが相当である」というものである。

最高裁判所は、一般廃棄物処理業は市町村が行うべき業務の代行であって、「営業の自由」に基づく自由競争がそもそも予定されている事業ではないことを前

提としている。そして、一般廃棄物処理計画に適合した許可を得た一般廃棄物処理業者には、新規事業者から事業の適正な運営を害されない利益という趣旨での「営業上の利益」が帰属すべきであると見ている。「営業上の利益」が、上記の保護利益スケールに照らして「財産等」に当たるとする法解釈上の論理操作はそれほど難しくはない。したがって、「営業上の利益」を「法律上保護された利益」として構成するためには、これを廃棄物処理法が保護する一般的公益としても保護されるといった法解釈上の論理操作がより重要となる。

　その論理操作は、室谷湯訴訟最判のそれと類似している。すなわち、既存の一般廃棄物処理業者の「営業上の利益」は、事業の適正な運営の実現を通して区域の衛生環境の保持といった一般的公益に資するものであるが故に、「法律上保護された利益」として認められたのである。したがって、この判決もまた、室谷湯訴訟最判と同様に、「営業上の利益」といった既存事業者に帰属する個別的利益の存在に着眼して、一般廃棄物の適正な収集を受ける利益といった不特定多数である住民の利益を保護する手段として、需給状況を反映して作成された一般廃棄物処理計画等に違反する許可を争うことができる「特別の法的地位」を既存の一般廃棄物処理業者に認めたものといってよいであろう。

3　小括

　既存事業者の「営業上の利益」を「法律上保護された利益」として承認した室谷湯訴訟最判と小浜市訴訟最判に共通して看て取れるのは、第一に、当該許可の対象となる事業が、当該許可の根拠法において国民ないし住民の健康やそ

---

9)　最高裁判所は、最一小判昭47・10・12民集26巻8号1410頁において、廃棄物処理法の前身である清掃法における汚物取扱業の許可につき、「〈許可を与えた〉汚物取扱業者をして市町村の事務を代行させることにより、みずから処理したのと同様の効果を確保しようとしたものである」と説示したことがある。この説示は現行法の解釈にも引き継がれている。参照、山下淳［昭和47年判決・判批］別冊ジュリスト235号（行政判例百選Ⅰ〔第7版〕）（2017年）151頁。

10)　参照、北島周作［判批］法学教室別冊判例セレクト2014［Ⅱ］（2015年）6頁、西田幸介［判批］ジュリスト1479号（2015年）45頁、湊二郎［判批］新・判例解説Wacth15号（2014年）44頁。阿部泰隆は、原審判決の批評においてかかる視点を示していた。参照、阿部泰隆「競争業者の原告適格（二・完）──新たな需要がない状況で第三者に与えられた、一般廃棄物処理業の新規許可に対して、既存処理業者が提起する取消訴訟を例として」自治研究88巻5号（2012年）34頁。

11)　稲葉一将は、本件の訴えには代位訴訟の機能があり、生活環境上の利益の帰属する住民以外で適切な当事者は誰かの観点からみると、新規参入の許容によって営業上の損害を受ける既存業者が適切な地位にあると説く。参照、稲葉一将［判批］民商法雑誌150巻3号（2015年）440頁。

れと密接に関係のある生活環境の維持を目的として行われるものであるという点である。そうしてみると、国民ないし住民の健康の保持を目的とする事業である病院事業にかかる利益については、なぜ「法律上保護された利益」としての承認が得られなかったのか。それがあらためて問題となる。

　小浜市訴訟最判の調査官であったとされる上村考由は、一般廃棄物処理業許可における一般廃棄物処理計画に相当する医療計画への適合性は一般病院には求められないこと、医療計画は総量規制——距離制限その他個別の既存同業者の存在に着目した個別関係規制ではない——にとどまること、さらに、医療法において病院については施設の構造設備およびその人員に関する法的の基準を満たし非営利である限り自由な開業が容認されている、すなわち自由開業制という立法政策が採られていることが、病院開設者等の原告適格を否定する理由となったと説明している。[12] すなわち、東京西徳洲会病院訴訟最判では、最高裁判所は、医療事業における自由競争性は確固たるものであって、それを制約する規範の目的が既存事業者の経営の保護を直接に目的としておらず、かつ、その規範の拘束性が弱いことに求めているといえよう。制約する規範の目的および拘束性に照らして「営業上の利益」の有無を認定する手法は、前述の三愛幼稚園訴訟最判にも共通している。

　また、東京西徳洲会病院訴訟最判では、最高裁判所は、医療計画に適合しない医療施設等の許可が病院の濫立を招き、既存病院開設者等の「営業上の利益」を損ない、医療サービスの内容の水準低下をもたらすおそれがあるといった公益侵害の機序の有無の審理さえしていない。

　以上の整理を前提とすると、既存事業者の「営業上の利益」が「法律上保護された利益」として認定されるためには、①〈当該事業の性質が、国民ないし住民生活に必要不可欠な公共性を有するものと認められるもの〉であって、②〈当該事業が濫立すると当該事業の提供するサービスの内容・水準が低下するおそれがあるために、完全な自由競争に委ねるのではなく、当該事業の安定を図るために需給の均衡が必要とされる市場〉であり、③〈当該需給の均衡は、距離制限その他競争関係にある個別の既存の事業者の存在に着目した個別関係

---

12)　参照、上村考由「小浜市訴訟最判・判解」法曹時報68巻9号（2016年）2314-2315頁。同様の見解をとるのは、大西有二［東京西徳洲会病院訴訟最判・判批］ジュリスト1354号（2008年）51頁。

規制によるもの〉であり、④〈当該個別関係規制は法的拘束性を有するものでなければならない〉といった要件を満たすことが必要とされるといってよいであろう。[13]

三 「事業遂行利益」と「法律上保護された利益」

1 行訴法改正前の判例における「事業遂行利益」

(a) サテライト大阪訴訟最判よりも前、さらには行訴法改正前に、「事業遂行利益」を「法律上保護された利益」と認定した最高裁判所判決がすでに存在していた。風俗営業許可取消請求事件（元町セブン訴訟）・最三判平6・9・27（判時1518号10頁。以下「元町セブン訴訟最判」という）である。この事件は、風俗営業等の規制及び業務の適正化に関する法律（以下「風俗営業適正化法」という）4条2項2号および風俗営業適正化法施行令6条2号を受けて制定された神奈川県風俗営業適正化法施行条例3条1項3号が、商業地域において風俗営業の営業所が病院、診療所等の敷地から30m以内の地域にある場合には、神奈川県公安委員会は風俗営業の許可をしてはならないと定めているにもかかわらず、当該規定に違反した地域に店舗を開業しようとするぱちんこ業者に対し同公安委員会が風俗営業許可を与えたことにつき、当該距離制限地域内にあると主張する診療所の経営者が当該許可の取消しを求めたものである。

最高裁判所は、「同号所定の診療所等の施設につき善良で静穏な環境の下で円滑に業務を運営するという利益をも保護していると解すべきである」との解釈を行い、診療所の経営者の原告適格を認めた。結論は明快ではあるが、その推論過程はまったく示されていない。したがって、上記のような距離制限規定と同様に、「住宅集合地域が制限地域に指定された場合、住民の原告適格を肯定する余地がある」との理解も生ぜしめた。[14]

(b) 元町セブン訴訟最判の推論は、風俗営業許可処分取消請求事件（ビーム国分寺訴訟）・最一判平10・12・17（民集52巻9号1821頁。以下「ビーム国分寺訴

---

13) なお参照、古城誠「競業者の原告適格――原告適格の紛争選別機能」成田頼明ほか編『行政法の諸問題下』（有斐閣、1990年）224頁、司法研修所編・前掲注8）107-108頁。
14) 参照、太田幸夫「判批」判例タイムズ913号（1996年）323頁。

訟最判」という）において明らかにされた。この事件は、風俗営業適正化法4条2項2号および風俗営業適正化法施行令6条1号イを受けて制定された東京都風俗営業適正化法施行条例3条1項1号が、風俗営業の営業所が第一種住居専用地域にある場合には、東京都公安委員会は風俗営業の許可をしてはならないと定めていたにもかかわらず、駐車場が第一種住居専用地域にはみ出している店舗を開業しようとするぱちんこ業者に対し同委員会が風俗営業許可を与えたことにつき、当該第一種住居専用地域内に居住している住民らが当該許可の取消しを求めたものである。

　最高裁判所は、風俗営業適正化法4条2項2号は「具体的地域指定を条例に、その基準の決定を政令にゆだねており、それらが公益に加えて個々人の個別的利益をも保護するものとすることを禁じているとまでは解されないものの、良好な風俗環境の保全という公益的な見地から風俗営業の制限地域の指定を行うことを予定しているものと解されるのであって、同号自体が当該営業制限地域の居住者個々人の個別的利益をも保護することを目的としているものとは解し難い」との解釈に基づいて、第一種住居専用地域内に居住している住民らの「良好な風俗環境」の中で生活する利益は「法律上保護された利益」ではないと認定した。

　同一の条文（風俗営業適正化法4条2項2号）によって保護されている利益であるにもかかわらず、最高裁判所は、元町セブン訴訟最判では「診療所等の施設につき善良で静穏な環境の下で円滑に業務を運営するという利益」を「法律上保護された利益」と認定し、ビーム国分寺訴訟最判では住民らの「『良好な風俗環境』の中で生活する利益」を「法律上保護された利益」ではないと認定した。その対照的な判断については、最高裁判所は、法令の定めの解釈から当然に導かれるとしている。すなわち、前者の距離制限の基準を定める施行令6条1号ロおよび2号は、「特にその周辺における良好な風俗環境を保全する必要がある特定の施設に着目して」いることから、「当該特定の施設の設置者の有する個別的利益を特に保護しようとするもの」であるのに対し、後者の地域指定の基準を定める施行令6条1号イは「『住居が多数集合しており、住居以外の用途に供される土地が少ない地域』を風俗営業の制限地域とすべきことを基準として定めており、一定の広がりのある地域の良好な風俗環境を一般的に

保護しようとしていることが明らか」であるというのである。

「特定の施設」における「良好な風俗環境」の保全と「一定の広がりのある地域の良好な風俗環境」の保護との相違はどこにあるのだろうか。ビーム国分寺訴訟最判を調査官として担当したとされる大橋寛明は、その理由として保護の対象となる人の数の多寡を挙げるとともに、保護対象の利益の性質の差異をも挙げる。すなわち、大橋は、「同号ロの場合は、当該地域の中心に存在する特定の施設という一点に着目して保護を図ることとしているのに対し、同号イの場合は、地域全体をあまねく保護の対象としているのであり、……そこに含まれる居住者の数も膨大なものであり、右の規定からその一人一人が保護の対象となっていると解することは困難である」と説くとともに、「地域が広く、そこに居住している住民が多数いるとしても、そこで保護の対象となっている利益が、人の生命、身体の安全というかけがえのない性質のものである場合には、単なる地域の安全の確保という公益の保護にとどまらず、個々の居住者の生命、身体の安全の保護の趣旨も含まれていると解すべき」であるが、「良好な風俗環境の中で生活する利益」それには当たらないと説く[15]。

(c) 保護の対象者の多寡と保護対象の利益の性質との相関関係は、たしかに、両判決の対照性を説明する理由にはなっている。しかし、「特定の施設」における「良好な風俗環境」の保全が「法律上保護された利益」に当たることについての説明としては十分ではない。なぜならば、最高裁判所は、「営業上の利益」を「営業の自由」から区別して「法律上保護された利益」と認定した上記の室谷湯訴訟最判および小浜市訴訟最判の場合とは異なり、「営業の自由」から区別する法解釈上の論理操作に、距離制限規定の目的、性質、拘束性を分析していないからである。ビーム国分寺訴訟最判は、特定施設に着目した距離制限規定がある場合に「事業遂行利益」を「法律上保護された利益」として認定するという判例を確立したが、その推論を支える法解釈上の論理操作までも明らかにしたものではなかった。

もっとも、ビーム国分寺訴訟最判の判例批評において、野呂充が、「円滑に業務をするという利益」が施設設置者の経済的利益を意味するわけではないこ

---

15) 大橋寛明「判解」『最高裁判所判例解説民事篇平成10年度[下]』(法曹会、2001年) 996頁。

とは明らかであり、設置者が利用者の利益を事実上代表していると指摘していたことを、後述との関係において、ここで注記しておこう。[16]

2　行訴法改正後の判例における「事業遂行利益」

(a)　サテライト大阪訴訟では、場外施設の開設による交通、風紀、教育などの生活環境の悪化の被害を受けるおそれがある、開設予定地周辺の住民が、当該施設の設置許可の取消訴訟につき原告適格を有するかどうかが争点であった。そして、原告となった周辺の住民には、場外施設の周辺に生活する者と場外施設の周辺で医療施設を開設する者といったように立ち位置を異にする者がいた。

最高裁判所は、まず、「一般的に、場外施設が設置、運営された場合に周辺住民等が被る可能性のある被害は、交通、風紀、教育など広い意味での生活環境の悪化であって、その設置、運営により、直ちに周辺住民等の生命、身体の安全や健康が脅かされたり、その財産に著しい被害が生じたりすることまでは想定し難いところ」、「このような生活環境に関する利益は、基本的には公益に属する利益というべきであって、法令に手掛りとなることが明らかな規定がないにもかかわらず、当然に、法が周辺住民等において上記のような被害を受けないという利益を個々人の個別的利益としても保護する趣旨を含むと解するのは困難といわざるを得ない」とする。この説示は、「自己の生命、身体、自由、財産等」に含まれない利益は公益に属する利益であるという保護利益スケールに照らせば、従前の判例を踏襲しているといえよう。

しかし、最高裁判所は、それを一歩進めて、「法令に手掛かりとなることが明らかな規定」があれば、そのような利益であっても、「法がこれを個別的利益としても保護している趣旨と解する」ことが可能であるとの論理を許容する。

そこで、位置基準（「学校その他の文教施設及び病院その他の医療施設から相当の距離を有し、文教上又は保健衛生上著しい支障を来すおそれがないこと」〔改正前の自転車競技法施行規則15条1項1号〕）がそのような規定に当たるかどうかを検討したところ、最高裁判所は、「法及び規則が位置基準によって保護しようとしているのは、第一次的には、上記のような不特定多数者〈その周辺に所在する医

---

16)　参照、野呂充「判批」法学教室 226号（1999年）137頁。

療施設等を利用する児童、生徒、患者等—引用者注〉の利益であるところ、それは、性質上、一般的公益に属する利益であって、原告適格を基礎付けるには足りないものであるといわざるを得ない」以上、「場外施設の周辺において居住し又は事業（医療施設等に係る事業を除く。）を営むにすぎない者や、医療施設等の利用者は、位置基準を根拠として場外施設の設置許可の取消しを求める原告適格を有しないものと解される」と判示した。

しかし、最高裁判所は、場外施設の周辺の医療施設等の開設者については、同じ位置基準をつぎのような解釈を施した。

「場外施設は、多数の来場者が参集することによってその周辺に享楽的な雰囲気や喧噪といった環境をもたらすものであるから、位置基準は、そのような環境の変化によって周辺の医療施設等の開設者が被る文教又は保健衛生にかかわる業務上の支障について、特に国民の生活に及ぼす影響が大きいものとして、その支障が著しいものである場合に当該場外施設の設置を禁止し当該医療施設等の開設者の行う業務を保護する趣旨をも含む規定であると解することができる。…このように、位置基準は、一般的公益を保護する趣旨に加えて、上記のような業務上の支障が具体的に生ずるおそれのある医療施設等の開設者において、健全で静穏な環境の下で円滑に業務を行うことのできる利益を、個々の開設者の個別的利益として保護する趣旨をも含む規定であるというべきであるから、当該場外施設の設置、運営に伴い著しい業務上の支障が生ずるおそれがあると位置的に認められる区域に医療施設等を開設する者は、位置基準を根拠として当該場外施設の設置許可の取消しを求める原告適格を有するものと解される。」

このような位置基準の解釈に基づいて、最高裁判所は、場外施設の敷地周辺から約120〜200m離れた場所で医療施設を開設している医師には原告適格がある可能性を認めつつ、業務上の支障が具体的に生ずるおそれがない、約800m離れた場所で医療施設を開設している医師には原告適格がないと判定した。

(b)　さて、最高裁判所は、位置基準を、一方で医療施設等を利用する者の利益をもっぱら一般的公益として保護する法令であると解しつつ、他方で医療施設等の開設者の利益を個別的利益として保護している法令だと解した。位置基準は前者を第一次的な利益として保護しているにもかかわらず、である。その理由はどこにあるのだろうか。「医療施設」といった文言が「法令に手掛りとなることが明らかな規定」に該当することのみを理由とするのだろうか。

サテライト大阪訴訟最判の調査官であったとされる清野正彦は、ギャンブルに無関係に生活する者が接近をためらうといった、場外施設の設置・運営によって醸成される一種独特の頽廃的ないし享楽的な雰囲気が生ぜしめる「周辺住民等の日常生活ないし社会・経済生活上の不利益」については、「一概に一般的公益に吸収解消されるというものではないのであるから、それが根拠法令によって個別的利益として保護されているか否か、保護されているとした場合にどの範囲までが保護されているかを、根拠法令や関連法規の趣旨、目的を十分に参酌しつつ、検討する必要がある」と説く。[17]

清野は、「位置基準による保護を最終的に享受する者」である「児童、生徒、患者等が、永続的に当該医療施設等を利用し続けることは稀で」あること、「その利用者が一定していない」ことから、これらの者における頽廃的、享楽的雰囲気のある場所を通らないで通学・通院する利益は個別的利益としては保護されていないとする。しかし、「位置基準は、医療施設等の開設者が静謐（ママ）な環境の下で円滑に業務を行う利益を個別的利益として保護することを通じて、その利用者の利益を反射的に保護しようとする趣旨の規定であると解することも不可能ではない」と考える。そして、清野は、「これらの施設の運営上の利益それ自体が、性質上、一般公益に解消され難いものであることが最高裁平成4年判決〈元町セブン訴訟最判—引用者注〉、平成10年判決〈ビーム国分寺訴訟最判—引用者注〉に照らして明らかである」ことから、位置基準は、「医療施設等の開設者が静謐（ママ）な環境の下で円滑に業務を行う利益を個別的利益として保護する趣旨をも含むと解する方が自然である」という解釈が可能であり、そして、「限定された範囲の医療施設等の開設者に著しい業務上の支障が生ずるおそれが明らかであるにもかかわらず、それを殊更に無視して当該施設の設置許可処分がされた場合にも、当該医療施設等の開設者に当該処分の効力を争う手段を認めないのは、位置基準を事実上無意味な規定にする解釈」であると結論づける。[18]

したがって、清野の説明に従えば、サテライト大阪訴訟最判は、ギャンブル施設の設置・運営が醸成する頽廃的・享楽的雰囲気によって害されない「周辺

---

17) 清野正彦［判解］法曹時報62巻11号（2010年）688頁。
18) 清野・前掲注17) 689-690頁。

住民等の日常生活ないし社会・経済生活上の利益」は、一概には一般的公益に吸収解消され得ないものであるところ、これに対する侵害に対する法的な保護を求めることができるのは、継続的にそのような侵害を受ける者に限られ、法令がそのような者として医療施設等の開設者を特定していることに照らして、医療施設等の開設者にのみ「法律上保護された利益」が帰属すると認定したのだ、ということになろう。

3　小括

　本節で取り上げた3つの最高裁判所の判決に共通して看て取れるのは、ぱちんこ、場外施設といった、人の射幸心の満足を目的とした施設の設置・運営によって影響を被る「周辺住民等の日常生活ないし社会・経済生活上の利益」は、一概に一般的公益に吸収解消され尽くされるものではなく、その利益に対する侵害を継続的に被る者、典型的には事業遂行に具体的に支障が生じる医療施設の開設者の利益を「法律上保護された利益」として認定したという点であろう。そうしてみると、「周辺住民等の日常生活ないし社会・経済生活上の利益」が帰属する者であって、その利益に対する侵害を継続的に被る者——たとえば、当該地域に居住する者で、長期的な治療が必要であるために、当該医療施設への通院を要する者——であれば、その者の利益についても——手掛かりとなる規定の法令上の有無を措くとして——「法律上保護された利益」と認定する余地もないわけでない。

　もっとも、「位置基準は、医療施設等の開設者が静謐（ママ）な環境の下で円滑に業務を行う利益を個別的利益として保護することを通じて、その利用者の利益を反射的に保護しようとする趣旨の規定であると解することも不可能ではない」との清野の説明は、医療施設等の開設者の利益とその利用者の利益との関係について、前者が第一次的な保護利益で、後者が第二次的な保護利益であるとの理解に基づいていると思われる。サテライト大阪訴訟最判もまた、医療施設等における業務の支障が「特に国民の生活に及ぼす影響が大きいもの」であるとの認識を示しており、医療施設等の開設者の利益とその利用者の利益との関係性に留意しているのも、そのような趣旨から出たものであろう。

　そうすると、本節で扱った判決が、異業種の事業により開設者における事業

遂行が不安定となり、そのことにより利用者に提供するサービスの内容・水準が損われたりするおそれがあるといった機序の存在があることを前提としていると見るならば、このような「日常生活ないし社会・経済生活上の利益」の保護における医療施設等の開設者の利益は、二で見た競業者関係において既存事業者の「営業上の利益」が一般的公益の保護において果たす役割と類似しているといえよう。すなわち、最高裁判所は、「事業遂行利益」といった個別的利益の存在に着眼して、「周辺住民等の日常生活ないし社会・経済生活上の不利益」といった不特定多数である事業施設の利用者の利益を保護する手段として、位置基準に違反する許可を争うことができる「特別の法的地位」を、当該サービスを提供している既存の事業者に認めていると見ることもできよう。

四　事業遂行利益の射程

1　「事業遂行利益」と「営業上の利益」との異同

（a）「事業遂行利益」を「法律上保護された利益」として認定する際に、最高裁判所は、当該事業に著しい支障が生ずる場合には当該事業にかかる施設の利用者の生活に及ぼす影響が大きくなるといった点と、許認可等の要件に当該事業者の存在を前提とした明らかな定めがある点に着目した。すなわち、「事業遂行利益」が「法律上保護された利益」として認定されるためには、「営業上の利益」が「法律上保護された利益」として認定されるために必要とされる前述（二3）の4つの要件のうち①、③および④に相当する要件の充足が必要とされるということであろう。

「事業遂行利益」については②の要件の充足が必要とされないのは、「営業上の利益」の保護が争点となる競業者間の事件と異なり、異業種の事業者間の事件だからであろう。すなわち、異業種の事業者は市場を同一のものとしない以上、「事業遂行利益」の法的性質を評価するに際して、当該事業が展開する市場の性格を考慮する必要性はないからである。したがって、事業者の濫立による過当競争の結果としてのサービス内容・水準の低下、さらにその結果としての公衆衛生・生活環境の悪化による住民の健康や生活環境への被害の発生といった迂遠な機序の存在の論証をすることまでも、「事業遂行利益」にかかる法

解釈上の論理操作には必要とされない。

　(b)　ところで、「営業上の利益」は、それ自体利益保護スケールに該当しうる利益である点で、当該事業の規制において保護されるべき一般的公益とはそもそも質的に異なる利益と観念される。競業者の事業によって当該利益を侵害される者は、一般的公益に資する限りにおいて、そして一般的公益を享受する不特定多数の者に原告適格が認められないが故に、これらの者に「代位」して既存事業者に競業者に対する許認可等を争うことのできる「特別の法的地位」を認められたものといえる。[19]

　これに対して、「事業遂行利益」は、「日常生活ないし社会・経済生活上の利益」という利益保護スケールに該当し得るとも、該当しないともいえる利益の一部であって、当該事業にかかる施設を利用する者が不特定であり、流動的であるために、当該利益を侵害される者の範囲を限定・画定することができないが故に、当該利益の侵害が継続的に固定化される事業者は、これらの者の「代表」として、違法になされた異業種の事業者の許認可等を争うことのできる「特別の法的地位」を認められたものといえる。[20]

　したがって、それぞれの法解釈上の論理操作も異なってくる。「営業上の利益」はそれ自体を直接に保護する趣旨の特別な法令があってはじめてその存在が認められうるものであって、一般的公益からの「切出し」[21]ではなく、当該利益の侵害が一般的公益を損なうことになる機序を法解釈上の論理操作を要するものであるといえよう。これに対し、「事業遂行利益」は、許認可等を定める法律が保護する一般的公益に属する利益であって、当該一般的公益を保護する、手掛かりとなる規定が法令にあれば、その存在が比較的容易に認められ、一般的公益からの「切出し」が法解釈上の論理操作によってなされるものである。[22]

---

19)　参照、稲葉・前掲注11) 440頁。
20)　野呂充は、サテライト大阪訴訟最判について「原告適格を認めることが困難な施設利用者の利益を文教・医療施設開設者に事実上代表させるという観点を入れて、開設者の原告適格を認めているとも言えるのではないか。」と指摘する。野呂充「原告適格論の再考」法律時報82巻8号（2010年）17頁。
21)　「切出し」ないし「切り出す」という用語は、一般的公益に包摂されている個人的利益を当該一般公益と区別し、個別的利益として「法律上保護された利益」として認定するために裁判所が行う法解釈上の論理操作に対して塩野宏が充てている説明概念である。参照、塩野宏『行政法II〔第5版補訂版〕』（有斐閣、2013年）135-138頁。

2 「代表的出訴資格」との異同

　最高裁判所は、異業種の事業の許認可等の取消訴訟につき、当該事業によって施設の利用に支障が生ずる者を代表して当該施設の開設者である既存事業者に原告適格を認めていると理解する場合、そこでいう「代表」としての原告適格は、従来、行政法学でその可能性が追求されてきた「代表的出訴資格」とどのように異なるのだろうか。

　代表的出訴資格は、史跡指定解除処分取消請求事件・最三判平元・6・20（判時1334号201頁〔伊場遺跡訴訟〕、以下「伊場遺跡訴訟最判」という）において伊場遺跡にかかる研究者から成る原告らによって主張された原告適格の考え方である。

　この主張については、第一審の静岡地方裁判所も控訴審の東京高等裁判所も消極的に解したところであり、上告審の最高裁判所は、原告の主張を「文化財の学術研究者には、県民あるいは国民からの文化財の保護を信託された者として、それらを代表する資格において、文化財の保存・活用に関する処分の取消しを訴求する出訴資格を認めるべき」ものと整理した上で、「学術研究者が行政事件訴訟法九条に規定する当該処分の取消しを求めるにつき『法律上の利益を有する者』に当たるとは解し難く、また、本件条例、法その他の現行の法令において、所論のような代表的出訴資格を認めていると解しうる規定も存しない」と判示し、上告を棄却した。

　端的に言えば、最高裁判所によれば、「代表的出訴資格」という原告適格がありうるとしても、法令においてその旨を定める規定が存在しなければならな

22）　神橋一彦の整理にしたがえば、「営業上の利益」は、質的・内容的に異なるものとして公益と並立する、並立型の「法律上保護された利益」に該当し、「事業遂行利益」は、公益の一部または全部に包摂される、包摂型の「法律上保護された利益」ということになろう。参照、神橋一彦『行政救済法〔第2版〕』（信山社、2016年）94-95頁。さらに参照、人見剛「原告適格に関する判例動向と学説の課題」判例時報2308号（2016年）20-21頁。なお、中川丈久は、本章でいう「営業上の利益」と「事業遂行利益」とをとくに区別することなく、法令が一般的公益を実現する手段として保障した特定の私人の権利ないし地位（独占的に営業する地位など）および特定の私人の利益（静謐な環境で営業する利益など）を、公益を事業者等の私的な利益に転化したものという意味で「公益転化型保護利益」として類型化し、「生活環境上の利益」などに対する侵害を根拠に原告適格が認められる利益を「公益享受型保護利益」と類型化する。参照、中川丈久「続・取消訴訟の原告適格について」佐藤幸治＝泉徳治編『行政訴訟の活発化と国民の権利重視の行政へ──滝井繁男先生追悼論集』（日本評論社、2017年）288頁。

い、ということであろう。その限りでは、一般的公益からの個別的利益の「切出し」には「法令に手掛かりとなることが明らかな規定」を要するとしたサテライト大阪訴訟最判の説示とも通じている。

しかし、最高裁判所においては、史跡研究者の代表的出訴資格は、文化財享有の利益という一般的公益から「切出し」によって個別的利益としても保護される研究上の利益を基礎とするものではなく、「国民から文化財の保護を信託された者」であるが故に、もっぱら史跡を研究してきた者が訴訟を最も適切に追行できる地位にある者といった点に着目して、法令に違反して行われた史跡解除処分について「特別の法的地位」を認めようというものと理解されているようである。そうだとすると、当該事業にかかる施設利用者の利益を基礎として切り出された事業遂行利益に基づく原告適格の方が、「信託」を擬制する代表的出訴資格に比して、法解釈上の論理操作においてなお汎用性があるものと思われる。[23]

3 「事業遂行利益」の外延

(a) サテライト大阪訴訟最判が「法律上保護された利益」として認定した「事業遂行利益」は、「日常生活ないし社会・経済生活上の利益」の中でも〈医療施設等の開設者の「健全で静穏な環境の下で円滑に業務を行うことのできる利益」であった。それは、〈健全で静穏な環境の下で通院等をする利益〉を実現する医療サービス等を提供する事業を遂行する利益と言い換えることもできるであろう。

それでは、医療サービス等を提供する事業のほかに、「日常生活ないし社会・経済生活上の利益」を実現するサービスを提供する事業はないだろうか。前出

---

23) もっとも、原告が代表的出訴資格の根拠として「信託」を根拠としているかは疑わしい。原告がナショナル・トラストに言及しているところから、最高裁判所がこれをトラスト＝信託の意味で敷衍したともいえる。原告らもナショナル・トラストには法律上の根拠が必要であることは認めているので、かかる敷衍は牽強付会ともいえよう。文化財の保存・活用から受ける利益からの研究者の文化財の研究上の利益の「切出し」の法解釈として、特定の研究施設における特定の史跡の研究上の支障が日常生活において必要とされる当該史跡の保存・活用を損なうおそれがあるとの論理操作が可能であれば、文化財保護における代表的出訴資格は、事業遂行利益の代表性と通ずるところはあると思われる。なお参照、椎名慎太郎「環境行政訴訟の原告適格再論──2004年行訴法改正は不十分である」山梨学院ロー・ジャーナル（2011年）29-30頁。

の清野は、場外施設の設置・運営により著しい支障が生ずるおそれがある事業として「文教施設、医療施設に限らず、イメージが重視される業種」を想定し、「福祉関係、ファッション・理容関係の事業、学習塾等」をその例として挙げる。[24]

このように「日常生活ないし社会・経済生活上の利益」を実現するサービスを提供する事業は狭い範囲に留まるものではない。そうすると、福祉関係の施設等の開設者、ファッション・理容関係の施設等の開設者、学習塾等の開設者もまた、これらの施設等を利用する者の利益を代表して、当該施設による事業に重大な支障を及ぼす異種事業の許認可等の取消しを求める原告適格を認めることができるだろうか。

小田急高架化訴訟最判で示された処分の相手方以外の者の原告適格の有無の判定にかかる一般的な法解釈上の論理操作——原告において保護を求める利益が当該処分を定める法令が保護する範囲にあるかどうかの認定（保護範囲要件の充足の認定）、当該保護利益が個別的利益としても保護されていること（個別保護要件の充足の認定）、そして、当該保護利益が当該処分によって侵害を受けるおそれがあること（不利益要件の充足の認定）——を前提とすれば、少なくとも、[25] これらの施設による事業が、当該許認可等を定める法令が一般的公益として保護していることが必要である。したがって、当該事業を保護する旨を読み取ることができる程度の文言でもって許認可等を定める法令の目的規定ないし許認可等の要件規定が定められていることが必要であろう。

(b)　それに加えて、サテライト大阪訴訟最判のように、当該事業を行う施設を特定した規定までも必要とされるだろうか。この問題は、医療施設等に関する定めが削除された現行の位置基準（平成18年経済産業省令126号）を前提とした場合に、サテライト大阪訴訟最判の判断自体が維持され得るのかといった問題としても立ち現れる。

思うに、事業遂行利益を代表的利益として捉えるのは、当該施設の利用者においては、利益侵害の有無が流動的であるために継続的に訴訟を追行することが困難であることに対して、当該施設の開設者においては利益侵害が固定し、

---

24)　清野・前掲注17) 638頁。
25)　参照、小早川光郎『行政法講義下Ⅲ』（弘文堂、2007年）257頁。

かつ、集中するために継続的に訴訟を追行することができるといったことによる。保護すべき利益とそれに資するサービスを提供する事業が法令において明らかであれば、事業遂行利益の内容とそれが帰属する施設等も法解釈上の論理操作で十分に特定することが可能である。したがって、施設を特定する規定までも必要ではないと思われる[26]。

おわりに

　本章が事業遂行利益に注目する理由は、行訴法改正後も「自己の生命、身体、自由、財産等」に著しい被害が生じるおそれがない場合には、その程度の不利益を被る者には原告適格を認めない傾向にある最高裁判所の裁判例の中にあって、「自己の生命、身体、自由、財産等」に当たるとは一概には評価しがたい「日常生活ないし社会・経済生活上の利益」のうち「事業遂行利益」については、これを侵害される者に原告適格が認められるといった特徴が見出されるからであった。「事業遂行利益」を「法律上保護された利益」と認定する法解釈は、不特定多数に帰属するが故に、原告適格を認めるに足りないとされている利益について、これを侵害される者の中から原告適格を有するものを「切り出す」ための一つの論理操作の手法を提供するものである。それは、原告適格の範囲を拡大することに資するであろう。

　もっとも、施設等の開設者の事業遂行利益は、当該施設の利用に着眼して認められる利益であるから、当該施設の利用と関連性を有さない住民の日常生活ないし経済・社会生活上の利益を代表するものではない。したがって、利用施設に拘泥することなく、日常生活ないし経済・社会生活上の利益を真に適切に代表する者に原告適格を認めるべき解釈論を追求すべきであるとも説かれている[27]。本章は、その営為を否定するものではない。

　しかし、施設の開設者はかなり容易に識別できるものであり、訴訟追行においても不安がないことに照らせば、代表的性格に基礎付けられた「事業遂行利

---

26) 参照、山本隆司『判例から探求する行政法』(有斐閣、2012 年) 468-469 頁。
27) 参照、常岡孝好[サテライト大阪訴訟・判批]別冊ジュリスト 240 号 (環境法判例百選[第 3 版])(2018 年) 217 頁。

益」を「法律上保護された利益」として認めることは、最高裁判所が、生活環境上の不利益を被る者につき、不特定性故に原告適格の承認になおも厳しいスタンスをとっている現状においては、見込みのある解釈論として、その有用性を探求することはあってよいであろう。[28]

(ほんだ・たきお　龍谷大学教授)

---

28) 仲野武志による判例の整理に従えば、前者は「もんじゅ拡張型思考」——絶対権侵害が分布する事実上の範囲を法律上の「一定範囲」とするフィクションによる解釈を「生活環境に関する利益」侵害に及ぼそうとする考え方——に基づく発展可能性を追求し、後者は「長沼ナイキ回帰型思考」——民事法上絶対権とされない利益についても、実証主義的解釈論として可能な限り、法律上の「一定範囲」を掬い上げてゆこうという考え方——に基づく発展可能性を追求するものともいえ、相互補完的な関係にあるといえよう。参照、仲野武志『法治国原理と公法学の課題』(弘文堂、2018年) 282-288頁。

第2部　抗告訴訟の再検討

第7章　抗告訴訟にかかる仮の救済における「必要性要件」の判断構造

西田幸介

一　はじめに

　本章は、行政事件訴訟法（以下「行訴法」という）が定める仮の救済（25条以下、37条の5）が認容されるための要件に含まれる「処分、処分の執行又は手続の続行により生ずる重大な損害を避けるため緊急の必要がある」（25条2項）こと（以下「執行停止の必要性」という）、「処分又は裁決がされないことにより生ずる償うことのできない損害を避けるため緊急の必要」（37条の5第1項）があること（以下「仮の義務付けの必要性」という）および、「処分又は裁決がされることにより生ずる償うことのできない損害を避けるため緊急の必要」（同2項）があること（以下「仮の差止めの必要性」といい、これら3つをあわせて単に「必要性要件」という）の判断のあり方ないしその構造を検討しようとするものである。以下では、煩を避けるため、考察対象を処分に限定する。問題意識を、具体的に示すと、次の通りである。
　執行停止、仮の義務付けおよび仮の差止めの申立ては、いずれも主観訴訟を本案訴訟とするため、そこで仮に救済されるべき権利利益は、申立人自身のものであるが、裁判例では、具体的には後に示すように、必要性要件を判断するにあたり、「行政目的」の達成の必要性や申立人以外の者の損害（以下「他者損害」という）が考慮されることがある。執行停止の必要性の判断において「公益」を勘案すべきことは、2004年の行訴法の改正（以下「2004年改正」という）の立

案関係者が意図していたようであるが[1]、仮の義務付けの必要性と仮の差止めの必要性の判断も含めて、行訴法がこのことを明文で認めているわけではない。そもそも行政目的の達成の必要性や他者損害を考慮することが解釈上許容されるのか、そして、仮に許容が可能だとしても、これらをいかなる範囲で考慮することが許されるかという問題がある。

2004年改正前の行訴法が定めていた執行停止制度の下では、「回復の困難な損害」とその回避のための「緊急の必要」がどちらかというと後者が前者に含まれる形で一体的かつ総合的に判断されることが多かった。このようなあり方は、法定抗告訴訟の類型が多様化され、それに伴って仮の救済の制度も整備された現行法下でも維持されるべきであろうか。執行停止の必要性については、「回復の困難な損害」が「重大な損害」に緩和されたし、仮の義務付けや仮の差止めについては、執行停止とは別の判断構造もあり得ないわけではなかろう。

2004年改正以前から執行停止の必要性については、他の認容要件との関連性ないし比較衡量が必要であることが指摘されてきた[2]。現行法下でも、たとえば、行政目的の達成の必要性を考慮することが許容されるとして、消極要件とされている公共の福祉に重大な影響を及ぼすおそれのあること（行訴法25条4項、37条の5第3項。以下「公共の福祉の阻害性」という）との関係で、何を行政目的としあるいは何を公共の福祉とするかが問題となろう。

本章では、上のような問題意識からあえて、必要性要件を、次の3つの要素に分解して検討する。すなわち、①「重大な損害」あるいは「償うことのできない損害」というときの「損害」とは何か（損害の範囲）、②その「損害」が「重大」あるいは「償うことのできない」ものか（損害の程度）、③その「損害」を避けるための緊急の必要があるか（緊急性）である。

以下では、損害の範囲について整理したうえで、損害の程度と緊急性の判断

---

1) 野呂充「仮の救済」園部逸夫＝芝池義一（編）『改正行政事件訴訟法の理論と実務』（ぎょうせい、2006年）221頁以下・252頁。室井力＝芝池義一＝浜川清（編）『コンメンタール行政法Ⅱ行政事件訴訟法・国家賠償法〔第2版〕』（日本評論社、2006年）298頁［市橋克哉］も参照。

2) 岡村周一「仮の救済」ジュリスト925号（1989年）178頁以下・182頁。2004年改正後について、長谷川佳彦「行政事件訴訟法における仮の義務付け・仮の差止め制度の研究㈠──仮命令制度・執行停止制度との比較の見地からする考察」関西大学法学論集59巻5号（2010年）1頁以下・31-38頁も参照。

構造を分析し、さらに、必要性要件の判断における行政目的の達成の必要性や他者損害の考慮について検討する。

二　損害の範囲

2004 年改正前の学説では、執行停止の必要性における「回復の困難な損害」というときの損害について、それは、財産的損害に限定されず非財産的損害であってもよいが、申立人の「個人的損害」に限定され「他人の損害または一般公共の損害」を含まないと説明されていた。[3] 2004 年改正では、執行停止については損害の程度が「重大な損害」に緩和されたが、損害を回避する必要性を要することは改正前と変化していない。仮の義務付けも仮の差止めも損害回避の必要性がなければ認められない。申立人に生じる損害は、必要性要件を基礎付けるものであるといえよう。それでは、どのような損害であれば、ここでいう個人的損害といえるのだろうか。

1　申立人と密接な関係にある者の損害

個人的損害の範囲について考えるとき、まず目を引くのが、裁判例で、申立人自身の損害ではないが、申立人と密接な関係にある者の損害を申立人の損害とするものがみられることである。たとえば、申立人の子の就学先として教育委員会が普通学校を指定することの仮の義務付けが求められた事案で、その指定がされないことによりその子が被る、適切な教育を受けることができない損害が申立人（親権者）の損害でもあるとするもの（大阪地決平 20・7・18 判例自治 316 号 37 頁）、申立人がその子について受けた保育利用解除処分の執行停止を求めた事案で、当該処分によって当該子が受けた保育を受ける機会の喪失が「ひいては」申立人の損害となるとするもの（さいたま地決平 27・12・17 賃社 1656 号 45 頁等）がある。いずれも親権者がその子の損害を自らの損害と主張したもの

---

[3]　杉本良吉「行政事件訴訟法の解説（二・完）」法曹時報 15 巻 4 号（1963 年）10 頁以下・22 頁。なお、この点について、2004 年改正後の裁判例である東京地決平 22・6・1 裁判所ウェブサイトも、「抗告訴訟が原告自身の権利救済を目的とする制度である以上、執行停止制度で救済されるべき利益も申立人（原告）自身の利益でなければならない」としている。

であり、具体的な事案の下では適切であるようにみえる。個人的損害の意義を申立人自身の損害と理解すれば、これらの裁判例は、直接的には申立人の子が被る損害であっても申立人の損害に引き直すことができなければ、仮の義務付けや執行停止の必要性を基礎付ける損害とすることができないことを示唆する。他者損害を考慮することは、後にみるように、損害の程度の判断において処分の性質の勘案としてあり得るところである。しかし、それが可能なのは申立人自身に損害が生じることが前提となるのであって、これらの裁判例の場合、形式的には他者損害といえる子の損害を申立人の損害と構成しないと、申立人には損害が発生しないことになる。特殊な事案といえようが、個人的損害であるべきことが厳格に貫かれている例であるといえる。[4]

2　法律上の利益との関係

　それでは、申立人自身の損害であれば、すべてここでいう損害と解してよいのだろうか。この点で興味深いのが、処分の第三者が仮の救済を求める場合である。たとえば、東京高決平21・2・6判例自治327号81頁は、マンション建設にかかる建築確認の執行停止が求められた事案で、申立人らの居住地等と当該マンションの位置関係から「申立人らは、火災その他の災害時に、本件建築物の倒壊、炎上等により直接的な被害を受けることが予想される」として「本件処分の効力の停止を求める申立人適格を有する」としたうえで、「このまま建築工事が続行され、本件建築物が完成すると、本件建築物の倒壊、炎上等により、申立人らはその生命又は財産等に重大な損害を被るおそれがある」としている。[5]ここでは、申立人適格を基礎付ける法律上の利益は建築基準法が保護していると考えられる生命、身体等であって、申立人のそれらに生じる被害が重大な損害に当たるとされている。

　また、大阪地決平17・7・25判タ1221号260頁は、産業廃棄物処分業の許可の仮の差止めが求められた事案で、廃棄物の処理及び清掃に関する法律14条6項は、「産業廃棄物の処分業の用に供する施設の周辺において生活する者であって、当該施設において産業廃棄物が適正に処理されなかった場合に生じ

---

4)　改正行政事件訴訟法施行状況検証研究会報告書（2012年）53頁参照。
5)　なお、この判決を最一決平21・7・2判例自治327号79頁は正当として是認している。

る産業廃棄物の飛散、流出、地下への浸透、悪臭の発散又は排ガス、排水、騒音、振動等により直接的かつ重大な被害を受けることが想定される範囲の個々人の生命、身体の安全等をも保護すべきものとする趣旨を含む」として、周辺住民である申立人らの一部に申立人適格を認めつつ、同項が、「上記範囲内において生活する者の生命、身体の安全等とは別に、当該範囲内において個々人が有する所有権、事業を営む者の営業上の利益その他の財産上の権利、利益をも保護すべきものとする趣旨をも含むものと解することはできない」としたうえで、同項の「規定の趣旨にもかんがみると、……〔申立人らに〕営業上の損害が仮に生じるとしても、これをもって償うことができない損害ということはできない」とした。この最後の部分は、損害の程度をいうものなのか、それとも、営業上の損害が仮の差止めの必要性を基礎付ける損害に当たらないというのかは、やや判然としないが、同項の趣旨として述べられているのは、同項が「個々人の生命、身体の安全等」をも保護する趣旨の規定であるということだから、後者とみるべきであろう。個人的損害を申立人自身の損害と解するとき、この裁判例で申立人によって主張された営業上の損害は、申立人自身が被るものであれば、個人的損害といってよかろう。しかし、この裁判例は、根拠法令が申立人の営業上の利益を保護していないと解しているから、申立人の営業上の損害が仮の差止めの必要性を基礎付ける損害とはいえないとしたといえる。

いずれにしても、上の2つの裁判例では、申立人が、その申立人適格を基礎付ける法律上の利益に対し具体的に被害を被ることが想定されるときに、その被害が執行停止あるいは仮の差止めの必要性を基礎付ける損害とされている。このような限定は、正当なものであるといえる。というのも、本案訴訟である取消訴訟や差止訴訟では、法律上の利益を有する者に原告適格が認められ（行訴法9条1項、37条の4第3項）、また、少なくとも取消訴訟では、自己の法律上の利益に関係のない違法の主張が許されない（同法10条1項）[6]ことに照らすと、本案判決によって保護すべきものとされない権利利益をも仮の救済によって保護すべきではないからである[7]。

---

6) 差止訴訟には行政事件訴訟法10条1項が準用されないことについて、高安秀明「差止訴訟」園部＝芝池（編）前掲注1）書185頁以下・208-209頁参照。

3 処分との因果関係

さらに、このような限定に加えて、必要性要件における損害は、申立人の個人的損害であっても、執行停止においては、処分、処分の執行および手続の続行による損害でなければならず、仮の差止めや仮の義務付けにおいても、本案訴訟で争われる処分がされあるいは処分がされないことによる損害でなければならない。つまり、因果関係が必要である。ここでいう因果関係を「相当因果関係」とする説があるが[8]、相当因果関係の有無を執行停止に持ち込むべき法令上の根拠が見当たらないとする見解もある[9]。

因果関係が必要とされるという点で興味深いのが、一見すると趣旨を異にするかにみえる、次の2つの判例である。1つは、2004年改正前のものだが、弁護士に対する懲戒戒告処分の執行停止が求められた事案で、最高裁が、当該処分は、「それが当該弁護士に告知された時にその効力が生じ、告知によって完結する」ものであり、日本弁護士連合会会則に基づいて行われる「公告は、処分があった事実を一般に周知させるための手続であって、処分の効力として行われるものでも、処分の続行手続として行われるものでもない」ため、「本件処分が本件公告を介して第三者の知るところとなり、相手方の弁護士としての社会的信用等が低下するなどの事態を生ずるとしても、それは本件処分によるものではないから……回復困難な損害に当たるものということはできない」とした最三決平15・3・11判時1822号55頁である。もう1つは、2004年改正後のもので、弁護士に対する業務停止の懲戒処分の執行停止が求められた事案で、当該「処分によって……〔当該弁護士〕に生ずる社会的信用の低下、業務上の信頼関係の毀損等の損害」が重大な損害に当たるとした原審の判断を正当として是認できるとした最三決平19・12・18判時1994号21頁である。

両判決を整合的に理解すれば、この違いは、社会的信用の低下等が、後者で

---

7) この点に関し、大阪地決平18・8・10判タ1224号236頁は、「処分……がされることにより生ずる償うことのできない損害」が生じるといえるためには「当該私人の法律上保護された利益が侵害され」ると認められることが必要であるとする。なお、山本隆司「行政訴訟における仮の救済の理論(上)」自治研究85巻12号(2009年)28頁以下・34頁参照。
8) 南博方(編)『注釈行政事件訴訟法』(有斐閣、1972年)230頁〔仲江利政〕。
9) 南博方=高橋滋=市村陽典=山本隆司(編)『条解行政事件訴訟法〔第4版〕』(弘文堂、2014年)529頁〔八木一洋〕。

は懲戒処分の効力そのものである業務停止義務の発生によって生じるとの認識が前提となっているのに対し、前者では懲戒処分そのものからではなく、それとは根拠法を異にする、事後の周知措置（公告）によるものであると解されていることに起因するというべきである。懲戒戒告処分が公告されることによる社会的信用等の低下は同処分により通常生じる損害であると考えられようから、前者においても因果関係が肯定されても良さそうだが、最高裁は、執行停止に必要な因果関係をこのようには解していないことが推測できる。ただ、申立人が主張する損害がその申立人適格を基礎付ける法律上の利益の侵害とみることができる限り、それを法的に保護する必要性があると考えられる。根拠法令が処分の発動を抑制しているのだから、処分の相手方は、違法な処分によって、いかなるものであれ法的な不利益を受けないことが根拠法令によって保護されていると解すべきである。なお、前者の判例の事案での現実的な対応として、手続の続行の範囲をより広く解することが考えられなくはないが、最高裁は上記公告を手続の続行とは解していない。

三　損害の程度と緊急性

　損害の程度と緊急性の関係について、2004年改正前の学説では、「『回復の困難な損害』と『緊急の必要』は概念上区別することは可能であるが、通常は前者があればそれと一体として後者も認められるという状況にある[10]」、あるいは、「『回復の困難な損害』とは、『今すぐ執行停止しないと回復が困難になる損害』という意味であるから、『緊急の必要があるとき』という要件をすでに含んでいると解される[11]」との指摘がみられた。これらは、損害の程度が相当に高いものであることが要求されていたため、緊急性を独立の要素として検討する必要がほとんどなかったことをいうものであろう。

　現行法下の裁判例をみると、抗告訴訟にかかる仮の救済のいずれについても、損害の程度と緊急性を総合的かつ一体的に、後者を前者の一要素とする形で判断するものが多い（総合的判断）が、具体例は少ないものの、緊急性を損害の

---

10)　塩野宏『行政法Ⅱ〔第3版〕』（有斐閣、2004年）170頁。
11)　芝池義一『行政救済法講義〔第2版補訂増補版〕』（有斐閣、2004年）100頁。

程度と区別して判断するものもある（二元的判断）。

1　執行停止の場合

　執行停止が求められる場合、すでに処分がされていることが前提となる。まず、相手方にとって不利益的な処分の執行停止をその相手方が求めるとき、当該処分の効力によってすでに重大な損害が生じているのであれば、明示的に緊急性を問う必要はなく総合的判断となる[12]のに対し、不利益的な処分の効力により直ちに重大な損害が生じないのであれば、緊急性が問われることになろう。裁判例をみると、後者の場合でも、総合的判断によっているようにみえるもの[13]があるが、二元的判断をするものもある。たとえば、不当景品類及び不当表示防止法6条に基づく措置命令の執行停止が求められた事案で、商品の信用低下による販売困難等の損害が重大な損害に当たるとしたうえで、同「命令が発令されて未だ間もない時期にあることに鑑みると、……上記損害が取り返しのつかない段階に至っているとまではいえない」が、申立人が同命令の「内容に従って周知措置を自ら行うこととなれば、申立人ら自身の信用や取り扱う商品の信用は失墜し、本件商品に係る事業の再建が不可能となるという決定的な打撃を被るおそれが高い」として緊急性を認めたもの（東京地決平27・4・20判タ1424号205頁）がある。このケースでは損害発生のおそれがあるにとどまっていたため、緊急性が独立して検討されたと考えられる。また、公演のために公の施設の使用許可を求めてこれがいったんは認められたが事後に取消処分がされたためその執行停止が求められた事案で、集会の自由や表現の自由に対する制約が生じていることなどを考慮して重大な損害の発生を認めたうえで公演の期日が迫っていることを理由に緊急性を肯定したもの（岡山地決平18・10・24裁判所ウェブサイト、仙台高決平19・8・7判タ1256号107頁）がある。ここで二元

---

12)　たとえば、さいたま地決平27・9・29賃社1648号57頁、さいたま地決平27・12・17賃社1656号45頁、さいたま地決平27・12・17賃社1656号55頁、名古屋高決平27・5・15賃社1642号61頁、東京高決平24・7・12判時2155号112頁。

13)　たとえば、大阪地決平19・9・19裁判所ウェブサイト、岡山地決平20・1・30裁判所ウェブサイト、宇都宮地決平21・1・5裁判所ウェブサイト、前橋地決平21・10・23裁判所ウェブサイト、大阪高決平18・1・20裁判所ウェブサイト、東京地判平23・9・27LEX/DB25502545、東京地決平27・10・15裁判所ウェブサイト、佐賀地決平27・7・10判時2304号39頁。

的判断がされたのは、公演の期日が相当程度先であれば、あえて執行停止をする必要がないからであろう。これらの裁判例はいずれも、事案の特性の故に二元的判断をしたというべきである[14]。

これらに対し、許認可の第三者がその執行停止を申し立てて当該許認可にかかる私人の行為によって損害が発生すると主張するとき、二元的判断となることもある。たとえば、建築確認の執行停止が求められた事案で重大な損害が生じるおそれがあるとしたうえで、「本件建築物の建築等の工事は完了間近であるところ、本件建築物の建築等の工事が完了すると、本件処分の取消しを求める訴えの利益は失われる」ことを「斟酌」すると緊急性があるといえるとした裁判例（東京高決平21・2・6判例自治327号81頁）がある。

2　仮の義務付けの場合

仮の義務付けが求められ、すでに償うことのできない損害が発生している場合には、当然に緊急性も認められようから、損害の程度の判断に緊急性の判断を吸収して総合的判断がされることになろう。裁判例でも、このような状況で明示的に緊急性を問わないものがある[15]。

これに対し、未だ償うことのできない損害が発生していない場合には、二元的判断によることが妥当なようにみえることがある。たとえば、大阪地決平26・9・16裁判所ウェブサイトでは、大阪府八尾市の都市公園条例に基づく「公園内行為」（具体的には反対集会）の許可の仮の義務付けが求められた事案で、「本件集会の実施を拒まれることによって、……集会の自由が侵害される結果を招来することは明らか」であり、これによる損害が償うことのできない損害に当たるとしたうえで、「本件集会の開催予定日……までに本案訴訟の判決が確定することはあり得ないことは明らかであるから、本件申立ては、……償うこと

---

14) なお、退去強制令書の収容部分の執行について、それにより大学生である申立人が被る大学で履修登録ができず学業を継続できなくなる不利益を重大な損害と認定し、履修登録の期限が迫っていることから緊急性を肯定した裁判例（大阪地決平19・3・30判タ1256号58頁）もある。処分の執行による損害発生の時期が問題になったケースといえようが、履修登録の完了後でも執行停止の必要性を否定する趣旨ではないというべきである。

15) たとえば、徳島地決平17・6・7判例自治270号48頁、東京地決平18・1・25判時1931号10頁、大阪地決平20・7・18判例自治316号37頁、奈良地決平21・6・26判例自治328号21頁、那覇地決平21・12・22判タ1324号87頁、東京地決平24・10・23判時2184号23頁。

のできない損害を避けるため緊急の必要があるときに当たる」として二元的判断がされた。この裁判例は、未だ損害が発生していないが、損害が発生する時期が近接していることから、緊急性を肯定している。これに対し、タクシーの運賃等の認可（更新）の仮の義務付けが求められた事案で、償うことのできない損害を避けるため緊急の必要があるというためには、「損害の発生が切迫している状況にあること」を要するとしたうえで、従前の認可にかかる運賃の実施期間の終期が2日後に迫っておりこれを「経過すると、申立人はタクシー事業を行うことができなくなり、その影響は、法人である申立人の営業活動ができなくなり倒産の危機が現実的になることにとどまらず、その従業員の収入が途絶えることにもつながる」ため、「申立人の置かれたこのような状況は、上記の要件に該当すると認められる」としたものがある（名古屋地決平22・11・8判タ1358号94頁）[16]。この裁判例は、実質的には二元的判断をするものといえようが、総合的判断を維持するために切迫性という概念を持ち込んだものと考えられる。

これら2つの裁判例のように、申請型義務付け訴訟を本案訴訟とする場合、許認可を得ることが必要な時期が仮の義務付けの申立てに対する決定の時期と近接していないことがあり得るから、緊急性を独立した要素として検討する必要があることもあろう。ただし、将来において生じるおそれのある損害の程度が、償うことのできない損害といえる場合で、さらにその程度が深刻なものであれば、緊急性を緩和する余地もあるというべきである。

3 仮の差止めの場合

仮の差止めが求められる場合には、未だ損害が発生していないことが前提となる。このため、処分がされることにより直ちに償うことのできない損害が生じると考えられれば、緊急性を独立の要素として検討する必要はなく、総合的判断によることとなろう。とくに、その相手方にとって不利益的な処分の仮の差止めが求められる場合、当該処分の効力によって直ちに償うことのできない損害が生じると考えられるのであれば、緊急性を問う必要がない[17]。

---

[16] このほか、津地決平22・1・8判例自治371号100頁、和歌山地決平23・9・26判タ1372号92頁も参照。

第 7 章　抗告訴訟にかかる仮の救済における「必要性要件」の判断構造　203

　仮の差止めの必要性の判断において、事後的救済（取消訴訟と執行停止、損害賠償など）による損害回復の可能性を考慮する裁判例がある。たとえば、タクシー事業者に対する運賃変更命令等の仮の差止めが求められた事案で、当該処分等がされると「一旦事業継続ができなくなり、それが相当期間に及ぶと……事業回復は著しく困難となり、その期間が伸びるほど、困難度は増し、また、……社会的信用が失墜する」という「損害は、事後的な救済手段である取消訴訟等の提起及び事後的な金銭賠償によって十分な回復が可能なものということはできない」として、仮の差止めの必要性を肯定したものがある（大阪高決平27・1・7 判時 2264 号 36 頁）[18]。事後的救済による損害回復の可能性は、緊急性を示すものといえなくはないが、この裁判例では、それが差止訴訟の特質に対応して仮の差止めの必要性の有無を識別するために用いられており総合的判断がされたというべきである。

　許認可の仮の差止めが求められる場合、当該許認可にかかる私人の行為により生じる損害の発生時期が問題となろうから、緊急性は独立の要素として考慮されざるを得ない。たとえば、公有水面の埋立免許の仮の差止めが求められた事案で、当該免許に基づく埋立工事が実施されれば「景観が害され、しかも、いったん害された景観を原状に回復することは著しく困難である」が、当該工事が直ちに着工されるわけではないから、当該免許がされた場合、「直ちに差止訴訟を取消訴訟に変更し、それと同時に執行停止の申立てをし、本件埋立てが着工される前に執行停止の申立てに対する許否の決定を受けることが十分可能である」として緊急性を否定した裁判例がある（広島地決平 20・2・29 判時 2045 号 98 頁）。ただ、このケースは、同決定も示唆するように、どちらかというと取消訴訟を提起すべき事案といえる。

　このようにみると、執行停止、仮の義務付け、仮の差止めのいずれの場合でも、損害の程度と緊急性を区別して判断すべき場合は、それほど多くなく、基本的には、総合的判断によるのが適切であるといえよう。ただ、事案の性質に

---

17)　なお、たとえば収用裁決のように、不利益的な処分の執行によって損害が発生する場合は、当該処分の取消訴訟を提起して執行停止の申立てをすべきことになろうから、ここでの検討対象から除外される。

18)　このほか、大阪地決平 18・8・10 判タ 1224 号 236 頁、大阪地決平 26・7・29 判時 2256 号 3 頁、福岡高決平 27・1・9LEX/DB25505806、東京地決平 28・12・14LEX/DB25544700 も参照。

よっては、緊急性が独立の要素として検討されざるを得ないことがある。

四　行政目的と他者損害

　執行停止が求められた事案で、重大な損害が生じるか否かの判断に際し考慮または勘案すべき事項の定め（行訴法25条3項。以下これらの事項を「考慮・勘案事項」という）のうちの「処分の内容及び性質」に含まれるものとして、行政目的の達成の必要性や他者損害を勘案する裁判例がある。いうまでもなく、考慮・勘案事項の定めは2004年改正で執行停止の必要性の判断について導入されたものであり、仮の義務付けや仮の差止めの必要性については、このような定めはないが、下でみるように、これらの判断に際しても、行政目的の達成の必要性や他者損害を勘案する裁判例がある。

1　考慮・勘案事項

　2004年改正直後の学説ではすでに、行訴法は、考慮・勘案事項が仮の差止めおよび仮の義務付けにおける償うことのできない損害の有無の判断に際しても考慮し勘案されるべきことを前提としているとの指摘がなされていた。[19]

　2004年改正の立案関係者の解説では、仮の差止めも仮の義務付けも「本案訴訟の結果と同じ内容を仮の裁判で実現するもの」だから、「償うことのできない損害」は、本案訴訟の訴訟要件のうちの「重大な損害」と比べて「厳格な要件」であって、重大な損害よりも「回復の困難の程度が比較的著しい場合をいう」が、そこから「およそ金銭賠償が可能なものがすべて除かれると解されるものでは」なく、「むしろ、社会通念に照らして金銭賠償のみによることが著しく不相当と認められるような場合」をも含むとされている。[20] 考慮・勘案事

---

19)　たとえば、本多滝夫「仮の救済制度論——仮命令・執行停止制度の検討」法律時報77巻3号（2005年）55頁以下・57頁。
20)　小林久起『行政事件訴訟法』（商事法務、2004年）290-291頁。これと同旨の裁判例として、仮の差止めが求められた大阪地決平18・8・10判タ1224号236頁、大阪地決平26・7・29判時2256号3頁、大阪高決平27・1・7判時2264号36頁等、仮の義務付けが求められた津地決平22・1・8判例自治371号100頁、和歌山地決平23・9・26判タ1372号92頁等がある。なお、金銭賠償が可能か否かという議論の仕方が有する問題点について、南（編）・前掲注8)230頁〔仲江利政〕参照。

項と比較すると、ここでは、回復の困難の程度が問題とされ、また金銭賠償の可能性と当否について検討すべきものとされているから損害の性質・程度にも照らすことが求められているのに対し、処分の内容・性質には言及がない。ここではさらに、申請型義務付け訴訟については、「重大な損害」が訴訟要件とされていないこと（行訴法 37 条の 3 参照）に注意が必要である。

　裁判例をみると、仮の差止めや仮の義務付けが求められた事案で、処分の内容・性質を含めて、これらの事項を考慮するものがある[21]。この点で興味深いのは、仮の差止めが求められた東京地決平 22・4・12 裁判所ウェブサイトである。同決定では、「仮の救済の制度の中でも、仮の義務付け又は仮の差止めにつき、より厳格な要件が定められているのは、これら……実質的には本案訴訟の裁判と同様の内容を仮の裁判で実現するものであることによる」から、仮の差止めの必要性が「あると認められるためには、当該処分により生ずる損害の回復の困難の程度を考慮し、当該損害の性質及び程度並びに当該処分の内容及び性質をも勘案……（……〔行訴〕法 37 条の 4 第 2 項参照）」する必要があるとされた。この決定が参照条文として引用しているのは差止訴訟の訴訟要件としての重大な損害が生じるか否かを判断する際に考慮または勘案すべき事項を定めた規定である。本案訴訟においてこのような事項の考慮または勘案が必要なのだから、仮の救済においてもそれと同様に解すべきであるというのであろう[22]。

　考慮・勘案事項のうち、回復の困難の程度と損害の性質・程度は、いずれも損害に関係する要素であって、仮の差止めであれ仮の義務付けであれ償うことのできない損害の有無の判断において、明文規定がないといっても、それらを考慮または勘案することを否定する理由は特になかろう。これに対し、処分の内容・性質については、申立人の損害とは直接関係のない事項であるため、それを勘案することを正当化する理由が必要となる。上記の東京地裁決定は、この問いに一定の解答を示していると考えられる（ただし申請型義務付け訴訟を本案訴訟とする場合にも同様に解すべきかの問題は残る）。

　重大な損害の有無の判断に際し処分の内容・性質を勘案すべきことの趣旨を、

---

21) たとえば、本文中で取り上げる東京地決平 22・4・12 裁判所ウェブサイトのほか、東京地決平 24・10・23 判時 2184 号 23 頁（明示的に処分の内容および性質に言及している）がある。
22) 東京地決平 25・8・14LEX/DB25506520、福岡地決平 26・5・28LEX/DB25504148 も参照。

2004年改正の立案関係者は、それらが勘案されることによって、当該処分の申立人への影響だけでなく「当該処分が広く多数の者の権利義務に対してどのような影響を与えるものであるかどうかなどを含めて」執行停止の「影響が適切に考慮される」ようになり、「執行停止の要件について、個別具体的な事案に応じて、より妥当な結論を導く」ことにあると説明している。[23]裁判例では、この勘案事項が、「当該処分による行政目的を達成する必要性」を意味するもの（東京地決平27・10・15裁判所ウェブサイト）と解されたり、処分の「執行等を停止することにより申立人以外の者に対していかなる影響が生じ得るか」の勘案を求めるもの（東京地決平27・4・20判タ1424号205頁）といわれたりするなどしている。

2 行政目的

損害の重大性の判断において行政目的の達成の必要性を勘案すべきであるとした裁判例で典型的であると思われるのが、大阪地決平22・12・15判例自治351号94頁である。同決定は、「処分の執行等により維持される行政目的等を踏まえた処分の内容及び性質と、処分の執行等により申立人が被る損害の性質及び程度とを、特にその損害の回復の困難の程度を十分に考慮した上で比較衡量し、処分の執行等により申立人が被る損害が、社会通念上、行政目的の達成を一時的に犠牲にしてもなお救済しなければならない程度の損害といえるか否かという観点から判断すべきである」とする。

裁判例において申立人の被る損害と行政目的の達成の必要性との比較衡量がされるといっても、その場合の行政目的は処分の根拠法令が当該処分を通して実現しようとするものである場合が多い[24]。ただし、これらとは異なり、根拠法令が当該処分を授権した目的とは別の行政目的を勘案する裁判例もみられる。すなわち、大阪地決平26・3・5判例自治392号64頁は、条例による保育所の廃止について損害の重大性を判断するにあたり、「保育所廃止の必要性と、申立人らの有する……法的地位に生じ得る不利益の程度を勘案しながら、同不利益の程度が、処分の執行等により維持される行政目的達成の必要性を一時的に

---

23) 小林・前掲注20) 280-281頁。

犠牲にしても救済しなければならない程重大であり、かつ、緊急の必要性があるといえるか否かの観点から検討されるべきである」としている。また、大阪高決平27・6・15判例自治411号73頁は、道路法に基づき地下道の一区画につき与えられていた道路占用許可の更新申請を地下道の拡張等を行う工事のために拒絶されたが退去を拒否した者に対して道路管理者がした道路法71条に基づく除去命令の手続の続行の停止が求められた事案で、申立人の「主張する損失の性質、特に、それが経営努力によって回復可能であることと、本件命令とその前提をなす本件工事の公共性に照らすと、……『重大な損害』があるとは認められない」としている。

　行政目的の達成の必要性を勘案すること自体は、その場合の行政目的が当該処分を根拠法令が授権した目的である限り、考慮・勘案事項にいう処分の内容に含まれるものとして正当であるといってよかろう。行政目的の達成の必要性から損害の重大性が否定されることがあり得ることはこれまでも指摘されてきたところであり[25]、また、この点を考慮する裁判例をみると、ここから申立人に受忍させるべき限度が導き出されているようにもみえる。

　次に、行政目的の達成の必要性を勘案することと公共の福祉の阻害性との関係について検討する。この点については、2004年改正の前から、学説において議論があった。すなわち、「公益とのバランス」は執行停止の必要性ではなく公共の福祉の阻害性の「問題である」といわれたり[26]、「不停止により維持される行政目的との比較によって」執行停止の必要性を「判断する」ことは、それが「本来公共の福祉の問題であり、疎明責任も要件としての次元も違う異質

---

24) たとえば、前橋地決平21・10・23裁判所ウェブサイト（都市計画法81条1項に基づく除却命令の執行の停止が求められた事案で、同命令が同「法の目的に沿うよう」「公益を実現しようとするものである」ことなどを考慮して損害の重大性を肯定したもの）、大阪地決平22・12・15判例自治351号94頁（道路法71条1項に基づく除去命令の執行の停止が求められた事案で、同命令が道路の適正な管理を目的として行われるものであることなどを考慮して損害の重大性を否定したもの）、東京地決平23・9・27LEX/DB25502545（不動産の公売処分の執行の停止が求められた事案で滞納国税の徴収の必要性をも考慮して損害の重大性を肯定したもの）、東京地決平27・4・20判タ1424号205頁（不当景品類及び不当表示防止法6条に基づく措置命令の執行停止が求められた事案で同法が一般消費者の利益の保護〔1条参照〕を目的としており同命令もこれを目的にされるとしたうえで、この点も考慮に入れつつ損害の重大性を否定したもの）がある。
25) たとえば、室井＝芝池＝浜川（編）前掲注1) 298頁〔市橋克哉〕。
26) 今村成和「執行停止と仮処分」同『現代の行政と行政法の理論』（有斐閣、1972年）253頁以下・257頁（初出は1965年）。

なものを損害の場に持ち込む点で不当である」と指摘されたりすることがあった。その一方で、「総合判断の結果、金銭賠償によっては受忍させるべきでない損害」とされたものと「執行停止によって生ずる公益上の損失ないし公共の福祉に対する影響とを比較衡量することにより、後者が前者より大きいと評価されるときは回復困難な損害に当たらないというのであれば」、それは公共の福祉の阻害性の問題であり「正当ではない」が、「受忍させるべき損害か否かの総合判断をする場合に、行政処分の目的とする公共の福祉とか、公益上の損失をとりあげて、総合判断における事情とすることは、『回復困難な損害』……の判定の問題である」との指摘もあった。現行法下の公共の福祉の阻害性についても、損害の重大性が肯定された場合でも「社会全般の利益等との調整に係る特別の事情の存在につき疎明があったとき」に執行停止ができないと説明するものがある。

ただし、公共の福祉の阻害性の実態について、2004年改正前において、その「充足が認められた事例は、……特殊な場合を除けば、ほとんど存在しなかった」のであって、「実質的にはすでに〔執行停止の〕必要性の要件または本案の理由の有無に吸収され」ていたとの指摘がある。また、2004年改正後の裁判例をみても、損害の重大性や本案の理由にかかる説示に照らして公共の福祉の阻害性を否定するものがみられる。

これまでの議論を参考にすると、処分の内容として勘案される行政目的の達成の必要性というときの行政目的を、根拠法令が当該処分を授権した目的に限定し、他方、公共の福祉の阻害性にいう公共の福祉を、重大な損害が生じると認められる場合に、公益上、それでもなお執行停止をすべきではない特別の事

---

27) 山村恒年＝阿部泰隆（編）『判例コンメンタール〈特別法〉行政事件訴訟法』（三省堂、1984年）251頁〔仲江利政・三代川俊一郎〕。
28) 緒方節郎「行政処分の執行停止と公共の福祉」田中二郎先生古稀記念『公法の理論 中』（有斐閣、1976年）1169頁以下・1177-1178頁。杉村敏正＝兼子仁『行政手続・行政争訟法』（筑摩書房、1973年）334頁〔兼子〕も参照。さらに、岡山地決昭43・12・17行裁例集19巻12号1940頁も参照。
29) 南＝高橋＝市村＝山本（編）・前掲注9) 559頁〔八木一洋〕。
30) 室井＝芝池＝浜川（編）・前掲注1) 299-300頁〔市橋克哉〕。
31) たとえば、岡山地決平18・10・24裁判所ウェブサイト、仙台高決平19・8・7判タ1256号107頁、津地決平22・1・8判例自治371号100頁、東京高決平24・7・12判時2155号112頁、東京地決平27・10・15裁判所ウェブサイト、東京地決平27・4・20判タ1424号205頁。

情と解するのが適切ではないかと思われる。根拠法令が当該処分を授権した目的とは別の公益を理由に仮の救済を認めないのであれば、その公益の存在の疎明責任を行政に負わせるべきであると考えられるからである。この観点からすると、上で紹介した裁判例のうち大阪地決平26・3・5判例自治392号64頁と大阪高決平27・6・15判例自治411号73頁で勘案された「保育所廃止の必要性」と「本件工事の公共性」は、執行停止の必要性ではなく、公共の福祉の阻害性の判断要素として検討されるべき事項であったといえよう[32]。

3　他者損害

　他者損害についても裁判例をみると、たとえば、指定居宅サービス事業者等の指定取消しの執行停止が求められた事案で介護サービスを受けることができなくなる登録利用者の日常生活や健康状態に悪影響が及ぶこと（岡山地決平20・1・30裁判所ウェブサイト）、申立人（有限会社）が定置漁業権の免許等の仮の義務付けを求めた事案で従業員に生じる生活基盤への支障（津地決平22・1・8判例自治371号100頁）、申立人（いわゆる法人タクシーの事業者）が運賃および料金の認可処分の仮の義務付けを求めた事案で申立人の事業継続が困難になることによる従業員の収入の途絶（名古屋地決平22・11・8判タ1358号94頁）、と畜場の検査の仮の義務付けが求められた事案で申立人（中小企業協同組合）の組合員に生じる事業活動の支障（東京地決平24・10・23判時2184号23頁）、不当景品類及び不当表示防止法6条に基づく措置命令の効力を停止しても一般消費者が自主的かつ合理的な選択をすることを阻害するおそれがあるとはいえないこと（東京地決平27・4・20判タ1424号205頁）を、それぞれ勘案したものがある。

　やや曖昧な分析だが、いずれにおいても、仮の救済が認められないことにより影響を受けることを勘案されている者の範囲が比較的限定されており、最後のケースを除くと、その者は、申立人と利害を共通にするが、申立人と同視することのできない者であり、最後のケースは、申立人と利害を異にする者への影響が勘案されている。他者損害を勘案すること自体は、これらの裁判例に鑑みると、処分の第三者であって申立人と密接な関係を有するものに当該処分が

---

[32]　仮の義務付けが求められたものだが、東京地決平24・10・23判時2184号23頁も参照。

いかなる影響を与えるものかを問うものと解する限りで、処分の性質に含まれるということができよう。

問題は、他者損害として勘案できるものの範囲である。すでにみたように、他者損害であってもそれを申立人の損害に引き直すことができる限りはそれを申立人の損害として考慮すべきであろう。これに対し、たとえば、一般消費者や道路利用者、あるいはより広く私人一般も、申立人以外の者であるといえるが、これらの者への影響は、行政目的の達成の必要性として勘案され、あるいは公共の福祉の阻害性の判断時に考慮されるべきものと考えられる。いずれにしても、他者損害として勘案が許されるものの範囲は、申立人との関係性から事案に応じて限定されるべきであろう。

五　おわりに

以上、抗告訴訟にかかる仮の救済における必要性要件の判断構造について検討してきた。ここまでの検討結果を整理すると、第1に、必要性要件については、それを基礎付ける損害が申立人適格の基礎となる法律上の利益の具体的な侵害でなければならないと解すべきである。第2に、損害の程度と緊急性は、総合的判断を基本とすべきだが、事案の性質によっては二元的判断とならざるを得ないことがある。第3に、行政目的の達成の必要性も他者損害も必要性要件の判断において勘案することは解釈上許容できるが、勘案すべき行政目的を根拠法令が当該処分によって実現しようとする目的に限定し、それ以外の公益は公共の福祉の阻害性において考慮すべきであり、他者損害はその範囲を申立人との関係性から事案に応じて具体的に限定すべきである。

行政目的の達成の必要性については、それが申立人に損害を受忍させるべき範囲を示すことにもなりかねず、行政目的として勘案できる事項の範囲が拡大しないように注意が必要であろう。他者損害が必要性要件の判断において勘案されることは、その範囲が限定される限りにおいて適切であるといえるが、それと行政目的の達成の必要性や公益の差異は必ずしも明らかではないようにみえる。

本章の問題意識からすると、さらに、損害の程度が執行停止の必要性と仮の

義務付け・仮の差止めの必要性で異なることや、本案訴訟との関係などについても考察することが必要であろう。また、他者損害として勘案の許されるものの範囲については十分に踏み込んだ検討ができなかった。これらの点は今後の課題である。

（にしだ・こうすけ　法政大学教授）

第3部　市民生活と権利保護

第8章　公契約に見る雇用平等政策の理念
——アメリカ合衆国の経験

藤本　茂

一　はじめに

　人口減・少子高齢社会に突入したわが国雇用社会において、女性の雇用社会への参入・活躍は高齢者とならんでわが国経済の成長を維持せんとする政策にとって大きな関心事である。

　一億総活躍社会の実現を目指す官邸あげての国民運動(「ニッポン一億総活躍プラン」(平成28年6月2日閣議決定)[1])は、その一例である。閣議決定された「ニッポン一億総活躍プラン」には、「一億総活躍社会は、女性も男性も、お年寄りも若者も、一度失敗を経験した方も、障害や難病のある方も、家庭で、職場で、地域で、あらゆる場で、誰もが活躍できる、いわば全員参加型の社会である。これは単なる社会政策ではなく、『究極の成長戦略(筆者—カギカッコ)』である。全ての人が包摂される社会が実現できれば、安心感が醸成され、将来の見通しが確かになり、消費の底上げ、投資の拡大にもつながる。また、多様な個人の能力の発揮による労働参加率向上やイノベーションの創出が図られることを通じて、経済成長が加速することが期待される(包摂と多様性による持続的成長と分配の好循環)」(3頁)とある。国民あげて経済成長を実現しようとの一億総動員の経済政策の提唱である[2]。

---

1) http://www.kantei.go.jp/jp/singi/ichiokusoukatsuyaku/pdf/plan1.pdf

他方、内閣府は男女共同参画社会を目指し女性管理職の割合を 2020 年に 30％を達成することを男女間格差の改善・実質的な男女平等の担保として積極的改善措置（ポジティブ・アクション）を講じるよう企業に呼び掛けている[3]。そこには、積極的改善措置を実施することの意義に関して、「単に法律等で男女差別を禁止するだけでは（働く担い手として女性を活かすには—筆者注）困難である」と述べて、男女雇用平等に目を配っているようである。また、2016 年 4 月に施行された女性活躍推進法[4]は、自社に勤務する女性が働きやすい環境を整えるため、課題を見つけ課題を解決する計画を立てて実行するように 301 名以上の従業員を雇用する事業主に義務付ける。事業活動における生産・品質管理など管理業務を円滑に進める手法として最近よく用いられる PDCA サイクル、（計画（plan）→実行（do）→評価（check）→改善（act）を繰り返して事業活動を改善してゆく手法）が、女性活躍の手法としても採用された。

 しかし、それは個人の生き方（価値観）の多様性を前提にした雇用平等政策とは異なものである。アベノミクスの政策は、男女はもとより高齢者も障がい者も挙げて、持続的に経済成長できる社会を目指して参画する一億総活躍社会である。その社会には、働き方の多様性はあっても生き方の多様性は見えてこない[5]。生き方の多様性の承認あるいは価値観の多様性への寛容を前提としない働き方の多様性とは、まさに国民おしなべて国の経済成長のために、働ける能力めいっぱい働く働き方の多様性であって、「働く」というひとつの方向に国民を総動員する[6]。そのような社会は画一であり非寛容であり排除的である。多様性と相いれない。

 雇用平等政策は、個人の個性を尊重しその生き方の多様性に目を向け、その生き方の一部を構成する働くことの価値観の多様性を尊重し、雇用社会におい

---

2) 経済の視点から、経済成長を前提とするアベノミクスに否定的な説得力のある見解を提示する文献として、エマニュエル・トッド＝バジュン・チャン＝柴山桂太＝中野剛志＝藤井聡＝堀茂樹著『グローバリズムが世界を滅ぼす』（文春新書、2014 年）。水野和夫著『資本主義の終焉と歴史の危機』（集英社新書、2014 年）。榊原英資＝水野和夫著『資本主義の終焉、その先の世界』（詩想社新書、2015 年）。
3) 内閣府・男女共同参画推進連携会議「『2020 年 30％』の目標の実現に向けて」2011 年 3 月。
4) 正式名称は「女性の職業生活における活躍の推進に関する法律」。
5) 筆者と同じ印象をアベノミクスにもつ文献として、唐津博「目線の置きどころ——『一億総活躍社会』と『個人』」労働法律旬報 1874 号 4 頁（2016 年）。
6) 浜矩子著『アホノミクス完全崩壊に備えよ』（角川新書、2016 年）。

ても自己の価値観に基づくアプローチができる雇用社会の実現を目指す。そのために、性などの属性によって阻まれることなく実現できる機会を保障する「公正な雇用[7]」を目指す。それが雇用平等である。個人の生き方の多様性を確保する土台は、雇用社会における経済的ゆとりの保障にある[8]。公正な雇用も個人の生き方の自由が保障される就労による十分な経済的基盤が得られることにその前提がある。そのためには対等な労使関係を担保する労働者組織の豊かな活動が重要である[9]。アベノミクスの政策はこれらを踏まえているとはいいがたい。

また、わが国の雇用労働政策は、行政がその政策の責任を担って推進するのは少ない。給付金を支給するなどの手法を用いて民間を誘導したり、監督権限を利用して行政指導したりするなど誘導的な手法を用いることが多い。行政への寄らしむべし姿勢が顕著である。しかし、それは政策の責任をあいまいにしかつ権威に服せしめようとする点において、透明・健全とはいいがたい。

2009 年に「公共サービス基本法」が制定された。そこには、良質な公共サービスを提供するうえで、国などが公共サービスの実施に従事する者の適正な労働条件確保などを整備するよう努める（11 条）旨の国などによる労働環境整備の努力規定を設けている。また、公契約にて定める労働条項に関しては、民主党が 2009 年、「国等が発注する建設工事の適正な施工を確保するための公共工事作業従事者の適正な作業報酬等の確保に関する法律案[10]」を作成して政策化の一歩を試みたものの国会上程に至らず、国レベルではいまだに、法政策にすらなっていない。しかし、国レベルでの政策実施の影響力は巨額に登る公共事業費に目を向ければ大きいこと言を俟たない[11]。

こうした状況を踏まえ、本章は、国家の政策実現に大きな影響を有している公契約に焦点を当てて公契約を通して雇用労働政策実現を図る手法を、アメリ

---

[7] 拙著『米国雇用平等法の理念と法理』（かもがわ出版、2007 年）64-70、309-323 頁。以下、「藤本・前掲書」と略記する。拙稿「雇用平等法の基礎的検討」山田省三＝青野覚＝鎌田耕一＝浜村彰＝石井保雄編『労働法理論変革への模索――毛塚勝利先生古稀記念』（信山社、2015 年）555 頁。
[8] 長谷川英祐著『働かないアリに意義がある』（メディアファクトリー新書、2010 年）。
[9] 拙稿「『新しい公共』の担い手たる労働者組織――労使関係の主体たる労働組合」法学志林 113 巻 3 号 3 頁以下（2016 年）。
[10] 労働法律旬報 1719 号 68 頁（2005 年）。
[11] 濱口桂一郎「公契約における労働条項」季刊労働法 254 号 82 頁（2016 年）。公契約条例に関する文献として、拙稿・前掲注 9) 論文。

カ連邦政府の実施する雇用平等政策に見るとともに、経済政策とは異なる雇用労働政策の位置づけをアメリカ雇用平等政策から考えてみたい。

二　雇用平等政策と公契約との関わり

1　はじまり

アメリカ雇用平等政策の始まりは公契約からとされる[12]。以下概要を述べる。

(1)　1941年ルーズベルト大統領命令8802号

実効性のある雇用平等政策の始まりは1941年大統領命令8802号（ルーズベルト大統領）であるとされる。そのきっかけはアメリカの第二次世界大戦勃発にともなう国内政策——人種融合政策（社会的な人種隔離状態の解消）と軍需生産拡大需要に対する労働力の担い手確保にある[13]。

本命令は、連邦政府および連邦政府の防衛関連備品受注部門と公契約（政府契約）関係を有する民間企業に対して、人種、信条、皮膚の色および出身国を理由の雇用差別を禁じ公正雇用制度を実施するよう義務づけた。

管轄機関はFEPC（Fair Employment Practice Committee）[14]で、職員はボランティアで職務に従事した。1942年、参戦とともに大統領命令9040号が発せられ、FEPC業務は戦時生産委員会（War Production Board）に移された。

大統領命令8802号は、時期的に人種融合政策をとることの喫緊性によるところが大きく、管轄機関に強力な権限が与えられたわけではなく、雇用平等政策の表明にとどまり実効性は乏しく、啓蒙活動にとどまっていた[15]。また、性は禁止の対象となっていなかった。

---

12)　https://www.dol.gov./ofccp/"Affirmative action in the United States"、https://en.wikipedia.org/wiki/Affirmative_action_in_the_United_States.
13)　藤本・前掲書44-45頁。藤永康政「黒人思潮の変化と公民権連合の構築(2)——1943年のワシントン行進運動と愛国主義」地域文化研究11号（東京大学大学院総合文化研究科紀要。南修平著『アメリカを創る男たち』（名古屋大学出版会、2015年）177頁、以下、「南・前掲書」と略記する。
14)　https://en.wikipedia.org/wiki/Fair_Employment_Practice_Committee.
15)　奥山明良「アメリカ雇用差別禁止法制の生成と発展(1)」成城法学14号67頁（1983年）85-87頁。

（2） 1943 年ルーズベルト大統領命令 9346 号

翌年 1943 年にルーズベルトは大統領命令 9346 号を発して、人種差別撤廃の雇用平等政策をさらに推進した。管轄機関は、前記 FEPC であるが、大統領行政府のもとで他の部局とは独立した部局として置かれ、地方に 12 の支部を配した。今回の大統領命令 9346 号は先の大統領命令 8802 号が防衛関連備品受注部門であったのに対して、すべての連邦の行政機関に拡大した。結果、公契約（政府契約）にあるすべての民間企業に拡大されたことになる。

FEPC の活動としては、その企業の黒人とそれ以外の従業員の賃金比較などを調査し審査をする権限を与えた。さらに、差別と判断したときには公契約解消権限も付与している。ただし、行使したことはなく、第二次世界大戦の終結とともに、予算削減され、1946 年活動を停止した。

（3） 1946 年トルーマン大統領命令 9808 号、10308 号

1946 年以降のトルーマン、アイゼンハワー大統領時期に、FEPC は強制調査の権限をなくし実効性を欠くものとなった。1946 年にトルーマン大統領命令 9808 号が発せられた。それにより、PCCR（the President's Committee on Civil Rights）[16]が設置され、基本的権利保障の現状を調査し人種平等について大統領に提言した。

1951 年、トルーマンは大統領命令 10308 号を発している。政府契約応諾委員会（the Committee on Government Contract Compliance）が設置された。同委員会は政府契約応諾企業に人種差別を禁止する定めを設けることを求めた。

（4） 1953 年アイゼンハワー大統領命令 10479 号——「メリット・システム」

1953 年の大統領命令 10479 号[17]は政府契約委員会（the Government Contract Committee）を立ち上げて、公契約締結企業にすべての従業員を対象とする雇用平等プログラムの策定を訴えた。雇用平等プログラムとして「メリット・システム」（成績主義・資格任用制度）[18]という具体的な制度を提示した点、差別の申立を受理して行政機関による報告書を審査・検討する権限を有する点が特

---

16) https://en.wikipedia.org/wiki/President%27s_Committee_on_Civil_Rights.
17) https://en.wikipedia.org/wiki/Executive_Order_10479.

筆される。ただし、強制権限なく勧告に止むのであり実効性は乏しかった。[19]

(5) 小括

　以上の時期は概して、アメリカ雇用平等が南北戦争以来、法的には人種平等をいうものの社会の実相としては人種隔離政策が続いていた。そのなかで第二次世界大戦を前に世界に向けて人種差別撤廃に取り組む連邦政府の姿勢を示す必要があった。[20]その時代背景にあって、既述した政策は画期的なことではあった。しかし、実効性に乏しく、アメリカ黒人[21]をアメリカ社会の白人マジョリティと同等の市民と認める正面から取組む姿勢の弱い「啓蒙」のレベルにとどまっていた。もっとも、大統領命令10479号が雇用平等プログラムとして「メリット・システム」（成績主義・資格任用制度）を提示したことは重要である。

　第二次世界大戦後も、大きな転換点となる1964年公民権法成立までは、戦前・戦中と同様に行政が雇用平等政策を進める啓蒙的姿勢は続く。[22]

2　公契約を介しての本格的取組み──「アファーマティブアクション計画」[23]

(1)　1961年ケネディ大統領命令10925号の歴史的意義

　第二次世界大戦後（以下、「戦後」という）の人種差別撤廃の動きは、南北戦争時と同様はかばかしくなかった。より良い雇用の場は復員白人男性にとってかわられた。アメリカ黒人やマイノリティはもとより、戦時中に得た雇用の場を奪われることになった女性は顕著であった。平和時の社会に戻ると、依然として人種隔離は続き、アメリカ黒人は第二市民として処遇されていた。この社会状態に対して、アメリカ黒人は人種差別撤廃運動を全国的に展開し活発になってくる。そこに呼応して女性差別撤廃運動も盛んになっていった。こうした

---

18)　藤本・前掲書109頁。メリット・システムは本来、雇用平等とは別レベルの猟官や情実を排除し、能力主義に基づく公正な公務員任用の要請から制度化される。雇用平等との関連では、能力主義が人種等を考慮しない（カラーブラインド）点において、猟官や情実によるアメリカ黒人などのマイノリティ排除をなくす効果が期待できた。

19)　南・前掲書178頁。

20)　藤本・前掲書45頁。

21)　主として、本章ではアフリカから奴隷として強制的にアメリカに送られてきた子孫としてのアフリカ系アメリカ人を指す用語として使用する。

22)　藤本・前掲書46-47頁。

23)　藤本・前掲書284頁以下。

社会的差別撤廃運動の拡大は、戦後の雇用平等政策に及ぼす影響は大きく、立法よりもまず、連邦政府に公契約を介した政策を推進させた。

戦後の連邦政府による公契約を介した雇用平等政策の本格的取り組みは、1961年ケネディ大統領命令10925号に始まる。

大統領命令10925号は、人種雇用差別を対象とする。女性差別を対象としていない。

本命令の特徴は主に3つである。第一は、差別的扱いを受けてきたグループを積極的に雇用する「アファーマティブアクション（積極的差別是正措置）計画」の策定を公契約締結者に求めた点である。これは今までにないことで、過去の差別による問題解決のある種のゴールすなわち差別状態の早期解消を目的として、誠実な行動を公契約締結者に求める。後に検討するが、連邦政府の人種差別解消に向けた積極的姿勢を内外に示す画期的なことであった。

第二の特徴は、実施機関として大統領府雇用機会均等委員会（President's Committee on Equal Employment Opportunity: PCEEO）を設置した点である。第三は、実効性ある命令とするため、違反に対する措置を定めた点である。PCEEOは、①契約者（請負業者）が虚偽資料を提出した場合刑事責任を問う訴訟を提起するよう司法省に勧告することができ、②命令違反の契約者との公契約を執行停止あるいは解約でき、③新規契約を締結する権利をPCEEOが認めるまではく奪できるとするものであった。ただし、この制裁措置が行使されたことはなかったようである[24]。

(2) 1965年ジョンソン大統領命令11246号の大きな意味——1964年公民権法以降

1964年公民権法の下に雇用差別禁止の分野として第7編が設けられた。それに対応するように、ケネディを引継いだジョンソン大統領の下で、より詳細で実効性のある内容の大統領命令11246号が発せられた。大統領命令11246号は、1964年公民権法第7編と同様いくつかの改正を経て、1964年法とならぶ雇用平等法政策の両輪の一つを現在に至るまで担っている。

---

24) 南・前掲書179-180頁。

本命令の概要は後述するが、主な内容は、①差別禁止とアファーマティブアクション計画の実施を連邦政府調達契約（年総額1万ドル以上）締結企業に義務付けること、②労働省内に連邦契約遵守局（Office of Federal Contract Compliance Programs: OFCCP）を設置（1965.12）したことである。OFCCPはそれまでの大統領府下のPCEEOに代わって現在まで公契約関係の雇用平等を推進する連邦政府部局として活動している。OFCCPの権限はアファーマティブアクション計画の実施状況を審査、不適合の公契約事業主に制裁措置を課することが可能になっている。

三　大統領命令11246号の概要[25]

1　適用事業者

　当初は、既述のように公共事業とりわけ建設事業における公契約締結業者であった。公共建設に限らない公契約に拡大されたのは、1970年（ニクソン大統領期）に、「Order No.4」として知られる労働省規則による。「Order No.4」は対応する職務能力市場での人種構成比に照らして、アメリカ黒人等のマイノリティが少なく雇用された場合にアファーマティブアクション計画を策定していることを求める。特筆すべきは非建設請負契約者・その下請業者に対する規則であった点である。1年後、アファーマティブアクション計画を策定する対象に当初のマイノリティに加えて女性が入った。その「Order No.4」は1975年（カーター大統領期）に、OFCCPに統合された。

　現在は以下のように対象事業者には二つの範疇がある。第一の範疇は、①公共サービスを提供する事業者全般を対象とする総額1万ドル以上の公契約締結業者。②契約金額にかかわりなく連邦基金の預託を受ける金融機関および連邦の貯蓄国債の発行支払を担当する金融機関である。該当する事業者は募集時に雇用差別の禁止とアファーマティブアクション計画を実施していることを明ら

---

25)　相澤美智子著『雇用差別への法的挑戦』（創文社、2012年）166-167頁、以下、「相澤・前掲書」と略記する。Code of Federal Rules , 41 C.F.R. §60-1 etc. https://www.law.cornell.edu/cfr/text/41/subtitle-B/chapter-60, https://www.law.cornell.edu/cfr/text/41/60-1.1 etc.。スモールビジネスに関するOFCCPによるガイドとして、Guide for Small Businesses with Federal Contracts, https://www.dol.gov/ofccp/TAguides/sbguide.htm。

かにして積極的にマイノリティ等に応募を呼び掛け労働契約には平等条項を記載することを求められる。

第二の範疇は、①建設事業契約を結ぶ事業主。または、建設事業契約を締結していない a）従業員50人以上総額5万ドル以上の公契約締結業者、b）従業員50人以上で連邦基金の預託を受ける金融機関、そして c）12ヶ月で5万ドル以上の連邦政府運輸証券を扱う企業である。

2 雇用平等を求める類型の拡大

当初は、人種、念頭にはアメリカ黒人の雇用差別を禁止したが、1967年ジョンソン大統領は、大統領命令11375号を発して、女性を、差別禁止の類型として同大統領命令11246号に加えた。また、1978年、カーター大統領は女性もアファーマティブアクション計画に含めるよう大統領命令11246号を拡大させた。[26]

(1) 障がい者

障がい者に対する雇用差別を禁じたのは、1973年心身障がい者雇用平等法制定[27]（ニクソン大統領期）による。ベトナム戦争の兵役に従事した退役者の心身に負った障害や退役者の失業問題は深刻な社会問題となりその対応が求められていた。1974年、退役者であることを理由とする雇用差別の禁止ならびにアファーマティブアクション計画の策定を求める法律[28]が制定された。

また、2013年には、OFCCPは心身障がい者やベトナム戦争帰還者を理由とする差別禁止についてアファーマティブアクションを強化する方向で、改正を行っている。

(2) グラスシーリングへの対応

マイノリティや女性の昇進・昇格への障壁（グラスシーリング）について、1989年、OFCCPはグラスシーリングを解消すべく、調査を行い1991年に報

---

26) 南・前掲書245頁。
27) the Rehabilitation Act of 1973.
28) the Vietnam Era Veterans' Readjustment Assistance Act (VEVRAA) of 1974.

告書としてまとめて、多くの公契約者がアファーマティブアクションの義務を満たす誠実な努力を怠っていると報告している。

(3) 採用段階における犯罪歴の参照

2013年（オバマ大統領）には、かねてから採用時における犯罪歴のチェックがアメリカ黒人やマイノリティに対する差別の手段として用いられているといわれてきた。第7編訴訟にあっては、早い時期から人種を理由とする差別と判断されてきていた[29]。その第7編訴訟の差別的効果（制度的差別）と同じく、OFCCPは業務上の必要性によって正当化されない限り、大統領命令11246号に違反することを明確にした。また、同年、OFCCPは、公契約請負者だけでなく連邦行政機関などにも広く適用する、ネイティブアメリカンの雇用を促進する計画（Indian and Native American Employment Rights Program (INAERP)）を策定した。翌年にはこれをアラスカのネイティブアメリカンにも拡大した。

(4) LGPT差別に対する拡大

2014年7月（オバマ大統領期）には、歴史的な意義のある大統領命令13672号が発せられた。それは公契約者に性的指向あるいは性同一性（sexual orientation or gender identity：LGBT）を理由に差別することを禁じた。また、同年8月、OFCCPは、EEOC（雇用機会均等委員会）の満場一致の決定すなわち性同一性に関する差別も性の範疇で差別であるとしたMacy v. Holder事件[31]でのEEOCの満場一致による決定[30]をもとに、EEOCと同様の解釈をすることを宣言した。

3　課されるアファーマティブアクション計画

大統領命令11246号の特徴[32]は、公契約締結者等にアファーマティブアクション計画を策定・実施をさせることにある。

---

29) 藤本・前掲書243頁。
30) 藤本・前掲書87-90頁。
31) WL 1435995, E.E.O.C. Apr. 20, 2012, 126 Harvard L. Rev. 1731（2013年）, https://www.hivlawandpolicy.org/sites/default/files/Macy%20v.%20Holder.pdf
32) 相澤・前掲書166-172頁。

その記述するべき内容は、機会均等を推進する方針の表明、方針の周知、実施体制、問題点の特定・目標設定・目標達成の具体的プランなどである。

また、人種等の統計分析を課している。そこには、職場分析、職務グループ分析、活用可能性分析、活用の有無の分析があり、平等状態の実現の目標を設定するもとになる分析を求めている。それは、「ゴール・アンド・タイムテーブル方式」と言われる。このゴール・アンド・タイムテーブル方式は、差別状態の解消のための数値目標を設定し、その目標に向けて、いつまでに実現するか具体的計画を立てて誠実に努力するというものである。例えばある職務に必要な人員を、その地域でその職務を遂行できる能力を有する者のなかで白人や黒人、マイノリティなどでまた男性、女性の割合に応じた割合を上記職務分析等によって導き出しその数値を目標として掲げその数値をいつまでに実現するかの計画を策定する。必要な人員を数値で単純にこれらの類型に割り当てる「割当制（the Quota System）」ではない。いわば、目標（ゴール）を割合で数値化した「割合制（the Ratio System）」である。

次いで、遵守状況審査および調整がある。OFCCPは、必要があると判断した場合は、公契約締結（決定）業者にアファーマティブアクション計画の実施状況に関する審査を行うことができる。実際には契約締結前審査（1,000万ドル以上の契約を締結する業者への事前審査）、定期審査（公契約締結業者を対象にいくつか抽出して実施される）、救済申立審査（被用者からの命令違反申立てを受けてOFCCPが調査する）の形が多いとのことである[33]。

遵守状況審査は、アファーマティブアクション計画等の書面審査および聞き取りを行う現地審査からなる。結果によっては、必要に応じて企業外組織から情報収集も行われる[34]。

問題が発見された場合、OFCCPはその旨を公契約業者に通知し、両者でその問題を話し合って調整する。解決の合意が成ったときは調整協定が結ばれる。OFCCPはその後の問題解決まで確認する[35]。

---

33) 相澤・前掲書169頁。
34) 相澤・前掲書170-171頁。
35) 相澤・前掲書171頁。

4　履行強制と制裁

　大統領命令11246号は実効性のある命令である。アファーマティブアクション計画に齟齬が生じている実態が判明し調整できない場合、OFCCPは違反に対する強制手続を有し、違反に対して制裁を科す。

　手続的にはまず、OFCCPは、強制手続を開始する旨知らせる「理由開示通知」（30日猶予、その間に遵守に向けた努力の開始あるいは不適当である旨の告示）を公契約業者に行う。そのうえで、行政法審判官による審問が行われ、決定を下す。その決定を受けた労働長官が制裁命令を発する。

　労働長官の発する制裁命令は、①契約の基づく支払の停止、②契約取り消しまたは一部停止、③司法省に対してなされる、訴訟開始の勧告（裁判所から差止め命令や契約履行命令を出してもらうための訴訟）、④EEOCに対してなされる、手続開始の勧告（EEOCによる第7編訴訟手続の開始）、⑤公契約業者に対する公契約締結資格のはく奪である。この中から適切な制裁命令が出される。

四　OFCCPによる雇用平等の実現に向けた活動

1　先任権制度への切込み

　1966年造船業者（Newport News Shipyard）に対して初めて公契約解除がなされた。これを皮切りに、大統領命令11246号下のOFCCPの活動は活発化した。[36]

　このころ、OFCCPは「先任権制度」（労働協約などによる勤続年数の多い者を優先する制度）が人種分離政策を温存・永続化する効果（影響）を有する点に着目して、その制度に対する取組みを強化した。OFCCPは公契約締結業者に対して、職務単位ではなく会社単位で勤続年数による雇用上の決定（職務異動や昇格、配置など）を義務づけた。

　それには、人種分離政策を堅持してきた業種別産業別労働組合が交渉単位（職務単位）ごとで様々な雇用上の決定を勤続年数によって実施するよう求め認めさせてきたとの歴史的経緯があることに留意する必要がある。[37] 既存の業種別産業別労働組合の組合員資格自体から排除されたアメリカ黒人は交渉単位設定に

---

36)　相澤・前掲書118、122頁。
37)　藤本・前掲書39-41頁。

よっては先任権制度の恩典の埒外に置かれるのが多かった。またアメリカ黒人自身で労働組合を結成し業種別産業別労働組合の傘下に入ったとしても、アメリカ黒人の職務は、先任権制度では既存の労働組合での職務区分すなわち白人マジョリティの職務に劣後する地位に置かれたのである。こうした背景の下、OFCCP による先任権制度への切込みは単に公契約締結事業者のみならず労働者組織への平等化に向けた切込みでもあった。

2　アファーマティブアクション計画の推進（人種分離政策への切込み）

　OFCCP は強固な人種分離政策を堅持する建設業界に切込んだ。それには以下の理由があり、雇用平等政策を推進するうえで格好のターゲットであったことによる。

　第一は、建設業者およびその下請業者の多くは工事期間中のみ労働者を雇入れる採用制度を取っていた。建設業界は不安定な雇用が常態化し労働者は常に失業の恐怖のもとにあった。公共事業は民間に比べて安定的で大規模な事業を提供するものとして機能した[38]。建設業界が公契約による雇用平等政策を展開する事業分野として適切であったということができる。第二は、建設労働者の熟練・専門技術性からその養成に労働組合が関わり、それをはじめにその組合員労働者の賃金等の労働条件決定にも深く関与してきたことがある[39]。その中には、新規の雇入れがある。労働組合は《先任権制度》に基づき次の仕事を手配し雇用の不安定を和らげる。組合の存在意義もまたあったということができる。しかし、人種分離政策を堅持する業種別労働組合では、組合員は白人である。その結果、非組合員であるアメリカ黒人等は建設業とりわけ熟練・専門職から遠ざけられ続けた[40]。

　こうしたことが背景で、OFCCP は 1966 年にセントルイス、サンフランシスコ、1967 年にクリーブランド、フィラデルフィアにおいて、建設業者に対して公契約締結条件としてマイノリティのいない部署への積極的採用を要請す

---

38)　南・前掲書 38 頁。
39)　南・前掲書 51 頁以下。
40)　技術の進歩が熟練を必要としなくなり、組合員たる熟練労働者は未組織の非熟練労働者（アメリカ黒人など）に置き換えられる。その結果として、その職務は低賃金化する。組合員たる白人組合員労働者はそれに反発する。南・前掲書はこの様子をリアルに記述している。たとえば 150 頁。

る活動を始めた。

しかし結果は芳しくなく、セントルイスでは3名の雇用が成っただけであり、サンフランシスコでは建設業者は立派なプランを作成したものの具体的成果はなかった。クリーブランドでは、OFCCPは何名雇用するかを正式契約の際の条件として成果を出そうと試みたが、入札の時点では雇用数がわからないなど不満が出され、政府監査院も入札を躊躇させ価格高騰になると反対したため中止の憂き目を見た。

フィラデルフィアでは、OFCCPは「ゴール・アンド・タイムテーブル方式」を1969年に、公民権団体の要求に応えて、目標と期限を明確にする方式を用いてアメリカ黒人の雇用増を図る計画として設けた。それは、The Philadelphia Planと呼ばれ、任意の協定として採用された。しかし、業者はこの計画を「割当制」と批判しまた政府監査院も同調したため中止された。

その後、OFCCPのゴール・アンド・タイムテーブル方式はニクソン大統領により再開され、裁判所からも適法と判断され、1970年には、公契約を締結する全ての建設業者にその実施を求めるに至った。

2000年（クリントン大統領期）、OFCCPは規則を改訂して、高度に規範的な今までの基準に代えて、経営方針にアファーマティブアクション計画を組み込むといった効果を基準とするものにした。また、2002年（2011年改訂）、OFCCPは実用的なアファーマティブ計画を利用するように公契約請負者等に勧める手続を確立した。この計画は1,800超の事業場が実施し200万人の従業員をカバーしている。

3 解決金その他

1989年、OFCCPの判断に依拠して、行政法審判官はHarris Trust and Savings Bankの行為が女性・マイノリティの職務・昇進差別にあたると判断

---

41) 相澤・前掲書120頁。南・前掲書181-182頁。渡辺将人著『アメリカ政治の壁』（岩波新書、2016年）72-73頁。
42) 相澤・前掲書120頁。
43) たとえば、the Congress of Racial Equality：CORE.
44) US v. Sheet Metal Workers Int'l Ass'n, 280 F. Supp. 719 (E.D.Mo.1968), rev'd, 416 F.2d 123 (8th Cir. 1969).

した。11年を超える訴訟の後、OFCCPは1,400万ドルの解決金を得た（この金額は大統領命令11246号下での裁定としては2016年時点での最高額である）。この件をはじめとして、1994年には、解決金第2位（650万ドル）のHoneywell Corporationの女性差別事件、1999年には女性のグラスシーリング事案でTexacoが310万ドルの支払い、同じくグラスシーリングでthe Boeing Companyが450万ドルの支払いをOFCCPに約束した。2000年には、Coca-Colaが人種や女性を理由とする昇格差別の解決金として410万ドルを支払う旨、約束した。2004年には、Wachovia Corporationが女性に対する賃金差別について550万ドルを支払うことを約束している。2012年にはFederal Expressが15州23の施設で性、人種や出身地を理由にした採用差別をしていると判断されて、21,000人を超える応募者への解決金として300万ドルを支払うことをOFCCPに約束した。また同年にはBaldor Electric Co.が職員採用において有資格のマイノリティや女性795人を差別したとして200万ドルの賃金を支払う等をOFCCPに約束した事案もある。

五　公契約を用いた雇用平等政策理念

以上、公契約を通した雇用平等政策を概観してきた。そこから見える雇用平等政策の考え方は何か。それを、OFCCPが公契約締結事業者等に対して求めてきたアファーマティブアクション計画に探ってみたい。

アファーマティブアクションは、平等原則の古典的（基本的）理解である「カラーブラインド[45]」から一歩進んで、特定のグループにある種の優先的措置をとる。カラーブラインドが特定の類型を理由に差別（不利益）に扱わないとする点で、市民（個人）をその属性によって区別し第二市民として取り扱わないとの意味で平等をさす。これは雇用社会にあっては、労働者をその属性によって区別し第二労働者として取り扱うのを止める。これが差別状態の解消を目指すものであった。

---

45)「カラーブラインド」はこの場合、カラーということから人種・皮膚の色・民族を理由とする差別を念頭に置いて使われているが、「ある特定の差別類型を考慮しない」ことに本質がある。したがって、性といった人種・皮膚の色・民族という類型以外にも当てはまる。

アファーマティブアクションは、過去の差別による現在の差別状態を早期に解消することを目的として、過去に雇用の機会から遠ざけられていたアメリカ黒人やマイノリティ、女性といった差別類型の中の特定グループに焦点を当ててその特定グループに属する者の雇用を図り差別状態の解消をはかる。アファーマティブアクションは差別状態の解消を図る点で過渡的措置である。しかし、過渡的との理由のみによってカラーブラインドを踏み越えることが、市民の自由な活動による幸福追求というアメリカの濃厚な個人主義的平等の考え方に適合し容認されるとは思われない。白人という多数の一員というだけで直接差別したわけでなく単に過去に差別したとされるグループに属するそれだけで、機会はあっても雇用が得られない結果になるからである。アファーマティブアクションが、雇用平等の考え方に反せず差別でないとして容認されるには、今一歩立ち入る必要がある。

それを OFCCP の活動の中から検討する本章では、公契約を用いた OFCCP の雇用平等政策のキーワードから接近してみたい。それは、「メリット・システム」と「先任権制度」である。

1 メリット・システムと先任権制度

(1) メリット・システム

第一のメリット・システムは、能力主義・成績主義制度と言われ、個人主義に立脚する客観的な人材選択制度としてアメリカでは以前から公務員任用システムに採用されてきた[46]。

アメリカの雇用平等の考え方は、社会の構成員である市民は個人として自立しており等しく市民として有する基本権を享受されるべきであるとの考えである。市民社会の多くの市民が望むものは限られ、それを望む個人すべてが得られることにはならず、等しく保障されるのはその機会に止まらざるを得ない。雇用社会では、多くの労働者が望むより良い雇用の場は限られ、それを望む者すべてに与えられることはない。限られた雇用の場をどの労働者が得るかの選抜方法は、雇用機会が平等に保障されるものであり、それには第一に求められ

---

46) 藤本・前掲書109頁。

る職務遂行能力を有することを客観的に判断する制度であり、職務遂行能力を適正に判断できる（と考える）試験制度によって得点の多い者がより高い職務遂行能力を有しその者を採用するのが適切であると考えられたのである。

　ただ、そうであるとしても職務遂行能力とはどのような能力が求められ、それを客観的に判断する試験制度を開発するのは容易ではない。それが適正に必要とされる職務遂行能力を反映し成績優秀者がより能力のある者であるといえるかは一概には言えない。さらに、必要とする職務遂行能力はだれが必要とする能力であるか、その内容をどう決定するのかは、第一義的には使用者である。仕事が現代にあっては企業形態をとるからである。したがって使用者がまず必要な職務を区分しそこに求める遂行能力を設定する。これは客観的ではあるが科学的ではないであろう。しかしそれを超える客観的な判断基準はないあるいはないと考える[47]。客観的合理的に必要とする職務に必要な能力を判断する術が他にないから、メリット・システムが採用され、雇用差別問題に際しては、適切なものである限り、差別ではないとしたのであろう。

(2) 先任権制度

　第二の先任権制度は、特定職務での経験年数の多いことが安定した雇用を保障する制度である。労働者が個人競争を排して連帯して、労働者の利益を、使用者の（解雇等の）自由に制限をかけて、守ろうとする制度である。すなわち、レイオフの際に職務年数の多い者が最後の順番となり、職務年数の少ない者から解雇されるルールに用いられる制度である。そして、再雇用の時には職務年数の多かった者から再雇用される制度である。

　しかし、前述のように職務設定の仕方によっては、差別的影響（差別効果）を生む。民間とりわけ建設業界ではその傾向が企業、労働組合ともに強かった[48]。建設業は熟練を要し職業訓練の段階から縁故による加入規制が行われ白人男性の仕事として強固な関係が長く築かれてきた職種であった。その熟練職務から排除されたアメリカ黒人、マイノリティや女性は非熟練として低位に置かれ熟練職務に入れるわけでもなかった。こうした中にあって職務の適正化が問題だ

---

47) だからこそ、差別の疑いが生じた際に使用者に職務区分等の必要性・合理性・関連性が問われる。
48) 南・前掲書66-91、142-231頁。

った。したがって、適正な先任権制度であれば、人種や性等の差別類型にかかわりを持たず、また、職務遂行能力があることが前提とされ、雇用差別禁止の対象とはならない。

(3) 使用者から見たメリット・システム、先任権制度

雇用労働政策の実施にあたって、それが労使関係にかかわる政策である以上、労働者に資することはもとより、労働者の他方当事者である使用者（企業）にとっては個別企業においてはコストなどの面で否定的であっても、総体としては使用者にも資することが政策を成功に導くうえで必要である。この点、アメリカの雇用平等政策は、個人主義的傾向の強いアメリカ社会において個別企業にとっては企業活動の自由を制約するので好ましくないと映るであろう。しかし、使用者総体から見ると、メリット・システムは前述したように企業の合理的・効率的運営に資する。また、適正な先任権制度は、景気変動への対応において従業員増減を労使関係の大きなトラブルなく容易にし、企業の合理的・効率的運営に資するといえよう[49]。さらに、適正な先任権制度は職務区分の見直しを行い、従来は雇用の機会から排除されていたアメリカ黒人やマイノリティ、女性が労働市場に参入できるようにし労働市場が拡大する。拡大した労働市場では、職務遂行能力を有する労働者増がその職務価値を押し下げる方向に作用し人件費コストの削減につながる[50]。それでも、労働者の収入増は経済的には中間層が増大する。消費の拡大を招き経済は成長し、企業はその規模や収益を拡大できる。中間層の増大はより格差の小さい平等な社会を形成し自己の価値観に基づく幸福追求の選択肢の多い社会となる[51]。またそれを目指すことを可能にさせる。

---

49) 労働者。労働組合にとっても、使用者の解雇の自由を多少なりとも自己のコントロール下に留め置くことができる。
50) 排除されてきたマイノリティといった労働者にとっては雇用確保による収入増。組合員にとっては賃金低下・失業につながる。技術革新による組合員の失業に関しては、南・前掲書142頁以下。
51) リチャード・ウィルキンソン、ケイト・ピケット著＝酒井泰介訳『平等社会――経済成長に代わる、次の目標』（東洋経済新報社、2010年）。

2 アファーマティブアクション

過去の社会的に類型化された差別による現在の差別状態の積極的な解消を目的とする点でまた、自発的に事業主が実施する点で強制ではなく、その限りで差別禁止の範疇にある。

まず、アファーマティブアクションはメリット・システムと親和性を有する。雇用平等の領域である労働関係が個別企業においてはともかく総体としてみれば職務遂行能力を無視して成立することはなく、その職務遂行能力を客観的に判断し採用や配置等に用いることは効率的運営に必要である。その方法がメリット・システムであった。また、メリット・システムは必要とされる職務遂行能力が一定の過程を辿ることの是非を問わない。一つの結論に至る方法として様々な過程を辿る方法の多様性を認める。それは様々な属性例えば文化的歴史的背景を持つ人種や民族、性に固有のものが付与されているとしてもそれによって区別排除されない。結論によって必要な能力の有無が判断される。

アファーマティブアクションはこのメリット・システムと連動して適正な職務区分においてその職務遂行能力を有する者のなかで人種等の類型に着目し過去の差別によって現在生じている「排除」という差別状態の解消を図ろうとする。さらに、重要であると考えるのは、アファーマティブアクションは、適正な職務において、職務遂行能力が適切に判断されるならば、それによって採用配置された労働者を差別類型によって分類分析すれば、その職務市場において現れる分析結果と同じになるはずだとの、統計数値に対する確信がある点が特徴である。アファーマティブアクションはこの点において単なる成績上位者が職務遂行能力を（より）有するとの考えとは異なる。適切な職務遂行能力の有無を判定するだけである。メリット・システムの成績上位者がより能力のある者であるとの考えとはこの点において異なっていると考える。

六　行政を介した政策遂行の重要性と理念の必要性——結びに代えて

以下の2点を確認して本章の結びとする。

第一は、行政の責任を明らかにして実施される政策遂行の重要性と必要性である。アメリカでは、特定類型の差別禁止を主とする社会的平等の推進は、奴

隷解放宣言以降随分後になってからである。積極的な雇用平等政策が推進されるに至ったきっかけは第二次世界大戦への参戦にあるが、特筆すべきは戦後、社会的差別撤廃運動の盛上りを受け、議会に先駆けて、行政自らが差別禁止に乗り出したことである。連邦政府や地方政府が強力に民間に対して雇用平等政策推進の姿勢を示したことである。東西冷戦構造の下、自由・平等の盟主は大きな危機感を有していたということのあらわれでもあろうが、行政の責任において率先して進めたことはその意義を認める必要がある。

　それは、わが国において、行政による政策遂行の在り方として検討する必要性・重要性を問いかけている。雇用関係領域による一方の主体たる労働者の意思を担う（べき）存在であるはずの労働組合の影響力低下のなか行政（というより官邸といったほうが適切であるが）の雇用労働関係に及ぼす影響が増大している。

　行政の監督権限を行使して、強権的に政策を推進することは権力の専断に道を開くことにつながりまた市民社会の自由を大きく害することにつながり、好ましくない。積極的な施策を講じることの是非と実施にともなう責任がその所在も含めて明確にされて、絶えず問われうる状態になくてはならない。様々な意見がありうる雇用平等政策の実施にあたっては益々それが求められている。まさに、責任主体となって推進することが行政には求められている。公契約を介した政策の実行は国民の批判にさらされ絶えず検証される公開性と責任が求められる。

　第二は、雇用平等政策の位置づけである。既述したように官邸の影響力が増している現在、特にその政策理念を問いかけることが重要になる。

　雇用平等政策は市民としての面はあるが、やはり雇用労働関係における平等政策である。その点で労働政策の一部である。そこにあっては、まず、労働政策は、労働関係において使用者に劣後することが避けられない労働者への政策である。その核心は労働者の個人（市民）としての生き方の自由を踏まえ労働関係においても多様な労働のありようを尊重・擁護することである。使用者が享受している市民としての自由な生き方を選択する自由は、労働者も同様に保障されなくてはならない。労働者も使用者と同じく自由な市民であるべきだからである。雇用社会は市民社会の一部だからでもある。労働者の多様な働き方への尊重は市民としての多様な生き方の尊重・擁護から始まる。経済も雇用も、

市民がそれぞれの生に関する価値観を大事にして自由に幸福追求して生活できることへの手段である。労働は個人の営為であり財産である。国家や使用者の自由に委ねられてはならない。

　雇用平等政策は雇用の分野における差別問題に差別禁止を主にして対処するものである。それは雇用労働政策として、経済政策とは区別される。そして、雇用の場における平等として、差別禁止を実現することを通じて、市民社会に労働者として生きる労働者個人の幸福追求を可能にする多様性、寛容性を確保することに政策としての意味がある。

（ふじもと・しげる　法政大学教授）

第3部　市民生活と権利保護

第9章　過労死・過労自殺の業務上外認定における行政訴訟の役割

水野圭子

一　労災補償の本質と性質論

1　労災補償の本質

　労働能力の喪失は、貧困への転落と必然的に結びつくため、その主たる原因、①疾病、②負傷・身体障がい、③妊娠・出産、④老齢、⑤家計を支える者の死亡を、貧困に転落する5大リスクと認識し、社会保障制度を構築してきた。このうち労働災害補償保険制度は「業務上」の傷病（労基法75条〜80条）ないし「業務上の事由による」傷病（労災保険法1・7条）を対象とし、「業務外」の傷病を対象とする一般の疾病保険（健保1条）と区別される。労災保険の給付率も健康保険と比較してかなり高く、その費用も、ほぼ使用者側負担によって賄われ（労災保険法24条、労災保険徴収法15条、19条）、労働災害の多寡に応じて、一定の範囲内（基本：±40％）で労災保険率または労災保険料額を増額させるメリット制がとられている（労災保険徴収法20条）[1]。

---

[1]　事業主の災害防止努力を保険料負担に反映させるため、一定規模以上（例：常時使用する労働者数100人以上など）の事業場について、連続する3年度中のその事業場の収支状況（業務災害に係る保険給付額÷確定保険料額（労災保険分））に応じ、「基準となる料率」を、40％の範囲内で引き上げまたは引き下げるものである。

2　労災補償の性質と業務の関連性

このため、労災保険が給付される「業務上災害」かどうかは、使用者、被災労働者にとって重大な関心事であるが、「業務上災害」の定義規定がなく、もっぱら解釈にゆだねられてきた。学説、判例において様々な見解がみられるが、それらの相違点は、次の二つに集約することができよう。第一点は労災補償の目的が、災害的出来事、すなわち事故による労働力の損失填補であるとみる「損失補填説」として狭義にとらえるか、あるいは、災害による労働力毀損によって生じた稼得能力の喪失・減退によって生活が脅威にさらされることに対する保障「生活保障説」と広くみるかの相違である。第二点は、業務上の概念について、災害補償責任を使用者に課し（労基法75条）、労災保険料が使用者負担である点から業務上の概念を厳格にとらえるとの見解である。一方、補償の範囲あるいは限界が存在する以上、私生活領域の危険と区別しての業務上の概念という緩やかな見解がある。認定の実務・判例においては、業務上災害として労災と認められるためには、「業務と災害の間に、災害が業務に内在するもしくは、業務に通常随伴する危険の現実化」という密接な関係の存在が必要とする相当因果関係説がとられ、最高裁もこの見解を支持している。[2] 労働基準局の見解は、歴史的に労災補償は、無過失損害賠償責任として形成されてきたものであって、災害補償も「損失填補の一形態」にほかならず、その本質を損失填補にもとめ、使用者の過失責任を問わず労働者に発生した損害を填補する危険責任の法理に基づく制度であるから、「業務上災害」とは、業務と傷病による損害との間に「一定の因果関係」が必要であるとする。この場合、「業務」とは、通常の業務より広く、業務に付随する必要・合理的行為をも含み、労働者が使用者の支配下にある状態を意味し、これを「業務遂行性」という。また、「一定の因果関係」とは、傷病の原因となる明確な事実ないし出来事・災害に媒介された因果関係をいい、これを「業務起因性」という。業務起因性があるとい

---

[2] 使用者が労働者を自己の支配下に置いて労務を提供させるという労働関係の特質を考慮し、業務に内在する各種の危険が現実化して労働者が疾病にかかった場合には、使用者に無過失の補償責任を負担させるのが相当であるという危険責任の法理に基づくものであるから、業務と疾病との間の相当因果関係の有無は、その疾病が当該業務に内在する危険が現実化したものと評価し得るか否かによって決せられるべきである（最三判平8・1・23判時1557号58頁、最三判平8・3・5判時1564号137頁）。

うためには、たんなる条件関係や機会原因では不十分で、傷病の発生に不可欠の条件となった一切の事情を基礎として、業務と傷病の間に経験則上相当な因果関係があることを意味する。業務起因性があれば業務遂行性も認められるので、業務起因性は業務上外認定の要件であり、相当因果関係説は、行政解釈のみならず、今日に至るまで、判例の支配的見解となってきた。しかし、同時に、この相当因果関係を厳格に希求することによって、業務が原因で被災したにもかかわらず、業務起因性を認められず、労災の不支給決定を受ける事例も多数生じてきたのである。

3　相当因果関係説の問題点と保護法的因果関係説

そもそも、労災保険制度は、補償責任が実損額と切断された定率・定額補償であり、譲渡・差押禁止といった生活保障の特性を持ち、年金給付の導入・拡大がなされ個別の使用者の責任を超えた補償責任にその性質が変化している。この点を考慮すると、相当因果関係説が労災補償法の制度目的に合致した認定基準とみることに疑問が生じる。また、労災は、労使関係において不可避的に存在する災害であって、労働安全衛生法上の義務をすべて遵守してもなお完全には回避し得ない場合がある。行為主体の帰責とその範囲を確定する法理としての相当因果関係を厳格に求めるとすると、被災労働者の保護にかける懸念が生じる。これに対し、労災補償の生活保障目的に着目して、補償と賠償の性格の差異を踏まえて、保険制度でカバーする補償の範囲を画するという観点から、業務と災害との間に合理的関連があれば足りるとする「保護法的因果関係説」が唱えられた。[3]

---

[3] 学説の詳細について触れることはできないが、相対的有力原因説に立つものとして、西村健一郎「業務上外認定基準」現代労働法講座12巻（総合労働研究所、1983年）155頁。合理的関連性説に立つものとして、岡村親宜『過労死と労災補償』（旬報社、1990年）75頁。労災補償法の保護目的に即応した「合理的関連性」が認められれば、業務上災害と認めるとする保護法的因果関係説として、水野勝「業務上・外の認定基準」蓼沼謙一ほか編『労働法の争点　新版』（1990年、有斐閣）260頁以下。共働原因説に立つものとして、上柳敏郎「過労死の業務上外判断」日本労働法学会学会誌90巻194頁。過労死の認定基準・学説・判例・行政解釈を検討した論文は枚挙にいとまがないが、例えば保原喜志夫「労災認定の課題」『健康・安全と家庭生活（講座21世紀の労働法第7巻）』（有斐閣、2000年）61頁以下、石田眞「作業関連疾患」『同書』88頁。

二　過労死認定における諸問題

1　業務に起因することが明らかな疾病

　被災労働者の救済にかけるという点で相当因果関係性が問題となったのは特に過労死認定においてである。一定の職業病については労働基準法施行規則35条別表1の2に6つのカテゴリーを置き、これに該当しない疾病が療養補償給付を受けるためには、同条別表第1の2第9号の「その他業務に起因することの明らかな疾病」に該当する必要があった。一方、行政解釈は「相当因果関係説」を採用し、基礎疾患がある場合には安静時においても脳出血や急性心臓疾患を発症させる恐れがあり、①発症直前ないし当日に、②過激な業務による精神的、肉体的な強度の緊張等の負担が認められる場合に限って業務災害とし「災害のない単なる疲労の蓄積」では「業務上の発病または増悪とは認められない」としていた（昭32・2・13基発116号）。

　一方、60年代の労基署の裁決において、労災認定がなされる事例も存在し、判例においても「既存の疾病が原因となって死亡したと認められる場合でも、同時に公務遂行が既存の疾病と共働原因となって既存疾病を悪化させ死亡したと認められる場合にはやはり公務起因性が存在する」(国立京都病院事件東京地判)として、保護的因果関係説ないし共働原因説に立ち、不支給決定を取り消すものも存在した。しかし、熊本地裁八代支部事件最判の業務過重性判断において、災害発生の前日の業務、室温、法廷立会い業務のみの平均労働時間を考慮し「過去10数年来にわたる高血圧症の病的素地の自然的推移の過程において発症したものであって、同人の職務に起因するものではない」として、公務起因性を

---

4) 昭和53年（1978）3月労働基準法施行規則が改正により、業務上疾病の範囲の改正（別表第1の2）がなされた。
5) 最初の労災認定基準制定「中枢神経及び循環器系疾患（脳卒中、急性心臓死等）の業務上外認定基準について」。
6) 昭和40年労31号昭40・9・10裁決（ダンプ運転手の急性心不全による死亡）、昭和46年労113号昭48・3・31裁決（生コンオペレーターの急性心不全例）を疲労の蓄積を考慮し、業務上と判断。
7) 国立京都病院事件・東京地判昭45・10・15判時610号21頁。冠状動脈硬化症の基礎疾患のある医師が深夜まで出張公務に従事し、就寝直後に急性心臓病死した事例。
8) 熊本地裁八代支部事件・最二判昭51・11・12判時837号34頁。裁判所の廷吏が公判中にくも膜下出血で倒れ、裁判所内で死亡した事例。

否定した。

2 　行政訴訟による基準の定立――共働原因説と「出来事」存在の不必要

　だが、現実に過重労働と疲労の蓄積のもとで、脳血管・心臓疾患による突然死が増加し、医学的にも「職業病としての急性循環器障害である過労死」が認識され、長期間にわたる過重労働と疲労の蓄積が循環器疾患における発症・悪化の業務関連性を指摘する医学研究[9]が公表されると、その後の判例に変化が生じる。例えば、冠状動脈硬化症の基礎疾患のある艀船長が作業中に心筋梗塞により死亡した三田労基署長（艀船長）事件東京高判[10]では「基礎疾病が共働原因となって死亡の結果を招いたと認められる場合には、…特段の事情がない限り右死亡は業務上の死亡であ」り、「当日における業務の内容が日常のそれに比べて質的に著しく異なるとか量的に激しく過重でなければならなないと解する合理的根拠はない」とし、業務上とした。また、深夜交替勤務者の急性心臓死の公務起因性が争われた名古屋下水道局事件名古屋地判[11]は、長期間作業に従事した場合、「業務の影響が基礎疾病と共働して発病ないし死亡の原因をなしているものと推認」でき、「直前に突発的又は異常な災害が認められない限り公務起因性を否定する見解は失当」とし公務起因性を肯定した。このように、判例は、「異常な災害」の存在を不可欠の要件とせず、業務により基礎疾患が急激に悪化したと認められる場合には基礎疾患と業務が共働の死亡原因であるとして業務起因性を肯定するという判断枠組みを示した。

3 　昭和62年判断基準

　このような状況下で1987年、新通達（昭62・10・26基発620号（以下「62年通

---

9)　上畑鉄之丞医師が過労死という言葉を「過重労働が誘因となって高血圧や動脈硬化が悪化し、脳出血、くも膜下出血、脳こうそくなどの脳血管疾患や心筋梗塞などの虚血性疾患などを発症し、永久的労働不能や死亡に至った状態」と初めて定義した。細川汀＝田尻俊一郎＝上畑鉄之丞『過労死―脳・心臓系病の業務上認定と予防』（労働経済社、1982年）。1985年設立のストレス疾患労災研究会では、60時間以上の長時間労働が過労死の原因であるとし、学会へ提言もなされていた。
10)　三田労基署長（艀船長）事件・東京高判昭51・9・30判時843号39頁。
11)　名古屋下水道局事件・名古屋地判昭54・6・8判時946号31頁。水野幹男「深夜交替勤務者の急性心臓死を『公務上』死亡と認定――名古屋市下水道局松川急性心臓死事件」労働法律旬報980号49頁。岡村親宜「急性心臓死と業務上外認定の法理――名古屋市下水道局事件」季刊労働法114号115頁、菅野和夫「夜勤交替制勤務者の公務上死亡認定」季刊労働法113号223頁。

達」という)が出され、過重負荷の判断を発症前1週間以内に拡大し、過重負荷の基準に「異常な出来事への遭遇」の他「日常業務に比較して特に過重な業務の就労」も加えられた。しかし、過重業務や不規則労働による慢性疲労は考慮されず、基礎疾患が、自然的経過を超えて「急激かつ著しく増悪」した場合に業務上と認定するにとどまった。また、通達別添の「脳血管疾患及び虚血性心疾患等の認定マニュアル」は、「特に過重な業務」の指標が厳しく、健康な同僚・同種労働者にとっても過重な労働でなければならず、1週間の間に休日がなく通常の2倍程度の業務を行っていた場合を過重労働と認定し、1週間以内に休日が取られている場合には3倍程度の業務量を過重労働としていた。この結果、過労死の認定率は、1割を切る結果となり、認定基準と判例の差異は埋められなかった。[12]

　一方で判例は、向島労基署長(渡辺工業)事件東京高判[13]が「基礎疾病をその自然的経過を超えて増悪させてその死亡時期を早める等、それが基礎疾病と共働原因となって死の結果を招いたと認められる場合には、特段の事情がない限り」業務上の死亡であるとして、62年通達より柔軟な判断を示していた。名古屋南労基署長(八作電設)事件名古屋地判[14]も、因果関係の立証は、自然科学的証明ではなく、特定の事実が特定の結果発生を招来した関係を是認しうる高度の蓋然性を証明することで足りるとの最高裁判例[15]を引用し、脳血管疾患と過重業務の医学的解明が不十分な現状においては、被災労働者側に過度の立証責任を課すことになるから、「当該労働者を基準にして、社会通念に従い、業務が労働者にとって自然的経過を超えて基礎疾患を急激に増悪させる危険を生じさせるに足りる程度の過重負荷」が存在する場合業務起因性を肯定するとした。

---

12) 脳血管疾患・虚血性心疾患等の労災補償状況は昭和63年請求件数676件に対し認定数29、同様に平成元年777件／30件、平成2年597年／33件、平成3年555件／34件、平成4年458件／18件、平成5年380件／31件、平成6年405件／32件、平成7年558件／76件、平成8年578件／78件、平成9年539件／73件、平成10年466件／90件。
13) 向島労基署長(渡辺工業)事件・東京高判平3・2・4労民集42巻1号40頁。
14) 名古屋南労基署長(八作電設)事件・名古屋地判平6・8・26労判654号9頁。
15) 最二判昭50・10・24民集29巻9号1417頁参照。

4 平成7年、平成8年の認定基準改定

　行政訴訟において不支給決定取消が相次ぐ中、二つの通達により認定基準に、取り扱う疾病名を明記し、認定要件についても、①業務による明らかな過重負荷を発症前に受けたこと、②過重負荷を受けてから症状の出現までの時間的経過が医学上妥当なものであることと改正された。この「過重負荷」とは、「基礎的病態をその自然経過を超えて急激に著しく増悪させ得ることが医学経験則上認められる負荷」であり、明らかな過重負荷として「異常な出来事に遭遇したこと」および「日常業務に比較して、特に過重な業務に就労したこと」をあげた。しかし、「特に過重な業務」の判断は発病前日、前週の業務過重の継続性、業務過重であれば前々週の業務を含めて業務量、業務内容、作業環境等を総合的に判断するものであり、その対象は発症前2週間の業務負荷でしかなかった。改正後も平成元年から12年までの行政訴訟による勝訴率が50%から65%で推移しており基準に対する疑問は完全には払しょくされえなかった。

5 最高裁判決にみる認定基準の問題点

　平成12年に最高裁が次の二つの判決を示すと、認定基準との齟齬が明白になった。横浜南労基署長（東京海上横浜支店）事件最判は、恒常的な長時間労働

---

16) 91年から92年の不支給決定取消判決が多数出ている。岡山地公災基金〔倉敷市役所〕事件・広島高岡山支判平2・10・16労判574号56頁（上告審判決も勝訴）、京都地公災基金〔城陽市教委〕事件・京都地判平2・10・23労判574号45頁（控訴審判決も勝訴）、向島労基署長〔渡辺工業〕事件・前掲注13）、新宿労基署長〔大日本印刷〕事件・東京高判平3・5・27労判595号67頁。
17) 平7・2・1基発38号（以下「38号通達」という）および平8・1・22基発30号。
18) 「脳心臓疾患の認定基準に関する専門委員会報告書」によると、脳・心臓疾患の業務上外の行政訴訟について平成元年から12年までの間の労災保険に係る行政訴訟の係争件数は年間約150件程度で推移し、このうち脳心臓疾患の業務上外の認定に係るものは60件程度だが、平成元年から5年までの勝訴判決は約85%であったのに対し、平成8年には約50%に低下する。平成11年には80%になるも平成12年には65%まで低下していた。
19) 横浜南労基署長（東京海上横浜支店）事件・最一判平12・7・17労判785号6頁。長期間にわたり従事していた運転業務は精神的緊張を伴う不規則なものであり、労働密度は低くなく、発症の約半年前からは1日平均の時間外労働時間が7時間を超え、走行距離も長く、発症の前日から当日の勤務も、午前5時50分に出庫し、午後7時30分ころ車庫に帰り、午後11時頃までオイル漏れの修理をし、午前1時ころ就寝し、3時間30分程度の睡眠の後、午前4時30分ころ起床し、午前5時の少し前に当日の業務を開始していた。それまでの長期間にわたる過重な業務の継続と相まって、同人にかなりの精神的、身体的負荷を与え、被災労働者はくも膜下出血の発症の基礎疾患を有していた蓋然性が高い上、高血圧症が進行していたが、治療の必要のない程度のものであったのであるから、業務上の疾病に当たるとした。

を行っていた支店長付きの運転手が、早朝迎えに行く途中に、くも膜下出血を発症した事例である。「右基礎疾患が右発症当時その自然の経過によって一過性の血圧上昇があれば直ちに破裂を来す程度にまで増悪していたとみることは困難」であり、ほかに原因はなく、「右発症前に従事した業務による過重な精神的、身体的負荷が」「右基礎疾患をその自然の経過を超えて増悪させ、右発症に至ったものとみるのが相当」として、因果関係を肯定した。また、西宮労基署長（大阪淡路交通）事件最判[20]では、バス運転中、高血圧性脳出血を発症して後遺症が残り、療養補償給付の請求をした事例であるが、最高裁は、運転業務による血圧の上昇の反復が基礎疾病による血管の脆弱性、脳内小動脈瘤の形成を「その自然的増悪の経過を超えて進行させたものと認められる」とし業務起因性を肯定した大阪高裁の判断を是認した。最高裁は、62年通達基準では検討しない慢性疲労や就労態様に応じた諸要因をも考慮して、業務が基礎疾患を自然の経過を超えて増悪させたとの判断基準を定立したのである。

6　認定基準の改正

二つの最高裁判決を受けて、「脳・心臓疾患の認定基準に関する専門検討会」において、医学面からの検討もなされ、脳血管疾患及び虚血性心疾患等の認定基準[21]（平13・12・12基発1063号通達、以下「平成13年認定基準」という）が出された[22]。通達による主な改正点は、①業務の過重負荷によって、基礎疾患がその自然経過を超えて著しく増悪し、脳・心臓疾患が発症する場合には、業務が相対的に有力な原因であるとして長期間の過重業務を考慮する。②過重業務の評価期間を発症前おおむね6か月間とする。③長期間にわたる業務過重性を評価する場合の労働時間評価の目安を示す。④業務の過重性を評価するための具体的負荷要因（労働時間、不規則な勤務、交替制勤務・深夜勤務、作業環境、精神的緊張を

---

20) 西宮労基署長（大阪淡路交通）事件・最一判平12・7・17労判786号14頁、神戸地判平8・9・27労判743号75頁、大阪高判平9・12・25労判743号72頁。
21) http://www.mhlw.go.jp/shingi/2009/10/dl/s1027-11c.pdf「脳・心臓疾患の認定基準に関する専門検討会報告書」。
22) 脳血管疾患及び虚血性心疾患等（負傷に起因するものを除く。）の認定基準について（平13・12・12基発1063号通達）。これにより、平7・2・1基発38号および平8・1・22基発30号は廃止された。

伴う業務等）やその負荷の程度を評価する視点を示したことである。

7 平成13年認定基準の評価と問題点

発症前2週間と短かった評価期間が、期間の妥当性はさておき、6か月と延長された点、長時間労働の過重性判断について、発症前1か月間に100時間超あるいは発症前2か月間から6か月間の間に1か月80時間の時間外労働との具体的な基準[23]を示した点は改善であろう。また、比較対象労働者として、基礎疾患を持ちつつも日常業務を支障なく遂行できる同僚労働者が加えられた点、今まで軽視されてきた不規則な勤務、交替制勤務・深夜勤務、作業環境、精神的緊張、出張の多い業務など具体的負荷要因について、検討項目とされた点も前進である。これらの改正は、労災訴訟を専門とする実務家から指摘され行政訴訟判例として結実したものであって、認定基準の改正に行政訴訟の果たした役割は大きい[24]。改正を受けて認定数は、平成12年に617件の申請中85件の認定、同様に平成13年には690件中143件、平成14年は819件中317件と増加した[25]。さらには、基礎疾患がその自然経過を超えて著しく増悪し発症に至った場合には業務起因性を肯定するという判断基準は、消化性潰瘍の業務上・外認定にも用いられている[26]。

その一方で、平成13年認定基準に問題がないわけではない。横浜南労基署長（東京海上横浜支店）事件最判が、1年半の長期間の過重労働を評価しているのに対し、平成13年認定基準は6か月としている点、医学的見地から妥当であるのか、また、具体的な数値のみが独り歩きしないか懸念が持たれる。同じ

---

23) 発症前1か月ないし6か月にわたって、1か月当たりおおむね45時間を超える時間外労働が認められない場合は、業務と発症との関連性が弱いが、おおむね45時間を超えて時間外労働が長くなるほど、業務と発症との関連性が徐々に強まると評価するとしている。
24) 過労死労災認定基準の見直しに関する意見書（2001年9月11日、日本労働弁護団）、過労性の脳・心疾患、精神障害及び自殺の労災認定に関する意見書（1996年10月13日、過労死弁護団全国連絡会議）（民主法律233号、1998年2月）。
25) 請求件数と認定数は、平成11年493件／81件、平成12年617件／85件、平成13年690件／143件、平成14年819件／317件、平成15年742件／314件、平成16年816件／294件、平成17年869件／330件、平成18年938件／355件、平成19年931件／392件、平成20年889件／377件となった。
26) 神戸東労基署長（ゴールドリングジャパン）事件・最三判平16・9・7労判880号44頁。重要な会議に加え長時間労働がつづいた海外出張中、機内で腹痛を訴え病院に搬送され、穿孔性十二指腸潰瘍と診断され手術を受け、帰国後療養補償給付を請求した事例である。

く、労働時間についても、明確な数値が規定された結果、川崎南労基署長（日本マクドナルド）事件東京地判では、時間外労働が80時間、100時間に満たないとして、行政当局が不支給決定を行った。この点、最高裁事務総局裁判官協議は過重負荷があったかどうか、「業務が加わったことで結果発生に有意に寄与したか」との視点からとらえており、この差異に対するさらなる考慮が必要ではあるまいか。

三 精神疾患・過労自殺の業務上認定の問題

1 精神障害の認定の困難性——内因性精神障害と自殺の除外

現在、精神医学上、定説として心因性精神障害のみならず内因性精神障害（統合失調症や躁うつ病）も労働条件、生活環境等の誘因が加わり発病すると認識されているが、当初、労災認定の対象が外因性（器質性）精神障害と心因性精神障害神経症（心身症、反応性うつ病など）に限定され、内因性精神障害は除外されていた。さらに、心因性精神疾患の業務起因性判断において、行政は①十分な強度の精神的負担が業務と関連して存在、②業務以外の精神的負担がない、③既往歴など個体的要因がないという基準に加え、複数の専門医の審査等による心因性精神障害との認定を課し、要件は厳格であった。

---

27) 川崎南労基署長（日本マクドナルド）事件・東京地判平22・1・18判時2093号152頁。25歳の社員が急性心不全で死亡した事例であるが、労基署は「発症前6か月間にわたる時間外労働時間は、最大でも、発症直前の1か月間で66時間30分、2か月～6か月平均では、発症6か月前の1か月平均で71時間5分であり、認定基準に定める時間外労働時間数を超えない」と主張したが、月79時間の残業と自宅の作業を事実認定し、不支給決定を取り消した。川口労基署長（神戸屋）事件・東京地判平22・3・15判時2088号144頁。41歳のパン製造会社係長が喘息による心停止で死亡した事例であるが、労基署は「食事、入浴等に3・4時間使ったとしても、業務による疲労を回復する1日7～8時間の睡眠等が確保できた」として不支給決定としたが、東京地裁は「認定可能な太郎の本件喘息死以前の6か月の法定時間外労働時間は月平均87時間58分と非常に長時間」とし不支給決定を取消した。控訴審においても慢性的な長時間勤務を肯定し控訴棄却（東京高判平24・1・31労経速2137号3頁）。

28) 労働省労働基準局編著『業務災害及び通勤災害の理論と実際下巻』（労働法令協会、1985年）260頁。

29) 昭59・2・14基収330号の2。

30) 精神障害に対する労災申請のうち認定された件数は、昭和58年支給決定1件（設計技術者の反応性うつ病が業務上認定）／申請3件中、昭和62年1件／1件、平成元年1件／2件、平成4年2件／2件、平成6年5件／13件、平成7年10件／13件、平成8年11件／18件と多くない。

さらに、過労自殺は、労災保険法12条の2の2の第1項が定める「労働者が故意に負傷若しくは死亡又はその直接の原因となった事故を生じさせたとき」に該当するとされ、認定外とされた。行政当局は、業務上の傷病・疾病の苦痛・増悪等を理由に精神疾患を発症し、心神喪失の状態において自殺が行われた場合のみを業務上の死亡とする通達を示しており、実際の認定数は平成8年までわずか4件であった。[31]

2　行政訴訟による不支給決定の取消

一方、90年代末から自殺者が増加し[32]、過重業務の下、精神疾患を発症し自殺する、いわゆる過労自殺が社会的な注目を集めていた。精神疾患・過労自殺の認定において分水嶺となったのは、不支給決定を取り消した加古川労基署長（神戸製鋼所）事件神戸地判[33]と民事訴訟で過労自殺の使用者責任を問うた第一次電通事件最判[34]である。

加古川労基署長（神戸製鋼所）事件は、24歳の新入社員が、入社8か月でイ

---

31) 昭23・5・11基発1391号、認定事例は昭和58年、平成元年、2年、8年の1件で4件である。
32) 平成2年死亡数20,088人、平成7年死亡数21,420人、平成15年死亡数32,109人である。厚生労働省大臣官房統計情報部「人口動態・保健統計課自殺死亡統計の概況」http://www.mhlw.go.jp/toukei/saikin/hw/jinkou/tokusyu/suicide04/2.html。平成25年版自殺対策白書（内閣府）は、自殺者数は、昭和58年から61年においては2万5千人を超えていたが、平成3年には2万1,084人に減少した。平成10年には、9年の2万4,391人から8,472人と急激に増加し3万2,863人となり、15年には統計を取り始めた昭和53年以降で最多の3万4,427人となった。16年は減少し、21年まで横ばいで推移した後、22年以降は減少を続けており、24年は2万7,858人で前年に比べ2,793人（9.1％）減少したと指摘している。
33) 加古川労基署長（神戸製鋼所）事件・神戸地判平8・4・26労判695号31頁。
34) 電通事件・最二判平12・3・24民集54巻3号1155頁。慢性的な長時間労働に従事していた新入社員A（男性・24歳）が、うつ病に罹患し、上司も健康状態の悪化に気づいていたが業務の軽減などの措置が取られることはなく、入社1年5か月後、自殺し、遺族が会社に対して損害賠償を請求した事案である。争点は、①業務と自殺との間に因果関係が認められるかどうか、②会社に注意義務ないし安全配慮義務違反があったか、③Aのうつ親和的性格や両親の対応などが減額事由となるかどうかであった。最高裁は、①長時間労働によるうつ病の発症、うつ病罹患の結果としての自殺という一連の連鎖が認められ、因果関係を肯定した。②会社の注意義務については「業務の遂行に伴う疲労や心理的負荷等が過度に蓄積して労働者の心身の健康を損なうことがないよう注意する義務を負う」、③うつ親和的性格については「労働者の性格が同種の業務に従事する労働者の個性の多様さとして通常想定される範囲を外れるものでない限り」、「その性格…業務の遂行の態様等を心因的要因として斟酌することはできない」とした。また、両親の対応についても、独立の社会人として自立していたのであるから、勤務状況を改善しうる立場にあったとは、容易にいえないとした。その後、労災申請がなされ、東京・中央労基署が97年8月27日に労災認定。

ンド、ボンベイ郊外の農村にプラント建設のため2か月の予定で出張したが、途上国での不慣れな海外生活や業務上のトラブルを経験し、赴任約40日後に自殺した事案である。神戸地裁は、「海外勤務による業務に関連して、短期反応精神病ないしは反応性うつ病を発症させるに足る強い精神的負担が存在していたと認められ」Aに「業務以外の精神的負担が存在したとは認められず、かつ、精神障害の既往症その他当該疾病の有力な発病原因となるような個体的要因が存在したとも認められない」として業務起因性を肯定し、不支給決定を取り消した。過重業務が存在し、業務以外の精神的な負担、ないし、個体的要因がなければ、業務と過労自殺との因果関係を認めるという判断枠組みを提示したのである。この判決後、平成9年12月3日、東京中央労基署は、過重業務、長時間労働などを理由に技術開発部で就労していた28歳の会社員が、反応性うつ病になり自殺した事案について、初めて労災認定をおこなった[35]。さらに、広島中央労基署が、平成9年12月22日、40℃以上の工場室内で長時間勤務に従事する24歳の社員が、業務上トラブルや人員不足、配置転換を拒否の後、自殺した事案を業務上認定した[36]。

3　精神障害に関わる認定基準の制定とその問題点

　業務によるストレスを原因とする精神障害の発症や自殺の増加という状況を受けて、精神障害等の労災認定に係る専門検討会が「精神障害等の労災認定に係る専門検討会報告書[37]」を出し「心理的負荷による精神障害等に係る業務上外の判断指針について[38]」「精神障害による自殺の取扱いについて[39]」(以下「平成11

---

35) 認定は、従事した海域制御構造物の実験計画業務では、①業務体制の変更により実質的に1人で、②他の同僚にも負担である実験業務を初めて行い、③タイムリミットがあり、計画変更により、業務量が増大し精神的負担となり、④反応性うつ病の状態が認められ、業務量増大により反応性うつ病が悪化した、⑤ほかに精神的負荷はない、として業務上と認定した。飛島建設(永山事件)については、玉木一成「大手ゼネコン青年者の自殺──飛鳥建設・永山心因性精神障害自殺事件」ストレス疾患労災研究会＝過労死弁護団全国連絡会議編『激増する過労自殺──彼らはなぜ死んだか』(皓星社、2000年) 112頁。
36) この事案は、支給決定後、民事事件(損害賠償請求)がなされ、社員の長時間労働等を原因とするうつ病罹患による自殺について、雇用会社と親会社の債務不履行責任および不法行為責任が認められた。おたふくソース事件・広島地判平12・5・18労判783号15頁。
37) 精神障害等の労災認定に係る専門検討会報告書 http://www.mhlw.go.jp/stf/houdou/2r9852000001z3zj-att/2r9852000001z44r.pdf。
38) 平11・9・14基発544号。

年判断指針」という）を公表した。

　対象精神疾患について「平成11年判断指針」は、原則として国際疾病分類第10回修正の第Ⅴ章に分類される精神障害を対象疾病とし、対象外であった内因性精神障害も含め、すべての精神障害を対象とした。過労自殺は「業務による心理的負荷によって、精神障害が発症した」場合に「精神障害によって正常の認識、行動選択能力が著しく阻害され、または自殺を思いとどまる精神的な抑制力が著しく阻害されている状態で自殺が行われたと推定し業務起因性が認められる」として労災認定するとした。その要件は、①精神障害を発病、②発病前6か月間に業務による強い心理的負荷が認められる、③業務以外の心理的負荷がなく個体側要因とは認められないことであった。しかし「業務による心理負荷の評価」は、「職場における心理的負荷評価表」に基づき、仕事上の失敗や仕事の量・質の変化、対人関係のトラブル、地位の変化等の項目について機械的に3段階の手順で判断された。「平成11年判断指針」は、「突発的な出来事」による「急性ストレス」が原因となる精神障害に対処しうるが、恒常的な長時間労働や交代制勤務といった「慢性ストレス」は、労働時間数や継続期間といった客観的指標がなく修正項目としてのみ検討され、考慮は限定的であった。さらには、精神障害の成因として、「ストレス―脆弱性理論」、環境由来のストレスと個体側の反応性、脆弱性との関係で精神的破綻が生じるかどうかが決まる、つまり、ストレスが非常に強ければ、個体側の脆弱性が小さくても精神障害が起こるし、逆に脆弱性が大きければ、ストレスが小さくても破綻が生ずるとする考え方に依拠し、強い心理的負荷を認定要件としていた。心理

---

39) 平11・9・14基発545号。
40) 精神障害の既往歴、生活史（社会適応状況）、アルコール等依存状況、性格傾向といった個体側要因（心理面の反応性、脆弱性）を検討する必要があるとされた。
41) 第一段階として、心理負荷の原因と考えられる「平均的な心理的負荷の強度」を評価し、第二段階として、出来事の内容等による心理的負荷の強度を「心理的負荷の強度を修正する視点」によって修正し、第三段階として、出来事による変化が、その後、どの程度持続・拡大・改善したかについて「出来事に伴う変化等を検討する視点」から修正を行い、心理的負荷を決定した。この3段階評価の結論が「強」と判断され、さらに、私生活について、家族関係、金銭トラブル、事件・事故の遭遇といった「職場以外の心理的負荷評価表」による判断が強でない場合に、業務上の出来事によって精神障害が発生したと認定された。
42) 例外的に「数週間にわたり生理的に必要な最小限度の睡眠時間を確保できないほどの長時間労働」は、「特別な出来事」として「強」評価された。

的負荷の強度を評価するための比較対象者も「健康な平均人」を基準に評価し、当該労働者の立場や状況は考慮しなかった。問題は散在したが、初の認定基準が創設され、精神障害、申請件数認定件数は急激に増加した[43]。同時に、労基署の不支給決定の取消しを求める行政訴訟も多く提起され、その過程で平成11年判断指針の問題点が明らかになった[44]。

4 平成11年判断指針の問題点

業務上外の認定において、労基署と行政訴訟で判断が異なり、検討を要した点は、主として長時間労働と複数の心理的負荷が存在した場合の業務起因性、発症直前から発症前6か月の負荷の業務起因性、業務性判断の比較対象者をどのようなものとするか、慢性ストレスの業務起因性であった。

(1) 複数の心理的負荷が争点となった行政訴訟

平成11年判断指針後の不支給決定の取消訴訟では、長時間労働と中・弱の複数の心理的負荷を理由として業務起因性を認めるものが相次いだ。例えば、豊田労基署長(トヨタ自動車)事件名古屋高判[45]は、自動車設計業務に従事し恒

---

[43] 平成10年精神障害等の認定申請件数は42件、支給決定は4件、過労自殺認定請求件数は29件、支給決定件数は3件であるが、平成11年精神障害等の認定申請件数は155件、支給決定件数は14件、過労自殺の認定申請件数は93件、支給決定件数は11件である。同様に、平成12年精神障害212件／36件、過労自殺100件／19件、平成13年精神障害等265件／70件、過労自殺92件／31件、平成14年精神障害341件／100件、過労自殺112件／43件、平成15年精神障害447件／108件、過労自殺122件／40件、平成16年精神障害524件／130件、過労自殺121件／45件、平成17年精神障害656件／127件、過労自殺147件／42件、平成18年精神障害819件／205件過労自殺176件／66件である。

[44] 精神障害・過労自殺の認定に関する先行研究として次のものがある。松丸正「『心理的負荷による精神障害に係る業務上外の判断指針』の一部改訂とその問題点」労働法律旬報1698号37頁。田中健一「『心理的負荷による精神障害等の業務上外認定にかかる判断指針』の慢性ストレスの評価基準」労働法律旬報1731号15頁。

[45] 豊田労基署長(トヨタ自動車)事件・名古屋高判平15・7・8労判856号14頁、同原審・名古屋地判平13・6・18判時1769号117頁。「同種労働者(職種、職場における地位や年齢、経験等が類似する者で、業務の軽減措置を受けることなく日常業務を遂行できる健康状態にある者)の中でその性格傾向が脆弱である者(ただし、同種労働者の性格傾向の多様さとして通常想定される範囲内の者)を基準とするのが相当である。」として、労基署の判断、専門検討会報告書および判断指針の見解を否定した。同様に複合的な心理負荷を業務起因性として肯定したものとして、八女労基署(九州カネライト)事件・福岡地判平18・4・12労判916号20頁。真岡労基署長(関東リョーショク)事件・東京地判平18・11・27労判935号44頁)。

第9章　過労死・過労自殺の業務上外認定における行政訴訟の役割　249

常的な長時間労働を行っていた労働者が、2車種の出図期限の重複などの過重業務、労組職場委員長に就任決定、海外出張命令など複数の心理的負荷が生じた後に自殺した事案であるが、高裁は本件うつ病が「加重、過密な業務及び職場委員長への就任内定による心身的負荷」等が原因で発症し、「その後の開発プロジェクトの作業日程調整及び本件出張命令が本件うつ病を急激に悪化させ」発作的に自殺したとして不支給決定を取り消した。このほか、同様に複数の心理的負荷の事例である、八王子労基署（パッシフィックコンサルタンツ）事件東京地判[46]がある。駐在経験豊かな技師が、カリブ諸国最貧国といわれるセントヴィンセントに単身赴任後、自殺した事案であったが、その原因として、在留資格の延長ができない、100時間超の長時間労働、海外赴任のストレス等の心理的負荷を認定し「業務上、強度の心理的負荷となりえる事情が複数存在していたと認められる」として不支給決定を取消した。このほか真岡労基署長（関東リョーショク）事件東京地判、八女労基署長（九州カネライト）事件福岡地判[47]、静岡労基署長（日研化学）事件東京地判、新宿労基署長（佼成病院）事件東京地判などの事例が、長時間労働と複数の心理的負荷を理由として不支給決定を取[48]り消している。

(2) **発症前6か月という期間が争点となった行政訴訟**

　心理的負荷の考慮期間は発症直前6か月に限定され、それ以前から続く恒常的長時間労働を検討しない手法がとられていた。土浦労基署長（総合病院土浦協同病院）事件水戸地判は月平均170.6時間もの時間外労働が存在したが、発[49]症前6か月間と比較し49時間増として不支給決定とした。判決は、認定基準が「急性のストレス要因となる特定の具体的出来事の影響を検討する」場合に

---

46) 八王子労基署長（パッシフィックコンサルタンツ）事件・東京地判平19・5・24労判945号5頁。
47) 真岡労基署長事件・前掲注45) は、食品卸会社の新入社員が入社8か月目に自殺した事例であるが、発注ミス、社用車で交通事故、取引先との関係の悪化、営業目標の不達成といった複数の心理的負荷に加え、長時間労働があったと認定し、「次々に生じた業務上の心理的負荷を伴う一連の出来事は…過重な心理的負荷を伴う出来事であったと認めるのが相当」であるとして不支給決定を取り消している。
48) 八女労基署長（九州カネライト）事件・前掲注45)。静岡労基署長（日研化学）事件・東京地判平19・10・15労判950号5頁。新宿労基署長（佼成病院）事件・東京地判平19・3・14労判941号57頁。
49) 土浦労基署長（総合病院土浦協同病院）事件・水戸地判平17・2・22労判891号41頁。

「発症前6か月に注目」し、「持続性のストレスである長時間労働」は、「以前の労働時間と比較して顕著に長時間化することが発症の要因とな」ると指摘しており、6か月以上「続く常態的な長時間労働がさらに過重性を増す場合」には、変化が小さくても「強いストレスと評価すべき」と理解の誤りを指摘した。

考慮期間の限定は、期間以前の負荷や発症後の負荷を対象外とし、期間以前に業務に起因し軽度のうつ病等にり患した労働者が、発症後に軽度の心理的負荷を受け自殺した場合、相当因果関係が否定され業務外とされうる。奈良労基署長（日本ヘルス）事件大阪地判[50]は、浄水場所長とサービスセンター長を兼務する労働者がうつ病を発症後、役員・研修参加者全員が出席する懇親会席上で上司から罵倒され、自殺した事案である。大阪地裁は「業務上の負荷によりうつ病を発症…した者が、…改めて、社会通念上、うつ病を増悪させる程の業務上の負荷…を受けた結果、希死念慮を高め、自殺を図った場合、相当因果関係を認めるのが合理的である場合が存する」と判示している。

(3) **比較対象労働者**が争点となった行政訴訟

比較対象労働者が「健康な者」か「最も脆弱な者」かにより、業務上外の判定が大きく異なるので、比較対象労働者は争点とされてきた。比較対象労働者について前述の豊田労基署長（トヨタ自動車）事件高裁判決[51]は、平成11年判断指針制定の検討会座長の原田憲一教授の当審における供述および陳述書によれば、「通常想定される範囲の同種労働者の中で最も脆弱な者を基準にするという考え方は、専門検討会や判断指針と共通するものであると認められる。」とし、心身的負荷の強度は一般人を基準として客観的に評価すべきである（平均人基準説）との労基署の主張を否定した。名古屋南労基署長（中部電力）事件名古屋高判[52]は、「一般的、平均的な労働者」とは「基礎疾患等を有するものであっても勤務の軽減を要せず通常の勤務に就くことができる者」を基準とし、相当因果関係の判断においては、「何らかの素因を有しながらも特段の職務の軽減を

---

50) 奈良労基署長（日本ヘルス）事件・大阪地判平19・11・12労判958号54頁。
51) 豊田労基署長（トヨタ自動車）事件・前掲注45）。同旨の裁判例は、名古屋南労基署長（中部電力）事件・名古屋地判平18・5・17労判918号14頁、江戸川労基署長（四国化工機工業）事件・高松地判平21・2・9労判990号174頁、福岡中央労基署長（九州テン）事件・福岡地判平19・6・27労判944号27頁、福岡労基署長（粕谷農協）事件・福岡地判平20・3・26労判964号35頁など。

要せず、当該労働者と同種の業務に従事し遂行することができる程度の心身の健康状態を有する労働者（相対的に適応能力、ストレス適所能力の低いものも含む。）を基準」として、業務に精神疾患を発症させる危険性が認められるか判断すべきと判示した。さらには、新宿労基署（佼成病院）事件東京地判は、医師2名の辞職後、宿直外科医の確保困難、日宿直当番調整、その穴埋めなどで小児科全体が繁忙を極める中、管理職にある小児科医が自殺した事案であるが、「通常の勤務に従事する一般的・平均的な労働者といってもその存在態様もさまざまであるから、…個々の労働者が置かれた個別的・具体的状況を前提としつつ、社会通念に照らして、当該状況の下で労働者が従事していた業務の危険性を評価・検討すべきものである」として、個別的な事情を重視する判断を示している。これらの判決は、つまり、慢性的長時間労働や業務の増大、ハラスメントといった環境から生じるストレスと精神疾患の発症の因果関係を前提とし、個体側の反応性、脆弱性による発症の差異が生ずることを否定するものではない。だからこそ、比較対象者としては、「もっとも脆弱な者」「基礎疾患を有する者」「何らかの素因を有」する者を挙げているのである。平成11年判断指針は、脆弱性理論に依拠し、ストレス強度は、環境由来のストレスを、多くの人々が一般的にどう受け止めるかという客観的な評価に基づくべきとしている。しかし、発症において個体側の反応性、脆弱性による差異があることを理由にして、比較対象者は一般的、平均的な労働者としている点が問題であった。認定判断基準とすべきものは、ストレスと精神疾患の因果関係である。個体の反応性、脆弱性の差異存在によって、因果関係を否定することはできないのではないだろうか。

(4) **慢性ストレスにおける評価**

労基署側が恒常的な労働時間を軽視する傾向がみられるのに対し、上述の判

---

52) 名古屋南労基署長（中部電力）事件・名古屋高判平19・10・31労判954号31頁。火力発電所の技術職であった労働者が、デスクワーク業務に移り主任に昇格したが、昇格、上司のパワーハラスメント、業務の増大と長時間労働などにより、2年後にうつ病を発症し自殺をした事案である。同様の基準をとるものとして、埼玉労基署長（日研化学）事件・さいたま地判平18・11・29労判936号69頁。
53) 新宿労基署長（佼成病院）事件・前掲注48）。

例に見られるように、判例は恒常的長時間労働、宿直などの不規則勤務、単身赴任、滞在許可証の問題など個別的な項目も含め、慢性ストレスを考慮する傾向がみられる。また、業務上の慢性ストレスとして、業務過重性という慢性のストレスに着目した事例としては、未経験の金融部門への配転の4か月後に農協職員が自殺した事案である福岡労基署長（粕谷農協）事件（前掲注51））では、外回り業務の恒常的長時間労働、ノルマによる心理的負荷を認定し「業務による心理的負荷が社会通念上客観的に見て、精神障害を発症させる程度に過重であるといえる場合には、業務に内在し随伴する危険が現実化したものとして、当該精神障害の業務起因性を肯定することができると解すべきである。」とした。

5 精神医学的見地と過労死弁護団の意見書

　精神医学的見地からも、慢性ストレスは軽視されていない。平成11年判断指針に関する専門検討会の座長である原田憲一教授が「ライフイベント（急性ストレス）より持続的、日常的ストレス（慢性的ストレス）の方が、精神的健康に害がある[54]」との見解を述べている。また、日本産業精神保健学会の精神疾患と業務関連死に関する検討委員会は「『過労自殺』を巡る精神医学上の問題に係る見解[55]」においても「慢性ストレスが精神障害発病に与える影響は大きい」とのべ、専門検討会報告書が慢性ストレスを軽視するものではないとし、「慢性ストレスとは、長く続く多忙、単調な孤独な繰り返し作業、単身赴任、交替勤務などのように持続的環境であり、継続される状況から生じるストレス」であると定義し、出来事自体の評価に加えて、問題の持続、状況変化、さらには支援、協力状況等のストレス緩和要因を評価し、総合的に判断する必要があるが、「『出来事に伴う変化等を評価する視点』は、まさしく職場の『慢性ストレ

---

54)　精神科治療学 2007 年 1 月号 72 頁。
55)　日本産業精神保健学会「精神疾患と業務関連性に関する検討委員会」http://mhl.or.jp/kenkai.pdf さらに、労働時間については特に「発病前に出来事以前から続く慢性的長時間労働の実態にある場合、出来事に伴う変化として、労働時間の大幅な増加がない」として評価しない事例が労災認定に散見されるが、正しい評価ではないと指摘した。さらに長労働時間の評価について「発病の6ヶ月以上前から続く常態的な長時間労働も、それが過重性を増す傾向を示すような場合には、その変化の度合いが小さくても、強いストレスと評価される。」から、「発病前に常態的な長時間労働が認められる場合、出来事に伴う変化、すなわち労働時間の変化が小さくても強いストレスと評価されるべきであ」り、「認定実務の面でその運用を誤らないようにすべき」と労基署の判断の誤りを指摘した。

ス』を評価するため、労働時間、仕事の量、仕事の質・責任、仕事の裁量性、職場の物的・人的関係に着目し」たものと述べている。また、過労死弁護士連絡会議は平成 16 年に精神障害・自殺の労災認定に関する意見書」を提出し、業務による「慢性ストレス」が認められる場合にも「業務上」と認定すること、「過重ストレス」の強度の評価において比較対象労働者を同種労働者の中でその性格傾向が最も脆弱である者を基準として評価すること、発症後の心理負荷による症状の悪化においても業務起因性を肯定することなどの認定指針の改正を行うことを求めた。[56]

6 平成 20 年・21 年の判断基準の改定

平成 20 年 9 月、厚生労働省は連絡事項として、時間外労働について 100 時間を超える場合は心理的負荷を強とする、「出来事に伴う変化等」の基準においても「仕事の量（労働時間等）の変化」が認められるときは、「特に過重であると認められるとき」の目安とするとした。さらに、平成 21 年に「精神障害等に係る業務上外の判断指針の一部改正」を行った。[58]

7 平成 21 年の改正指針後の判例

大学卒業後チェーンストアに入社し店舗鮮魚部で勤務し、昇進後、鮮魚部サブチーフとして別店舗に異動し、約 3 か月後再度別店舗に異動し新装開店業務等に従事し、恒常的な長時間労働を続けていたが、4 か月経た新装開店日の 2 日後に 27 歳の若さで自殺した三鷹労基署長（いなげや）事件東京地判は平成 21 年の改正指針に即して判断された。[59] 裁判所は、店舗の異動後、短期間で別店舗への異動と同時に、「新任のチーフへの就任、新装開店準備業務の担当等」という出来事の重複、業務の増加に加え、新装開店後の売上増の強度の精神的

---

56) 過労死弁護士連絡会議は 2004 年 11 月に「精神障害・自殺の労災認定に関する意見書」を提出し、業務による「慢性ストレス」が認められる場合にも「業務上」と認定する、「過重ストレス」の強度の評価において比較対象労働者を、同種労働者の中でその性格傾向が最も脆弱である者を基準として評価する、発症後の心理負荷による悪化等、認定指針の改正を行うことを求めている。
57) 平 20・9・25 事務連絡。
58) 平 21・4・6 基労補発 0406001 号。
59) 三鷹労基署長（いなげや）事件・東京地判平 23・3・2 労判 1027 号 58 頁。

プレッシャー、周囲の支援状況、長時間労働による疲労の蓄積等を「総合的に検討すれば、…業務の心理的負荷の総合評価は、『強』」とした。また、心理的負荷の強度の比較対象者は、「同種労働者の中でその性格傾向が最もぜい弱な者を基準とすべき」とした。このほか、川崎北労基署長（富士通ソーシアルサイエンスラボラトリ）事件東京地判[60]では、プログラム作成・修正等の業務に従事していたが、抑うつ症状による休業と復職、再度の休業と復職の後、急性薬物中毒によって死亡した事案であるが、「相当程度の長時間労働が継続していたところに、配置転換に伴って急激にかつ著しく労働時間が増加し、その後もしばらくの間、相当程度の長時間労働に継続的に従事」し、増員がなく、休憩時間を満足に取れず、作業場で仮眠をするなど疲労回復が困難で、作業環境も苛酷であったとして、心理的負荷の程度は「過重」と評価するのが相当として、業務起因性を肯定し不支給決定を取消した。これら2判決は、「出来事」を単体ではなく総合的に評価し、改正指針に沿うものである。

8　平成23年認定基準の制定

平成21年に判断指針が一部改訂されると、平成21年の申請件数が1,136件に急増した[61]。厚生労働省の自殺・うつ病等への対策（平成22年5月プロジェクトチーム報告書）も精神障害事案の労災手続迅速化に言及し、更なる改善が求められた。平成23年11月に出された「精神障害の労災認定の基準に関する専門検討会報告書」も、認定審査に平均8.6月かかり、その理由は現行の認定基準の解かり難さにあると指摘し、調査の効率化、認定基準の明確・具体化と認定の迅速化、促進を図るべきとの改革の視点を示した。

9　平成23年認定基準の主要な改正点と問題点

「心理的負荷による精神障害の認定基準（以下「23年認定基準」という）[62]」は、精神障害の成因として環境由来の心理的負荷（ストレス）と、個体側の反応性・

---

60)　川崎北労基署長（富士通ソーシアルサイエンスラボラトリ）事件・東京地判平23・3・25労判1032号65頁。
61)　内自殺の認定申請は157件で、支給決定は63件であり、認定率45％と増加し、翌平成22年には1,181件、自殺の認定申請171件で、支給決定件数は65件、認定率38.2％と前年より減少した。
62)　平23・12・26基発1226第1号。

脆弱性との関係で精神的破綻が生じるとする「ストレス―脆弱性理論」と、①対象精神疾患を発症し、②発病前6か月間に業務による強い心理的負荷が存在し、③業務以外の負荷や個体要因がない、との認定要件は同一である。ただし、複数の心理的負荷について、23年認定基準は判断基準を「出来事と出来事後を一連のものとして総合評価」し、複数の出来事が関連して生じた場合には、各々の出来事を出来事後の状況とみて、全体を一つの出来事として評価するとした点で、行政訴訟判例を考慮している。また、慢性ストレスについては、長時間労働自体を「出来事」としてとらえ、㋐前月に約160時間以上の時間外労働がある場合と㋑発病直前3週間に約120時間以上の時間外労働がある場合は、極度の長時間労働であり、心理的負荷を「強」と判断する数値を設定した。したがって、出来事発生の前後に恒常的長時間労働（月100時間程度の時間外労働）があった場合は、心理的負荷の強度の修正要素として考慮されうる。さらに、評価期間は変わらず6か月とするが、いじめやハラスメントなど継続反復される出来事については、開始時から評価期間とするとした。

　しかし、㋐㋑の数値は、週40時間の法定労働時間の倍であり、時間外労働の限度に関する基準（平成10年労働省告示154号）である月45時間を大幅に超え、過労死ラインと呼ばれる2か月から6か月にわたって月80時間以上、月100時間以上をも超えるものである。このような極めて長時間の指標のみが独り歩きしないか疑問を禁じ得ない。

　また、比較対象労働者については、「ストレス―脆弱性理論」に依拠し、認定要件として「強い心理的負荷」を掲げ、「この場合の強い心理的負荷とは、精神障害を発病した労働者がその出来事及び出来事後の状況が持続する程度を主観的にどう受け止めたかではなく、同種の労働者が一般的にどう受け止めるかという観点から評価されるものであ」り、「『同種の労働者』とは職種、職場における立場や職責、年齢、経験等が類似する者をいう。」として、行政訴訟判例による判断基準とは異なる基準を示している。比較対象者をどの様な労働者ととらえるか、今後、検討の余地があろう。

63）「脳血管疾患及び虚血性心疾患等（負傷に起因するものを除く。）の認定基準について」（平13・12・12基発1063号）。

10　23年判断基準の認定への影響

　統計上、平成23年の精神障害の申請件数は、1,272件のうち、支給決定は325件であり支給決定率は39.0％、自殺の請求件数は202件のうち、支給決定は66件で支給決定率は37.5％であった。24年は認定件数の増加がみられ、24年度以降自殺の認定率は25年度を除き、45％を超えている[64]。

　その後、判決にどのような影響がみられるのであろうか[65]。金融機関を主たる取引先とする電子システム開発会社で開発部部門長として就労していたAが自殺し、妻が遺族補償および葬祭料の給付を求めたが、不支給処分となり、一審においても請求が棄却され控訴した事例である天満労基署長（CSK・うつ病自殺）事件大阪高判では[66]、平成23年度認定基準の「『出来事』と『出来事後の状況』を一括して心理的負荷を判断する」、「出来事が複数ある場合の心理負荷の程度は全体的に評価する」点に言及し、発症する4か月前に部門長昇進という「弱」心理的負荷、部門長昇進前後の恒常的な時間外労働時間数を認定し「長時間労働が続く中で発生した出来事の心理的負荷はより強くなる」から、「出来事自体の心理的負荷と恒常的な長時間労働（月100時間程度となる時間外労働）を関連させて総合評価を行」うものであるから「時間の数値や前後の期間」は、心理的な負荷として影響を及ぼす範囲であれば、ある程度の幅をもって総合的に判断」しうるとした。

　市バスの運転士が、4か月間に①添乗指導をうけ、車内アナウンスについて「葬式のようだ」と不適切な指導をうけ、②乗客からの苦情について明確な記憶のない出来事の一部事実を認め、添乗指導・運行管理責任者（首席助役）による特別指導、反省添乗レポートを作成し、③自ら認識のない転倒事故のバスの運転手とされ、警察官の取調べを受け、実況見分に立ち会ったという「出来事」

---

[64]　25年は申請件数が177件、決定件数が157件、支給決定件数が63件（40.1％）であり、26年度は精神障害の請求件数1,456件、決定件数が1,307件、支給決定件数が497件（38.0％）であり、うち自殺は213件、決定件数は210件、支給決定件数は99件で47.1％、平成27年は、精神障害の請求件数1,515件、決定件数が1,306件、支給決定件数472件で36.1％、うち自殺の請求件数は199件、決定件数は205件、支給決定件数は93件45.4％である。

[65]　判断基準の改正後の、審査請求、再審査請求、訴訟により平成21年には13件（うち自殺11件）、平成22年15件（同7件）、平成23年20件（同10件）、平成24年34件（同15件）、平成25年12件（同5件）、平成26年2件（同10件）、平成27年21件（同13件）の支給決定がなされた。

[66]　天満労基署長（CSK・うつ病自殺）事件・大阪高判平25・3・14労判1075号48頁。

があった後、自殺した事例において、名古屋労基署長（名古屋市交通局）事件名古屋高判[67]は「3つの出来事が僅か4か月という短期間に発生し…転倒事故に関与していないと認識していた被災者にとって」、同僚からの事情聴取を経て、「警察官の取調べを受け、実況見分に立ち会うことは、…大きな精神的負荷」であり、「平均的労働者にとっても強い精神的負荷」であったとして、公務起因性を肯定し、公務外災害認定処分を取消した。この事例では、出来事と出来事後の状況を一括して心理的負荷を判断し、実態に即した心理的負荷がなされたと考えられる。

　また、過去に出勤時にアルコール検知器が反応し懲戒処分うけたバス運転手が、再度アルコール検知器が反応したため、乗車業務できず下車勤務となり、副所長に事情聴取を受け、解雇の強い不安を感じ、検知器反応を阻止するため一切飲食をせず検査を受けたところ、ケトンガスの発生によって検知器が再び反応し、事情聴取がなされ、上司が自宅のアルコール飲料不所持の臨検を行い、ケトンガスによる陽性反応を知らされないまま、3日後自殺した八王子労基署長（京王電鉄バス）事件東京地判[68]において、地裁は、所長らがアルコールによる検知器の反応ではないと知ったが、運転手に伝えなかったため「自らのあずかり知らない出来事によって解雇される可能性が具体的なものとして現れたという意味で、『退職を強要された』に準じる」として、その心理的強度を「強」と評価して業務起因性を肯定し、不支給決定を取り消した。

四　労災認定における現在の動きと行政訴訟の役割

1　過労死防止対策推進法の制定

　過労死防止対策推進法の成立には、労災認定を求め行政訴訟を戦った遺族や、過労死遺族の団体である「過労死家族の会」、行政訴訟を担った弁護士、研究者が深くかかわっている。彼らは、過労死防止法の制定を目指す団体を結成するとともに、制定に賛同する55万人の署名を集め、地方議会に対し過労死防止法制定の意見書の採択を求め働きかけた。また、過労死家族の会の有志が、

---

67)　名古屋労基署長（名古屋市交通局）事件・名古屋高判平28・4・21労判1140号5頁。
68)　八王子労基署長（京王電鉄バス）事件・東京地判平27・2・25労判1117号23頁。

国際人権規約・社会権規約（A規約）の批准国に対する実施状況審査において、日本政府報告に対するカウンターレポートを提出し、2013年、審査期間に審査委員と非公式・公式のミーティングを行った。そして、審査最終日に出された社会権規約委員会の総括所見の17項には、非常に多くの労働者が長時間の労働に従事していること、過労死・過労自殺、ハラスメントによる自殺に対する懸念が示され、「安全かつ健康的な労働条件を確立し、適切な労働時間規制のための規約第7条に基づく義務に従い、長時間勤務を防止するための措置を強化することを勧告」し、「法定時間外労働に対する規制を遵守しない場合に対する抑止効果のある制裁が適用されるようにする」こと、ハラスメントに対する禁止および防止するための法律および規制を採択すること」を日本政府に対し勧告した。このような状況において、143の地方議会が過労死防止基本法制定の意見書を採択し、国会においても、超党派の「過労死防止基本法制定を目指す議員連盟」が結成され、平成25年12月には、6会派共同による「過労死等防止基本法案」が提出されたが、継続審議となり、翌年5月、衆議院厚生労働委員会において、委員長提出法律案として「過労死等防止対策推進法案」が提出、可決され、衆・参本会議を経て6月に成立、公布された。法律の成立を受け、厚生労働省では労働基準局総務課に過労死等防止対策室を設け施行準備を進め、過労死遺族と行政訴訟を担った弁護士、研究者の尽力によって成立した過労死等防止対策推進法が平成26年11月1日に施行された。[69]

　本法は、過労死等の防止の対策の推進、仕事と生活の調和を目的として掲げるとともに、過労死の定義規定（2条）を置いた。また、過労死防止対策として、調査研究を行い過労死の実態を明らかにすること（3条）、国の過労死防止対策責務を確認し（4条）、事業主に過労死防止対策の協力に努めるものとした（4条3項）。また、毎年、過労死等の防止のために講じた政策の状況に関する報告書の提出を義務付け（6条）、過労死防止のための対策に関する大綱を定めるとした（7条）。また、過労死防止等対策推進協議会の設置を定めた（12条）。

　さらに、同年12月厚労省の中に、過労死遺族や労使代表、研究者による「過労死等防止対策推進協議会」が設置され、約半年にわたる検討を経て、「過労

69）　過労死白書平成28年度第2章「過労死防止法の制定」74頁以下。

死等の防止のための対策に関する大綱」が作成され、「過労死等の防止のための対策に関する大綱」が閣議決定された。

2 電通過労死自殺認定事件（三田労基署平成 28 年 9 月）

しかしながら、過労死等防止対策推進法成立後の、平成 27 年 12 月、大手広告代理店である電通において、インターネット広告等を担当する部署で就労していた新入社員が、過労自殺する事例が生じた。被災労働者は、一週間単位で繰り返されるインターネット広告のデータ分析とレポート作成、クライアントに改善点提案、クライアントとの協議を踏まえて広告発注、改善点の成果分析、週次レポートという過重な業務を 2 社分抱え、130 時間を超える長時間時間外労働に従事していた。また、新入社員として、プレゼンテーションや接待の企画・立案・実行を実践する重要な訓練の場として位置付けられた局会幹事・部会幹事といった業務をこなさなければならず、事前の詳細な準備、当日の円滑な進行が求められ、事後には、事細かな改善点の指摘を受け、さらに、上司のパワーハラスメントによりうつ病を発症し、自殺したのである。三田労基署は、長時間労働に加えパワーハラスメントがあったことが、過労自殺の原因として労災認定をし、支給決定を行った。

2017 年度の過労死白書には、この事件の新入社員の過労自殺事件が過労死対策の強化につながったことについて、言及がなされている[70]。

これを契機として、電通に対し大規模な違法な時間外労働に対する捜査が行われ、社長は引責辞任した。また、さらに、過労自殺した労働者を含む 4 名の労働者に対して、違法な時間外労働を行わせたとして書類送検されたが、1 名は起訴猶予処分、3 名は不起訴となり、役員クラスの立件も見送られ、法人の電通が違法残業を防ぐ措置を怠ったとして、略式起訴された。東京簡易裁判所は、書面だけの審理で結論を出すことを不相当として、公開の法廷で審理が行われた。36 協定の内容に反する時間外労働を行った場合、労基法 36 条の免罰的効果は生ぜず、32 条違反として労基法 119 条が適用され、6 か月以下の懲役または 30 万円以下の罰金が科せられる。本事例は、4 名の違法な時間外労働

---

70) 過労死白書平成 29 年度第 4 章「過労死防止のための対策の実施」150 頁以下。

であるので、最高120万円の罰金が考えられる。しかし、簡易裁判所が略式起訴において科せられる罰金刑は100万円以下の罰金か科料であり、過去の違法時間外労働の事件を考慮して50万円の求刑がなされた。

　働き方の見直しが問われる中で、注目された電通に対する違法時間外労働に対する刑事裁判では、直属の上司以外の幹部社員や役員の責任を明らかにできず、時間外労働の過少申告に対しても言及しておらず、労働事件における刑事裁判の不慣れさを露呈している。また、企業に対する罰金額としても、売上高5兆円を超える企業に対し50万円の罰金が、制裁として適当であるかという疑問も生じる。法人に科せられる罰金の最高額は金融商品取引法は7億円であり、独禁法は5億円である。労働基準法が行為者処罰主義を採用するとはいえ、法人に対する罰金額を個人に対する罰金額に連動させる必然性は、現在においても存在するのであろうか、検討を要する問題であろう。

3　労災認定における行政訴訟の役割

　労災認定の第一の窓口は労基署長であるが、行政機関であり認定基準に忠実に処理を行わざるを得ない。また、労基署長の決定に不服がある場合には、60日以内に各都道府県の労働者災害補償保険審査官に審査請求するが、保険審査官と労基署の認定基準は同一であり、決定が覆る可能性はそれほど高くない。同審査官の決定に不服のときには、労働保険審査会に、再審査請求を行うとされている。これら制度は迅速な労災認定を目的とするが、労働保険審査会は東京で行われ、1年以上待つ場合も多い。このため、2014年の改正によって、労働者災害補償保険審査官の決定を経れば、もしくは請求後3か月経過後、直ちに行政訴訟を提起することが可能となった（労災保険法40条）。したがって、労災認定に不服の場合、再審査を行う手段は実質的には行政訴訟が担うことにな

---

71)　鎌田耕一教授が2017年11月20日の朝日新聞（東京版・朝刊）において指摘されている。
72)　厚生労働省が公開している労働保険審査会の裁決事例一覧（労災保険関係・業務上外）（http://www.mhlw.go.jp/topics/bukyoku/shinsa/roudou/saiketu-youshi/）では、平成25年に不支給決定が取消になったものは、273件中4件（厳しい叱責により発症した精神障害、同僚による刺殺、石綿製品の製造業受持者の間質性肺炎による死亡、保育関係の調理員に発症したとする精神障害）である。平成26年は274件中3件（上司のパワーハラスメントで施設技術担当者に発症した精神障害とその後の自殺、じん肺、合併症続発性気管支炎を発症して療養中の敗血症による死亡、展示会用の部品作成・設置・運搬等の業務に従事する者の拡張型心筋症うっ血性心不全である）。

っている。必然的に行政訴訟は、労災認定における判断基準の定立という役割を果たしてきた。とはいえ、過労死・過労自殺に歯止めがかかっていない。23年判断基準が高い数値を設定している現在、その役割は重要であろう。労災認定基準に必要以上に拘束されない判断を行政訴訟が行うことが期待されている。

（みずの・けいこ　法政大学非常勤講師）

第 3 部　市民生活と権利保護

第 10 章　警察による市民生活への介入

氏家裕順

はじめに

　社会の中に存在する危険の防除のために行政機関に付与されている権限の行使・不行使の判断が、行政機関の裁量に委ねられている場合に、その権限の不行使が、国賠法 1 条 1 項上違法（以下、「国賠違法」ということがある）と評価されることがある。その判断枠組みとして、例えば、学説において主張されている裁量権収縮論があり、それを採用した下級審裁判例も存在するほか、学説において説かれている健康権説がある。また、義務違反的構成と呼ばれるものを採用する下級審裁判例もある。さらに、最高裁が最三小判平 16・4・27 民集 58 巻 4 号 1032 頁＝筑豊じん肺訴訟上告審判決などにおいて採用している裁量権消極的濫用論がある[1]。

　それぞれの判断枠組みの概略について、裁量権収縮論は、権限の裁量性に着目し、その行使・不行使についての裁量を原則として認めつつ、一定の要件の下で、裁量が収縮・後退し、そのために権限を行使する作為義務が発生するとする。この裁量権収縮論は、裁量が収縮・後退すると、権限を行使してはならない結果も導かれるという、理論上の問題を抱えている[2]。健康権説は、権限の

---

[1]　参照、西田幸介「判批」（最二小判平 16・10・15 民集 58 巻 7 号 1802 頁＝水俣病関西訴訟上告審判決）阪経法論 63 号（2005 年）131-132 頁、神橋一彦『行政救済法〔第 2 版〕』（信山社、2016 年）336-346 頁。

裁量性に着目せず、権限の不行使の国賠違法について判断すべきとする。義務違反的構成は、国賠違法を法的義務違反と捉えるが、その義務の内容が明確ではないとの学説による批判がある[3][4]。最高裁が採用している裁量権消極的濫用論は、「規制権限の不行使は、その権限を定めた法令の趣旨、目的や、その権限の性質等に照らし、具体的事情の下において、その不行使が許容される限度を逸脱して著しく合理性を欠くと認められるときは、その不行使により被害を受けた者との関係において、国家賠償法1条1項の適用上違法となる」（筑豊じん肺訴訟上告審判決）とする。そこでは、権限の不行使の国賠1条1項上の違法性は、諸般の事情を勘案して総合的に判断され、また、裁量は、収縮・後退することなく存在しており、権限の不行使が「著しく合理性を欠く」場合に[5]、その不行使が裁量の範囲を超えると捉えられている[6]。

判断枠組みと具体的な要件のあり方は、論理的に別個の問題であるとされている[7]。すなわち、裁量権収縮論をとる場合と、上記の最高裁のようにそれをとらない場合とで、権限の不行使の国賠違法が認められるための要件に違いが出てくるとは当然にはいえないとされている[8]。これは、上記の他の判断枠組みにも妥当すると考えられているようである[9]。ただ、採用される判断枠組みが異なると、その要件の適用のありようが異なりうると指摘されている。すなわち、裁量権収縮論と健康権説について、裁量権収縮論での裁量性の重視が、要件の当てはめにおいて微妙に作用し、その結果、裁量権収縮論において健康権説に比して国賠違法の認定の余地が狭くなるおそれがないとはいえない[10]。また、最高裁の裁量権消極的濫用論は、行政機関が説明した判断過程を追試する手法を

---

2) 藤田宙靖『行政法総論』（青林書院、2013年）554頁注(1)。
3) 芝池義一『行政救済法講義〔第3版〕』（有斐閣、2006年）244-245頁、259頁。
4) 以上の記述にあたり、芝池義一「公権力の行使と国家賠償責任」杉村敏正編『行政救済法2』（有斐閣、1991年）119-120頁、宇賀克也『国家補償法〔法律学大系〕』（有斐閣、1997年）154-176頁、西田・前掲注1) 129-130頁も参照した。
5) 例えば、稲葉馨『行政法と市民』（放送大学教育振興会、2006年）237頁。
6) 参照、稲葉馨「判批」（水俣病関西訴訟上告審判決）環境法判例百選〔第2版〕（2011年）77頁。
7) 例えば、野呂充「判批」（筑豊じん肺訴訟上告審判決）平成16年度重判解（2005年）47頁。
8) 塩野宏『行政法Ⅱ〔第5版補訂版〕』（有斐閣、2013年）312頁注3)。
9) 参照、芝池・前掲注3) 258-260頁、稲葉馨＝人見剛＝村上裕章＝前田雅子『行政法〔第4版〕』（有斐閣、2018年）326-327頁〔前田雅子〕。
10) 芝池・前掲注3) 259頁。

とるのに対して、裁量権収縮論には、根拠規範とは独立した、国賠違法が認められるための要件を、どの根拠規範の解釈にも平準に持ち込む危険がある[11]。

上記のような差異は、いかなる判断枠組みが採用されるべきかという問題に関わると考えられるので、さらに検討される必要があると思われる。本章は、さしあたり代表的な判断枠組みである裁量権消極的濫用論と裁量権収縮論をとりあげ、採用される判断枠組みが異なる場合の、国賠違法が認められるための要件の適用における差異と、その差異が発生する要因とを検討しようとするものである。そして、そのための素材を、危険の防除のために警察官に付与されている権限を警察官が行使しなかった国賠法1条1項上の違法性について判断している下級審裁判例に求めるものである。

その下級審裁判例を素材とする理由は、その事案の多くでは、ストーカー行為、リンチ、児童虐待[12]による被害が問題となっているところ、下級審裁判例のなかには、警職法5条に基づく制止などの権限の不行使の国賠法1条1項上の違法性の判断にあたり、裁量権消極的濫用論をとるものと裁量権収縮論を採用するものがあり、判断枠組みが異なる場合に国賠違法が認められるための要件の適用上の違いがみられることがあるので、上記の差異等を検討することができるからである。

まず、上記の下級審裁判例が採用している判断枠組みをみて、その判断の特徴の把握を試みたい。

一 権限の不行使の国賠違法の判断枠組み

ここでは、警察官が危険の防除のために付与されている権限を行使しなかったために被害が発生したなどとして国賠法1条1項に基づく損害賠償が求められた事案において、下級審裁判例がいかなる判断をしたかを検討することを通

---

11) 山本隆司『判例から探究する行政法』(有斐閣、2012年) 577-578頁。
12) ストーカー行為、児童虐待との表記について、後掲のストーカー被害の事案および神奈川児童虐待事件判決の事案でいう加害行為がされた時点では、ストーカー行為等の規制等に関する法律及び児童虐待の防止等に関する法律が制定されていなかったという意味で、各法律にいうストーカー行為および児童虐待は存在していなかったが、それを明示する実益がないため、本章では、単に、ストーカー行為、児童虐待と記す。

して、上記の課題に取り組む。その事案の多くでは、被害者に対して、ストーカー行為がされ（**1**）、また、リンチが加えられ（**2**）、また、児童虐待がされている（**3**）。判断の特徴についてはその整理に努めたい（**4**）。

1　ストーカー被害の事案

　さいたま地判平15・2・26判時1819号85頁＝桶川ストーカー事件第一審判決は、警察官が、警職法5条に基づく警告と制止のほか、「法律上許容される範囲内で警察法2条1項所定の職務に関して必要かつ相当な措置を採る一般的な権限」を有しているところ、危険の切迫性、予見可能性などが肯定されるか否かなどの「事情を総合勘案して、同権限の不行使が著しく不合理と認められる場合には、その不作為は、国家賠償法1条1項上違法である」との一般論を提示しているから、考慮する事情を明示しながら、その事情を含む諸般の事情を総合考慮するという裁量権消極的濫用論を採用しているといえる。

　この判決と似た考え方をするとみえるものに、神戸地判平16・2・24判時1959号52頁＝姫路ストーカー事件第一審判決がある。同判決は、警察法所定の諸権限を含む「犯罪防止のために警察に認められた各種規制権限の不行使」が「被侵害利益に対する侵害の危険性ないし切迫性、……等の各事情を総合考慮して」「著しく不合理と認められる場合には」「国家賠償法1条1項の違法評価を受ける」としているからである。

　東京高判平17・1・26判時1891号3頁＝桶川ストーカー事件控訴審判決は、警職法5条の「権限を発動するかどうか、また、どのような内容の警察権を発動するのかについては、警察官に一定の範囲で裁量が与えられている」が、危険の切迫性、予見の容易性、回避可能性が認められ、かつ、「その〔警察権の〕行使が容易であるような場合においては、上記警察権の発動についての裁量の範囲を超えて、警察官が上記危険除去のための警察権を行使することにつき職務上の義務が生じることもあり得る」、「警察官が上記職務上の作為義務に違背して警察権を行使しなかったことにより、犯罪行為等の招来を防止できず、国民の生命、身体、名誉等に被害を生じさせたような場合には、上記警察権の不行使が国家賠償法1条1項との関係で違法な公権力の行使に該当し、損害賠償責任を負う場合もあり得る」との一般論を提示している。同判決では明示されて

いないものの、これらのうち、危険の切迫性などが肯定される「ような場合に」、「職務上の義務が生じること」もあるとされている部分に注目し、そこでは上記の例示された要件が満たされる場合に、裁量が収縮・後退し、それゆえ、作為義務が発生するとの思考がとられているとみれば、同判決を、裁量権収縮論を採用するものと理解することになる[13]。その一方で、上記の要件が充足される場合に「裁量の範囲を超えて」「職務上の義務が生じること」もあるとされている部分に注目し、そこでは裁量が存在しているが、上記の場合に権限の不行使がその裁量の認められる範囲を超えるとの考え方がとられているとみれば、同判決を、例示された要件の充足性を問う、裁量権消極的濫用論を採用するものと捉えることになる。いずれの見方も可能である。これは、具体的事情の下においてされている判断をみても、同じであるといえる。すなわち、同判決が、上記の要件が充足されていなかったとしたうえで、被害者の「殺害という加害行為との関係においては、……作為義務の存在を肯定することはできないのであって、……権限不行使による違法は認められ」ないとしている部分において、一定の要件の下で裁量が収縮・後退するかどうかが問題とされているとみれば、同判決を、裁量権収縮論をとるものと捉えることになる一方、上記の要件の充足性を肯定したうえで、被害者の名誉を毀損する危険を除去するための権限の不行使を「著しく不合理であり、職務上の作為義務に違反する違法なものであった」としている部分、とりわけ「著しく不合理」としている部分に着目すれば、同判決を、例示された要件が充足される場合に、権限の不行使が著しく不合理となる（裁量の認められる範囲を逸脱する）とする裁量権消極的濫用論を採用するものと理解することになる。

　ただ、同判決は、上記の一般論に続いて、「作為義務の有無を判断するに当たっては、……、被疑者等警察権の行使の対象となる者の人権等にも配慮した慎重な検討が必要であ」り、「以下においては、上記に述べたような視点に基づいて、……検討する」と述べているように、権限の不行使の国賠違法の認定に否定的に作用する要素（以下、「否定的要素」という）も考慮すると明示している。この否定的要素も考慮するのが、裁量権収縮論には認められない、裁量権消極

---

13) このような考え方をするものとして、参照、原田尚彦「判批」（最二小判昭59・3・23民集38巻5号475頁＝新島漂着砲弾爆発事件上告審判決）民商92巻3号（1985年）399-400頁。

的濫用論の特徴であると指摘されている[14]。したがって、同判決を、裁量権消極的濫用論を採用するものと考えることができる。

同判決に論理展開と考慮要素の点で類似するとみえるものに、大阪高判平18・1・12 判時 1959 号 42 頁＝姫路ストーカー事件控訴審判決がある。同判決は、上記のような、裁量権収縮論とも裁量権消極的濫用論ともとれる、「警察権の不行使」の国賠違法についての一般論を提示し、また、具体的事情の下において、否定的要素に当たる、被害者に二度とつきまとわない旨の誓約書を加害者が作成したことなどを、考慮しているからである。

このように、ストーカー被害の事案において、下級審裁判例は、考慮する事情をいくつか明示したうえで、それを含む諸事情を総合考慮し、または、国賠違法が認められるための要件を例示したうえで、その充足性を問う、裁量権消極的濫用論を採用している。

2　リンチ被害の事案
(1)　裁量権消極的濫用論の採用

神戸地判平 16・12・22 判時 1893 号 83 頁＝神戸リンチ事件第一審判決は、いくつかの事情を明示し、それを含む「事情を総合勘案して」、個人がさらされている危険を除去するための「警察法 2 条 1 項所定の職務に関して必要かつ相当な措置を採る一般的な権限」の不行使が「著しく不合理と認められる場合には、その不作為は、国家賠償法 1 条 1 項上違法である」との一般論を提示しているから、明示の事情を含む諸事情を総合考慮する裁量権消極的濫用論を採用しているといえる。

これらとほぼ同じ言葉を用いて一般論を述べているものに、大阪高判平17・7・26 判例集未登載・平 17 年(ネ)438 号＝神戸リンチ事件控訴審判決がある。

---

14) 横山匡輝「権限の不行使と国家賠償法上の違法」西村宏一＝幾代通＝園部逸夫編『国家賠償法の課題〔国家補償法大系 2〕』(日本評論社、1987 年) 144 頁、都築弘「規制監督権限の不行使」村重慶一編『国家賠償〔現代民事裁判の課題⑩〕』(新日本法規出版、1991 年) 286 頁、野呂・前掲注7) 47 頁。

(2) 裁量権収縮論の採用

宇都宮地判平 18・4・12 判時 1936 号 40 頁＝栃木リンチ事件第一審判決は、一般論を提示するにあたり、桶川ストーカー事件控訴審判決とほぼ同じ文章を用いているが、同判決とは異なり、権限の行使の対象となる者の人権等への配慮を明示していない。具体的事情の下でされている判断においても、それは明示されていない。そして、上記のほか、判決文には、諸般の事情の総合考慮または上記以外の否定的要素の考慮のような、裁量権消極的濫用論がとられていることを表す語がなく、また、裁量が収縮・後退するとも表現されていないため、判断の決め手に欠けるが、同判決は、具体的事情の下において、一般論において例示した要件の充足性の有無を判断した後、結論部において、「職務上の作為義務に違背して警察権を行使しなかった」ことを、国賠法1条1項上違法としているのであって、著しく合理性を欠く場合をもって国賠違法を認めているのではないから、同判決を、裁量の収縮・後退を論ずるといった思考過程を踏み、結論を導くもの、すなわち裁量権収縮論をとるものと捉える余地が多分にある。ただし、同判決では、上記のように、裁量権消極的濫用論と裁量権収縮論との区別が明確に意識されていない可能性がある。

東京高判平 19・3・28 判時 1968 号 3 頁＝栃木リンチ事件控訴審判決は、「警察権の不行使が国家賠償法1条1項との関係で違法と評価されるのは、犯罪行為が行われている旨の申告又は状況に対応して、通常なすべき措置を怠った場合であり、この措置として具体的な警察権の行使をすべき作為義務が発生するためには」、危険の切迫性、予見の容易性、回避可能性がそれぞれ肯定されること、および「強制捜査権の行使にあっては法律上の要件を備えていることが必要となる」としている。同判決では、裁量が収縮・後退すると表現されていないが、同判決が上記のように一定の要件が充足される場合に作為義務が発生するとしていることに、同判決において裁量が収縮・後退するとの思考がとられていること、すなわち裁量権収縮論が採用されていることが示されている。

東京地判平 20・11・7 判タ 1305 号 125 頁＝足立区リンチ事件判決は、一定の要件を例示し、それを充足する場合に「警察権を行使する」作為義務が発生するとの一般論を提示しているため、裁量権収縮論を採用するものといえる。ただ、同判決は結論部において、権限の不行使を「著しく不合理であって、違

法である」としているように、裁量権消極的濫用論がとられる場合に用いられる言葉を使用している。この言葉が用いられていることに、同判決において裁量権消極的濫用論との区別が明確に意識されていないことが示されている。

このように、リンチ被害の事案において、下級審裁判例には、考慮する事情を明示したうえでその事情を含む諸事情を総合考慮する裁量権消極的濫用論をとるものと、裁量権収縮論を採用するものがある。ただし、裁量権消極的濫用論と裁量権収縮論との区別を明確に意識していないものもある。

3 児童虐待被害の事案
(1) 義務違反的構成の採用

高松高判平18・1・27判例集未登載・平17年(ネ)185号＝高松児童虐待事件控訴審判決は、「警察権限の不行使が著しく不合理と考えられる場合には、その不作為は違法」であるとの一般論を提示し、また、具体的事情の下で、権限を行使される者の権利等への配慮という否定的要素に当たるものを考慮しているため、同判決を、裁量権消極的濫用論をとるものとみる余地があるが、同判決は、具体的事情の下で、「高松南署による警察の権限の不行使が著しく不合理であるとまでは認められないものといわざるを得ないから、高松南署の対応が警察法2条1項に定められた作為義務に違反し違法であると評価することはできない」とする一方で、その「義務」の内容を明示していない。このように法的義務が明確にされていないことに、同判決において義務違反的構成が採用されていることが示されている。

国賠違法を法的義務違反としながらその義務の内容を明示していない点で、この判決と同じといえるものに、高松地判平17・4・20判時1897号55頁＝高松児童虐待事件第一審判決がある。[15]

---

[15] 高松児童虐待事件第一審判決と高松児童虐待事件控訴審判決は、司法警察活動と行政警察活動を明確に区別していないが、両者を区別する実益や必要があることについて、参照、田中二郎『新版行政法下巻〔全訂第2版〕』(弘文堂、1983年) 32頁注1)、田上穣治『警察法〔新版〕〔法律学全集12-Ⅰ〕』(有斐閣、1983年) 30頁、34頁など。

(2) 裁量権消極的濫用論の採用

　横浜地判平18・10・25判タ1232号191頁＝神奈川児童虐待事件判決は、警職法5条の警告・制止のほか、「警察法2条1項所定の職務」に関する「一般的な権限」について、危険の切迫性、予見可能性、権限行使の「容易」性、回避可能性がそれぞれ肯定されていたにもかかわらず、「警察官があえて同権限を行使せずに放置していたといえるような場合には、上記権限の不行使は著しく不合理であると認められ」「国家賠償法1条1項の適用上違法となる」との一般論を提示し、また、具体的事情の下において上記の例示の要件が充足されていたかどうかを判断している。ここで、要件が例示され、権限の不行使が「著しく不合理であると認められ」る場合にそれが国賠法1条1項の適用上違法となるとされていること、また、具体的事情の下において例示された要件の充足性が判断されていることに、同判決において桶川ストーカー事件控訴審判決に類似する裁量権消極的濫用論がとられていることが示されている。

　このように、児童虐待被害の事案においては、義務違反的構成を採用する下級審裁判例と、国賠違法が認められるための要件を例示したうえで、その要件の充足性を判断する裁量権消極的濫用論をとるものがある。

4　判断の特徴

　上記の下級審裁判例の判断の特徴として、第一に、いずれの判決も、裁量権消極的濫用論をとる最高裁判決を引用していないことを、挙げることができる。下級審裁判例の裁量権消極的濫用論と最高裁の裁量権消極的濫用論には、違いが二つあるとみえる。一つは、国賠違法の判断方法である。すなわち、下級審裁判例の裁量権消極的濫用論は、国賠違法が認められるための個別の考慮要素を明示したうえで、それを含む諸事情を総合考慮し、または、国賠違法が認められるための要件を例示したうえで、その充足性を判断するのに対して、最高裁の裁量権消極的濫用論は、国賠違法が認められるための考慮要素の明示または要件の例示をせずに、諸般の事情を総合考慮する。もう一つは、考慮されうる否定的要素の内容である。それは、下級審裁判例の裁量権消極的濫用論では、権限を行使される者の事情である。最高裁の裁量権消極的濫用論であっても、その事情は考慮されうると思われるが、判決文において考慮されることが示さ

れているのは、別の被害者が困るという事情である（最二小判平元・11・24民集43巻10号1169頁＝誠和住研訴訟上告審判決、最二小判平7・6・23民集49巻6号1600頁＝クロロキン薬害訴訟上告審判決）。

第二に、いずれの判決も、最三小判昭57・1・19民集36巻1号19頁＝ナイフ一時保管不作為事件上告審判決も、新島漂着砲弾爆発事件上告審判決も、引用していない。両判決は、警察官による権限の不行使の国賠違法を認めた事例判決であるとされており、また、行使すべきであったか否かが問題となった権限の根拠規定は、ナイフ一時保管不作為事件上告審判決では、銃刀法24条の2第2項であり、また、新島漂着砲弾爆発事件上告審判決では、警職法4条1項である。上記の下級審裁判例において問題となったのは、義務違反的構成をとるものを別にすれば、警職法2条・5条である。

第三に、下級審裁判例の特徴は、リンチ被害の事案と児童虐待被害の事案において、とられている判断枠組みが異なることにある。すなわち、ストーカー被害の事案では、判決はいずれも裁量権消極的濫用論をとるが、リンチ被害の事案では、裁量権消極的濫用論を採用するもの（神戸リンチ事件第一審判決、神戸リンチ事件控訴審判決）と裁量権収縮論をとるもの（栃木リンチ事件第一審判決、栃木リンチ事件控訴審判決、足立区リンチ事件判決）がある。また、児童虐待被害の事案では、義務違反的構成によるもの（高松児童虐待事件第一審判決、高松児童虐待事件控訴審判決）と、裁量権消極的濫用論をとるもの（神奈川児童虐待事件判決）がある。

第四に、判決が下された年代に着目すると、裁量権消極的濫用論を採用する判決が登場した後に、義務違反的構成をとるものが散見され、その後、裁量権収縮論を採用するものが現れるに至っている。

次に、判断枠組みが異なる場合の、国賠違法が認められるための要件の適用上の差異と、その差異が発生する要因とを検討する。

---

16) 参照、稲葉・前掲注5）237頁、長谷川浩二・最判解民事平16年度[下]（水俣病関西訴訟上告審判決）593頁注29）。
17) ナイフ一時保管不作為事件上告審判決について、塩崎勤・最判解民事昭57年度（ナイフ一時保管不作為事件上告審判決）38頁、住川洋英「判批」（ナイフ一時保管不作為事件上告審判決）別冊判例タイムズ26号〔警察基本判例・実務200〕（2010年）541頁、新島漂着砲弾爆発事件上告審判決について、山本隆司「判批」（新島漂着砲弾爆発事件上告審判決）法時57巻4号（1985年）121頁。

二　国賠違法の判断枠組みと要件との関係

　前にみたところによれば、下級審裁判例には、裁量権消極的濫用論をとるもの、義務違反的構成を採用するもの、裁量権収縮論によるものがあったが、学説では、採用される判断枠組みが異なる場合であっても、国賠違法が認められ

---

18)　なお、「警察の権限不行使に係る国賠事件では、過失の認定に際し『警察権』の語を用い、その適切な行使の有無という形で議論を進めるもの」があり、「また、個別法の要件の解釈に言及しつつも、警察の取りうる活動を広くとらえ、個別法の権限とは言えないものも含む警察の活動の組合せを問題にしているものもある」ところ、「前者における『警察権』も、具体的な内容は後者における警察活動の組合せと同様のものであり、これらの判決〔新島漂着砲弾爆発事件上告審判決、桶川ストーカー事件控訴審判決などが挙げられている〕では、『警察権なるもの』の不行使という形で思考が展開することになる」との指摘がある（荻野徹「新しい『警察法理論』への実務の期待」自治研究93巻12号〔2017年〕9-10頁）。この指摘によれば、特定の権限ではない、『警察権なるもの』の不行使が問題とされるのも、裁判例の特徴である。
　確かに、本章でとりあげている下級審裁判例は、「一般的権限」、「警察権」等の不行使の国賠法の判断枠組みを提示している。しかし、法的義務の内容を明示しない義務違反的構成をとるものはともかく、神戸リンチ事件第一審判決、神戸リンチ事件控訴審判決は、具体的事情の下、警職法2条に基づく職務質問・任意同行と同法5条に基づく制止の権限の不行使を明示的に問題としている。そのほか、根拠規定を明示しない判決がいくつかあるが、例えば、桶川ストーカー事件控訴審判決は、元交際相手への「接触」「警告」を含む「捜査権限の不行使は、……違法なものであった」としながらも、その「捜査権限」を、犯罪がされる危険が切迫していたなど、一定の状況下で、警察官らが元交際相手またはその関係者に対して行使する「危険除去のための警察権」としていることに、「捜査権限」が警職法5条に基づく警告を指すことが示されている（桶川ストーカー事件第一審判決においても同じである）。また、栃木リンチ事件控訴審判決は、「過失がなかった場合に」被害者の「殺害を阻止し得たか」どうかについても判断しているところ、その「過失は、……、加害者らの犯罪を阻止しえなかったことに向けられたもの」としている。このようにして加害者らの犯罪の制止に同判決が言及していることに、同判決において警職法5条に基づく制止が問題とされていることが示されている（当事者の主張は、原審でもほぼ同じである）。また、足立区リンチ事件判決では、原告が、被害者の死亡という結果を回避するための権限を行使すべきであったと主張し、これに対して被告が「警察権行使の対象者の人権等にも配慮した慎重な検討」が必要と反論していることに、当事者において警職法5条の制止の不行使が問題とされたことが示されている。
　また、確かに、上記の指摘のとおり、本章でとりあげている下級審裁判例も、具体的事情の下で、パトロールの強化および身辺警護（桶川ストーカー事件第一審判決、桶川ストーカー事件控訴審判決）、交番勤務員に対する臨場の指示やミニパトの現場への急行（神戸リンチ事件第一審判決、神戸リンチ事件控訴審判決）、犯罪の制止（警職法5条）を含めたあらゆる権限を行使するための「特別の警戒態勢」の構築（姫路ストーカー事件第一審判決）などの不作為の国賠違法について判断している。しかし、被害者がさらされていた危険の防除という目的を達成するために実際に行使されるべきなのは、警職法上の特定の権限であり、したがって、本来、その権限の不行使の国賠法1条1項上の違法性が判断されるべきであった。
　このように、本章でとりあげている下級審裁判例では、警職法上の特定の権限の不行使が問題とされている。あるいは、されるべきであった。

るための要件の点では差はないと考えられているようである。実際に、下級審裁判例は、後にふれるように、その要件を、法定要件充足性(1)、危険の切迫性(2)、予見可能性(3)、回避可能性(4)としている。[19] ただ、採用される判断枠組みが異なると、その要件の適用のありようが異なりうると説かれている。そこで、代表的な判断枠組みである裁量権消極的濫用論と裁量権収縮論をとりあげ、採用される判断枠組みが異なる場合に、上記の各要件の内容が異なるかどうかを確認したうえで、各要件の適用において差異がみられるのか否か、また、みられるとすれば、その差異がどのようなものであり、いかなる要因により生じているのかを検討する。

1 法定要件充足性
(1) 要件の内容上の差異

裁量権消極的濫用論をとる判決のうち、例えば、神戸リンチ事件第一審判決は、権限の不行使の国賠違法を認めるにあたり、「権限行使の容易性」の見出しの下、①警察官らに事件関係者の人数が伝えられており、また、パトカーに逃げ込んだ被害者の友人を、「警察官らの制止にもかかわらず」加害者らが「車外に引きずり出そうと異常なまでに粗暴性を示す行動をしている状況を〔警察官らが〕現認していたのであるから」、加害者らに対して警察官らが警職法2条1項または同2項による「職務質問〔を〕したり、任意同行を求めることは容易であった」とし、②「警察官らには、同法5条及び6条1項に基づき、〔被害者がいた〕チェイサーの車内に立ち入り、……〔被害者を〕救助する権限が与えられて」おり、「18人もの多数の警察官が……臨場していたことからすると、警察官らが、……〔被害者の〕所在探索をして同人を保護することは、容易であった」と述べている。

上記の「容易」の意義は、判決では明示されていないが、その意味として考えられるのは、第一に、権限を行使する物理的現実的障害がないというもので

---

[19] ただし、法定要件充足性が問題となることを明示していないものとして、姫路ストーカー事件第一審判決、栃木リンチ事件控訴審判決、高松児童虐待事件第一審判決がある。また、具体的事情の下において予見可能性を否定しており、回避可能性などを判断するに至らなかった神奈川児童虐待事件判決がある。

ある。すなわち、この判決は、①②にいう具体的事情の下において、①②の権限を実際に行使しえたことを、権限の行使が「容易であった」と表現しているとみるのである。第二に、予見可能性と回避可能性を充足しにくくする付加的要件であると考えることもできる。すなわち、この判決は、①にいう具体的事情の下において、その権限を行使することにより警察官らが被害発生を予見するのが、②にいう具体的事情の下において、その権限の行使により被害発生を回避するのが、それぞれ「容易であった」としていると読むのである。第三に、根拠法規に定められている要件が充足されていたこと（以下、「法定要件充足性」という）をいうものと理解する余地もある。すなわち、この判決は、②のように「権限が与えられて」いたので、具体的事情の下において被害者を保護することが「容易であった」としており、この「権限が与えられて」いたという部分に、②の権限の根拠法規に定められている要件が充足されていたことが示されているとみるのである[20]。この見方をするときは、①にいう「粗暴性を示す行動をしている状況を現認していた」ことを、職務質問等の要件が充足されていたことをいうものと捉えることになる。

　第一の理解は、生命・身体・財産等の重大な保護法益が侵害されまたは侵害されるおそれがある状況下での権限の不行使を正当化するおそれがあるから、これを採用することはできない。また、第二の理解は、上記の判決が予見可能性と回避可能性を別の項目を立てて検討しているため、決め手を欠くものである。第三の理解をするのが、判決文に手がかりがあるため適切であると思われる[21]。

　裁量権収縮論をとる足立区リンチ事件判決も、権限の不行使の国賠違法を認めるにあたり、法定要件充足性を問題としているとみることができなくはない。すなわち、同判決は、具体的事情の下で、危険の切迫性、予見の容易性、および回避可能性の要件のほか、「権限行使の容易性の要件も充たされている」とし、その論拠を、加害者の「前歴を調べ、その保護司に問い合わせること」などに

---

20)　警職法5条後段の「制止行為の権限があったかどうかについて検討する」としているように、同判決の「権限が与えられて」いたというものと似た文章を用いて、具体的事情の下において同法所定の要件が充足されていたかどうかを問題としている判決に、宮崎地判平14・2・15判例集未登載・平12年(ワ)235号がある。
21)　同様の理解をすることができるほかの判決に、神戸リンチ事件控訴審判決がある。

よって、被害者の監禁されていた「居室の所在地」や加害者の「住所等を把握でき」、上記の「居室を訪ねて確認すれば」、被害者を「発見できたものであるところ、そのような捜査を行うことは極めて容易であった」ことに求めている。この論拠をいう部分において、「捜査」によって警職法5条に基づく制止をするのが法的に可能であったこと、具体的には、被害者の発見時に同条にいう「急を要する」という要件が充足されていた状況にあったことが表現されているとみる余地がある[22]。

このように、判断枠組みが異なる場合であっても、同じ意味を有する法定要件充足性が国賠違法の認定にあたって要求されているから、法定要件充足性の内容上の差異は、存在しないといえる。

(2) 要件の適用上の差異

採用される判断枠組みが異なる場合に、法定要件充足性の要件の適用のありようが異なっている形跡は、本章でとりあげている下級審裁判例には存在しない。

法定要件充足性は、判断枠組みの如何を問わず、権限の不行使の国賠違法を認めるための要件となるとされている[23]。当然のことであるが、権限の行使が法的に不能である場合には、その不行使を国賠法1条1項上違法と認めることはできないからである。法定要件充足性の要件の適用においても、判断枠組みによる差異は存在すべきではないと思われる。

2 危険の切迫性

(1) 要件の内容上の差異

裁量権消極的濫用論を採用している判決のうち、例えば、神戸リンチ事件第一審判決は、被害者が、暴力団組長から暴行を受け、その後、組長の愛人が、組長への加勢を求めるため、組長の配下らに電話をかけ、急いでくるように告げたという事実経過から、「呼出しを受けた加害者らによる身体的加害行為の

---

[22] 本来は、危険の切迫性、予見の容易性、および回避可能性が充足される状況下において、警職法5条の制止をするための要件が充足されていたと端的に認定されるべきであったように思われる。
[23] 横山・前掲注14) 143頁。

危険性が切迫していた」と判断しているので、「危険性が切迫していた」こと、ないし、危険の切迫性を、加害行為が行われるのが間近いことであると捉えているとみえる。同判決と同じ捉え方をするものといえるのが、姫路ストーカー事件第一審判決、神戸リンチ事件控訴審判決、姫路ストーカー事件控訴審判決、神奈川児童虐待事件判決である。

裁量権収縮論を採用する判決も上記と同様の考え方をしているといえる。例えば、栃木リンチ事件第一審判決は、「危険の切迫状況」の見出しの下、被害者が「リンチや金員強取を受け続けた」犯行期間中、「常にその〔被害者の〕身体、生命及び財産等に対する重大な危害が加えられるおそれが存在し続けていた」としているから、危険の切迫性を、犯行期間中、加害行為が反復される状況にあること、すなわち、加害行為が再びされるのが目前に迫っていることであるとしているとみえる。これと同じ考え方をするものといえるのが、栃木リンチ事件控訴審判決、足立区リンチ事件判決である。[24]

このように、いずれの判断枠組みがとられる場合であっても、危険の切迫性は、加害行為がされるのが目前に迫っていることとされている。そして、裁量権消極的濫用論を採用する姫路ストーカー事件控訴審判決などが、危険の切迫性が肯定されない具体的事情の下で、権限の不行使の国賠違法を否定し、また、裁量権収縮論をとる判決がいずれも、危険の切迫性を裁量が収縮・後退する要件として挙げているから、判断枠組み如何にかかわらず、危険の切迫性は、権限の不行使の国賠違法を認めるための要件とされていることになる。つまり、危険の切迫性の要件について、内容上の差異は、存在しないといえる。

(2) 要件の適用上の差異

判断枠組みを異にする上記の下級審裁判例において、危険の切迫性の要件の適用のありようが異なっている形跡は、存在しない。以下、この要件の必要性

---

[24] 危険の切迫性を、本文のような①加害行為がされるのが目前に迫っていることというより、②現実的または具体的な危険が差し迫っていることであるとする判決（桶川ストーカー事件控訴審判決、高松児童虐待事件第一審判決、高松児童虐待事件控訴審判決）もあるが、①が認められるにつれて、②が認められるようになるから、両者は、ほぼ同じものといえる。実際に、危険の切迫性を、①・②両方の意味で用いるもの（神戸リンチ事件控訴審判決、姫路ストーカー事件控訴審判決、足立区リンチ事件判決）がある。

をふまえ、要件の適用上の差異を認めるべきか否かにふれる。

　最高裁も上記の危険の切迫性に相当するものを、要求したことがある。すなわち、新島漂着砲弾爆発事件上告審判決は、砲弾類が「毎年のように海浜に打ち上げられることにより〔危険が〕継続して存在し、島民等は絶えずかかる危険に曝されている」という継続的危険状況を、警職法4条の権限の不行使の国賠違法を認めるための要件としているところ、その継続的危険状況は、危険の顕在化、被害の発生が間近いということを意味するとされている[25]。

　もっとも、学説では危険の切迫性を不要とする見解が有力である。例えば、「法が行政官に権限を裁量規定によって授権する趣旨は」「その場その場の状況に最もふさわしい解決を図る」ことを行政官に求めることにあるから、「行政官が事案の状況を探究し、適切合理的な措置をとることを怠った場合、有過失かつ違法と評価さるべきである」などの考えの下、危険の蓋然性の存在で十分であると説くもの[26]、また、危険の切迫性などの付加的要件を現実的・政策的配慮に基づくものとしたうえで、被侵害利益が生命・身体・健康のように重大なものである場合には、これらの考慮を働かせることには疑問があるとするもの[27]、また、被侵害法益が重大な場合には、相当程度の危険の蓋然性があれば、規制権限の行使が要請されるとするもの[28]、また、基本権保護義務の存在を前提に、危険の切迫性を不要とするもの[29]がある。

　しかし、加害者とされる者は、警職法5条に基づく制止がされることにより人身の自由ないし身体の自由（憲法18条・31条など）を侵害されたり、つきまとい等をしたなどとされる者は、行政指導である警告などがされることにより人格権（憲法13条）に含まれる名誉権[30]を侵害されたりするおそれがある。また、危険の蓋然性が認められる段階で権限を行使すべきとするのであれば、その危

---

25) 芝池義一「判批」（新島漂着砲弾爆発事件上告審判決）判評311号（1985年）178頁。結論において同旨、塩崎勤・最判解民事昭59年度（新島漂着砲弾爆発事件上告審判決）115頁。
26) 阿部泰隆「行政の危険防止責任その後(1)」判評269号（1981年）143頁。
27) 芝池・前掲注25) 178頁、同・前掲注3) 262頁。
28) 宇賀・前掲注4) 166頁、同『行政法概説Ⅱ　行政救済法〔第6版〕』（有斐閣、2018年）440-441頁。
29) 桑原勇進「いわゆる行政の危険防止責任について」東海法学18号（1997年）25頁。
30) 野中俊彦＝中村睦男＝高橋和之＝高見勝利『憲法Ⅰ〔第5版〕』（有斐閣、2012年）273頁〔野中俊彦〕。

険が存在しなかったことが後に判明した場合であっても、その権限行使に起因する損害についての賠償を要しないという法理を認めなければならないところ、それは不合理なことである[31]。そうすると、危険の切迫性を、権限の不行使の国賠違法を認めるための要件とすべきである[32]。もちろん、危険の防除により被害者の権利利益も保護しなければならず、ここに、深刻なジレンマがあるが[33]、問題は、国家からの自由を制約することによって、実質的な自由を確保するという論理をとることを、自由主義およびそれを基礎とする法治主義の下、正当化することができるかどうかである。国家からの自由という古典的近代の枠組みを緩めることには、十二分に警戒的であることが必要であろう[34]。したがって、採用される判断枠組みがいかなるものであっても、危険の切迫性を、権限の不行使の国賠違法が認められるための要件とすべきである。そして、その適用において、判断枠組みによる差異は存在すべきではない。

3 予見可能性
(1) 要件の内容上の差異

下級審裁判例はいずれも、予見可能性または予見の容易性を権限の不行使の国賠違法が認められるための要件としている。

それらの要件の内容は、次の二点においてかなり類似しているといえる。一つは、裁量権消極的濫用論をとる判決も、裁量権収縮論を採用する判決も、各要件が充足されるかどうかを、被害者本人またはその友人などの関係者から警察官に提示されていた被害状況（桶川ストーカー事件第一審判決、神戸リンチ事件第一審判決、神戸リンチ事件控訴審判決、桶川ストーカー事件控訴審判決、栃木リンチ事件第一審判決、栃木リンチ事件控訴審判決、足立区リンチ事件判決など）や、被害

---

31) 福岡地小倉支判昭53・3・10判時881号17頁＝カネミ油症事件小倉支部第一審判決。ほぼ同旨、塩野宏＝原田尚彦著『行政法散歩〔法学教室選書〕』（有斐閣、1985年）326-328頁〔原田尚彦〕。遠藤博也『行政法スケッチ』（有斐閣、1987年）229頁も参照した。
32) 結論において同旨、三橋良士明「不作為にかかわる賠償責任」雄川一郎＝塩野宏＝園部逸夫編『現代行政法大系第6巻』（有斐閣、1983年）所収175頁、塩崎勤「警察権限の不行使」村重慶一編『国家賠償訴訟法〔裁判実務大系18〕』（青林書院、1987年）382-383頁。
33) ほぼ同旨、遠藤・前掲注31) 229頁。
34) これを精神的自由について説くものとして、参照、樋口陽一『六訂 憲法入門』（勁草書房、2017年）109-110頁。また、本文と結論において同旨のものとして、参照、白藤博行「自由と安全のアシンメトリー〔報告〕」専修大学法学研究所所報50号（2015年）96頁。

者に対する従前の暴行事件など、被害者が関わっていた別の事件の内容を確認するなどした警察官が了知した事実（姫路ストーカー事件第一審判決、姫路ストーカー事件控訴審判決、足立区リンチ事件判決、神奈川児童虐待事件判決）に照らして判断しているから、予見の端緒をほぼ同じものとしているとみえる。もう一つは、例えば、裁量権消極的濫用論を採用する神戸リンチ事件第一審判決と神戸リンチ事件控訴審判決が、「情報は、本来、……警察官らの間で当然に共有されるべきもの」であることなどから、「危険の切迫に対する警察官らの認識可能性を否定することはできない」とし、また、裁量権収縮論をとる足立区リンチ事件判決が、「得ていた情報すべて」を警察官が「共有」するなどしていれば、「危険性の存在を容易に認識し得た」としているので、これらの判決における予見可能性と予見の容易性とを肯定する過程は、それらがありうべき情報共有に依拠して判断されている点で、似ているといえる。そこで、以下では、上記の予見可能性と予見の容易性とを区別せず、単に、「予見可能性」という。

　このように、判断枠組みが異なる場合であっても、上記のような意味での予見可能性が要求されている。それらをみる限り、上記の裁量権消極的濫用論と裁量権収縮論とで、予見可能性の内容上の差異は存在しないといえる。予見可能性は、いかなる判断枠組みをとっても、権限の不行使の国賠違法を認めるために必要不可欠のものであるとされている。[35]

(2) 要件の適用上の差異

　ただ、裁量権消極的濫用論を採用するもののなかには、権限の不行使の国賠法１条１項上の違法性を判断するにあたり、警察官の対応（作為・不作為または判断）を、予見可能性の適用において問責するものがある。例えば、神戸リンチ事件第一審判決は、被害者が現場から逃げたとする警察官の判断などを「短絡的な思い込み」とし、その思い込みが「警察官らの的確な状況分析を困難にした」としている。そのうえで、上記のことを含む「諸事情を総合して考慮すると、……警察官らの権限不行使は、……違法性を帯びる」としている。これらと似たことは、神戸リンチ事件控訴審判決でも述べられている。このように

---

[35] 宇賀・前掲注4) 164頁、同・前掲注28) 441頁など。

して問責されている事項は、本来、過失の判断要素であるから、それらの裁量権消極的濫用論は、予見可能性・回避可能性以外の過失的な要素をも、国賠違法に含めていることになる。これに対して、裁量権収縮論をとる栃木リンチ事件控訴審判決では、警察官の、予見可能性・回避可能性以外の過失が明示的に認められている結果、権限の不行使の客観的な法規範に対する違背（＝法治主義でいうところの違法性。以下、「客観的違法」という）が裁量権消極的濫用論よりも明確に示されている[36]といえる[37]。すなわち、同判決は、被害者の親からされた「傷害に関する捜査の依頼」を「真摯に受け止め」「適切な対応をとるべき義務」があり、警察官が「失念により、これを怠ったことには職務上求められる注意義務違反（過失）があった」としたうえで、その過失がなかったとすると、被害者が重度の火傷を負っていたことなどを警察官が把握することが可能であったとしているように、警察官が対応を怠ったことを、警察官の過失と明示している。

(3) **差異の発生要因**

上記の神戸リンチ事件第一審判決及び神戸リンチ事件控訴審判決において問責されている事項は、前述したように、過失の判断要素である。その要素が国賠違法の判断にあたって予見可能性の適用場面で考慮されていることに、それらの判決において国賠責任を負わせるだけの違法性があったかどうかが問題とされていることが示されている。したがって、それらの判決の裁量権消極的濫用論は、不法行為法理論を実質的な根拠とするものである。これに対して、裁量権収縮論は、予見可能性などの要件を、裁量を消滅させるための要件としており、裁量が消滅するかは客観的違法の次元の問題であるから、法治主義を実質的な根拠とするものである。

---

36) これには条理に対する違背も含まれることについて、参照、芝池・前掲注3) 240頁。また、条理を学説が形成することについて、参照、同『行政法総論講義〔第4版補訂版〕』（有斐閣、2006年）13頁。
37) 裁量権収縮論を採用する判決のなかにも、警察官らの過失を明示せずに、その対応を予見可能性の適用において問責するものがあり、例えば、栃木リンチ事件第一審判決は、警察官らの「不当な先入観も、仮に抱いていたとしても改めることができたといえ、認識可能性はより高まった」と述べているが、同判決が、前述のように、裁量権消極的濫用論と裁量権収縮論の区別を明確に意識していないことに注意しておきたい（足立区リンチ事件判決にもこのことは妥当する）。

このように、予見可能性の適用において、裁量権収縮論が採用される場合には、裁量権消極的濫用論がとられる場合に比べ、客観的違法が明確に示されるという差異が見いだされることがある。その差異が生じているのは、上記2つの判断枠組みがそれぞれ法治主義原則と不法行為法理論を実質的な根拠とするという意味で、それぞれの理論構成が異なるためである。

4 回避可能性

(1) 要件の内容上の差異

いずれの判断枠組みをとる場合であっても、回避可能性は、権限の不行使の国賠違法を認めるための要件となると指摘されている[38]。実際に、予見可能性を肯定している判決はいずれも、回避可能性を問題としている。そして、いずれの判決をみても、回避可能性の内容の相違を見いだすことはできない。

(2) 要件の適用上の差異

判断枠組みが異なる場合の、回避可能性の適用における差異について、例えば、裁量権消極的濫用論を採用する神戸リンチ事件第一審判決が、加害者らに対して警職法2条1項に基づく「職務質問をしたり、……任意同行を求めていれば」、結果の回避が可能であったとしたうえで、実際に警察官らがした職務質問を、「事件の内容を解明するにはほど遠いもの」とし、また、任意同行に関して加害者の「後に出頭するとの言葉」を警察官らが受け入れたことを、「安易」なことであるとしたうえで、上記のことを含む「諸事情を総合して考慮すると、……警察官らの権限不行使は、……違法性を帯びる」としているから[39]、同判決では、権限の不行使の国賠法1条1項上の違法性の判断にあたり、警察官の対応が、回避可能性の適用上、問題視されているといえる。このようにして考慮されている事項は、本来、過失の判断要素であるが、同判決では、警察官の過失は明示されていない。これに対して、裁量権収縮論をとる栃木リンチ事件控訴審判決は、警察官の前述の過失がなかったとすると、被害者を発見しえた可能性があったとしているように、警察官の過失を明示している。

---

38) 例えば、参照、宇賀・前掲注4) 164頁、同・前掲注28) 441頁。

これらによれば、予見可能性についてみたところと同様に、裁量権収縮論をとる下級審裁判例のなかには、過失を明示し、その結果、裁量権消極的濫用論を採用する判決に比べて、客観的違法を明確に示すものがある。また、両判断枠組みの理論構成が異なるといえる。

　もちろん、裁量権消極的濫用論がとられる場合であっても、予見可能性・回避可能性以外の過失が認められると明示するのに支障はないから、上記のような差異は存在しえないとの見方も成り立つ。実際に、下級審裁判例のなかには警察官の過失が認められると明言しているものがあり、それは姫路ストーカー事件第一審判決である。

　それでも、以下のように、いくつかの判決がとる裁量権消極的濫用論を、不法行為法理論を実質的な根拠とするものとみることができる。

(3) 差異の発生要因

　例えば、上記の桶川ストーカー事件第一審判決は、警職法5条に基づく警告[40]により「被害が生じるのを回避させ得る可能性があった」とし、また、その警告が「危険除去のための権限行使として適切であることは」、被害者の死亡後成立した「ストーカー行為等の規制等に関する法律において」「警告をすることができるとされていること（同法4条1項参照）等に照らしても明らかである」としているから、警職法5条に基づく警告をしていれば発生したと考えることができる回避可能性と、ストーカー行為等の規制等に関する法律（施行時のもの。以下、これを「ストーカー行為規制法」という）4条1項に基づく警告をしていれ

---

39) これらと似たことを、神戸リンチ事件控訴審判決も述べている。桶川ストーカー事件控訴審判決は、回避可能性の適用にあたり、警察官らが警職法5条に基づく警告（判決文は「接触」「警告」）をするかどうかを「検討したことはなく」、①「告訴受理を無かったものにして被害届を端緒とする事件に見せかけようとした」と述べているが、①を問責しているかどうかを、明らかにしていない。ただ、同判決は、被侵害利益を述べる際に①などを「極めて不誠実な対応」としている。また、慰謝料の算定においてであるが、警察官らがそのような「極めて不誠実な対応をとったこと等の本件の事実関係における違法性の程度」を考慮している。このように上記の「対応」が（慰謝料の算定においてではあるが）「違法性の程度」として考慮されているから、同判決が警察官らの「対応」という過失的な要素を、国賠違法の認定（および回避可能性の適用）にあたり考慮しているとみる余地がある。その一方で、同判決は警察官の過失を明示していない。そうすると、同判決も、本文にいう判決に位置づけられる。桶川ストーカー事件第一審判決についても同様である。

40) 前掲注18)。

ば発生したといえる回避可能性の程度を比較して、警職法5条に基づく警告による結果回避が可能であったと認めているとみえる。そして、このような措定の下、同警告権限の不行使を国賠法1条1項上違法であるとしている。ほかにも、これと同じ説明をする、桶川ストーカー事件控訴審判決と姫路ストーカー事件控訴審判決がある。

　このような説明は成功していない。すなわち、警職法5条に基づく警告は、ストーカー行為規制法4条1項に基づく警告の場合（同法5条1項参照）とは異なり、その警告への違反が後の処分の要件として法定されていない。それらの制度上、前者の、いわば単独でされる行政指導がその相手方に与える事実上の影響力は、後者の、処分権限を背景とする行政指導が有するものに比べて弱いから、前者の行政指導による回避可能性は、後者の行政指導によるものと比較した場合には、それを肯定するのが困難であるとみえる。

　回避可能性を肯定するのが困難であるにもかかわらず、権限の不行使の国賠違法を認めるのは、法治主義の原則に対立することであるが、損害の公平な分担を求める不法行為法理論のもとで正当化される余地がないわけではないと思われる。このようにみると、上記の裁量権消極的濫用論を、不法行為法理論を実質的な根拠とするものとみるのが自然である[41]。これに対して、裁量権収縮論は、前述のように、法治主義に根ざすものである。

　また、国賠違法の概念について、神戸リンチ事件判決第一審判決は、前述のように、過失的な要素を、回避可能性の認定にあたり、考慮しており、そのため、同判決にいう国賠違法には、その過失的な要素が含まれているといえる。また、裁量権消極的濫用論をとる神奈川児童虐待事件は、一般論において、「警察官があえて……権限を行使せずに放置していたといえるような場合には、……権限の不行使は著しく不合理であると認められ」「国家賠償法1条1項の適用上違法となる」としているように、「あえて」「放置」していたという意味での故意も国賠違法に含めている[42]。すなわち、それらの裁量権消極的濫用論は、

---

41) ただし、不法行為法の次元においても、回避可能性は、過失責任主義の下において、また、賠償責任の範囲の合理的画定のために、要求されるので、回避可能性の認定水準を引き下げるのが適切なことであるかが問題となる。また、その引下げが仮に適切であるとしても、許容される引下げの程度が検討されるべき問題として残されている。

42) そのほかの下級審裁判例について、参照、前掲注39）。

国賠違法に、予見可能性・回避可能性以外の過失的な要素を含めているものである（その結果、職務行為基準説を採用したのと変わらないことになっている）。また、それは、国賠責任を負わせるだけの違法性を問題としているという意味で、不法行為法理論を実質的根拠とするものということができる。

以上によれば、予見可能性と回避可能性の適用において、裁量権収縮論がとられる場合には、裁量権消極的濫用論が採用される場合に比べ、過失が明示される結果、客観的違法が明確に示されるという差異が生じることがある。その差異が発生しているのは、裁量権消極的濫用論が不法行為法理論を、裁量権収縮論が法治主義原則を実質的な根拠とするという意味で、両判断枠組みの理論構成が異なることによる。

国家賠償制度は、法治主義原則を実現するための制度である。また、1990年代以降、ストーカー行為、児童虐待などを受けた被害者の警察活動による救済のための立法が必要であると説かれ、実際に、例えばストーカー行為規制法では警察本部長等による警告（同法4条1項）などが、児童虐待の防止等に関する法律（平成12年法律第82号）では児童の安全確認等の場合における警察官による援助（同法10条）がそれぞれ、法定されて、私的領域とされていたところに警察が介入している。また、警察が介入する密度も目下、高まりつつある。このような、国家と社会の関係が変容してきている状況において、警察活動を規律する警察行政法の領域では、権限を行使される者の権利利益を守るために

---

43) 参照、宇賀・前掲注28) 435-437頁、448頁など。

44) 本章でとりあげている下級審裁判例が、具体的事情の下において、被侵害利益の重大性、補充性、期待可能性を考慮している形跡は存在しないが、いずれの事案においても、被害者の生命が侵害されていたため、これらが問題となると明示する必要はなかったと思われる。

45) 参照、山本・前掲注17) 121頁、宇賀克也「職務行為基準説の検討」行政法研究1号（2012年）41頁、藤田・前掲注2) 536-538頁、548-558頁、571-572頁など。

46) 参照、戒能民江「警察の介入姿勢の『変化』と『法は家庭に入らず』の維持（特別企画　検証・『民事不介入』の揺らぎ―総論）」法セ550号（2000年）56頁。そのほか、いわゆるDV被害者の警察活動による救済が必要であるとするものとして、秀嶋ゆかり「ドメスティックバイオレンス（特別企画　検証・『民事不介入』の揺らぎ―各論）」法セ550号（2000年）64-65頁があるが、DV被害の防除のための権限の不行使の国賠違法を理由に国賠法1条1項に基づく損害賠償が求められた事案は、みあたらない。

47) 村上武則編『応用行政法〔第2版〕』（有信堂高文社、2001年）73頁〔村上武則〕。ただし、村上武則監修・横山信二編『新・応用行政法』（有信堂高文社、2017年）80頁〔村上武則〕では、旧著と異なり、「ストーカー行為は、個人の私的な生活というより、公共の安全の問題とされよう」と指摘されている。

警察活動が客観的な法規範に適合していることが求められている[49]。その意味で、権限の不行使の客観的違法が明確に示される裁量権収縮論は、意義あるものといえる。また、警察行政法の領域では、権限が適切に行使され危険が防除されることにより、被害者の権利利益も適時適切に保護されなければならないところ、根拠規範が第三者私人の利益を一般的に保護しているか否かにかかわらず、当該私人に対する急迫・重大な権利侵害を防止すべき事例などにおいて、裁量権収縮論は有意義なものであると指摘されている[50]。したがって、警察行政法の領域では、権限の不行使の国賠違法についての判断枠組みとして裁量権収縮論をとることにも一理あると思われる。

おわりに

　裁量権消極的濫用論をとる下級審裁判例も裁量権収縮論を採用する下級審裁判例も、行使すべきであったか否かが問題となった権限の根拠法規に定められている要件が充足されていたこと、加害行為がされるのが間近いことをそれぞれ、権限の不行使の国賠違法を認めるための要件としているところ、これらの要件（法定要件充足性および危険の切迫性）の適用において、上記の2つの判断枠組みによる差異は存在しない。また、これは、存在すべきでない。

　他方、上記の各判決は、予見可能性と回避可能性も、権限の不行使の国賠違法を認めるための要件としているところ、裁量権消極的濫用論を採用するもののなかには、これらの要件の適用にあたり、警察官の対応を問責しているものがある。そのようにして考慮されている事項は、本来、過失の判断要素である

---

48) 例えば、ストーカー行為等の規制等に関する法律5条1項では、平成28年法律第102号による改正前は、警告を受けた者が警察本部長等による警告（同法4条）に従わずに警告に係る同法3条に違反する行為をした場合に、都道府県公安委員会が行政処分たる禁止命令等をすることができると規定されていたが、改正後は、その警告がされていない場合であっても、都道府県公安委員会は禁止命令等をすることができる。この改正は、「状況に応じて機動的」（櫻井敬子『行政法講座』〔第一法規、2010年〕168頁）に措置をとるためになされたものである（参照、伊庭みのり「ストーカー対策の充実強化」時の法令2030号〔2017年〕8頁）。このような立法は自由主義との緊張関係をはらむものであって、立法されることに十二分な警戒が必要であろう。

49) 参照、白藤博行「リスク社会下の警察行政〔特集・国家は撤退したか？──『規制緩和』と『リスク社会』〕」ジュリ1356号（2008年）88頁。

50) 山本・前掲注11) 578頁。

が、警察官の過失が認められると判決において明示されることは稀である。これに対して、裁量権収縮論をとる下級審裁判例のなかには、予見可能性・回避可能性とは別に、警察官の対応について警察官の過失を明示的に認定し、その結果として、客観的違法を明確に示すものがある。このように、予見可能性と回避可能性の適用において、裁量権収縮論がとられる場合には、裁量権消極的濫用論が採用される場合に比べ、客観的違法が明確に示されるという差異が生じることがある。

　その差異が発生しているのは、両判断枠組みの理論構成が異なることによる。すなわち、裁量権消極的濫用論をとる上記の判決は、権限の不行使の国賠違法の認定にあたり、予見可能性・回避可能性を適用する場面において、国賠責任を負わせるだけの違法性の存否を問題としている。また、裁量権消極的濫用論をとるほかの判決のなかには、権限を行使したとしても結果を回避しえたとみるのが困難である場合に、その権限の不行使の国賠違法を認めているものがあるところ、回避可能性を認めるのが困難であるにもかかわらず、権限の不行使の国賠違法を認めるのは、法治主義の原則に対立することであるが、損害の公平な分担を求める不法行為法理論のもとで正当化される余地がないわけではない。そうすると、それらの裁量権消極的濫用論は、不法行為法理論を実質的な根拠とするものとみえる。これに対して、予見可能性・回避可能性などの要件を、裁量を消滅させるための要件とする裁量権収縮論においては、その裁量の消滅の問題は、客観的違法の次元の問題であり、したがって、裁量権収縮論は、法治主義原則に実質的な根拠を置くものである。

　下級審裁判例では、裁量権消極的濫用論をとるものが現れた後、裁量権収縮論によるものが登場するに至っている。国家賠償制度は法治主義原則を実現するための制度であること、また、警察が私的領域とされていたところに介入するようになり、また、その介入密度も高まりつつあるという意味において、国家と社会の関係が変容してきている状況下で、警察活動を規律する警察行政法の領域では、権限を行使される者の権利利益を守るために法治主義でいうところの適法性が確保されるのが求められていることから、権限の不行使の客観的違法が明確に示される裁量権収縮論は有益なものであるが、予見可能性・回避可能性以外の過失的な要素をも国賠違法に含めている下級審裁判例の裁量権消

極的濫用論では、客観的違法は明確に示されない。また、警察行政法の領域では、被害者の権利利益も適時適切に保護されなければならないところ、裁量権収縮論は、根拠規範により私人の権利利益が保護されているかどうかにかかわらず、私人に対する急迫・重大な権利侵害が防止されるべき事例などにおいて、意義を有するものと指摘されている。つまり、警察行政法の領域における、権限の不行使により生じる被害についての権利利益保護システムとしては、裁量権収縮論は、有意義なものといえる。下級審裁判例の傾向を検討するには素材が足りないが、仮に、下級審裁判例が裁量権消極的濫用論から裁量権収縮論に移行しつつあるとすれば、それは妥当なことのように思われる。

　ただ、裁量権収縮論によるべきとの方向性を示すのであれば、すでに指摘されている裁量権収縮論が抱える問題、例えば、裁量が収縮・後退すると、権限を行使するのが義務づけられない結果も導かれるという問題や、どの根拠規範の解釈にも、裁量が収縮・後退するための要件を平準に持ち込む危険があるという問題について、検討を加えるべきであった。とりわけ後者の問題に関連して、警察行政法の領域において行われる行為の法的性質や、その個別法の規律密度は一様ではなく、また、上記のように警察が市民生活に介入する領域が拡大するとともにその密度も高まりつつあるから、裁量権収縮論によるべき場合とそうでない場合を、根拠法規の規定の仕方に着目して検討するなどして、具体的に切り出すべきであった。これは上記の権利利益保護システムの構想にも関わる。また、客観的違法と過失（客観的行為義務違反）との関係も考察することができなかった。

　　　　　　　　　　　　　　　　（うじいえ・ひろのぶ　法政大学兼任講師）

第3部 市民生活と権利保護

第11章 黙示の公用開始について

土田伸也

一 はじめに

　公物の取得時効の可否について判断した最高裁昭和51年12月24日判決（以下「昭和51年判決」という）は、黙示の公用廃止という構成を採用して私人による時効取得を認めた[1]。このような判例の立場は、裁判実務上、その後も維持され、今日に到っている[2]。これを前提にすると、その当否はさておき、公物は取得時効にかからず、明示であれ、黙示であれ、公用廃止が行われ、公物ではなくなって初めて時効取得の対象になる。そのため、公物であるか否かによって取得時効に関する法的取扱いは大きく異なる。そうすると、私物を公物にする公用開始、また、公物を私物にする公用廃止は民法秩序との関係で一定の重要性を有するといえよう。昭和51年判決は、このうち公用廃止の類型として、黙示の公用廃止を認めたわけであるが、法解釈の整合性や法の体系性の確保という観点からすると、黙示の公用廃止が観念できるのであれば、「黙示の公用開始」も観念できてよいはずである。しかし、我が国では、このような黙示の公用開始という構成はほとんど議論されてこなかった。その原因は、ドイツと異なり、我が国の場合、公物が成立するためには必ずしも公用開始が必要とされてこなかったという点にあるように思われる[3]。特に自然公物については、本

---

1) 最二判昭51・12・24民集30巻11号1104頁。
2) たとえば東京地判平26・6・5判タ1421号347頁など。

来的に自然状態で公共の用に供されるため、そもそも成立の観念がないとされており、これが現在の支配的な立場といってよい。このように必ずしも公物の成立に公用開始を必要としないのであれば、黙示の公用開始という一般に馴染みのない構成をしてまで、公用開始に固執する必要はないともいえる。しかし、人工公物については、やや事情が異なる。なぜなら、人工公物の成立のためには形体的要素と意思的行為（公用開始行為）が必要とされているからである。そうすると、形体的要素は備わっているが、意思的行為が欠如しているという事態を想定できることになるが、この場合、当該物が明示の公用開始を経ていないために公物ではないとされ、時効取得の対象になるとしたら、公益に反する結果がもたらされる可能性を否定できない。このような場合に、黙示の公用開始を観念して、当該物の公物としての属性を確保できれば、不都合な結果を回避することができる。現に、最近の裁判例の中には「黙示的な公用開始決定」を観念し、取得時効を認めない裁判例が現れた。そこで、本章では、昭和51年判決の「黙示の公用廃止」に対応して観念しうる、「黙示の公用開始」に着目して、その内容や当否について検討することにしたい。

　以下では、まず我が国の学説および裁判例を対象にして、黙示の公用開始という構成について整理することにしたい（二、三）。その後、黙示の公用開始を承認してきたドイツ法を素材にして、その内容を紹介する（四）。そして、それらの成果も踏まえて、黙示の公用開始という構成の当否について、公物法という法領域のあり方も視野に入れながら、検討することにしたい（五）。

---

3)　ドイツ公物法の概要については、大橋洋一『行政法学の構造的変革』（有斐閣、1996年）207頁以下、土田伸也「ドイツ公物法一般理論の基礎——日本法との比較において」紀要第37号地域研究・国際学編141頁以下（2005年）。
4)　たとえば塩野宏『行政法Ⅲ〔第4版〕』（有斐閣、2012年）370頁、原龍之助『公物・営造物法〔新版〕』（有斐閣、1974年）69頁。
5)　たとえば原・前掲注4) 69頁、荏原明則「公物の成立と消滅」『現代行政法大系第9巻』（有斐閣、1984年）265頁以下。

二 黙示の公用開始に関する学説

1 学説の一般的な理解

現在のところ、学説では、公物の成立または公用開始につき、次のような一般的な理解があるものと思われる。[6]

①公物のうち、自然公物については、そもそも成立の観念はなく、公物を成立させる行為である公用開始が自然公物の場合に観念されることはない。
②これに対して、人工公物については、公物の成立が観念できるものの、庁舎等の公用物の場合は、内部的な規律で処理され、事実上の使用開始をもって足り、意思的行為は不要である。
③人工公物のうち公共用物については公物を成立させる公用開始が必要となるが、公用開始は、その性質上、一定の公示手続をふむべきであるから、明示的な公用開始であるべきである。

これまでの学説の中には、以上のような現在の通説とは異なる理解を示す学説も存在する。織田、佐々木、磯崎、渡辺、杉村、広岡の各所説である。以下、順に取り上げる。

2 織田の所説

織田萬は現在でいうところの公用開始を「公物の充當」と呼び、「充當は……或は明示的たることがあり或いは黙示的たることがある」として黙示の公用開始を承認する。そして、公物のうち自然公物については「国家は唯自然の指示に適応すれば足るのであって、其の成立を決定するが為めに何等の行政上の行動に出づる必要はないが、此の場合にも尚ほ且つ黙示的充當があったものと謂はねばなるまい。他の語を以て言へば此の場合の国家意思は総ての自然状態を保持して何等の変更を加へざるに在るものと見て、斯かる意味に於ては消極的指定とも云ふべきものがあったと謂ひ得べきである」として、自然公物の

---

[6] 塩野・前掲注4) 370頁以下、原・前掲注4) 69頁以下。

場合にも国家意思を観念したうえで、黙示の公用開始が認められるとする。他方、人工公物たる公共用物については「その充当は明示的たることを要し、公衆の使用が開始せらるるが為めには充当が一定の方式に従って公示せられぬばならぬ」と指摘し、人工公物たる公共用物の黙示の公用開始を否定する。また、現在でいうところの公用物については、その「充当は暗黙に行はるるものであって、乃ち此の場合に於ては特定物が事実上或る役務に供せらるることに因って當然公物は成立し、其の成立を証明するが為めの法律上の形式は別に要求せられぬ」と指摘する。なお、織田の所説にあっては、黙示の公用開始の要件は明らかではないし、なぜ黙示の公用開始が容認されるのかについても明らかではない。

3　佐々木の所説

　佐々木惣一は黙示の公用開始を承認するが、その前提として、現在の通説とは異なる公物法理論を展開している。佐々木によれば、物が公物としての性格を取得するには公物の設定が必要であり、そのためには実質上の要件と形式上の要件を充足しなければならない。このうち実質上の要件によれば、公物であるためには、当該物が一般使用に供せられ得べき状況になければならないし、形式上の要件によれば、国家等によって当該物を一般使用に供する意思表示がされなければならない。佐々木は、当初、この意思表示のことを「供公」と呼んでいた。佐々木説の特徴は、この供公の意思表示が、あらゆる公物に必要であり、したがって自然公物の場合も、この意思表示が必要であるとする点にある。曰く、「物ガ事実上一般ニ使用セラレ得ベキ状況有スルモ直ニ公物ト為ラズ必ズ国家其ノ他ノ公法人ノ供公ノ意思表示アルコトヲ要ス余輩ノ所謂自然的公物ナルモノハ自然ニ公物タリト云フニ非ズ自然ニ一般ニ使用セラレ得ベキ状況ヲ有スト云フニ過ギス是ニ由テ之ヲ観ルトキハ公物ハ一ニ供公ノ意思表示ニ因リテ設定セラルト云フヘシ常ニ此ノ意思表示ヲ要スルト共ニ此ノ意思表示アルトキハ実質上ノ要件モ亦具ハルノ認定ヲ受クレバナリ」。佐々木によれば、

---

7) 以上につき、織田萬『日本行政法原理』（有斐閣、昭和9年）411頁以下。なお、本章では、以下、各論者の敬称を略すとともに、論文等を引用する場合、旧漢字は基本的に現代漢字に改める。
8) 佐々木惣一「公物ヲ論ズ」国家学会雑誌23巻9号（明治42年）111頁。

この意思表示は法によることもあれば、個別に行政機関の決定によって行われることもあり、後者の個別行為は明示的に行われることもあれば、黙示的に行われることもあるという。しかも、佐々木が具体例として挙げたところからすると、人工公物についても黙示の公用開始が認められている[9]。ただし、佐々木が容認する黙示の公用開始の要件は不明であるし、なぜ黙示の公用開始が容認されるのかについても必ずしも十分な説明はない[10]。

4　磯崎の所説

磯崎辰五郎もまた黙示の公用開始を承認するが、そのような理解の前提になっているのが、佐々木と同様、自然公物にも公物設定の意思表示を必要とするという考え方である。曰く、「公物が成立する為には右の如くその物が物的要件を具備したることを以ては足らず、更にその物につき之を公物とするの行政の主体の意思表示あることを要する。換言すれば、その物自体を特定の目的に供用するといふ行政の主体の意思表示があって始めてその物は法上公物となるのである。之を公物の設定といふ。公用開始若くは供用開始ともいふ。公物設定の意思表示はひとり人為公物の成立について必要なるのみではなく、自然公物の成立についても亦必要である。自然公物の成立には之を要せず、天然に於て当然公物たるの性質を有すと論ずる学者もあるようであるが、それは当を得ない。蓋し、一方に於て、或る物が公物であるといふことはそれ自身法上の性質であって、決して天然に取得し得るところのものではない。他方に於て、自然公物の場合にその物が天然に有し得るのはただ公物たるに適する実体のみ、換言すれば公物たるの物的要件のみである。而してその物的要件がたとひ人工に依らず、自然の状況に於て具備するとしても、之に対して公物設定の意思表示なくしてはその物は法上公物として成立し得るものではない。」[11]このように、

---

9) 佐々木が黙示の公用開始の例として挙げているのは、以下の3つである。①「開通式ヲ行フガ如キ従来通行禁止ノ制札ヲ立テタルヲ撤去スル」場合。②「鉄道工事完成シ列車等具」わり、「国家ガ一定ノ職員ヲ選任シ其ノ職員事務ヲ開始スル」場合。③「土地ガ久シク一般ノ交通ニ供セラレ何等ノ異議ヲモ生ゼズシテ行ハル」場合。佐々木・前掲注8) 112頁以下。
10) 本文で指摘した考え方は、その後も維持されている。佐々木惣一『日本行政法論　総論〔改版〕』（有斐閣、大正13年）235頁。
11) 磯崎辰五郎『公物・営造物法』（日本評論社、昭和15年）13頁。

磯崎説はあらゆる公物について公物設定の意思表示を要求するところに特徴がある。それでは、磯崎が想定した公物設定の意思表示はどのような形式をとるのか。この点、磯崎は複数の形式を認める。曰く、「公物設定の意思表示は㈠或は法を以て之を為すことを得る。……㈡或は個々の公物について行政処分を以て公物を設定する。之が通常の方法である。この方法に依る場合に更に法が特にその意思表示に関して規定を設くる場合と然らざる場合とがある。㈣法が特に公物設定の意思表示に関して規定する場合には、その意思表示はその規定に従って之を為すことを要し、且つそれは常に明示的になされるものである。……㈹公物設定の意思表示に関して法に別段の規定なき場合に於ては、適当なる方法に於て之を為すことを得べく、必ずしも明示的なることを要せず、黙示的たるも亦妨げない。自然公物の設定は通常黙示的に為されるであろう。自然公物以外の共用公物は明示的に設定せらるるを原則とするであろうが、之に限る必要はない。例えば竣功式乃至開園式を行ふを以て公園設定の意思表示をするが如し。」[12]。このように磯崎は、処分による公物設定の意思表示を原則とし、それが明示的に行われる場合と黙示的に行われる場合があるとしている。そのうえで、自然公物について黙示の公用開始を観念するとともに、人工公物についても黙示の公用開始を観念している。なお、磯崎の所説にあっても、黙示の公用開始の要件は明らかではないし、なぜ黙示の公用開始が容認されるのかについても明らかではない。

5 渡辺の所説

渡辺宗太郎もまた黙示の公用開始を容認する。曰く、「公物としての実体をもつ物が、公物としての性質を取得するためには、これを行政目的に供用する旨の行政主体の意思表示、即ち、いわゆる公物設定の意思表示がなければならない。行政主体の右の意思表示は、或は明示的であることがあり、或は黙示的であることがある。……自然公物の成立は、多くの場合において、黙示の設定意思によったものと解することができる。」[13]。なお、渡辺の所説にあっても、黙

---

12) 磯崎・前掲注11) 13頁。以上のような磯崎の見解は、その後も継承されている。磯崎辰五郎『行政法総論』（青林書院、1955年）284頁。
13) 渡辺宗太郎『新版 日本国行政法要論上巻』（有斐閣、1963年）192頁以下。

示の公用開始の要件は明らかではないし、なぜ黙示の公用開始が容認されるのかについても明らかではない。

6　杉村の所説

杉村敏正もまた公物の成立および黙示の公用開始について、上記の各論者とほぼ同様の理解を示す。曰く「物が公物としての性質を取得することを、公物の成立という。公物が成立するためには、公物として直接に公の目的に供用される実体の存在と、これを公の目的に供用する旨の行政主体の意思表示とを必要とする。……公物設定の意思表示は、明示的または黙示的に（例、自然公物の成立）、行われる[14]。」。このように、杉村の場合も、自然公物に公用開始を求め、自然公物の成立のために観念される公用開始は黙示的なものであるとしている。なお、杉村の所説にあっても、黙示の公用開始の要件は明らかではないし、なぜ黙示の公用開始が容認されるのかについても明らかではない。

7　広岡の所説

広岡隆もまた黙示の公用開始を承認する。しかし、広岡が上述の他の論者とやや異なるのは、すべての公物に公用開始が必要であるとしているのではなく、自然公物の場合は公用開始が不要であるとしている点である。曰く、「公共用公物が成立するためには、原則として、一般公衆の利用に供されうべき形態が実体として成立していることのほかに、これを公衆の利用に供する旨の明示もしくは黙示の意思表示が必要である（自然公物については、この意思表示は必要としない）。この意思表示は公用開始行為といわれる[15]」。そうすると、広岡が想定している黙示の公用開始は自然公物を念頭に置いているのではなく、人工公物を念頭に置いていることになる。他方、広岡は、公用公物について「行政主体

---

14) 杉村敏正『行政法講義総論(上)』（有斐閣、1963年）157頁。この見方は、その後も維持されている。同『全訂　行政法講義総論（上巻）』（有斐閣、1969年）164頁。
15) 広岡隆『三版　行政法総論』（ミネルヴァ書房、1995年）96頁以下。広岡は、道路、河川等の公共用物を包摂する概念である「公共施設」についても、「公共施設が国民・住民の利用に供せられるについては、それが公共の用に供されうる実体を具備することと、それを公共の用に供する旨の行政主体の明示または黙示の意思表示とが必要である」としている。杉村敏正編『行政法概説各論〔第3版〕』（有斐閣、1988年）105頁〔広岡隆執筆〕。

において必要な設備を整え、事実上その使用を開始すれば足りる」として、明示または黙示の意思表示の必要につき、言及していない。なお、広岡の所説にあっても、黙示の公用開始の要件は明らかではないし、なぜ黙示の公用開始が容認されるのかについても不明である。

8　小括

以上のとおり、従来の学説の中には「黙示の公用開始」を承認する立場がみられる[17]。ただし、それらは通説の地位を築いたわけではない。また、各論者の内容が必ずしも一致していたわけでもない。しかも、その要件や正当化根拠等、不明確な部分が少なくない。このように、我が国の学説上、「黙示の公用開始」は全く語られてこなかったわけではないが、その内容は豊かなものではなかった。もっとも、黙示の公用開始という構成に対して積極的に異議が唱えられてきたというわけではなく、黙示の公用開始をめぐって激しい論争があったというわけでもない。ただ、現在の通説的理解は、公用開始の意思表示が一般公衆に対してなされるべきであるから、公用開始は公示手続を踏まなければならないとしており[18]、このような説明は黙示の公用開始に対する消極的な見方を表明しているともいえる。

なお、上記の学説のうち多くは、自然公物についても公用開始が必要であるとし、黙示的にせよ、その国家意思を公物としての成立要件にしていた。この点、自然公物には特別の公用開始が必要ない旨、指摘した美濃部[19]が、次のように国家意思を自然公物の成立要素として捉えていた点は注目されてよい。曰く、「自然の状態の儘公共用に供せられて居るのは、国家が其の自然の形態に人工を加へ其の公用を廃止しないが為めであり、其の限度に於いて自然公物も等しく国家の意思を其の成立要素と為す」。ただし、美濃部は「自然公物に在つては、

---

16)　広岡・前掲注15) 96頁。
17)　本文で取り上げた論者のほか、原野翹は、公物ではないものの、公共用物を包含する概念である公共施設につき、黙示の公用開始を承認している。ただし、その要件等、詳細は明らかではない。下山瑛二＝室井力編『行政法下巻』（青林書院新社、1980年）67頁〔原野翹執筆〕、室井力編『新現代行政法入門(2)』（法律文化社、2004年）156頁〔原野翹執筆〕。
18)　塩野・前掲注4) 371頁、原・前掲注4) 70頁。
19)　美濃部達吉『日本行政法下巻』（有斐閣、昭和15年）794頁。

……（略）……公物としての成立に積極的な公用開始の行為あることを要せず、消極的な不作為に依り公物たる性質が維持せらるる」とも指摘しており、積極的な公用開始を不要とした。このように美濃部は自然公物の成立に国家意思を承認する一方で、それを公用開始として捉えていないことから、自然公物の成立に必要な国家意思として消極的な意思を観念していたといえる。美濃部は黙示の公用開始を正面から認める旨の記述をしていないが、上述の織田説を想起すると、美濃部説において、この消極的な国家意思を黙示の公用開始として捉える余地はないわけではないように思われる。

三　黙示の公用開始に関する裁判例

1　従来の判例

　黙示の公用廃止を容認した昭和 51 年判決よりも前の段階では、判例上、公用廃止ですら黙示的に行われることが正面から承認されていなかったのであるから、黙示の公用開始が承認される可能性は乏しかったともいえる。実際、昭和 51 年判決以前の判例の中には、——戦前の判例になるが——公物の設置の行政処分は明示の意思表示でなければならない旨、示したものがある。当該判例は、その理由について、次のように説明している。「公法上ノ行政処分ナルモノハ公物設置廃止ノ行政処分タルト其ノ他ノ行政処分タルトヲ問ハス悉ク法令ニ依ル国家統治権ノ行使ニ因リ新ニ特定ノ法序ヲ創設シ又ハ特定ノ既成ノ法序ヲ変更若クハ消滅セシムルコトヲ目的トスル公法的意思表示ニ外ナラスシテ由ヲ以テ国家ノ統治権ニ服従スヘキ法人及自然人ヲシテ統治上率由スル所ヲ知得セシメ且之ニ服従セシムルコトヲ目的トスルモノナルカ故ニ法治国ニ於ケル行政処分ノ成立ノ時期及内容ノ表示ハ其ノ性質上最モ明確ナルコトヲ必要トスルカ故ニ彼ノ私法上ノ取引行為又ハ行政上ノ事実行為ト異リ暗黙ニ之ヲ為シ得ルノ道理ナク苟クモ法治国タル国家カ行政処分ヲ為スニ当リテハ必ス明示ノ意

---

20)　美濃部・前掲注 19) 794 頁。
21)　たとえば大判大 10・2・1 民録 27 輯 160 頁、大判昭 4・12・11 民集 8 巻 914 頁。ただし、下級審レベルでは黙示の公用廃止を容認するものもあった。旭川地判昭 49・3・29 下民集 25 巻 1〜4 号 216 頁、大阪高判昭 49・3・26 高民集 27 巻 1 号 46 頁。

思表示ニ依ルヘキコト当然ノ法則」である旨、判示する。[22]

2　東京高裁平成26年5月28日判決

　昭和51年判決から現在に到るまで、最高裁判例において、黙示の公用開始という構成が明示的に採用された例はないが、下級審レベルでは1件のみある。東京高裁平成26年5月28日判決がそれである。[23] 本件は、第三者から市に寄付された土地が一定程度通行の用に供され、市有通路となっていたところ、原告が当該土地の取得時効を主張して提訴したという事案である。東京高裁は、次のように判断した（傍点筆者）。「市有通路（本件係争地を含む。）は、昭和37年以降は、将来的には行政財産（道路法上の道路）となることを予定したいわゆる「予定公物」であり、また、控訴人は、市有通路（本件係争地を含む。）について、昭和37年に寄付を受けた時点において、市有通路を事実上の道路として公衆の自由な通行に供するという内容の黙示の公用開始決定をしたものというべきである。そして、本件の市有通路のように、予定公物であって、現に道路としての形態及び機能を有しており、かつ黙示の公用開始決定があった道路は、取得時効期間の起算点たる占有開始の時までに黙示的に公用が廃止されたと認められるような特段の事情がない限り、取得時効の規定の適用がない（取得時効が成立しない。）と解するべきである。なぜならば、このような財産は、現に公共の用に供されている公有財産であるので、取得時効の規定の適用に関しては、実質的には行政財産と同じように扱うのが適当であるからである。」。このように、本判決は黙示の公用開始という構成を採用したうえで、取得時効の規定の適用を排除している。

　もっとも、この判旨には疑問がないわけではない。一般に、予定公物とは公物ではないものの、公物となることが予定されている物のことをさすから、仮

---

22)　大判昭4・12・11・前掲注21）。この判決は昭和51年判決において判例変更の対象とされた。
23)　東京高判平26・5・28判時2227号37頁。この判決の評釈として、笹岡克比人「判批」自治研究92巻3号133頁以下（2016年）、岩﨑政明「判批」私法判例リマークス51号14頁以下（2015年）、土居正典「判批」判例評論675号（判時2250号）129頁以下（2015年）、甲斐素直「判批」会計と監査66巻6号46頁以下（2015年）がある。また、当該判決に言及したものとして、磯村篤範「公物管理法理論の変化及び紛争事例の再検討」曽和俊文ほか編『芝池義一先生古稀記念行政法理論の探求』（有斐閣、2016年）23頁がある。ただし、いずれにおいても、黙示の公用開始の当否については、正面から検討されていない。

に本件で問題となっている物が予定公物であるとした場合、それ自体は公物ではない[24]。ところが、黙示的であれ、公用開始決定がされたのであれば、形態も整っている以上（本件では、「道路としての形態及び機能を有しており」としている）、当該物は公物になるはずである。本判決は公用廃止にも言及していることから、黙示の公用開始によって公物が成立したと考えているように見受けられるが、しかし、当該物が予定公物でありながら、同時に公物であるというのは、論理的に成り立ち得ない。そこで、内容的に整合性をもたせるならば、本判決は、予定公物ではなく、当初は予定公物であった物が黙示の公用開始によって公物になった旨を指摘している、と読むほかないであろう。しかし、たとえこのような読み方をしたとしても、本判決は、上記引用部分の最後で、当該物を行政財産として扱うとは言わずに、「行政財産と同じように扱う」と指摘しているし、さらに別の箇所では普通財産であることも明言しているので、これらの点からすると、やはり当該物の公物性を否定しているように読める。そうすると結局、一方で黙示の公用開始という構成を用いて公物性を肯定しておきながら、他方で普通財産であるなどと判示して公物性を否定しているということになり、本判決を整合的に理解することは難しいといわざるを得ない。

　このように整合性を欠いてまで黙示の公用開始という構成にこだわった本判決の狙いは、取得時効の規定の適用を排除することにあったものと推測される。しかし、そもそも本件予定公物の取得時効を否定するために、黙示の公用開始

---

[24] 塩野・前掲注4) 366頁、原・前掲注4) 78頁以下。もっとも、予定公物の概念は必ずしも洗練されていないように見受けられる。仮に塩野・前掲注4) 366頁、原・前掲注4) 79頁のように、予定公物を制定法としての公物管理法を前提とする概念として捉えれば（これを狭義の予定公物と称しうる）、本件において問題となっている物は、道路法等の制定法によって将来公物となることを決定されたわけではないから、予定公物ではない。このような見方に立った場合、当該物は、いわば予定公物になることを予定されている物ということになろう。他方、このような制定法としての公物管理法を必ずしも前提とせず、単に将来公物になることを予定されている物として捉えるのであれば（これを広義の予定公物と称しうる）、本件において問題となっている物を予定公物と捉えることは不可能ではない。もっとも、本文で後述するとおり、公物でない物を果たしてまたどの程度公物に準じて扱うかは、当該物の個々の特性に応じて判断すべきであるとすれば、当該物が予定公物であるか否かは大きな問題ではなく、そのような問題設定自体、不適切であると言いうる。ただし、特定の公物管理法によって将来公物になることが予定されている公物か、それとも特定の公物管理法によらないで、単に将来公物になることが予定されている公物かによって、公物に準じて扱う必要性の度合いは異なる可能性がある。そのため、狭義の予定公物か、広義の予定公物かは、個別具体の事案においては一定の意味がありうる。

という構成は必要不可欠な構成ではなかったということも指摘できる。現に本判決の原審では黙示の公用開始という構成を採用することなく、本件予定公物の取得時効が否定されている。曰く、「いわゆる予定公物とは、将来公用又は公共用の財産となることが予定されたものであって、一口に予定公物といっても、公益性の非常に強いもの、公共用財産とすることを予定して形態的要素が完備され、現に公共の用に供されているが、行政的な供用開始行為のみを欠くもの、公共用財産とする予定がなされただけのものなど、その形態や公共性の程度も様々であるから、ある公有財産が予定公物であることから、直ちに当該予定公物について取得時効の成立が否定されるものとはいえない」。「したがって、いわゆる予定公物について、公物に準じて取得時効の成立が否定されるべきか否かは、当該予定公物が、公物としての形態をどの程度備えたものであるか、当該公有物の公共性の実質、公共的必要性などを総合的に検討して、取得時効の適用を排除するに足りる合理的な理由があるかどうかを個別に検討すべきであると解される」[25]。このような、予定公物の個々の特性に配慮して取得時効の可否を決する見方は、既にこれまでの裁判例の中にも複数見て取ることができ[26]、この点からも、本判決がなぜ黙示の公用開始という構成を採用しなければならなかったのか、疑問が残る。

いずれにせよ、本判決と同様、黙示の公用開始という構成を明示的に採用した判決は他になく、裁判実務上、少なくとも形式的には、黙示の公用開始という構成が広く普及しているとは言えない状況にある。

3 裁判例と学説の整合的理解

もっとも、黙示の公用開始という構成を明示的に採用していないけれども、

---

25) 長野地松本支判平25・10・30判時2227号44頁。結局、原審は公物に準じて取得時効の適用を否定すべき程の高い公共性はないとして原告の請求を退けている。なお、予定公物の取得時効について判示した判例として有名な最一判昭44・5・22民集23巻6号993頁の原審たる大阪高判昭43・5・29高民集21巻3号294頁も「一般に行政法学上予定公物は公物に準ずべきものと考えられるけれども、そもそも当該予定公物が如何なる法律関係につき公物に準じ、又は準ずべきでないかはそれぞれの実定法規や条理に照らし個々に検討されなければならない」と判示し、予定公物であることから一律に一定の結論が導出されるわけではない旨、指摘している。

26) 黙示の公用開始という構成によることなく、当該物の特性に着目して取得時効を否定した事例として、東京高裁昭63・9・22判時1291号69頁、横浜地判昭57・8・31訟月29巻2号213頁。参照、福永実「公物と取得時効」大阪経大論集57巻2号（2006年）137頁。

実質的にみて、黙示の公用開始という構成によって説明をしないと、公物法学説との整合性を保てないあるいは合理的な説明ができないという裁判例は存在するように思われる。その典型例が法定外公共用物たる里道の取得時効をめぐる裁判例である。本章冒頭で紹介した昭和51年判決が採用した黙示の公用廃止論は、問題となっている物が公物であるということを前提にしている。そのため、仮に里道の取得時効が問題となる裁判例で黙示の公用廃止の有無を論じるとすれば、その前提として、里道が公物であったか否かということが重要な論点になるはずであるが、実際のところは、公用開始があったか否かについて十分な検討をすることなく、当該里道の公物性を肯定している裁判例が少なくない。そこでは公用開始とみることのできる明示的な意思表示はいちいち確認されていない（確認しようと思っても、確認できないことが多いと推測される）。しかし、現在の我が国の通説的な理解が人工公物に公用開始を必要としている以上、人工公物として把握される余地がある里道の場合、明示か黙示かはさておき、公用開始がなければならない。結局、明示の公用開始を確認しない（できない）まま公物性を肯定する裁判実務と、人工公物には公用開始が必要であるとする現在の学説の間に整合性を見出そうとすれば、（技巧的に過ぎるとの批判は予想されるものの）人工公物たる里道は黙示の公用開始によって公物性を取得したと説明することが考えられよう。学説上、「人工公物でも、法定外公共用物のように、公用開始行為自体が明確でないものもある」と指摘されているが、黙示の公用開始を承認することで、人工公物は公用開始によって成立するという通説的な理解を維持することができる。

---

27) 里道および里道の取得時効について、寶金敏明『里道・水路・海浜〔4訂版〕』（ぎょうせい、2009年）73頁以下および95頁以下。
28) たとえば、広島高判昭61・3・20訟月33巻4号839頁。
29) そのほかに、道路の公用開始の要式性が明文で定められていることと均衡を失する旨の批判も考えられるところである。この点、制定法としての公物管理法が制定されるよりも前の時期における公用開始が問題となる場合には、別途、検討する必要があるように思われる。
30) これに対し、法定外公共用物としての河川は自然公物として捉えられることが多いと思われるが、現在の我が国の通説的な理解によれば、自然公物であれば、公用開始を必要としない。そのため、里道と同様に、公図上の記載（河川の場合は青線）を手がかりに公物性があっさり認められたとしても（たとえば本章冒頭の昭和51年判決、福岡地判昭54・7・12訟月25巻11号2775頁）、黙示の公用開始を持ち出さなければ、当該物の公物性について整合的な説明ができないというわけではない。海浜についても同様である。海浜の公物性について判示したものとして、青森地八戸支判昭31・4・30下民集7巻4号1120頁、札幌高判昭49・10・30訟月20巻13号22頁など。

このようにみてくると、明示的に「黙示の公用開始」という構成を採用する裁判例は、これまで皆無に等しかったが、実質的にみると、黙示の公用開始を承認することで公物法学説との整合性を保つことのできる裁判例がないわけではないと指摘できる。

四　ドイツにおける黙示の公用開始

1　ドイツの状況

日本の公物法学説と異なり、ドイツでは公物の成立にはすべて公用開始（die Widmung）が必要であると考えられており、また、その公用開始の形式は様々であることが承認されている。このような前提の下、黙示の公用開始という構成は学説および判例において、おおよそ認められてきたといってよい。

2　注意点

もっとも、ドイツにおいて黙示の公用開始が認められるといっても、以下のとおり、いくつか注意すべきことがある。

第1に、ドイツ公物法において黙示の公用開始が認められるという場合、一般に、それは特定の類型の公物だけに妥当するものとして容認されているわけではない。黙示の公用開始は公共施設や、公用物について語られることもある。その意味で汎用性があるといえる。

第2に、黙示の公用開始といった場合、その形式は行政行為であることが念

---

31) 塩野・前掲注4) 369頁。なお、1999年に成立した、いわゆる地方分権一括法による国有財産法の改正を通じて、新たな譲与制度が整備され、法定外公共用物の問題の解消が図られたが、これによって問題がすべて解消されたわけではない。たとえば塩野宏『法治主義の諸相』（有斐閣、2001年）492頁以下を参照。本章との関係でいえば、当該改正によって、直接、法定外公共用物の公用開始が明確にされたわけではない。

32) 土田・前掲注3) 149頁以下。

33) たとえば、Stober, Rolf / Kluth, Winfried, Verwaltungsrecht II, 7. Aufl., 2010, § 75 Rn. 15.

34) 公用開始理論および黙示の公用開始という構成はプロイセン上級行政裁判所で展開されてきた。同裁判所における判例について、土田伸也「ドイツ公物法と法定外公共用物」法学新報107巻9・10号（2001年）131頁以下参照。

35) Pappermann, Ernst / Löhr, Rolf-Peter / Andriske, Wolfgang, Recht der öffentlichen Sachen, 1987, S. 14.

頭に置かれているものの、その意思表示は当該物の設置や、財産目録の作成、実際の利用の開始といった事象から読み取られている[36]。

　第3に、理論上、黙示の公用開始を肯定するにしても、制定法である公物管理法との関係で特定の公物については黙示の公用開始が否定されることがある。たとえば公物の代表ともいえる道路法上の道路の場合、連邦および諸州の道路法で公用開始の形式および手続が詳細に定められているため、黙示の公用開始は認められないと指摘されている[37]。

　第4に、ドイツでは黙示の公用開始を肯定的に解する立場が多いものの、否定的に解する有力説も存在する。たとえばパーピアおよびドュルナーは、かつてプロイセン道路法下で公用開始行為が黙示的に行われえたことを認めながらも、「しかし、たとえ法律上の規律がなかったとしても、法治国家の観点からすれば、公用開始および公用廃止には少なくとも公示が求められるべきである[38]。」と述べ、法治主義の観点から黙示の公用開始という構成を批判的に捉えている。また、エアラースは、ドイツ行政手続法の解釈を通じて黙示の公用開始を批判している[39]。すなわち、公用開始は一般処分として捉えられるところ、ドイツ行政手続法第41条第3項第2文によれば「一般処分は、関与人に対して告知を行うことができない場合でも、公告することができる。」と定められており、文言上は「できる」となっているので、一般処分の場合、必ずしも公告の必要はなく、したがって黙示の公用開始も許容されるようにもみえる。しかし、この条文は、一般処分の中でも、人の態様を規律する一般処分の場合に妥当する条文であって、公用開始のような、物の状態を規律する一般処分には妥当しない[40]。むしろ、後者の場合、公用開始は公告されなければならないのであって、このような理解が物権法上の公示の要請に合致するという。エアラースは、こ

---

36)　Stober / Kluth（Fn.33），§ 75 Rn. 16; Pappermann / Löhr / Andriske（Fn.35），S. 14.
37)　Kodal, Kurt, Straßenrecht, 7. Aufl., 2010, Kapitel 8 Rn. 19.5; Stober / Kluth（Fn.33），§ 75 Rn. 17.
38)　Papier, Hans-Jürgen / Durner, Wolfgang, Recht der öffentlichen Sachen, in: Ehlers, Dirk / Pünder, Hermann（Hrsg.）, Allgemeines Verwaltungsrecht, 15. Aufl., 2016, § 40 Rn. 12.
39)　Ehlers, Dirk, Das öffentliche Sachenrecht — ein Trümmerhaufen, NWVBl 1993, S. 330.
40)　ドイツ行政手続法第35条第2文によれば、「一般処分とは、①一般的な徴表により特定され、もしくは特定しうべきところの人的範囲を対象にした行政行為または②物の公法上の性質もしくは一般公衆による、その利用に係る行政行為をいう。」（番号筆者）。このうち①が人の態様を規律する一般処分であり、②が物の状態を規律する一般処分である。

の物権法上の公示の要請について自ら語っていないが、次のような理解があるものと思われる。すなわち、公物の場合は一定の公法上の制限が当該物に及んでいるため、取引の安全を確保するためには、取引の相手方が当該物を公物として認識し、一定の公法上の制限がかかっていることを認識できなければならない[41]。そのためには公用開始が公告されなければならず、したがって、黙示の公用開始は許されない。なお、エアラースは、庁舎等の公共物の公用開始が内部的な行為によって行われることについても、外部的な行為によって行われるべきであるとして批判している[42]。

　第5に、黙示の公用開始は実質的にみて「想像を超える時の経過による公用開始（die Widmung durch die unvordenkliche Verjährung）」と同じである旨、指摘されることがある[43]。この想像を超える時の経過による公用開始とは、古くからある道路のように、たとえ明示の公用開始の存在が確認できなくても、一定の長期に渡る利用があれば、そのことをもって公用開始の存在を推定するという法的技法である。ただし、一定の長期に渡る利用があれば、直ちに公用開始の存在を認めるのではなく、あくまで公用開始の存在を推定するに過ぎず、反証が可能であるという点は注意を要する。そのため、この技法は証明責任の分配に関する議論として捉えられている。この法的技法は、近年、連邦憲法裁判所によっても承認されるに到っているが[44]、その妥当範囲は国が当該物の所有権を有している場合に限定されるべきではないかとか、公物一般について転用可能な考え方といえるのかといった指摘がされているところである[45]。

---

41) Vgl. Manssen, Gerrit, Der Hamburger Stadtsiegelfall, Jus 1992, S. 747.
42) Ehlers（Fn.39), S. 330.
43) Schallenberg, Hermann, Die Widmung, 1955, S. 99.
44) BVerfG, Beschluß vom 15.4.2009, NVwZ 2009, 1158.
45) Axer, Peter, Die Widmung als Schlüsselbegriff des Recht der öffentlichen Sachen, 1994, S. 96. 鉄道法の分野における「想像を超える時の経過による公用開始」の可能性について、土田伸也「ドイツにおける公物法と鉄道法の交錯」法学新報119巻7・8号（2013年）557頁以下参照。

五　黙示の公用開始の検討

1　消極的な評価

　以上の日本およびドイツにおける黙示の公用開始に関する学説および裁判例の整理を踏まえて、以下、黙示の公用開始について検討する。

　黙示の公用開始を承認することの一つのメリットは、明示の公用開始がなくても、物の公物性を肯定することができるようになるという点にある。公物であれば、取得時効にかからないという判例の立場とあわせて考えれば、黙示の公用開始を承認することは、当該物についての取得時効の成立を否定することを意味し、この点で、黙示の公用開始を承認する実践的意義があるともいえる。もっとも、黙示の公用開始の意義をこの点にのみ求めるのであれば、その必要性は必ずしも高くない。なぜなら、公物であることを肯定しなくても、当該物の性質から、公物に準じて取得時効の成立を否定することは不可能ではないからである。現に、これまで予定公物については、そのような取り扱いがされてきたところである。しかも、わが国の場合、現在の通説的な理解によれば、すべての公物の成立に公用開始が必要とされているわけではないので、黙示の公用開始という馴染みのない構成を承認してまで、公物を成立させる意思的要素に固執する必要がないともいえる。また、ドイツの有力説を手掛かりにすると、黙示の公用開始は、法治主義または取引の安全性確保という点でも問題を抱えている。これらの問題は、わが国で黙示の公用開始を承認する場合にも、克服すべき課題となるはずである。このようにみてくると、我が国において黙示の公用開始を承認する必要性は乏しく、また許容することも困難であると言えそうである。

2　消極的な評価を克服する視点

　それでは、黙示の公用開始を観念することは、およそ不適切であるということになるであろうか。この点、上述した黙示の公用開始の消極的な評価につながる指摘を念頭に置くと、次の指摘が可能である。

　第1に、黙示の公用開始という構成をとらなくても、取得時効の成立を否定

することができるものの、しかし、そのことは黙示の公用開始以外の構成をとって取得時効の成立を否定しなければならないことを意味しない。

　第2に、我が国の場合、公物の成立に公用開始を必ずしも必要としないという理解が広まっているが、かつて美濃部も指摘したとおり、たとえば自然公物であっても、不作為による（その意味で消極的な）国家意思を看取することはできるはずで、それを公用開始として捉えることは理論的に不可能ではない。ドイツ公物法の理解を想起すると、このようにして統一的に公物の成立に公用開始を求めることができるとすれば、公物法という法領域を、規範的に、より強固に成立・存続させることができる。この点、行政法学において公物法という法領域を存続させるのに必要な条件あるいは十分な条件は何かということについて明確な基準は存在しない。そのため、日本の公物法のように、すべての公物に公用開始を求めなくても法領域として存続できる（と考えられて現に存続している）公物法もあれば、ドイツの公物法のように、すべての公物に公用開始が認められて初めて法領域として存続できる（と考えられて存続している）公物法もまた存在する。このような差異はつまるところ、公物法という法領域を成立・存続させるために、どの程度の規範的意味での共通性が公物に必要かという点にかかる認識の差異に起因するものであるように思われる。

　第3に、法治主義または取引の安全性確保の観点から行われた批判は、いずれも予測可能性を確保できないことおよびそのことによる権利侵害の可能性を問題として指摘しているように思われるが、黙示の公用開始の要件次第で、この問題を克服することは可能であるとも考えられる。この点、黙示の公用廃止の要件について示した昭和51年判決やドイツ法の理解を参考にすると、試論に止まるものの、①長年の間事実上公の目的に供用されており、②公物としての形態、機能を取得し、③管理者たる行政主体がその物の権原を有しており、[46]④当該物を公物として維持すべき理由がある場合に、黙示的に公用が開始されたものとして扱ってよいのではないかと思われる。[47]

---

[46] 塩野・前掲注4) 380頁は、「公物の成立には管理主体自身の権原を必要とすることはなく、権原保持者の黙示の承諾があればよく、国法たる河川法、道路法の諸規定はその趣旨を包含している」とする見方に対して、「法律論としては強引である」と指摘する。

[47] 黙示の公用開始をめぐっては、以上の要件論のほかに、黙示の公用開始の成立時点についても問題となろう。

以上に加えて、黙示の公用開始を承認することで、法定外公共物のうち人工公物に関する判例と学説の整合的理解が可能になる点も考慮すると、黙示の公用開始を観念することは、およそ不適切とまでは言い切れないように思われる[48]。

六　おわりに

　他の分野と同様に、公物法の分野でも、近年の個別公物法制には、私人による行政や、地方分権といった観点からの影響がみられる。これらの新たな法現象を果たしてまたどのように公物法の中に位置づけるかは重要な課題である。この点、本章で取り上げた黙示の公用開始は、これらの近年の新たな法現象とは無関係のようにも思われる。しかし、たとえば地方分権一括法により、一定の国有財産が国から地方公共団体に譲与される仕組みが整えられ、これにより地方公共団体は新たに法定外公共用物の権原を得ることができるようになったことで[49]、――前述の黙示の公用開始の要件を念頭におけば――特定の物については黙示の公用開始を容認する一つの前提が整えられたともいえる。もっとも、近年の公物をめぐる新たな法現象の中には、このように伝統的な公物法と結び付けて整理することが難しいものも少なくない[50]。この点も踏まえたうえで、公物法学がいかにあるべきか、いずれ機会を改め、論じることにしたい。

　　　　　　　　　　　　　　　　　　　（つちだ・しんや　中央大学教授）

---

48) 仮に黙示の公用開始を承認するとしても、公用物の場合には、その特性に配慮した考察が別途必要になると考える余地はある。公用物の場合の黙示の公用開始について、土田伸也「行政使用における公物の法理」中央大学大学院研究年報法学研究科篇28号31頁以下（1998年）参照。
49) 参照、塩野・前掲注31）492頁以下。
50) この点に関する最新の文献として、磯村・前掲注23) 3頁以下。

あとがき

　本書は、浜川清教授（現・法政大学名誉教授）の法政大学ご退職を記念して刊行するものである。浜川教授は、1975年4月に法政大学法学部に助教授として着任されて以来、2017年3月まで、同大学の法学部・法学研究科・法務研究科（法科大学院）等において教鞭をとられた。この間、法学部長、法務研究科長等を歴任されている。

　浜川教授は、フランス行政法を比較法研究の対象としつつ、行政契約、行政の公共性分析、行政組織、経済行政、公務員制度、行政訴訟における訴訟選択などを研究テーマとされた。行政契約について、フランスの行政契約論を素材として、旧来の公法私法区別論を前提とする日本の公法契約論を批判的に検討し、現在、行政法学において一般化している行政契約概念の形成に寄与された。行政の公共性分析や行政組織に関する研究では、1980年代以降の規制緩和や行政改革を批判的に分析し行政のあるべき姿を提示された。これをより具体的に考察したのが経済行政に関する研究である。これらは、当時政府が進めつつあった新自由主義的な改革に対して別の選択肢を示すものであった。行政組織や行政改革に関する研究では、行政法学と近接する行政学や政治学の成果をも取り入れつつ幅広い提言をされた。また、この領域の研究では、フランスの行政学者と様々な意見交換をされ、その成果を日本に導入することに腐心された。公務員制度に関しては、労働法の研究者とも協同しながら、公務員の人権の擁護に関する諸問題に取り組まれた。行政訴訟における訴訟選択に関しては、取消訴訟の構造分析を出発点として、フランス行政法学における研究成果を取り入れながら、行政法学では所与のものとされがちな「取消訴訟の排他的管轄」そのものの問題性を指摘されている。

また、浜川教授は、日本学術会議会員や日本公法学会理事を務めるなど学界の発展にも寄与された。社会的な活動も幅広く、東京弁護士会懲戒委員会委員、東京第一弁護士会綱紀委員会委員、埼玉県ふじみ野市情報公開・個人情報保護審査会委員、東京都八王子市情報公開・個人情報保護審査会委員、独立行政法人大学評価・学位授与機構法科大学院認証評価委員会専門委員等を務められた。

　本書への寄稿は、浜川教授と縁の深い研究者の方々と浜川教授から研究上の指導を受けた方々に依頼した。テーマを指定してのお願いにもかかわらず、快くお引き受けいただいた執筆者の皆様に、改めてお礼を申し上げる。なお、本書が「記念論文集」の体裁をあえてとらなかったのは、テーマを設定した論文集とした方が、浜川教授のこれまでのお考えと実践にマッチすると判断したからである。

　本書がなるにあたっては、企画段階から一貫して、日本評論社の中野芳明さんのご尽力を賜った。ここに記してお礼を申し上げたい。

2019年3月10日

稲葉　　馨
西田幸介

索引

あ

朝日訴訟……………………………………87
厚木基地訴訟………………………………5
厚木基地第 4 次訴訟……………………101
アファーマティブアクション………219, 227, 231
家永教科書検定第 1 次訴訟……………100
伊方原発事件………………………………98
位置基準……………………………………181
一般廃棄物処理業の許可………………175
因果関係……………………………………198
インジャンクション………………14, 24, 30
ウェンズベリ不合理性審査………………96
訴えの 3 類型……………………………142
訴えの利益…………………………………87
営業上の利益…………………………177, 185
エホバの証人事件…………………………4
小田急高架化訴訟………………………167
小浜市訴訟……………………………175, 177

か

概括的範疇的二分論……………………171
回避可能性………………………………281
回復の困難な損害………………………195
確認の利益…………………………………89
カナダ人権委員会…………………………48
カラーブラインド………………………227
仮の義務付け…………………………3, 193
仮の差止め……………………………3, 193
過労死防止対策推進法…………………257
関係修復……………………………………40
関与訴訟……………………………………65
機関訴訟………………………………58, 63
危険の切迫性……………………………276
規制緩和……………………………………1
客観訴訟論…………………………………58
救済…………………………………………9
救済法………………………………………10
給付方式…………………………………134

競業関係…………………………………174
行政規則…………………………………104
行政権の主体………………………………67
行政事件訴訟……………………………143
行政主体……………………………………67
行政訴訟改革要綱案……………………147
行政訴訟法（案）………………………148
強制的救済…………………………………13
行政手続法…………………………………3
行政の民主化・説明責任…………………7
行政目的の達成の必要性………………206
共働原因説………………………………239
業務起因性………………………………236
業務上災害………………………………236
業務遂行性………………………………236
許可………………………………………171
具体的争訟性………………………………81
敬譲…………………………………………98
契約による直接入所制度………………133
権限踰越審査……………………………110
原告適格……………………………………84
原状回復……………………………………12
権利保護システム…………………………2
公企業の特許……………………………171
公共サービス基本法……………………215
公共性を具現化すべき行政………………7
公共の福祉の阻害性……………………207
抗告訴訟…………………………………3, 6
抗告訴訟廃止論…………………………146
公衆浴場業許可…………………………171
公正な雇用………………………………215
構造的インジャンクション………………34
公物………………………………………289
公用開始行為……………………………290
公用廃止…………………………………289
合理的な行政規則に依拠した審査……104
ゴール・アンド・タイムテーブル方式……223
国土強靭化政策……………………………2

国内人権機関	47
個人的損害	195
国歌斉唱不起立事件	4
国家賠償	5
子ども・子育て支援関連3法	121
個別事情考慮義務	106

さ

在外邦人選挙権訴訟	90
財政再建	2
再発防止的インジャンクション	33
裁判を受ける権利	18, 76, 143, 159
裁量基準	105
裁量権収縮論	263
裁量権消極的濫用論	264, 271
裁量統制	4
差止請求	27
差止訴訟	28
札幌パチンコ店事件	105
サテライト大阪訴訟	168, 181
里道	301
事業遂行利益	169, 185
事件性	77
施設型給付費	128
自然公物	289, 296, 306
事前訴訟	3
質屋営業許可	170
執行停止	193
室谷湯訴訟	171
指定確認検査機関	1
司法権	17
司法権の範囲	77
資本主義4.0	2
謝罪	40
重大な損害	195
修復的インジャンクション	30
主観訴訟	60
授権範囲踰越	111
取得時効	289
遵守状況審査	223
場外施設許可	181
処分基準	105
処分義務付け訴訟	3
処分差止め訴訟	3

処分性	83
処分取消訴訟	3
人格権	26
新行政事件訴訟特例法	152
人工公物	290, 301, 307
申請型義務付け訴訟	3
信頼保護原則	110
是正訴訟	148
選挙訴訟	65
宣言の救済	12
先任権制度	224, 229
総合的判断	199
争訟性	77
訴訟類型選択リスク	161
訴訟類型の整備	155
損害賠償	12

た

第一次電通事件	245
第三者の原告適格	4
代表的出訴資格	187
代表的利益	189
他者損害	193, 209
地域型給付費	128
筑豊じん肺訴訟	5
懲罰的損害賠償	39
適正配置規制	171
手続的デュー・プロセス	20
ドイツ公物法	302
東京西徳洲会病院訴訟	174, 177

な

二元的判断	200
西宮労基署長事件	242
二段階審査	115
二本柱構造観	144

は

判決類型	149
判断過程合理性審査	99
ビーム国分寺訴訟	178
非司法的救済	46
病院開設許可	174
平等原則	108

比例原則違反……………………………6
風俗営業許可…………………………178
紛争解決プロセス論……………………21
辺野古新基地建設事件………………102
ペパー事件……………………………114
保育行政………………………………121
保育所措置制度………………………133
保育の実施義務……………123, 130, 135
保育をうける権利……………………122
包括的抗告訴訟概念…………………158
法規命令における立法裁量…………110
法定外公共物…………………………307
法定外公共用物…………………301, 307
法定要件充足性………………………274
保護法的因果関係説…………………237
保護利益スケール……………………169

ま
水俣病関西訴訟…………………………5
民衆訴訟…………………………58, 61

ムートネス……………………………87
名誉権…………………………………26
メーデーデモ事件………………………87
メリット・システム……………217, 228
申立人適格……………………………196
黙示の公用開始………………………289
黙示の公用廃止………………………289
元町セブン訴訟………………………178

や
幼保連携型認定こども園……………127
予見可能性……………………………279
横浜南労基署長事件…………………241
予定公物…………………………298, 305

ら
立法者意思……………………………112
利用の要請……………………………135
労働災害補償保険制度………………235

編者

浜川　清（はまかわ・きよし）
1975年4月　法政大学法学部助教授
1983年4月　法政大学法学部教授
2004年4月　法政大学大学院法務研究科教授
2017年4月　法政大学名誉教授

稲葉　馨（いなば・かおる）
1992年10月　法政大学法学部教授
2000年4月　東北大学大学院法学研究科教授
2018年3月　東北大学名誉教授
2019年4月　立正大学法学部教授

西田幸介（にしだ・こうすけ）
2010年10月　法政大学法学部准教授
2011年4月　法政大学法学部教授

行政の構造変容と権利保護システム

2019年4月30日　第1版第1刷発行

編　者──浜川　清・稲葉　馨・西田幸介
発行所──株式会社日本評論社
　　　　　〒170-8474　東京都豊島区南大塚3-12-4
　　　　　電話 03-3987-8621　FAX 03-3987-8590　振替 00100-3-16
印　刷──株式会社平文社
製　本──牧製本印刷株式会社

Printed in Japan © K.Hamakawa , K.Inaba , K.Nishida 2019
装幀／レフ・デザイン工房
ISBN 978-4-535-52188-9

JCOPY〈(社)出版者著作権管理機構 委託出版物〉
本書の無断複写は著作権法上での例外を除き禁じられています。複写される場合はそのつど事前に(社)出版者著作権管理機構（電話 03-5244-5088, FAX 03-5244-5089、e-mail: info@jcopy.or.jp）の許諾を得てください。また本書を代行業者等の第三者に依頼してスキャニング等の行為によりデジタル化することは、個人の家庭内の利用であっても、一切認められておりません。

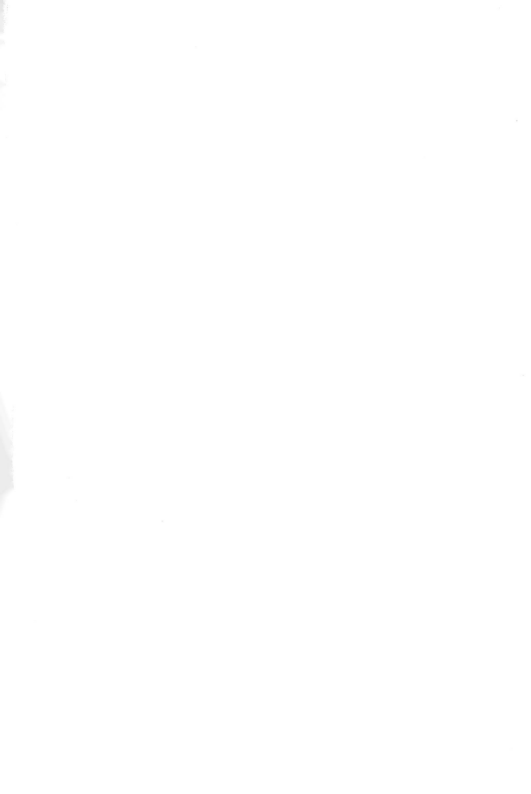